中华传世藏书 【图文珍藏版】

论语

诠解

[春秋]孔子·原著　马博·主编

线装书局

仲由

仲由(公元前 542 ~ 前 480),字子路,春秋鲁国卞邑人。由尚刚好勇,重信爱义,而临事能断,长于政事。夫子曰:"由也,千乘之国可使治其赋也。"

漆雕开

　　漆雕开(公元前540~?),字子若,春秋鲁国人。开志切于道,深于自省;孔子卒后,儒分为八,而开学自成一派。

端木赐

　　端木赐(公元前 520~?)，字子贡，春秋卫国人。
赐善辩多智，告诸往而知来者，又长于理财，为孔门
最富；夫子周游，赐多所资助。

有若

　　有若(公元前518~?),字子有,春秋鲁国人。
若为人强识,貌似孔子,其学深入根本;《礼记·檀
弓》载子游言:"甚哉,有子之言似夫子也。"孔子卒
后,若之门人,曾参与《论语》一书之编辑。

原宪

　　原宪(公元前 515~?)，字子思，春秋宋国人。宪寡欲清廉；孔子卒后，宪亡居草泽之中，穷困益甚，然仍乐不枉节。

樊须

　　樊须(公元前515~?),字子迟,春秋齐国人。须志于求道,但以年轻思虑欠周,疏于实行,夫子诲曰"仁者先难而后获""先事后得"。哀公十一年(公元前484年),齐侵鲁,须为冉有之右乘,年少而能用命。

第九节　孔子人生旨趣

梁漱溟

梁漱溟(1893~1988),广西桂林人。原名焕鼎,字寿铭、萧名、漱溟,后以其字行世。中国现代思想家,现代新儒家的早期代表人物之一。本文是梁先生1924年在武昌师大的系列讲演,由雷汉杰记录。孔子作为中国传统文化的一座丰碑,并不仅仅是一个由礼乐政教、道德伦理等因素堆砌而成的文化符号。从《论语》中,我们更多地看到了孔子对于生命意义的执着探求和对于人生境界的诗意描绘,这在今人看来,大概是最能引起情感共鸣的部分了吧！本文便是梁先生对于"孔子人生旨趣"进行的一番讲解,其中析理生动细腻、语言平易晓畅,间或佐之以日常事例引导我们体味孔子的生活旨趣、仁者的生活理想和心境以及礼节之于人生的意义。

一、生活旨趣

讲到人生旨趣,这就到正文了。但这层也有些困难,第一是因为《论语》很难讲,再因为他是零零碎碎的,有许多条。不但与后来的王阳明不同,因王阳明有长篇大套的书,叙述他生平;朱子也有著作,我们在他著作里一下子就可以看得出来;并且与孟子都不同,因孟子也有长篇的讨论;他的意思,也可以从他这长篇讨论里看得出来。孔子他没有长篇,虽不如阳明的那样,就是孟子那样的讨论也没有。只有一部《论语》,是他的门徒记他的言行。这《论语》上仅只有些零零碎碎的事实,所以说是很难研究的。因为在这些零零碎碎的事实里头,很难寻出一个头绪。或由此推想,孔子也是这样的人,没有那些道理讲,没有些道理给予他的门徒。他这人好像是重在实行,不愿意多说的一个人。《论语》曰:"君子欲讷于言,而敏于行";又说:"敏于事而慎于言";又说"仁者其言也讱"。由此

出生尼山

一看，他教弟子要如此做法。由此点一推，他这人之态度，也是如此，所以成了些零零碎碎的东西。但我们研究孔子，又不能外乎这零零碎碎的东西求孔子。但在这零零碎碎中，想出一个方法来，使我们容易研究，就是要把这零零碎碎的化成整个的。整个的几时化成，孔子是个怎样的人就晓得了。要怎样化法呢？刚才说过把生活去研究，看他为人行事上头，生活，去看彼之态度，去寻他的态度最显明的彩色。这是顶重要的。在《论语》上去寻，在一部零零碎碎的书本上去寻，或谈的话，或者他的重要的观念，也要寻来，譬如说将他说的关于慎言的一类的话，如"君子欲讷于言而敏于行""仁者其言也忍"……归在一条之下，这就是他的态度了。《论语》上好多话，都可以像此归并在一条之下。总之孔子最看重的，是在行而不在言。又，他说仁的话也多，也可以照上面所说的，归并在一条之上，然后由这点可以看得出，"仁"是孔子最重要的观念了；也可把许多类似的，并在此观念之下。像这样归并之后，再寻个地方来解释，把一种生活去解释，生活既解了，几个观念，也还归成了一项。孔子生活，原来就是这么一回事。在这一回事之下，又有许多观念，显明的色彩，态度，就化零为整了，能够像这样，孔子一（把）下被我抓住了。

本昨天所说的方法，去求孔子生活旨趣，于零零碎碎的《论语》上面、从生活上，去寻孔子的重要态度，显明色彩之下，把这许多条，指出是哪一个，去试做。试做的时候要知孔子生活是怎个样子,顶显明的色彩是什么? 那就是生活之"乐"了。揭开《论语》一看,顶显明的色彩是孔子生活之乐趣。在《论语》上头一章,子曰:"学而时习之,不亦说乎"!他讲这句话的时候,试想想他的意味。底下"有朋自远方来,不亦乐乎! 人不知,而不愠,不亦君子乎!"他讲话时,他的态度意味之美,心地之舒美,心境之乐,由说话之态度可以见得出。里面自得之意味,完全表出。里面意味之美,其妙无穷。试听一听这几句话就可看得出来,统统表明的是乐。他的生活之趣,表现得很明白。有人问孔子于孔子的弟子,说孔子到底是个什么样的人? 子路就不悦。子曰:"汝奚不曰,其为人也,发愤忘食,乐以忘忧、不知老之将至云尔。"他把他自己生活之态度,表现得很明白,很充足的。并非常显明,他是很有乐的。"发愤忘食,乐以忘忧",此态度也可以看得出孔子他自说:我的生活,是很快乐的。还有一条,"子曰:君子道者三,我无能焉,仁者不忧,智者不惑,勇者不惧"。孔子说,凡君子就能如此,但是我不能够。这是哪些事呢? 就是"仁者不忧,智者不惑,勇者不惧"。我们在这块看一看,有一件很明显的事情,就是智者与惑,勇者与惧,确是相反的。真正的智者,当然不得惑;真正的勇者,也当然就不惧了。还有一层,更可注意的,就是仁者不忧。仁在儒家是很重要的,那是不必言之。儒家批评人,常以仁字去评他;人之生活,也以仁字去评他。但仁是怎么解呢? 想解释确很难,但我们可以在此发现一点,仁者与忧,是相反的;真仁者不忧,忧者那就是不仁者;和智者之于惑,勇者之于惧是一样的。这就是说仁者是乐的。总(在)之我们可以在孔子所说的话里面,发现孔子生活,是很快乐的。

前天说我们见孔子顶嘉赏的门徒是颜子。我们想知道孔子生活,也可以在颜子生活里推见一部分出来。孔子顶显明的是乐,孔子夸奖颜回说:"贤哉回也! 一箪食,一瓢饮,在陋巷,人不堪其忧,而回也不改其乐,贤哉回也!"对于生活之乐趣,再三夸奖。由此可知颜子生活,确能够如此。由此一看,儒家生活,就是乐趣所在。宋人寻孔子颜子之乐趣,要去学孔子的生活,要知此点是很重要的。他如像此类的事也很多,不暇细举。"子曰:饭疏食饮水,曲肱而枕之,乐亦在其中矣;不义而富且贵,于我如浮云"。孔子弟子日记孔子的生活说:"子之燕居,申申如也,夭夭如也。"这都是说生活之舒美,其中有说不出的乐趣。那种生活之合式适,并非常自得的,有很好的兴趣,有自然的乐趣。这几句"子之燕居,申申如也,夭夭如也",形容生活,是非常尽致的。在《论语》书中,寻出此类的有许多。而"乐"之一字,在《论语》中一见屡见再见以至多见。如"智者乐水,仁者乐山;智者乐,仁者寿"。"知之者不如好之者;好之者不如乐之者"。最后还要引一条,这一条是应该注意的。孔子说:"君子坦荡荡;小人常戚戚。"君子的生活,是坦然的;而小人生活,则是戚戚然的。君子与小人的对举,在一般儒家书里面,差不多君子与小人之区别,是在伦理上道德上区别出来的。君子自然是好人了;小人自然是坏的。在这句话里面,孔子直接表示出来,生活之乐不乐,与人的好坏变成一个问题。凡是君子则坦坦而乐;小人就戚戚以忧。为什么要变成一问题呢?这是应该注意的;与仁者不忧,差不多的意思。把这所有谈生活之乐的,各个小条,归并在一块,我们就知道孔子生活是乐的。这是第一条。后来一条一条都要举出来。这是什么原因呢?是为什么而快乐呢?再求所以然之故。这是关于此事(情),现姑且不讲。

再讲第二条。孔子对于生活之讲求,有这样重要的观念,这重要的观念就是"仁"。孔子常常批评人,用"仁"来去批评;以仁,不仁,违仁,去定人之好坏。有人计算,在《论语》中有五十八章讲"仁";"仁"之一字见于《论语》者有一百零五次。孔子对于生活讲求仁,就很重要了。必定求仁是怎么讲呢?还有昨天说过,孔子有可注意之态度,就是着重在行,不愿意多说话。这个态度有几条统统言此,如"君子讷于言而敏于行",这是一条。"敏于事而慎于言";"仁者其言也讱",讱也是说不出来的意思;"为之难,故言之也讱";"古者言之不出,耻躬之不逮也";"子贡问君子,子曰:先行其言而后从之";"刚毅木讷近仁"。这些统统都是讲那个态度的。还有"子罕言利与命与仁",不去深谈那些道理;但他教人时,未尝不以仁教仁,亦未尝不说仁。孔子亦未(常)尝不谈命,如"五十而知天命",不过不深谈仁与命之理也。要知罕言者,即不深道之也。这许多归成第三条"讷言敏行"。

"讷言敏行"这四字本来是不好,但也还可以用。至于为什么要如此呢?其中所以然之故又在哪块呢?俟后来再求。再又来看,看他指点人作生活,总是以这话告人。是哪些话呢？就是总是教人要看这点不要看那块。这个态度也很重要。如说："君子求诸己，小人求诸人"；又说，"古之学者为己，今之学者为人"；又说："异乎！吾未见有过而内自讼者。"总之他总是说，人总是看到旁处去了，不朝自己身上看。还有"不怨天，不尤人"。其他许许多多都是说这儿的。如"不患无位，患所以立"；"不患人之不已知，患不知人也"，这都是表示此种态度的。

第四条"看自己"，这条也和上面所说的那一条是相连的；分开固可以，合拢也是可以的。他说要看当下，不要看远了，不是看过去的，就是看将来的，这种看法都是不对的。孔子说他的弟子"未知生，焉知死"？就是要他朝眼前的去看。又说"未能事人，焉能事鬼"？就是要人先知人的道理。又说"君子思不出其位"；"素位而行，不愿乎外"。还有一条也可以放在此地。就是"不在其位，不谋其政"。这条虽含他意，然也可放在此处。又说"能近取譬，可谓人之方也已矣"。这尽是要人看当下，所以也可分成第五条"看当下"。此种态度与前那条也是相连的，实则是为一条。又可以说与宗教不同态度，宗教是说未生以前是怎样，既死以后又是怎样，统统尽皆思出其位矣。关于宗教上则说，"未能事人，焉能事鬼"？"未知生焉知死"这些话，统统与宗教不相同，恰与宗教相反。又，"子不语怪力乱神"，这些事孔子都不讲。又说："非其鬼而祭之，谄也。"人之祭祖先，原是思念父母，不是父母而祭之，那就是谄媚了，也就可以说是非其鬼而祭之。这就是第六条"非宗教态度"。为什么有非宗教态度呢？下面再说。

再往下看，这是顶重要的。儒家风气，大概都是如此，就是非功利态度。《论语》上表现得很充足，没有哪一句，不含有非功利意味。如"君子喻于义，小人喻于利"。这是在字面上看得出来的，至于《论语》在字面上说出的却很少。又有"放于利而行多怨"。这就是第七条"非功利态度"。还有一条，这也是人人都知道的，就是"非刑而尚德的态度"。法家是尚刑的，以为治国，则非用刑罚不可；至于儒家，则反对此说。这条在《论语》中，不可多见。如"为政以德，譬如北辰，而众星拱之"。又，"道之以政，齐之以刑，民免而无耻；道之以德，齐之以礼，有耻且格"。这就是第八条"非刑而尚德的态度"。还有第九条，他们顶主张的是礼。除仁之外，就要算礼了。一条一条的很多，不必细举。有时批评一个人，也是用礼来做标准。此中也不可不求其所以然之故。《论语》上讲礼的，有三十条之多。还有孝悌，我们也不必一条条都举出来。讲孝悌的话，《论语》上也有许许多多。还有一条也颇重要，就是求孔子生活，这点也不能不注意，也不能不了解，但此条后来的人，很怀疑的；我们且不要管它。总而言之，如果想了解孔子，这条就不可不了解。这就是天命。

究竟天命是什么呢？则非明白不可；不明白对于孔子是有隔膜的。孔子说："不知命无以为君子"，由这点一看，其重要就可想见了。"君子有三畏，畏天命，畏大人，畏圣人之言，不知天命而无畏也"。然究竟天命是什么呢？还有"子畏于匡，曰，文王既没，文不在兹乎。天之将丧斯文也，后死者不得与于斯文也。天之未丧斯文也，匡人其如予何？"这个天就是指天命。还有"道之将行也欤，命也。道之将废也欤，命也。公伯寮其如命何。"所以这命也列在十一条。还有想了解孔子，这点也是应当注意的。在文字上虽只有一条可见，但这种态度是非常重要的，就是"子绝四，毋意，毋必，毋固，毋我"。这也非常重要，到后来宋儒颇注意及此。这也就是十二条，毋意必固我态度。宋儒以毋起意以概括之，他们说此条与别条不同，恐怕孔子告人不要如此呀！（不要）不要如此，说的太多了，孔子弟子就总而记之，差不多快讲完了。

现在以十三条为殿。十三条就是颜子态度。我们晓得他是顶能学孔子的，顶能学孔子生活的。孔子特别提出来夸奖颜子也有好几条，什么"回也其心三月不违仁，余则日月志焉而已矣"，也可括在这条中间。顶可注意的就是那一条："有颜回者好学，不迁怒，不贰过……"。颜子态。度包含有这两桩。然为什么"不迁怒，不贰过"，也值得夸奖呢？我们试想一想，这一定是孔子所注意的，所着重的了。非求出所以然之故不可。

研究孔子生活，如重要的态度，显明的彩色，在零零碎碎的《论语》中，可归成这样十三（段）条。

二、人生理想

至于仁也，就是孔子之理想，也可算得是事实。仁者之生活之理想，实在是原来之事实。孔子之所认为当然者,然到了后来即失掉了那个样子。在平常生活时,能够似原来生活者却很少。然而想做到原来之生活那个样子,必须有恒,恒常的去做,恒常的向上,才能够不失此生活。易曰:"天行健,君子以自强不息。"照此看来,最要者就是不息;除了不息外,就没有别的了。而平常一般人,不知道是什么缘故,常常陷入于死板的模型内,趋于气质之上。孔子讲仁,在《论语》中者,有人计算过了的,有五十八章之多。此五十八章讲仁之话,可以分成五大项。我们按这五大项之分别去看。我们之所讲的仁,到底讲下去,能通不能呢?第一项,可以说孔子说仁之话,其中夹杂有弟子或旁人问的。此种者

放鲅知德

差不多有十条。他的弟子之间或他人之所问,而孔子之回答,有种种之不同。樊迟问仁于孔子有三次,而孔子之回答,三次就不同。这一类可为第一项。其次说第二项。这项很多。这一项似乎把仁看作很容易的。如《论语》上云:"仁远乎哉,我欲仁斯仁至矣。"这类的有好几条,可列在第二项之内。这项之意,就是把仁看作极易,立刻就是仁了。第三类是把仁看作是很难的。有人问孔子,这个人算得仁吗?孔子说不知其仁;又有人把他那时候闻达之人,来问孔子,某人算得仁吗?孔子说,可谓"忠矣","未知焉得仁"。又说"清矣"。"未知焉得仁"。这样既算不了是仁,那样也不能算为仁,说得是很难的。这也可以归作一条。第四项,可以说他是勉励这般人,应该去亲近仁人,就是叫人亲近好人

之意,如"弟子入则孝,出则悌,泛爱众,而亲仁……""君子以文会友,以友辅仁","里仁为美,择不处仁,焉得知?"友其"士之仁者",这些当然容易的。第五项说的是不仁,也有许多条:如"人而不仁如礼何! 人而不仁如乐何!""予之不仁也!"似此种者也有许多。也可归成一项。以上(所述的)五条。然而现在想来,还应补上一个第六条才是。这条附在第五条之内也可以,独立成一条也可以。这一项讲的是违仁。违仁是什么呢? 违仁和不仁是不同的,所以要独立也可以。孔子之讲仁,不外以上五大项或者是六大项。我们还是要抱定我们之意义,始终不变,看讲得通不通?

我们先讲第一项。为什么这些人问仁于孔子,总不做一样之解答呢? 何以不直接告问仁之人们,说仁就是人之原来之心,仁者之心是柔嫩的。何以不直截了当以此话答之呢? 这(从)中有没有缘故呢? 请不必焦躁,其中是有道理的。现我们先就讲这一层,我们还是从敏锐之知觉去讲。一种超乎本能之心,不为气质、习惯所支配之心,每种知觉都示人以一方向。恻隐之心是一个方向,不平之心也是一个方向。还有那如好好色,如恶恶臭者,见了好的就向前进,恶的就往后退,这种向前退后,统统是一和方向。人见了好的事情,赞叹之,心好之,见了恶(了)的,鄙夷之,痛恶之,也算得是方向。示之方向,这就是理也。有所谓心同理同这句话。到底是怎么解法呢? 这就是譬如你见好的好,我也好,见恶的,你恶我也恶,就是这个意思。宇宙间有两种理:这二种之理,我们应该注意的,应该分别清楚的,如果不分别清楚就要错讲一些事情。这二种理,一就是客观的事理。比如我手上拿着这茶碗,我一放手,碗就要跌在地下打碎了,像这和理即是客观事物之理。政治上,法律上,社会里有许多道理,就是这种道德、心理学,也是这种道理。就是在旁边研究,超乎他之外去了解他的,即是客观的事理也。好公平而恶不公平,作客观地去研究,也是这种理。还另有一种理,即主观的情理。此种理与那种理是不相同的。科学中所得出之理,无论到什么地方都是对的:在中国对的,欧洲也认为对;至于好公平而恶不公平,到处也是对的,但是此种理,容易见出不同。在这个社会里所认为对的,而在那个社会里或者认为不对。我之善者,或者是你之恶者。然而这种不同,是一种偶然的。又为什么又有这些不同呢? 因为是统统被气质习惯所蒙蔽,如果超脱习惯气质去讲话,当然也尽是对的,尽是相同的,张君劢先生说,人生是不可统一的,科学可以统一的,实则不然,是应当统一的,都是因为人心均有所偏,所以不统一;然而如果超开了偏的心,统统就相同了。不拘什么,人好者我亦好之,人不好者我亦不好之,这些理统为主观的情理。如人应当慈善、忠实、仁厚、老实等等,这些理也算是主观的情理。人类所有之美德统统在主观情理之中,比如有个人悔过自新我就说他好,因为我好他;不好他,就是我恶他。是、非、善、恶之好恶,并非是客观的,乃是主观之好恶。要知道主观的情理与客观的事理是两回事体。所有之主观情理,一个人勇也好,谨慎也好,刚直也好,不拘何样,都是一种主观之情理。知觉所认识的客观的事理,是被证明的。如数学上一个问题,算得对不对,是要证明后才能够知道。至于主观的情理,是不待证明的。这样说来,我想诸君一定有疑问,不证岂不是有错误吗?然要知错与不错,要看主观,看敏锐之知觉,到底是敏锐不敏锐。如知觉是敏锐的,情理不为气质、习惯所支配,这样认识出来的没有不对的;再不对的,还是敏锐之知觉所认为不对的。知觉有对不对,按之于事实,不能对不对。比如说,前面来了两个人,这二人中有一个,我认为必须向他行礼的,如是就向那人打了一躬,但是后来过细一看,我所敬的那个人是看错了。这种错误是由于客观之事理不清楚。而主观之情理,并没有错,与方向还是无伤,所以可以说这种错误并不能算为错误,即或有改正之点,却与原来者无伤。这种改正非事实上之证明,是主观之证明。细想起来,此时还是主观之情理,比刚才那个方向之心更要清明些。因为心是清明的,就可以更正,知道更对之理,非知觉能够纠正知觉。如知觉是清明的,就没有不对者。一个人有多少之对,就有多少清明之知觉。假说这种知觉是顶清明之心,对不对,与心之清明不清明是成正比的,宇宙间之情理,只能以知觉去认识,事物之美与不美,只能去尝尝之,这还是主观的。如果我尝了之后,所认为美的,不管它好不好,一定谓之为美。有顶对之情理,要不是我主观之所认识者,永远不能认识,不是知觉所知者,永远也不能知,就是有了,我也不能知道。这件事情,为什么知道是真对呢?还是我说它对,因为知觉觉得它对也。一切之德行都是在人,勇也是他,谨慎也是他,刚直也是他,朴诚也是他,忠厚也是他,不拘干什么事情,都是在他。然而认识一切主观之情理去发挥德行者,其职务却在心,一切德行,出之于心。我们勉人,指人心为此心,就是不为气质习惯所支配的、柔嫩的,有敏锐之感的,不拘在那点指示也可以。如果人有所偏,我们就个人之不同而去指点,虽然指示之不同,实在所指者仍为一回事,都是要人往仁路上去,指他到仁。所以孔子对于问仁者就有几种答法,并使你知道这回事,让你之心为仁者之心。如事情既明白了,那就可以一样去讲。因为孔子不是说理,叫人知道仁之理解,这并不是孔子之期望,孔子之所期者,是要人有仁之心,应在何处去指点的,就在何处去指点之,所指者,并不是仁之道理,是使他应该如此,也不是那种古懂的道理,是告人去实地作生活,然答法虽有种种之不同,而结论总是在仁。如"颜渊问仁。子曰:克己复礼为仁"。礼者,是顶对之心,所引着路发出之言动,所谓"非礼勿视,非礼勿听,非礼勿言,非礼勿动",都是仁者之生活。

总之孔之答法其所以不同者,因为人有种种之德行,故种种指点不同,实地上讲起来,完全是指的一回事;因为是在事实上之指点,故有不同。

三、仁者心境

孔子说仁,有时候说得很容易,如:"仁远乎哉,我欲仁斯仁至矣","一日克己复礼,天下归仁焉"。这是说得很易得的。还有说得很难的。然而孔子为什么一日说得那样易得,一日又说得很难呢?先讲这一层。我们先举个浅显的解释。所谓仁者,是与麻木相对待的,是很柔嫩的。比如说,在生物之中,植物比动物要麻木些。我们又可以这样说一句,凡走一种死板的路子以生活的,统统谓之为麻木。再进一点说,凡走本能之路而生活者,亦可谓之为麻木。仁之意义甚广,就广泛的言之,可以与生活同义,因为假如生命没有了,那是绝对不知痛痒的。现就植物言之,它是比较要麻木些,然而你如果用火去烧它,也还有点感觉,人自不待言了。然而严格地讲起来,没有人是个不仁者,因为既然是个人,总是生活的,除非死了,所以说没有绝对的。心情愈有力者,感应得愈真切。换句话来讲,就是愈有仁些,这又比那仅知痛痒者程度上大不相同了。从知痛痒起,一直到非常敏锐,无一点不觉得为止。所以讲起来,如仁到极点了,行为就没有一点不对的。从极高以至极低,仁之范围有这样的广泛,在此长而且宽泛之范围以内,极低者只知痛痒就可谓之为仁了;极高者微微的一小点不合适也可谓之仁。然则仁既是有这宽泛之范围,故有说难说易之可能。况且说话时,都要有一种抑扬,才得引起人之注意,本来有说难说易之可能,而讲话时,又要有抑扬于其间,所以有时忽然说得很容易,又有时而忽然说得很难。这是一种浅显之解释。浅的既解了,真正之解释也不可不知道。所谓"仁远乎哉"之仁,此地所讲者,并不是说知觉之远,说话的时候,是那副心理,那副心境,那一片之心境,此时是说这个,并不是指难的,指仁者之心理。这仁者之心理,如要去形容它,可以用许

馈食欣受

多状词去形容之,就是这副仁者之心境,是很新鲜的,活泼的,柔嫩的,柔和的,温暖的,温和的,平和的,调和的,安和的。这种种状词,都可以形容之,但以安和这二字最好了。仁者之心,可以说出种种之和。我们俗语,有一团和气之话,用这四个字去形容仁者之心理,心境,那就再好没有了。另一方面不仁者之心境,是陈旧的;仁者之心境是朝气的,不仁者就是暮气的;仁者之心境是活泼的,不仁者是停滞的,死板的,糟乱的;仁者之心境是和乐的,不仁者是很烦苦的;仁者之气息是顺的,不仁者之气息是乱的;仁者之心境是温暖的,不仁者是冷的。像这样说下去,没有结止的。然而要问一问,仁者之方面为什么如此;而不仁者那方面为什么有那种迥不相同之态度呢? 这是因为仁者之生活得到了恰

好,生命在他生命原有之路子上面走;而不仁者之生命,可以说是走出了轨则,没有在生命自己路上走,离开了生命之路。所谓生活合适者、恰好者,是生命自己合适,在他自己之路子上走。照此一看,那种种之不合适者,是没有在自己路上走也。在自己之路的外面有几个不同之方向,但此合适之方向,是恰好的,这恰好之来由,是当下所给之方向,并且不单以方向而已,还给以恰好之方向。在生活上,没有绝对的对与不对,所最难的,就是难于方向恰好。如果有一个人,本想吃那种食物,而因见其凄惨之景象遂不食矣;又有一个人,虽见其惨而仍食之,而此食了之人,并不是没有不食之方向,不过在此方向之上,有恰好者不恰好者之分耳。方向并没有两样的,不过要看方向之发出,到什么地方才能恰好,才能适可,每一方向都有适可的,这适可之来由是敏锐之知觉。微微合适到什么地方去,就到什么地方去。这许多合适之点,是一串的,如同一条线样。从心的那方说,心之方向,心之一条线谓之为中,发出之方向谓之为和,无时没有发出,不过程度上没有显明,所以就没有看见。也无一刹那不在发出,这就是情无时不发,中与和无时没有。最敏锐之心者,就是在他自己路上一刹那一刹那连续下去,每一刹那就是中,恰好的那一条线就是和,生命之变化流行,始终是一条线上,一条极仄极仄之路,如果有一点不合适,偏了一点,就谓之为出轨。说到此,要回顾一下子,就是所谓仁者,到底是指什么而言呢? 是指的一副心情,在心情上去指实之,是在此一条线上走,走生命自己之路,稍微出了一点。就不合适了,就到不仁那边去了。所谓自己合适者,就是在自己路上走。我之所以要重复来说这句话的缘故,是因为这句话最关紧要。此生命之轨则,生命之路,这一条线,就是孔子所谓"仁远乎哉,我欲仁斯仁至矣"之仁。照此一看,仁者是在自己路上走。这是一件难事吗? 生命走自己所应走之路是难的吗? 孔子之话之大意,大约是如此。所谓难者,指生命之理而言也。生命之理诚然是难的,不过在一刹那是不难的;因为极恶极恶之人,他至少也能有一刹那之清明。在此一刹那之时,他是可以对的。并不说是仁这东西,在不仁者之心胸里绝对没有的,偶然是极易得的。"日月至焉"也是容易的,想他"三月不违仁",那就难了。所谓"违仁"者,就是离开了轨则也,离开了一丝一毫统统谓之离开,统统谓之离开了生命之路。然而"违仁"与"不仁",是应分别一下子的。违者,是违其极仄的那条线之谓也。所谓"日月至焉"到那线上者,是明明白白地说要自强不息。那么,不息就顶难了,所争者就是在长久上耳。所谓"三月不违仁"者,就是有很长久的日子,在恰好生命之路上走,说是仁没有时离开了。三月既是不容易,况且还要比三月更要长久,一气不歇,那自必就很难了。如果说一声其人可谓仁,要真没间断,能如此才得谓之仁,无怪其为难了。所以孔子不轻易许人,可以算得仁。就是这个缘故。总结一句,说二之易者,是在生命自己之路上走,却不为难;而在事实上一气不歇,却就难之极了,所以成熟也很难。第二项第三项之意,大约是如此。还有一项,是叫人去亲近仁人,这一条也可以不必细讲。现在把不仁那一项,提出来讲一讲。在这项之内,那"予之不仁也"一条也不定难讲。还有"不使不仁者,加乎其身"这条解法,和前面之所说,"如好好色,如恶恶臭"一样的解释,就是把不仁者当作恶臭看待,不要使他挨近自己之身体,这也不算什么难讲。有一条须要注意的,必要解释的,就是那"不仁者,不可以久处约、长处乐"。不仁者之心境,我们上面已经说过,是糟乱的,烦苦的种种。这种种从何而来的呢?这糟乱之方向,不是一个的,烦苦之方向也不仅是一个方向。既然不是一个,当然不成问题,方向既多,所以不免彼此互相冲突,如是生命之头绪是乱的了。为什么方向不一呢?因为心里有几个观念。这每个方向(已经是具了一个方向的)、观念是很冷静的,每种观念都附在方向之上,心遂以多念,心遂以向后,所谓仁与不仁之区别,在此分别了。古人所谓憧憧往来,匆匆而思,像这种样子的人,一定是不仁者,许多念头,缠在心里,方生活之方向向后,其故总是在方向之多,然而细想起来,不唯是多了不得了,就是有一个盘在心里,那就要不得了。应该是本来没有方向,到了临时有一个方向,那就好了。因为心里一有方向,就有事了,感觉不得恰好,事实上应该是如此的,没有方向的,方向是在天然的出来之路上,当下有什么就有什么方向。然心里其所以有几个方向者,统统不是当下了,有了几个观念了。这种地方,在旁的动物,绝对是没有的。旁之动物心里无论在什么时候,只有一个方向,因为它们是走的天然之路子,而人这方面有不走天然路子之可能。比如那极端的就是反射动作,蛾之扑灯是也。蛾子一见了灯光,它就扑拢来了,一直扑死方止。而人就与此大不相同,只有当下之境向,有一个随感而应,因为人是走的是理智之路,所以就能存着许多观念,去应付问题。如我从前摸火,把手炙了,现在有火在这里,本来是想摸的,但是一想起了从前被火炙时之痛苦,就不去摸了。不单是现在的,后来的亦可牵及来,因为人有这种可能,所以就可以有此种几个观念。心在清明之时,观念本来是可以有的,但每种观念,都是冷静的,不附带之以方向。如果附之以方向了,则心就乱了。

因为在一心之内,只许有一个方向,若是有两个呢,决绝对是要冲突,既然是互相冲突,就不会不乱了。但现要追究此种附以情义之观念从什么地方来的呢?这为是他找来的,在天然之路上,本是随感而应,泰然无事的,后来因为是走理智之路的结果就陷入于气质之中,每种观念,均给以方向,带以情义,这种东西,即所谓找来的已经着上了,本来方向是向上的、只有当下的。而那种东西,是牵引来的。昨日之事,去年之事,百里外之事,千里外之事,都是牵引来的。如果把这种路子走熟了,就可以让心只有当下之不可能,往天然路子上走,反而觉得不自然,反之走后天气质、习惯之路,反而是常态。因为心是有方向,总是有所想。要之我要重复地说,请诸君注意者,就是在"找"千里外、隔年过去之事情。其所以能牵引来的,统统是我找出来的。孔子所说"不仁者,不可以久处约、长处乐"者,就是说他去找去,所谓"约""乐"者,当然是指境遇而言也。如果有个不仁者,向外找的人,把他放在"约"的里面,他或者被挤得无法了,能够坚持一时,至于要他耐一个长的时间,那是不能够的。至于那般无所找者,泰然无私者,没有这个问题,随在什么境遇之内,差不多可以说随遇而安,至于找的人,时时出主意,没有法子,可以使之一时安乐,安和,使之不出主意。所以说不仁者,就是好的境遇也是不能受的。这又是为什么呢?还不是和上面之所说一样。然而想想,既然是境遇好,当然可以使之耐久,然而因为他是时时向外找的,只能满足他一时,所以说处乐也不行。虽然满足了他之所找者,但只能一时,因为他之态度是向外的,非常不自在的。那班寻找之人,每一气质与本能,除开了争斗外,统统是求的,取的,寻觅的,有求于外的。这是因为他走的是气质之路,情义系在每种观念之上,要满足,只能满足他一时,不能满足他使之绝对的不寻找,至于那班绝对不找之人,无所谓可处不可处了。找之人"约"一时是可以,"乐"一时也可以,但是想安居长久,那就不可能了。似这种不仁之人,堕在气习之中,向外找之态度,在北京有两句俗语来形容他们，然而这两句话，也未免太刻薄，姑且引来形容一形容，就是"小人发财，如同受罪"。此话之意就是说没有发财的时候，心里虽然找，但是这种找，不过找发财之机会，发财之能力而已，也不想逛街、听戏，这种事情，因为不可能，就不去想之。如一旦给以找之能力，发财之机会，那么财虽发了，而向外之找又大发动了，方向就多了，心里忖着，我有这些财，还是上戏园听戏去好呢？还是上街去逛逛好呢，还是去上馆子吃大餐好呢，种种思想，盘旋于脑子之内，令之坐卧不安。上面所说之种种，我们来看一看，仁与不仁在彼之心境上去看，一个心里是平和的，一个心里是很乱的。扼要说一句，不仁者是寻找的人，这个找之大意是指生活头绪紊乱而言。究竟头绪乱与不仁之关系完全不相离的，不惟说是头绪乱了不行，就是心里已有一个之人，已经是不仁了。这句话我是屡屡申述的，心里要完全无方向，如有了方向，有了景象来，则应得不真切，因为心已有所注。质言之，心里有一个方向都是不对的，何况多乎？感应之不真切者谓为不仁；所有之不仁，起于心之有方向，所以生出第二个方向了，根本上不真切了，这是因为心有所偏，所谓"心不在焉，视而不见，听而不闻，食而不知其味"。这就心已经失了，因为心之方向，都到那边去了，因为心里已经有一定之方向，所以视而不见，听而不闻，食而不知其味，就是心里麻木不仁了，在人之心无方向时，没有一个景象不感应的，当下问题一来，心即随感而应，应了后即了了，似这样之生活是很流畅的，但是如果有几个观念徘徊不定，生活那就很板滞，糟乱了。关于不仁之话，本也还有，但其他者也可以不必细讲了。所谓"人而不仁如礼何，人而不仁如乐何"。在礼乐上去讲，大概如此了。底下就应该讲孔子生活里之"乐"字。这一条我想明天去讲，今天继续讲者，就是第三条"讷言敏行"。在这一条下，先讲这个意思，就是说我们这些人说话，对于顶难听之话，顶坏之话，固然是不忍出诸口，而对于极好之话，顶好听之话，也是不忍出诸口的，也是不好意思说出来的。谈到此不好意思说出口这一点来，孔子有一句话，孔子说："其言之不怍者，其为之也难。"如果说话不怍之人，实在是先去说好话之人，心就不柔嫩了，所谓怍者表示柔嫩也，不怍就不柔嫩，心就很硬了，心也就死了，话愈说得好，愈不会见诸实行，真要做之人，绝对不说的，如打仗之时，那般猛勇向前之人，从不对人说，我要向前打去，有一个人，他说，我要向先前打去，那么这个人，一定不得向前的。由此观之，好说话之人是不行者，行之人是不好多说话的，因为说话是极容易的，而行事起来那就难了。如孔子之谓"仁者其言也讱"。因为是"为之难，言之得无讱乎"。我们看那般就此说出来的，言之不怍者，就是不做之人。我们可以这样说一句，那个人什么时候好话说得顶多，那说好话顶多之时，即那人顶不好之时候。就最近之实事举来看一看，南北这班军阀，那些大名之政客，说起话来真是再好没有的，如把他说的那些话里抽出一句来，照着那一句做去，已经是顶好了。实在可以这样说，所谓心硬者，实实在在是指此而言。我们看一看吴景濂之通电，他说他要为宪法牺牲自己，说话之时，脸已经不发烧了，因为他之心死了，原来之心已经死了。所以说那般有原来之心者，不好意思说出来，因为言与行虽说是两件事，而实在言者既是要行者，所以常常带不说之态，要让心是仁。此种解释，实在是浅的解释。真解者就是我们人类，有一种理智之倾，凭借这理智去了解客观，语言文字是表示外面之事情的，因为理智是很敏和的，不单可表客观的，就是自己之主观的，有一种行为，与客观者完全不相同的，有根本不同之点。客观之事理是很冷静的，然每说一种行为，不应该淡然过去，说平的事情，当附之以赞同，表扬之情，不平者，也当附之以痛恶之情，如见主观的情理之事，也还是如客观之事一样，应当附以好恶之情者，也不附之，讲主观者，也似客观之样，很冷淡的，这种人，就是不仁之人，言与行离开了，因为是有真好恶之情，才能发动人之行为。人可以离开行为，在其他动物则无之，有一种人见了一件事体，明知是很公平的，很对的，但是不去做，把主观之情理，变成了冷淡化，结果则见义不为，知过不改，到了后来，知统变成了冷静的。如有个人，我向他说某人很好，做事很公平，他听了我这话，即刻附以赞美之同情，此种表示是很对的。如果把主观之情理，弄成个客观化，那么，这样就不仁了，感应就不真切了。还有一个意义，此意义恐怕是很对，而且重要的，我们说话之时，容易说到高处远处不说这里，说到别处去了，此种样子就容易陷于不仁，心到那边去了，无暇来顾当下。我们应该时时看当下，时时是现在，心老是在这一点，能够如此，没有无真切之感者。如说到远处，高处，放松了当下，则感应不真切，发生之行为，就没有力量了。所以孔子说"力行近乎仁"。因为力行之时，心是在当下，是在现在，如果光去说容易说到高处远处，如一顾高处远处,则失了当下。"力行近乎仁",这句话反来一说,就多言远乎仁。因高、远之处统统是离开了现在的,我们应当尽力于现在,不应该往高、远之处去望。所谓"讷言敏行"者,这个意思很重要。这块之所说的,统统是归于仁与不仁之问题以内。这个态度,就是要人不要说高处,如果一说之,心就远矣,换一句来讲,就是要人在当下着意,与底下之所说的看自己看当下之态度是相连的。这条差不多说完了。

现在说一说看当下这一条。我们来看,那看自己一条之内,有"君子求诸己;小人求诸人"。"古之学者为己,今之学者为人"。"己"是什么呢? 一般的人把"己"当作自己解,这样一解,所谓为己者,岂不是自私吗? 然而要知"己"之意义,并非是指自己而言也,也不是常人之所谓心目中之我底观念。孔子之所谓"己"者,非指此也;此种己之观念,始终不在孔子生活之内。孔子所说的那个"己"字,是指当下之心情,并非是指的这样的我。我们举例来说:我们在路旁见一个乞丐,那种神情是很可怜的,由是而动恻隐之心,给他几文钱去帮助他,我们这种举动,不是为的别的,是为当下怜悯之心情,为己者,就是为当下之心情也。此事、此种举动,与为人之举是大有差别的,就是为己之举动,一举动了之后,行了之后就完了。为人之举动,行了之后,还未见得完。如说是要人知道我有钱,我给钱给他,这件事情已经行了,到底人家是否称赞我有钱呢? 这是另外一个问题,拿这件事情,希得那个存在,达到目的或者是达不到目的,又是另外一个问题,还有这些问题存在。至于为己,则一做之后就完了,此种冲动也因之而完了。此态度与非功利之态度是相连的。为人者,就是功利之态度;功利者,是以手段有所取得,有所为而为也。而一行即完之举动,并不是另外有目的,如说是助人,现在助了,助即目的,一助就完了。可以用这句话来说,没有手段、目的之可分者,就是非功利之态度,也是无所为而为。此话有一层要注意,有些人错看了,错解了,以为无所为而为者即是毫无所为也,是一种冷静的,实在是错了。西洋伦理,功利派占风盛,德国人与他们这种态度,完全相反。德之伦理思想,是反功利派之思想。他们所举张者,也是无所为而为。然而他们这种无所为而为,与儒家之无所为而为又大不相同。康德之无所为而为,真是冷静的,干枯的,全无所为;而中国儒家之无所为而为,不是全无所为,是"别无所为"也不是如常人之想象那样的全无所为之无所为而为,如见了乞丐生怜悯心,给钱助之,因为有那种怜之心情,所以才有行为之发出,他之行为,只有为此,并不为别的,此即是无所为也。

要之种种行动,是靠情味来发动。每情味无解释的,如我说这东西好吃,好吃就是了,你如果要我来解释,是怎样好吃呢?为什么吃呢?那就不能解释,也不能旁证,所谓不能解释者,就是绝对者也,就是无所为的;有所为的,可以讲得出来由,至于情味,再不能够讲为什么要如此,只说是靠当下之情味,而发生行为;情味完了,行为也完了;情味不断,行为也不断。统统是似此种样子,此种行为,谓之"为己","为己"之意义,就是这样解法。

四、礼与人生

礼也者,是柔嫩之心引路去做生活,这时候一言一动,统统是优美的,这些文雅之言动,那就是所谓礼也。这种讲法是片面之讲法,不能够说是礼之根源之所在。儒家之礼,

俎豆礼容

用这种讲法,实在是讲不下去。我们讲这一点,先要提出几个问题来。讲刑赏时,这是心只管外边,外面之形式者;然而孔子之所反对者就是反对形式。所谓非刑罚之态度就是反对形式,反对外边之一种郑重的表示。孔子既是反对形式,礼节不是形式吗?讲礼节不是等于讲形式吗?有人说罗素之讲冲动,就是讲自然之心情,他说到这点,就有人说,

孔子所注重之礼,是阻抑我们人类自然之心情者也。比如说,我要这样做去,但是这样一做了就不合理,完全被礼所抑止。这样说来,礼这东西是抑止我们之心情的呢?还是顺着我们之心情呢?通常之所谓礼者,有许多在现在之法律民法中占了一部分,前所讲之礼,与现在之法律是一样的。中国在以前社会有些事体用礼去解决,后来就在法律上去求解决。所谓礼法者,就是解决人与人之间之问题的工具,凡是在社会之成文法,或者是不成文法,这种种东西统统是解决人与人之间之关系的一种东西。常人以为这种礼法,容易使人到那边去。以上这些问题,想讲礼就非待解决后不可。吴稚晖先生有一次对我闲谈,也谈到这个问题。他说,譬如我偷你的东西,固然是不好;你偷我的也还是不好,至于婚姻也是一个样子,此即礼法之起源也。并不单是西洋思想,在中国古时,先王之制礼,是所以别男女之妨也。此种意思,也是和吴稚晖先生之意思差不多。我们讲了这许多,究竟儒家之所讲的礼,是不是像这种样子呢?是不是如他之所说的呢?如果礼仅只有此解,那我们所谓之礼,就一定讲不通了,与那几条相矛盾了,互相冲突了。但是我之讲法,和他们之所讲者又不大相同。现在就说我们之讲法罢。我们之讲法与性善之意差不多,带一点性善之意。我们这些人,如果一定要制礼去解决社会中之问题,这就是认为人顺着自然之路走的是恶,因为走的是恶,所以就非用礼去解决不可。近人所谓礼者,以为礼者多少带性恶之意,带性恶之倾向。这个问题,均为困难。还有我们处处常常所讲之话,就有此意,就是反对去走客观之道理。昨天讲利他主义时,统统是举出了,使人不走本能之路,走他所立之路,统统是不对。不顺着自然之路子走,要顺其所言者去走,这统是我们所极力反对的。照这样说来,礼岂不是一定之死条件,与儒家不相合吗?这些地方要讲礼,非剖明不可。现在仅把要紧的讲一讲,可以把上面这些疑问解释明白。下面分述之。

先说这一层。所谓礼者,是心之节文,是柔嫩之心引着我们行动时,发出来之举动。这些发出之好的态度,就是所谓礼也。礼者是心情之表露,一种自然之表示。孟子所谓"徐行后长者",盖心如柔嫩,不得有长者在前,跑到他之前面去的,这就是我们之所谓礼也,就是柔嫩之心,引着路所发出之行动,自然者也。心情表示于外者,就是这种样子,并不是强作的,丝毫不带一点勉强。不过要注意这一层,此种心情之表示固然是如此,如真出于心情者自然是好的,对的;然而有时没有这种表示,而彼之心还是一个没有离开当下之心,情还是自然流露,这种也是对的,好的。这是一种什么人呢? 就是那天真烂漫之孩童。我们看见天真之小孩子,有客来了之时,你不教他行礼,他也不行礼,就是这一类之事是也。他的心,还是没有离开当下,他之心还是没有他向,所以我们亦称之为好为对,因我们之所着重者,是着重在当下之心情。儒家之所谓礼者,常常是注重在此方面,注重在柔嫩心情之表露,否则宁可似小孩那样质朴点儿也好。我们看《论语》上面说:"先进于礼乐,野人也;后进于礼乐,君子也;如用之,则吾从先进。"照此一看,先进质朴些,后进是有繁文的,孔子他说,如用之则吾从先进,可知孔子之意宁要质朴,可知礼之重要,礼之元素,在乎心情。

还有"巧笑倩兮,美目盼兮,素以为绚兮"那一节,孔子是说绘事后素,子夏就说:"礼后乎? 子曰,启予者商也。"这点看来,礼就是起于情,是情之一种表示,情是质素的。还有孔子有句话:"不得中行而与之,必也狂狷乎——狂者进取,狷者有所不为也。"狂狷固然是不合礼,然孔子之意,如果没有好的礼文,倒不如质朴些好。还有"林放问礼之本? 子曰:大哉问! 礼如其奢也宁俭;丧如其易也宁戚"。由这种种,可以证明孔子是重真挚,他的意思,宁要质素之心,不要繁伪之礼。此地是说孔子之所谓礼者,是心情之流出者也。现从反面说来,如果心情不到,还是一定要礼的,这种意思,在《论语》上也有点儿。例如"子贡欲去告朔之饩羊。子曰:赐也,尔爱其羊,我爱其礼"。可以知道羊要摆在那块,这就是虚文了,这种虚文,子贡想去是很对的,而孔子还说,"尔爱其羊,我爱其礼"。保存这种形式,岂不是与刚才所说的是相反吗? 还有孔子所说,"兴于诗,立于礼"。"不学诗,无以言;不学礼,无以立"。"不学礼无以知言也"。把这种种看来,礼统统是指的仪节,就是心情没有到,还要存点形式。《论语》上有一节:"弟子入则孝,出则悌,行有余力,则以学文。"这块所谓文者,就是指礼而言也。可见还是要礼。前面我们已经说过,我们之所尚者,最要者是天真烂漫,但天真烂漫,不是圣人,不过近乎圣人而已。这种天真烂漫,就是赤子之心,此不过是我们之根据之初步,还没有到顶好之地步.对于智慧,还是缺乏,智慧固然是不足重,但有智慧之人,依然还是要着重心情,像这样有智慧而着重心情之人,就比那粗鲁之人要可贵一点。用朴素之语,而现有意识聪明之点,此一点是很可贵的,不但是真而已,并且细腻。我们说,走质朴之路固好,但是如果过于朴陋,未免失之太粗鲁。顶好方法,是让圣人有礼之心,告之以我们之言动举止之形式。我们如果照着这样做去,那粗乱之心可以从外面得着影响,而影响于心,使得那乱的粗的之心,变成为不乱不粗。此种功夫,就是所谓正心诚意之功夫。刚才所说有一句,现在要申明一句,所谓从外面得着影响而影响于心者,这个东西就是所谓礼也。孔子所谓"不学诗,无以言;不学礼,无以立"者,实在是要凭借形式以影响也。有人领着我们作那种细腻之表示,我们一看见了,心就要到真切优美之域。礼之方面,不外上面所讲的这些。有许多人用形式之礼,还能够影响于人呢!这种意识可以用个实在问题(把这种种之意思)表明出来。这个问题就是婚姻制度。我们现在借用此问题,把礼来讲一讲。在未说婚姻制度以前,先要问一声,婚姻制度扼要之点是在哪一块呢?到底是以何处为根据呢?最扼要之点,在我之意思讲来,不可看作两性关系之长久与否,有的也只暂时,此地不能分别之,不能解释,分别不在此,不在关系之因。所谓真正之婚姻者,就在结婚之礼节,与离婚之手续,有了这种手续这种形式之婚姻制度,实在是形式上之问题,但这种形式是很为重要的。我们从儒家之意义去说明婚姻之礼时,觉得这婚姻是出于两人之自由的诚意,此种情意我们是承认的。但是那般恋爱自由者,恐怕在人情上不应该随随便便,草草率率从事。当其两性之关系,生活同居时,在人情上,凡是笃厚之人,真实之人的情上,天然有此关系之要求,要求有郑重之表示。凡有真情之人,把这件事情看得是怎样认真,怎样郑重,所以就有郑重之表示,此即结婚礼之所由起也。但是这种礼一定不可轻视,这种礼并非是人为的,是真诚之恭敬,一种自然之表示。我们之礼拜,统统是真情之表示。我们看见那些小说上说的。凡未经媒妁之言而结合者,有所谓山盟海誓这一类之言。那般真情之人,看来非常郑重。所以说凡是真正之盟誓,也就是自然之心情,这种也是婚姻礼之由起也。我们看一看,在那般结婚之时要拜天地,这层我们觉得很可笑,然而细研究起来,也还有点趣味。为什么要拜天地呢?就是对天日盟誓也。为什么要盟誓呢?表示情真也。此地方也叫作礼。婚姻制度在礼上扼要之点,并不是刚才所说这些,单看片面者也。其所以要使人如此做去者,去解决问题,先从有郑重之表示,所以有此粗朴之礼出来,此即扼要之点也。后来不过在此粗朴之点上,加以文饰而已,实在说起来,那粗朴之礼,原来已经就有了的。婚姻制度,在我们之观察上是不可废的,因为这些人都有一种真切之要求,对于那些不真切者,则排斥之,要求一种郑重之表示,结婚之形式是万废不了的,因为郑重之要求,是人之一种表示。礼既然是不可废,制度也当然不可废。再从那方面言之,粗朴之心情是本来之要求;但是要使之有心,有文雅之生活,也有礼之必要。所谓制出礼来,要人按着去行,就是此种意思。一个普通之人,如没有制礼者,听之而行,受气质习惯之支配,生命之懈怠,也有随便之倾向了,也有模糊不真切之情形。如果有很好之礼,照着礼进退去,照得那种仪节做去,虽然是模糊,也还可以启发其文雅之真形,可使之觅生活之趣味。所以那般结婚者,要经过多少手续。礼拜非常之郑重,情味非常之真切,如果是随随便便去结合,生活就减少了真诚之态度。因为是有礼,可以把大家那种诡诈、模糊、粗鲁之心,化为优美,诚实,文雅者,又可以使轻浮之心变成真诚,两性之生活得着合理之路去走,这就是婚姻制度。这种制度,是从人之要求,要求启发良善之心,启发真诚之心情。

说到这块,可以做一结束了。我之所谓礼者,不是法律上之问题,是一种郑重之礼节也。礼者,实不外上面所谓者。礼可引起人之好的心情,得着一种好的生活,从里面发出。

第十节　生活的艺术(外三篇)

南怀瑾

南怀瑾(1918~)生于浙江温州,著名学者。熟习经史子集,精研儒释道,学贯古今中外,并将各种文化思想融会贯通,著述极为丰富。他讲《论语》目的不在于卫道,而在于通过阐发原文意旨及相关人文掌故,揭示生活的意趣和人生的真义。其文章立足于经籍而聚焦于当下,这一点倒是与《论语》的价值取向,即对现实人生的关注是遥相呼应的。本文选取了作者解读《述而》篇和《阳货》篇中数章孔门语录的几篇小品文,文字意味深长而又妙趣横生,因为与现实生活比较贴近,令人读来尤感亲切。

子与人歌而善,必使反之,而后和之。

孔子是很喜欢音乐的。音乐和诗歌,用现代话来说,即是艺术与文学的糅合。过去的知识分子,对艺术与文学这方面的修养非常重视。自汉唐以后,路线渐狭,由乐府而变成了诗词。人生如果没有一点文学修养的境界,是很痛苦的。尤其是从事社会工作、政治工作的人,精神上相当寂寞。后世的人,没有这种修养,多半走上宗教的路子。但纯粹的宗教,那种拘束也令人不好受的。所以只有文学、艺术与音乐的境界比较适合。但音乐的领域,对于到了晚年的人,声乐和吹奏的乐器就不合用了,只有用手来演奏的乐器,像弹琴、鼓瑟才适合。因此,后来在中国演变而成的诗词,它有音乐的意境,而又不需要引吭高歌,可以低吟漫哦,浸沉于音乐的意境,陶醉于文学的天地。最近发现许多年纪大的朋友退休了,儿子也长大飞出去了,自己没事做,一天到晚无所适从,打牌又凑不齐人。所以我常劝人还是走中国文化的旧路子,从事于文学与艺术的修养,会有安顿处。几千年来,垂暮的读书人,一天到晚忙不完,因为学养是永无止境的。像写毛笔字,这个毛笔字写下来,一辈子都毕不了业,一定要说谁写好了很难评断。而且有些人写好了,不一定能成为书法家,只能说他会写字,写得好,但对书法——写字的方法不一定懂。有些人的字写得并不好,可是拿起他的字一看,就知道学过书法的。诗词也是这个道理。所以几千年来的老人,写写毛笔字、作作诗、填填词,好像一辈子都忙不完。而且在他们的心理上,还有一个希望在支持他们这样做,他们还希望自己写的字、作的诗词永远流传下来。一个人尽管活到八十九十岁,但年龄终归有极限的,他们觉得自己写的字,作的诗词能流传下来,因而使自己的名声流传后世,是没有时间限制的,是永久性的。因此他们的人生,活得非常快乐,始终满怀着希望进取之心。以我自己来说,也差不多进到晚年的境界,可是我发现中年以上,四五十岁的朋友们,有许多心情都很落寞,原因就是精神修养上有所缺乏。

孔子深懂这个道理,因此非常注重诗与乐的教化,但他不是一个音乐家,也不善于唱歌,他订了《乐经》,但失传了。现在这一节书是描写孔子听到别人歌唱得好,他一定要求对方再唱一次。当他学会了,"而后和之",和之就是照他的歌,依他的音乐曲调,另外再作一首,这便是和。说到和,我们常常会在诗题上看到:"和某某先生诗"或"步某某先生韵"这类题目,"步"与"和"的差别:"和"就是照原来的曲调和内容再作一篇(我们听今天的歌,调子都还可以,但内容却不行。由此就看到了我们文化衰落的一面,那就是文学的修养太差,没有深度;现在报上的文章,也是如此,不像古文寿命长。过去的文章,读过后,文章的句子还留在脑子里,还不喜欢把句子中的字轻易更动。因为古文中的句子多方面都可以通,可以做多方面的看法,值得玩味、咀嚼。现在的白话文就没有这种境界,所以现在的诗歌内容,也和白话文的情形一样)。而"步"又不同了,意思是前面有人在走,我们一步一步都跟前面的脚步走。就是只照他的声调,而内容并不一定要跟着原歌的内容意思,这就叫步韵。

以上是说孔子对乐教的重视,接下去是说他的自我评论。

子曰:文,莫吾犹人也。躬行君子,则吾未之有得。

这是孔子的谦虚话,也是老实话。由这一句话,我们可以归纳出几个结论来:第一是孔子在文学以及各方面的成就,真是达到了顶峰,但他自己始终没有认为自己了不起。不但是学问方面,古今中外,任何一方面真有成就的人,站在顶峰的人,总觉得自己很平凡。这是必然的现象,并不是有意装成的。硬是真的到了顶峰的时候,自然就觉得很平凡。而且还特别小心,觉得自己懂得太有限,不敢以此为足。从这节书可以看出来,孔子那么平实、谦下,而且不是故意装样的。

第二点可以看出儒家所谓的学问,就是指做人做事的道理。并不是头脑聪明,文学好或知识渊博,这些只是学问的枝叶,不能算是学问的本身。学问的表达在于文学,文学是学问的花朵。这里孔子就讲到学问的花叶和根本:"文,莫吾犹人也。"他说如果谈文学的修养，"莫……"这里的"莫"字不是肯定词，翻译成现代白话，近乎"也许"的意思。就是说，如果谈文学，也许我和一般知识分子差不多。至于讲我自己身体力行做到了君子这个标准没有，那么我自己反省，实在还没有很大的心得。我们从此看到孔子的谦和，这种做学问的态度，非常平实，没有丝毫矫揉造作的迹象。

一、凡圣之分

下面再引用孔子自己的话，说明做学问的道理：

子曰：若圣与仁，则吾岂敢。抑为之不厌，诲人不倦，则可谓云尔已矣！公西华曰：正唯弟子不能学也！

中国文化，在三代以后，便建立了一个做人的最高标准，就是圣。和印度的佛、中国的仙、西方文化的神，差不多同一个观念。圣之次为贤，贤者也就是君子。再下来是仁者。过去老一辈的人写信给朋友，尊敬对方的人品时，往往称呼"某某吾兄仁者；"或"某某仁者；"对平辈、晚辈、长辈都可以用，这是很尊敬的称呼。所以孔子说，圣者的境界与仁者的境界，这种修养我怎么敢当？实在没有达到，那高得很，我还差得远。不过虽不是圣人，不是仁者，我一辈子朝这条路上走，总是努力去做，而没有厌倦过。至于学问方面，我永远前进努力，没有满足或厌烦的时候；我教人家，同样没有感觉到厌倦的时候，只要有人肯来学，我总是教他的。只有这两点，我可以说是做到了。他的学生公西华听了说，老师！这正是我们做学生的，一辈子也无法学到的地方。

这节话在文字上是如此写，如果以逻辑的方法推论，孔子这样，就正是圣人与仁者在行为上的境界。"为之不厌，诲人不倦。"实在不容易做到。就是说自己求学，永远没有满足，没有厌倦，只求进步；不管今天，只有明天，今天成就不自以为是，再向前走；任何事业，都如此"为之不厌"。教人家，有人来请教，知无不言，言无不尽，不会说同一个问题有人问了三次，第四次还来问就觉得讨厌；不会有厌恶此人，乃至不愿再教而放弃他的心理。否则就不算有仁慈之心。不但是学问如此，就是做事、做领导人，都应该如此"为之不厌,诲人不倦"。就是这两点,的确我们一辈子都做不到。老实讲,我们有时候做人做得自己都讨厌起来。例如古人所说:"富嫌千口少,贫恨一身多。"昨天和年轻学生一起吃饭的时候,看他吃面都好像很厌倦的样子,但又不是有什么心事。问他对活着有什么想法? 他说觉得活着无所谓,死了也差不多。我说他心情太落寞。这和体能也有关系,因为他体能是太弱了一点。但在我个人与人接触的经验,常常发现有些人,他的心里觉得活着与不活着是一样。有些人甚至厌倦于活着,尤其到了"富嫌千口少,贫恨一身多"的地步。一个人穷了,觉得自己都是多余。因为一天忙到晚,只不过养活自己身上几十斤肉而已,结果觉得这几十斤肉都很麻烦,懒得去养活它。因此"为之不厌,诲人不倦"这两点表面看很容易,做起来很难,尤其当年纪大的时候更不易做到。而孔子讲这两句话的时候,年纪已经很大了,当时的人都已经称他圣人、仁者。但孔子一直到死的时候,始终还在救世救人的目标上努力去做,这就是圣人的表征。

孔子曾提到过好多种圣人,在这里我们看孔子,乃是圣之时者。所谓时者,不是说孔子时髦,时髦是后世才出现的名词。这个"时"是说孔子随时跟着时代走,不落伍,随时在进步,随时晓得变,所以说他是圣之时者。他一生的努力,都朝这个方向,因之他这个做法,叫作"明知其不可为而为之"。在当时他知道这个时代是挽救不了的,可是他并不因此放弃他应该尽的责任。这就是我们无论对自己的人生目标,或对自己的事业,必须反省的地方。普通人都把一时的成就看成事业。但了不起的人,进入了圣贤境界的人,所努力的则是千秋、永恒的事业。孔子所努力的就是千秋事业。

下面便是这一篇结论的开始。

二、祈祷是求救的信号

子疾病,子路请祷。子曰:有诸? 子路对曰:有之。诔曰"祷尔于上下神祇。"子曰:丘之祷久矣!

有一次孔子生病,大概病得很严重,以现代情况来说,大概医生都束手无策了。于是

学生们急了,尤其是性情急躁的子路更慌了,主张请一个画符的、念咒的来拜拜;或者请一个神父、牧师来祈祷;找一个和尚来念经。这就牵涉到宗教,向神祇去求救。"子曰:有诸?"一个问号。孔子说,子路!有这回事吗?有可能吗?意思是说,人病重了,在菩萨面前,或上帝面前一跪,说菩萨啊!上帝啊!给我长命吧!再活两年吧!我还有些账没讨,再过两年就可以讨好账,再慢慢去。这样可以吗?小说上写的诸葛亮六出祁山,师老无功,知道自己快死了,拜北斗星(这是小说上写的,历史上实际没有这回事,如果真有这回事,诸葛亮就不叫诸葛亮,要改名诸葛暗了。但道家有此说法:北斗,统称北极星。北极星和南极星,掌管人的生死。后来民间传说的南极仙翁,他的形象成为庆贺长寿的象征。而道家的说法,南极仙翁是管寿的、管生的;北斗星君,是管死的;所以欲求不死,要用道家的方法拜北斗。是另有一套的,包括画符、念咒、点灯等等)。结果还是死了。这是小说写的,不去管它。但这一节《论语》告诉了我们,孔子对于鬼神之事,形而上的东西,并不是反对。前面说过"子不语:怪、力、乱、神。"鬼神有没有存在,他没有讨论。因为"中人以上可以语上也,中人以下不可以语上也。"谈到超现实世界,有没有另一世界存在,这是东西文化五千年来,到现在为止,哲学、宗教还没有解决的问题。我们不能说这些不科学,科学并不是万能,现在科学正要找这个问题的答案而还没有找到。不要以为科学解决了问题,事实上问题还没有解决。像爱因斯坦这样一位伟大的人,可惜死得太快了一点。他想把生命升华,变成为四度空间(*Four Dimensional Space* 或称四次空间,或四个因次空间)。那时人就不是现在这个样子,而可以有神通,可以不靠机器而在空中飞行。他有这个理想,没完成就死了。他到快要死的时候,感觉宇宙的生命后面还有一个东西。什么东西呢?当然不是唯物思想的。他是搞物理的,科学家都是朝唯物方面的路子去探讨。结果他认为不是属于唯物方面的,而是另外的东西,可是不知道是什么。所以他没办法,只好去信上帝。因为这一个力量他没有研究出来,是个东西但不可知,还不如信上帝,精神先得到保障,先得到安慰。形而上是不是有个东西?生命是否在一个躯体里死了以后可以再生、再来?这都是人类没有解决的大问题。所以人类文化不要自吹了,站在哲学立场看人类文化是非常幼稚的,连自己的问题都没有解决。

　　人从儿童到少年,幻想最多。对一个茶杯可以看上几个小时;对一堆泥土、一块破瓦片会觉得很好玩,大感兴趣;堆城筑池,可以玩一整天。后来加上知识的教育,到了二十岁前后,又进入另一个阶段,做学问、作事业的理想基础,就在这个时候打的。看历史上的大政治家、英雄、文学家等等,一切成功的人,基础都在这时候奠定的。如果在这个时候还没有打好基础而后来能够成功的,不是绝对没有,但例子太少。三十岁到四十岁,并没有什么创见,只是将十几到二十几岁之间的理想付诸实施,化成事实。历史上成功的人物,几乎三十几岁就成功了,尤其是领导或统治方面的人物,更少例外。汉高祖年纪是大一点,但也只四十几岁,没有超过五十岁就成功了。他统一天下只用了五六年的时间。其他的人做学问也都是如此。当然年老才成功的,不是没有,但少得很。到了五十六十不过空留回忆。所以遇到老年人,要准备一番心情去光听他讲过去:"我当年如何如何",今天讲了,明天见到还是这样讲,可以讲几千百次。但告诉他现在的事情,他会马上忘记。所以人的学问,一切的见解,都不超离年轻时的模型,尤其以科学为然。现在的科学家,超过三十五岁以后,就很少有科学上新的发现了。有新发现的都是年轻人。而学问思想到五六十岁成熟的时候,人就凋谢了。我前面也说过,人类古今中外的文化,都是二十几岁的文化。就是继往开来,永远是年轻的,永远是没有成熟的。

　　所以中西文化,宗教也好、哲学也好、科学也好,对最后的结论,都未曾获得。生命究竟从哪里来? 生命的价值究竟在哪里? 都没有结论。像前天和年轻同学谈到,我最近看了丁中江先生的北洋军阀史,把近代几十年来的事故,引用第一手资料记述。我对每一文献都没放过,但看了以后就有一个感想:"人究竟为了什么?"这又是还没有答案的哲学老问题。当然我们可以假定很多答案,但这些答案只是人为的、主观的,并不是哲学的正确答案。所以有无鬼神,我们不知道,这个问题暂时保留。

　　但是我们看孔子的态度,他对这个问题是明白的。当他病了,药物无效的时候,子路说。求神吧! 去祷告一下吧! 孔子听了问子路,真有这回事吗? 孔子这话说得很妙。他当然懂得,不过他是问子路"有这回事吗?"而不是说"你相信吗?"子路经孔子一问,表示学问很有根据,于是搬出考古学,他说,有啊! 诔曰:"祷尔于上下神祇。"这"诔"是中国文化中的祭文,历代帝王的诔文就是。子路说,古代的诔文说了,人应该去祷告天地、上下各种神祇。孔子说,如果是这样,那我天天都在祷告,而且祷告了很久,还照样生病。这节文字,做进一步研究,就可以看出来,孔子的意思,所谓祷告是一种诚挚的心情,所谓天人合一,出于诚与敬的精神,做学问修养,随时随地都应该诚敬。《大学》所说"十目所视,十手所指",诚敬修养要做到我们中国文化所说的"不亏暗室"。孔子就是说自己天天做到这样,等于与鬼神相通,就是这个道理,这是第一点。

第二,普通的人,到了急难的时候,就去求神、拜佛、向上帝祷告。所谓:"垂老投僧,临时抱佛。"这就说人平日自以为很伟大,但一遇到大困难,或极度危险,就感觉到自己非常渺小无助,完全丧失自信心——"天呀!神呀!你要救我呀!"倘使这时仍能保持一分自信心,就需要高度的修养。这里我们说到历史上一个人,大家都知道的朱舜水,明亡以后,他流亡到日本去,本想向日本求救兵企图复国的。船航行太平洋中,遇到大台风,全船的人都喊救命,朱舜水端坐船中不动。据说当时船上的人都看到海上有两盏红灯,对着船来。古代的迷信,说这是海神来接的讯号,全船的人都将会死亡,所有的船员都跪下了。朱舜水就问:"真有这回事吗?有没有其他挽救的办法?"船员说除非是有道的人跪下来求,或者还有希望。朱舜水说,他们拿纸笔来,我烧一张符下去,大概就可以退掉。朱舜水是地道的儒家,哪里会画符搞道家的东西,这不奇怪吗?结果他在纸上写了一个"敬"字。烧了以后,台风停了,船也稳了,风平浪静就到了日本。你说朱舜水这一套有本事吧!简直比诸葛亮更厉害,能呼风唤雨,撒豆成兵,岂不应该带兵打仗,将明朝复国了?这件事绝对有,但若深入研究,那就成为另外一门学问了。现在的科学叫作精神学,又叫灵魂学。精神与灵魂的解析,人的精神力量与宇宙是否相通,这是另一个问题。

第三,中国民间的谚语:"平时不烧香,急时抱佛脚。"一般人都是这样,像许多人交朋友,平时不去探访,有患难,或要借钱的时候才去,所以孔子对子路说,算了吧!老弟,如果这样,我天天都在祷告中。换言之,鬼神的事和生命的道理,都不是这样简单的。

三、爱的回报——孝

宰我问:三年之丧,期已久矣!君子三年不为礼,礼必坏,三年不为乐,乐必崩,旧谷既没,新谷既升,钻燧改火,期可已矣。子曰:食夫稻,衣夫锦,于女安乎?曰:安。女安!则为之!夫君子之居丧,食旨不甘,闻乐不乐,居处不安,故不为也。今女安,则为之!宰我出。子曰:予之不仁也!子生三年,然后免于父母之怀。夫三年之丧,天下之通丧也。予也,有三年之爱于其父母乎?

这提到我们中国的古礼,这个制度,现在改变得很厉害了,历史时代到底挽不回的,我们不要去管现代的情形了。孔子当时,是比较保守的,极力主张维持孝道,父母死生之间的大事,应该依照古礼。宰予,就是白天睡觉的那个学生。

现在他提出一个大问题。中国古代,父母死了是三年之丧,要守孝三年,我们在几十年前,至少在搬迁来台以前,在大陆上时,许多朋友还是守这个规矩,手臂上都还戴一块白布或黑布。现在是没有了,三年变三天了。在守丧时期称制中,在名片上面,名字旁边都要加印一个较小的"制"字,表示在守丧。在古代更严重,研究我国古代政治制度,所谓圣朝以孝治天下,做官的人,不管文官武官,也不管官做多大,碰到父母之丧,如果不马上请假还乡,那是不对的,监察御史马上提出弹劾,可以处分到永不录用的程度,是很严重的。不过有一点例外,以武将来说,他正在前方作战,假使父母死了,仍然要向朝廷请假还乡,皇帝可以下诏书,着他移孝作忠,予以慰留,这才可以不还乡。在戏剧里可以看到,有的戏里武将穿半边白袍的,就表示他是戴孝上阵,那都是皇帝特殊的慰留,国家非要这个人不可;有些是他还乡守孝以后,丧服未满,皇帝下命特别起用,名为"起复"。而起复有两种情形,一种是退休以后再起用,一种是还乡守制的人起用。古代这种政治制度,实在也有它的好处。一个人从政久了以后,离开民间太久了,对民间的情形都不知道,回乡以后,杜门思过,也不准宴客,对地方官吏都不得接触,可以深入到民间。这是中国古礼,这种社会风气、政治制度的改变,还只是近几十年来的事。

古代连皇帝也要守丧三年。譬如说丧期中是不准结婚的，年轻皇帝登位前若要结婚，除非由皇太后下命令才可以。在唐代、宋代、明代、清代都有，老皇帝一死，新皇帝没有就位以前，丧事没有发布，先办婚事，第二天再发丧，否则就违犯礼制。这种古礼连皇帝都要遵守，这是中国文化的精神。

丑次同车

宰予现在就提出来问，我们的社会制度，父母死了要守丧三年，从上古行到现在，很古老了，现在宰予说三年什么都不能动，结果什么都坏了，像稻谷一样，旧的割掉了，新的又长起来了，钻燧改火，时令也改变了，岁月换了，我看守丧一年就够了。孔子说，父母死了，你认为过了一年就可以去听歌跳舞了，你觉得心里安吗？宰予说，安呀！孔子说，你心安，你就照你的办法去做吧！并没有人勉强你，你就是过了三天就跳舞也可以，只要你心安。丧礼并不靠规定的，要每个人发乎内心的，古代文化是根据内心来，不是法律规定的。一个君子，父母死了居丧，内心思念的悲愁，吃饭都没有味道，听到音乐也不快乐，睡觉都睡不好，所以三年之中，没有礼乐。我现在问你一年能不能心安，你说能心安，那你去做好了，不必要提倡改为一年，别人不愿改，是别人的事。孔子等于给宰予碰了一个橡皮钉子，他出去了。

于是孔子告诉其他同学，宰予这个人一点良心都没有。下面孔子说的，就是中国文化三年之丧的道理了。他说，小孩子三岁才能离开父母的怀抱。尤其古时是没有牛奶的时代，要三年才能单独走路，离开父母怀抱，后来二十年的养育且不去管，这三年最要紧，就算是朋友吧！这两个老朋友，这样照顾了你三年，后来他们死了，这三年的感情，你怎么去还？所以三年之丧，就是对于父母怀抱了我们三年，把我们抚养长大了的一点点还报。这是天下人类都一样的，而宰予反对，主张改为一年，像这样，宰予没有三年怀念父母的心情，一如父母怀抱抚养我们三年的心情。如改为一年，可以说天下没有一个孝子，天下任何一个父母，在自己孩子三岁以内的时候，那种慈爱、辛劳，照顾是无微不至。所以中国文化，定父母之丧为三年，就是还报这个慈爱，这仅是最起码的回报，事实上父母的慈爱，并不止此，在孩子三岁以后长大了，还一直要照顾到二十多岁，所以这就看到金圣叹这个调皮的文人所说的话，有最高的道理。

现在我们拿他的意思，说说他写给儿子的信：我和你是朋友，最初你也没有指定要我做你的父亲，我也没有指定要你做我的儿子，大家是撞来的，因为是撞来的所以彼此之间，没有交情可谈。但是话得说回来，这个老头子（指他自己）和这个老太太（指他的妻子），从替你揩大便小便开始，照顾了你二十年。这二十年，你去社会上找找看，还有没有比这两个老朋友更好的朋友？我们现在不要求你孝不孝，这些都是空话，只要求你把这两个老朋友照顾你二十年的感情，也同样照顾这两个老朋友二十年，就够了。这是金圣叹的游戏文章，也说明了孝道的真正哲学，所以中国讲孝，就是爱的回报。因此孔子说，现在的人，当父母死了而真有三年怀念父母的心情，像父母当时对自己三岁以内这样爱护的有没有？连这个三年怀念都没有，哪里还谈得上孝字。到了最近几十年，"孝子"的意思，是倒过来解释为孝顺儿子。这一大段是讲孝顺的，下面我们就讲到《孝经》了。

曾子根据孔子所述的中国文化，著了《孝经》，为十三经之一。在《孝经》中孝敬父母还是小孝，大孝者为大孝于天下，看天下的老百姓都如自己的父母一样，这是中国政治哲学的大原则。为政的人，把老百姓视如自己父母一样孝，改一个名字就是忠。所以从事政治的人，要有孝天下人之心。以这个道德的基础，出来从事政治，这是中国政治哲学的基本重点，也即《孝经》的基本重点。

第十一节　孔子对人生境界的追求

汤一介

汤一介（1927～　），湖北黄梅人。我国当代著名哲学家，现任北京大学哲学系教授、中国哲学与文化研究所所长。本文是由《为政》篇中一段孔子对于自身人生道路的描述而引发的。作者指出孔子一生修养的过程，也是他对真、善、美的人生境界的追求过程，这样看来，孔子与康德的哲学在价值论上有相似之处。但是二者建构的哲学目标却不同，"孔子建构的是人生哲学的形态，而康德则要建构一个完满的哲学理论体系"。由此，孔子所谓"知天命""耳顺""从心所欲不逾矩"是就人生境界的追求而言的。文章的理论视野广阔，析理透辟。

在《论语·为政》篇中记载着孔子的一段话，他说："吾十有五而志于学，三十而立，四十而不惑，五十而知天命，六十而耳顺，七十而从心所欲不逾矩。"我们知道，孔子和以后的儒家都认为，人们的生死和富贵不是能靠其自身的努力而追求到的，但人们的道德和学问的高低却因其自身努力的不同而有不同。上面引的孔子那段话可以说是孔子对他一生的生活道路的描述，或者说是他一生修养的过程，也就是孔子本人对真、善、美的追求和了解的过程。从"十有五而志于学"到"四十而不惑"，可以说是他成圣成贤的准备阶段，从"知天命"到"从心所欲不逾矩"可以说是他成圣人的深化过程。"知天命"可以解释为对"天"（宇宙人生的终极关切问题）有了一种认识和了解，这也许可以算是"求真"的范围，因为这一阶段孔子仍然把"天"看成认识的对象，还没有达到"同于天"的阶段，也就是说还没有达到与"天"合一的境界。郭象在《庄子序》中说："夫庄子者，可谓知本矣……言虽无会而独应者也。夫应而非会，则虽当无用。"盖能与天地万物之本体相应者可谓"知"本。既为"知"本,则仍与天地万物之本体为二,仍把天地万物之本体视为认识的对象,尚未与天地万物这本体会合为一。此境界虽高,但还不能"从心所欲不逾矩"。

"六十而耳顺",这句话向来有不同解释,杨伯峻先生在《论语译注》中说:"'耳顺'这两个字很难讲,企图把它讲通的人也有很多,但都觉牵强……",杨先生对这句话姑且做这样的解释:"六十岁,一听别人的言语,便可分别真假,判明是非。"我认为,杨先生的注解大概是符合孔子原意的。晋李充曾说"耳顺"是"心与耳相从",这也许是杨先生的解释所本。晋孙绰用玄学思想解释这句话说:"耳顺者,废听之理也,朗然自玄悟,不复役而后得,所谓不识不知顺帝之则。"这应是一种超乎经验的直观而得宇宙大全之理的境界,是一种"内在超越"的境界。照现代解释学的看法,凡是对前人思想的解释,都有解释者的意见在内;不过,解释和被解释之间总有某些联系,否则也就无所谓"解释"了。历来的思想家对孔子思想的解释大都如此。这里,我再引用朱熹对这句话的解释,他说:"声入心通,无所违逆,知之至,不思而得。""声人心通"当和"声音"有关("有声之音"和"无声之音"都可以包括在内);"知之之至"应是超于"知天命"的境界,这种境界是"不思而得"的,所以是超于知识的。我想,它可以解释为一种直觉的审美境界,它所得到的是一种超乎经验的直觉意象,也可以说是一种艺术的境界、"美"的境界。这种对"六十而耳顺"的解释或许"牵强",但照杨伯峻的看法,自古以来的"解释"大都牵强,我的这一解释无非是在诸种"牵强"的解释中再增加一种而已。但我自信这种解释不能说全无道理,特别是由哲学的观点看,它或许是有新意的。我们知道,孔子对音乐很有修养,他"在齐闻韶""三月不知肉味";"三月不知肉味"自然是"不思而得"的一种极高的审美境界。孔子还对他所达到的这种境界有所说明,他说:"不图为乐之至于斯也。"即想不到听音乐竟能达到如此境界。这种境界是一种超越的美的享受。

"七十而从心所欲不逾矩",朱熹注说:"矩,法度之器,所以为示者也。随其心所欲而自不过予法度,安而行之,不勉而中。"这是一种与天地万物为一体的境界,它是在"知真"

"得美"而后达到的一种圆满的"至善"的境界。孔子认为"尽美"比不过"尽善尽美",《论语·八佾》篇中记载:"子谓韶,'尽美矣,又尽善也';谓武,'尽美矣,未尽善也'。"这里的"尽善"是说"极好",但说事物"极好"总在一定程度上(至少在儒家那里)是和道德的价值判断联系在一起的。孟子说:"充实之谓美。"此处的"美"实也含有某种道德价值判断的意义。朱熹注说:"力行其善,至于充满而积实,则美在其中,而无待于外。""善"是一种内在的"美"。极高的人格美。看来,朱熹认为"善"从某方面说可以包含"美"。"尽善"之所以高于"尽美",实因为"尽善"即是"尽善尽美"。这里我们似乎可以说,孔子的人生境界(或圣人的境界)是由"知真""得美"而进于"安而行之,不勉而中"的圆满至善的境界,即由"真"再达于"美"再达于"善"。

"善←美←真"正是康德哲学的特点。照康德看,实践理性优于思辨理性。他的《纯粹理性批判》所研究的是以理智行使职能的现象界为对象,它受自然的必然律支配;《实践理性批判》所研究的是以理性行使职能的本体为对象,它不受必然律支配,它是自由的。前者是自然,后者是道德。前者属于理论认知的范围,后者属于道德信仰的范围,两者之间无法直接沟通。因此就有一个问题,即如何在理论认知(认识论)与德道信仰(伦理学)之间架起一座桥梁,使之得以沟通,这就是康德哲学所必须解决的一个问题,于是他又写了《判断力批判》。在该书的开头处他写道:"在自然概念的领域,作为感觉界,和自由概念的领域,作为超感觉界之间,虽然固定存在着一不可逾越的鸿沟,以致从前者到后者(即以理性的理论运用为媒介)不可能有过渡,好像是那样分开的两个世界,前者对后者绝不能施加影响;但后者却应该对前者具有影响,这就是说,自由概念应该把它的规律所赋予的目的在感性世界里实现出来;因此,自然界必须能够这样地被思考着:它的形式的合规律性至少对于那些按照自由规律在自然界中实现目的的可能性是互相协应的——因此,我们就必须有一个作为自然界基础的超感觉界和在实践方面包含于自由概念中的那些东西的统一体的根基。虽然我们对于根基的概念既非理论地、也非实践地得到认识的,它自己没有独特的领域,但它仍使按照这一方面原理的思想形式和按照那一方面原理的思想形式过渡成为可能。"康德认为,正是判断力把理智(纯粹理性)与理性(实践理性)联合起来,而判断力既略带有理智的性质,也略带有理性的性质,又不同于二者。康德把人的心灵分为知、情、意三个部分。有关"知"的部分的认识能力是理智,这是纯粹理性;有关"意"的部分的认识能力是理性,这是超于经验之上的实践理性;有关"情"的部分的认识能力则正是康德所说的"判断力"。由于"情"介于"知"和"意"之间,它像"知"一样地对外物的刺激有所感受,它又像"意"一样地对外物发生一定的作用,所以判断力介于理智与理性之间。一方面,判断力像理智,它所面对的是个别的局部的现象;另一方面,它又像理性一样,要求个别事物符合一般的整体的目的。这样,面对局部现象的理解力和面对理念整体的理性,就在判断力上碰头了。判断力要求把个别纳入整体中来思考,所以判断力能够作为桥梁来沟通理智和理性,从而康德建构了他的"善←美←真"哲学的三部曲。

当然,孔子的哲学和康德的哲学从价值论上看虽然确有其相似之处,但是他们建构哲学的目标则是不相同的。孔子建构的是人生哲学的形态,而康德则要建构一个完满的哲学理论体系。这也许可以视为中西哲学的一点不同吧。如果我们把孔子这一由"知天命"到"耳顺"再到"从心所欲不逾矩"的过程和我们所概括的中国传统哲学关于真、善、美的基本命题相对照,也许可以说"五十而知天命"是追求"天人合一"的层次,"六十而耳顺"是达到"情景合一"的层次,"七十而从心所欲不逾矩"则是实践"知行合一"的层次。"天人合一"属于"智慧"(知)的方面,"情景合一"属于"欣赏"(情)的方面,"知行合一"则属于"实践"(意)的方面。照儒家看,这三者是不可分的。做人既要了解宇宙大化之流行,又要能欣赏天地造化之功,更应在生活实践中再现宇宙的完美和完善。就以上的分析看,孔子的"知天命""耳顺"和"从心所欲不逾矩"都是就人生境界的追求说的,这是孔子对自己追求"真""美""善"的总结。

第十二节　孔子"振衰而起儒"

胡　适

胡适（1891~1962），字适之，安徽绩溪人。著名学者，历史学家、文学家、哲学家。"五四"新文化运动的倡导者。文章分析了孔子对于"儒"的贡献，认为一方面，孔子认清了文化融合的趋势，冲破民族界限，宣称"吾从周"，把具有部落性的殷儒扩大到"仁以为己任"的新儒；另一方面，又把殷儒那种亡国遗民柔顺以取容的柔懦面貌，改造为刚毅勇敢、担负得起天下重任的新的"儒行"。因此，孔子的作为堪称"振衰而起儒"的大事业。

孔子所以能中兴那五六百年来受人轻视的"儒"，是因为他认清了那六百年殷周民族杂居，文化逐渐混合的趋势，也知道那个富有部落性的殷遗民的"儒"是无法能拒绝那六百年来统治中国的周文化的了，所以他大胆地冲破那民族的界限，大胆地宣言："吾从周！"他说：

夏礼，吾能言之，杞不足征也。殷礼，吾能言之，宋不足征也。文献不足故也。足，则吾能征之矣。

这就是说，夏殷两个故国的文化虽然都还有部分的保存，——例如《士丧礼》里的夏祝商祝——然而民族杂居太长久了，后起的统治势力的文化渐渐湮没了亡国民族的老文化，甚至于连那两个老文化的政治中心，杞与宋，都不能继续保存他们的文献了。杞国的史料现在已无可考。就拿宋国来看，宋国在那姬周诸国包围之中，早就显出被周文化同化的倾向来了。最明显的例子是谥法的采用。殷人无谥法，《檀弓》说：

幼名，冠字，五十以伯仲，死谥，周道也。

今考《宋世家》，微子启传其弟微仲，微仲传子稽，稽传丁公申，丁公申传湣公共，共传弟炀公熙，湣公子鲋祀弑炀公而自立，是为厉公。这样看来，微子之后，到第四代已用周道，死后称谥了。——举此一端，可见同化的速度。在五六百年中，文献的丧失，大概是由于同化久了，虽有那些保存古服古礼的"儒"，也只能做到一点抱残守缺的功夫，而不能挽救那自然的趋势。可是那西周民族在那五六百年中充分吸收东方古国的文化；西周王室虽然渐渐不振了，那些新建立的国家，如在殷商旧地的齐鲁卫郑，如在夏后氏旧地的晋，都继续发展，成为几个很重要的文化中心。所谓"周礼"，其实是这五六百年中造成的殷周混合文化。旧文化里灌入了新民族的新血液，旧基础上筑起了新国家的新制度，很自然的呈显出一种"粲然大备"的气象。《檀弓》有两段最可玩味的记载：

有虞氏瓦棺，夏后氏堲周，殷人棺椁，周人墙置翣。周人以殷人之棺椁葬长殇，以夏后氏之堲周葬中殇下殇，以有虞氏之瓦棺葬无服之殇。

仲宪言于曾子曰："夏后氏用明器……殷人用祭器……周人兼用之……"

这都是最自然的现象。我们今日看北方的出殡，其中有披麻戴孝的孝子，有和尚，有道士，有喇嘛，有军乐队，有纸扎的汽车马车，和《檀弓》记的同时有四种葬法，是一样的文化混合。孔子是个有历史眼光的人，他认清了那个所谓"周礼"并不是西周人带来的，乃是几千年的古文化逐渐积聚演变的总成绩，这里面含有绝大的因袭夏殷古文化的成分。他说：

殷因于夏礼，所损益，可知也。周因于殷礼，所损益，可知也。

这是很透辟的"历史的看法"。有了这种历史见解，孔子自然能看破，并且敢放弃那传统的"儒"的保守主义。所以他大胆地说：

周监于二代，郁郁乎文哉！吾从周。

在这句"吾从周"的口号之下，孔子扩大了旧"儒"的范围，把那个做殷民族的祝人的"儒"变做全国人的师儒了。"儒"的中兴，其实是"儒"的放大。

孔子所谓"从周"，我在上文说过，其实是接受那个因袭夏殷文化而演变出来的现代文化。所以孔子的"从周"不是绝对的，只是选择的，只是"择其善者而从之，其不善者而改之"。《论语》里说：

颜渊问为邦，子曰："行夏之时，乘殷之辂，服周之冕。乐则韶舞。放郑声，远佞人；郑声淫,俀人殆。"

这是很明显的折中主义。《论语》又记孔子说：

麻冕,礼也;今也纯。俭,吾从众。拜下,礼也;今拜乎上,泰也。虽违众,吾从下。

这里的选择去取的标准更明显了。《檀弓》里也有同类的记载：

孔子曰:"拜而后稽颡,颓乎其顺也(郑注,此殷之丧拜也)。稽颡而后拜,颀乎其至也(郑注,此周之丧拜也)。三年之丧,吾从其至者。"

殷既封而吊,周反哭而吊。孔子曰,"殷已悫,吾从周。"

殷练而祔,周卒哭而祔。孔子善殷。

这都是选择折中的态度。《檀弓》又记：

孔子之丧,公西赤为志焉:饰棺墙,置翣,设披,周也。设崇,殷也。绸练设旐,夏也。

子张之丧,公明仪为志焉:褚幕丹质,蚁结于四隅,殷士也。

这两家的送葬的礼式不同,更可以使我们明了孔子和殷儒的关系。子张是"殷士",所以他的送葬完全沿用殷礼。孔子虽然也是殷人,但他的教养早已超过那保守的殷儒的遗风了,早已明白宣示他的"从周"的态度了,早已表示他的选择三代礼文的立场了,所以他的送葬也含有这个调和三代文化的象征意义。

孔子的伟大贡献正在这种博大的"择善"的新精神。他是没有那狭义的畛域观念的。他说：

君子周而不比。

又说：

君子群而不党。

他的眼光注射在那整个的人群,所以他说：

君子之于天下也,无适也,无莫也,义之与比。

他认定了教育可以打破一切阶级与界限,所以曾有这样最大胆的宣言：

有教无类。

这四个字在今日好像很平常。但在二千五百年前,这样平等的教育观必定是很震动社会的一个革命学说。因为"有教无类",所以孔子说:"自行束脩以上,吾未尝无诲焉";所以他的门下有鲁国的公孙,有货殖的商人,有极贫的原宪,有在缧绁之中的公冶长。因为孔子深信教育可以摧破一切阶级的畛域,所以他终身"为之不厌,诲人不倦"。

孔子时时提出一个"仁"字的理想境界。"仁者人也",这是最妥帖的古训。"井有仁焉"就是"井有人焉"。"仁"就是那用整个人类为对象的教义。最浅的说法是:

樊迟问仁,子曰,"爱人。"

进一步的说法,"仁"就是要尽人道,做到一个理想的人样子,这个理想的人样子已有浅深不同的说法:

樊迟问仁,子曰,"居处恭,执事敬,与人忠:虽之夷狄,不可弃也。"

这是最低限度的说法了。此外还有许多种说法:

樊迟问仁,子曰,"仁者先难而后获,可谓仁矣。"(比较孔子在别处对樊迟说的"先事后得")

司马牛问仁,子曰,"仁者其言也讱。为之难,言之得无讱乎?"

颜渊问仁,子曰,"克己复礼为仁。"

仲弓问仁,子曰,"出门如见大宾,使民如承大祭。己所不欲,勿施于人。在邦无怨,在家无怨。"

其实这都是"居处恭,执事敬,与人忠"引申的意义。仁就是做人。用那理想境界的人做人生的目标,这就是孔子的最博大又最平实的教义。我们看他的大弟子曾参说的话:

士不可以不弘毅,任重而道远。仁以为己任,不亦重乎?死而后已,不亦远乎?

"仁以为己任",就是把(教诲)整个人类看作自己的责任。耶稣在山上,看见民众纷纷到来,他很感动,说道:"收成是好的,可惜做工的人太少了。"曾子说的"任重而道远",正是同样的感慨。

从一个亡国民族的教士阶级,变到调和三代文化的师傅;用"吾从周"的博大精神担起了"仁以为己任"的绝大使命,——这是孔子的新儒教。

"儒"本来是亡国遗民的宗教，所以富有亡国遗民柔顺以取容的人生观，所以"儒"的古训为柔懦。到了孔子，他对自己有绝大信心，对他领导的文化教育运动也有绝大信心，他又认清了那六百年殷周民族同化的历史实在是东部古文化同化了西周新民族的历史，——西周民族的新建设也都建立在那"周因于殷礼"的基础之上——所以他自己没有那种亡国遗民的柔逊取容的心理。"士不可以不弘毅，任重而道远"，这是这个新运动的新精神，不是那个"一命而偻，再命而伛，三命而俯"的柔道所能包含的了。孔子说：

志士仁人，无求生以害仁，有杀身以成仁。

他的弟子子贡问他：伯夷、叔齐饿死在首阳山下，怨不怨呢？孔子答道：

求仁而得仁，又何怨？

这都不是柔道的人生哲学了。这里所谓"仁"，无疑的，就是做人之道。孟子引孔子的话道：

志士不忘在沟壑，勇士不忘丧其元。

我颇疑心孔子受了那几百年来封建社会中的武士风气的影响，所以他把那柔懦的懦和杀身成仁的武士合并在一块，造成了一种新的"儒行"。《论语》说：

子路问成人，子曰："若臧武仲之知，公绰之不欲，卞庄子之勇，冉求之艺，文之以礼乐，亦可以为成人矣。"曰："今之成人者何必然。见利思义，见危授命，久要不忘平生之言，亦可以为成人矣。"

"成人"就是"成仁"，就是"仁"。综合当时社会上的理想人物的各种美德，合成一个理想的人格，这就是"君子儒"，这就是"仁"。但他又让一步，说"今之成人者"的最低标准。这个最低标准正是当时的"武士道"的信条。他的弟子子张也说：

士见危致命，见得思义，祭思敬，丧思哀，其可已矣。

曾子说：

可以托六尺之孤，可以寄百里之命，临大节而不可夺也。君子人欤？君子人也。

这就是"见危致命"的武士道的君子。子张又说：

执德不弘，信道不笃，焉能为有？焉能为亡？

子张是"殷士",而他的见解已是如此,可见孔子的新教义已能改变那传统的儒,形成一种弘毅的新儒了。孔子曾说:

刚毅木讷,近仁。

又说:

巧言令色,鲜矣仁。

他提倡的新儒只是那刚毅勇敢,担负得起天下重任的人格。所以说:

仁者己欲立而立人,己欲达而达人。

又说:

君子……修己以敬……修己以安人……修己以安百姓。

这是一个新的理想境界,绝不是那治丧相礼以为衣食之端的柔懦的儒的境界了。

孔子自己的人格就是这种弘毅的人格。《论语》说:

子曰:"君子道者三,我无能焉:仁者不忧,知者不惑,勇者不惧。"子贡曰,"夫子自道也。"

子曰:"不怨天,不尤人,下学而上达。知我者其天乎!"

叶公问孔子于子路,子路不对。子曰:"汝奚不曰,'其为人也,发愤忘食,乐以忘忧,不知老之将至云尔?'"

《论语》又记着一条有风趣的故事:

子路宿于石门,晨门曰,"奚自?"子路曰,"自孔氏。"曰,"是知其不可而为之者欤?"

这是当时人对于孔子的观察。"知其不可而为之",是孔子的新精神。这是古来柔道的儒所不曾梦见的新境界。

但柔道的人生观,在孔门也不是完全没有相当地位的。曾子说:

以能问于不能,以多问于寡;有若无,实若虚;犯而不校:昔者吾友尝从事于斯矣。

这一段的描写,原文只说"吾友",东汉的马融硬说"友谓颜渊",从此以后,注家也都说是颜渊了(现在竟有人说道家出于颜回了)。其实"吾友"只是我的朋友,或我的朋友们,二千五百年后人只可"阙疑",不必费心去猜测。如果这些话可以指颜渊,那么,我们

太庙问礼

也可以证明这些话是说孔子。《论语》不说过吗？

子入太庙，每事问。或曰："孰谓鄹人之子知礼乎？入太庙，每事问！"子闻之曰，"是礼也。"

这不是有意的"以能问于不能，以多问于寡"吗？这不是"有若无，实若虚"吗？

子曰，"吾有知乎哉？无知也。有鄙夫问于我，空空如也。我叩其两端而竭焉。"

这不是"以能问于不能，以多问于寡；有若无，实若虚"吗？《论语》又记孔子赞叹"伯夷叔齐不念旧恶，怨是用希"，这不是"犯而不校"吗？为什么我们不可以说"吾友"是指孔子呢？为什么我们不可以说"吾友"只是泛指曾子"昔者"接近的某些师友呢？为什么我们不可以说这是孔门某一个时期（"昔者"）所"尝从事"的学风呢？

大概这种谦卑的态度，虚心的气象，柔逊的处世方法，本来是几百年来的儒者遗风，孔子本来不曾抹杀这一套，他不过不承认这一套是最后的境界，也不觉得这是唯一的境界罢了。（曾子的这一段话的下面，即是"可以托六尺之孤"一段；再下面，就是"士不可以不弘毅"一段。这三段话，写出三种境界，最可供我们做比较。）在那个标举"成人""成仁"为理想境界的新学风里，柔逊谦卑不过是其一端而已。孔子说得好：

恭而无礼则劳，慎而无礼则葸，勇而无礼则乱，直而无礼则绞。

恭与慎都是柔道的美德，——孟僖子称正考父的鼎铭为"共（恭）"，——可是过当的恭慎就不是"成人"的气象了。《乡党》一篇写孔子的行为何等恭慎谦卑！《乡党》开端就说：

孔子于乡党，恂恂如也，似不能言者。其在宗庙朝廷，便便言，唯谨尔。（郑注：便便，辩也。）

《论语》里记他和当时的国君权臣的问答，语气总是最恭慎的，道理总是守正不阿的。最好的例子是鲁定公问一言可以兴邦的两段：

定公问："一言而可以兴邦，有诸？"

孔子对曰："言不可以若是其几也。人之言曰，'为君难，为臣不易。'如知为君之难也，不几乎一言而兴邦乎？"

曰："一言而丧邦，有诸？"

孔子对曰："言不可以若是其几也。人之言曰，'予无乐乎为君，唯其言而莫予违也。'如其善而莫之违也，不亦善乎？如不善而莫之违也，不几乎一言而丧邦乎？"

他用这样婉转的辞令，对他的国君发表这样独立的见解，这最可以代表孔子的"温而厉""与人恭而有礼"的人格。

《中庸》虽是晚出的书，其中有子路问强一节，可以用来做参考资料：

子路问强。子曰："南方之强欤？北方之强欤？抑而强欤？

"宽柔以教，不报无道，南方之强也，君子居之。

"衽金革。死而不厌，北方之强也。而强者居之。

"故君子和而不流，强哉矫。中立而不倚，强哉矫。国有道，不变塞焉，强哉矫。国无道，至死不变，强哉矫。"

这里说的话，无论是不是孔子的话，至少可以表示孔门学者认清了当时有两种不同的人生观，又可以表示他们并不菲薄那"宽柔以教，不报无道"（即是"犯而不校"）的柔道。他们看准了这种柔道也正是一种"强"道。当时所谓"南人"，与后世所谓"南人"不同。春秋时代的楚与吴，虽然更南了，但他们在北方人的眼里还都是"南蛮"，够不上那柔道的文化。古代人所谓"南人"似乎都是指大河以南的宋国鲁国,其人多是殷商遗民,传染了儒柔的风气,文化高了,世故也深了,所以有这种宽柔的"不报无道"的教义。

这种柔道本来也是一种"强",正如《周易·象传》说的"谦尊而光,卑而不可逾"。一个人自信甚坚强,自然可以不计较外来的侮辱;或者他有很强的宗教信心,深信"鬼神害盈而福谦",他也可以不计较偶然的横暴。谦卑柔逊之中含有一种坚忍的信心,所以可说是一种君子之强。但他也有流弊。过度的柔逊恭顺,就成了懦弱者的百依百顺,没有独立的是非好恶之心了。这种人就成了孔子最痛恨的"乡原";"原"是谨愿,乡愿是一乡都称为谨愿好人的人。《论语》说:

子曰:"乡原,德之贼也。"

《孟子》末篇对这个意思有很详细的说明:

孟子曰:"……孔子曰:'过我门而不入我室,我不憾焉者,其惟乡原乎?乡原,德之贼也。'"

万章曰:"何如斯可谓之乡原矣?"

曰:"何以是嘐嘐也!言不顾行,行不顾言,则曰,'古之人!古之人!行何为踽踽凉凉?生斯世也,为斯世也,善斯可矣。'阉然媚于世也者,是乡原也。"

万章曰:"一乡皆称原人焉,无所往而不为原人,孔子以为德之贼,何哉?"

曰:"非之,无举也;刺之,无刺也。同乎流俗,合乎污世。居之似忠信,行之似廉洁。众皆悦之,自以为是,而不可与入尧舜之道。故曰德之贼也。孔子曰:'恶似而非者。恶莠,恐其乱苗也。恶佞,恐其乱义也。恶利口,恐其乱信也。恶郑声,恐其乱乐也。恶紫,恐其乱朱也。恶乡原,恐其乱德也。'"

这样的人的大病在于只能柔而不能刚;只能"同乎流俗,合乎污世""阉然媚于世",而不能有踽踽凉凉的特立独行。

孔子从柔道的儒风里出来,要人"柔而能刚","恭而有礼"。他说:

众好之,必察焉。众恶之,必察焉。

乡原绝不会有"众恶之"的情况的。凡"众好之"的人,大概是"同乎流俗,合乎污世"

的人。《论语》另有一条说此意最好：

　　子贡问曰："乡人皆好之，何如？"

　　子曰，"未可也。"

　　"乡人皆恶之，何如？"

　　子曰，"未可也。不如乡人之善者好之，其不善者恶之。"

这就是《论语》说的"君子和而不同"；也就是《中庸》说的"君王和而不流，中立而不倚"。这才是孔子要提倡的那种弘毅的新儒行。

《礼记》里有《儒行》一篇，记孔子答鲁哀公问《儒行》的话，其著作年代已不可考，但其中说儒服是鲁宋的乡服，可知作者去古尚未远，大概是战国早期的儒家著作的一种。此篇列举《儒行》十六节，其中有一节云：

　　儒有衣冠中，动作慎；其大让如慢，小让如伪；大则如威（畏），小则如愧：其难进而易退也，粥粥若无能也。

这还是儒柔的本色。又一节云：

　　儒有博学而不穷，笃行而不倦……礼之以和为贵……举贤而容众，毁方而瓦合，其宽裕有如此者。

这也还近于儒柔之义。但此外十几节，如云：

　　爱其死以有待也，养其身以有为也。

　　非时不见，非义不合。

　　见利不亏其义，见死不更其守。其特立有如此者。

　　儒有可亲而不可劫也，可近而不可迫也，可杀而不可辱也。其过

　　失可微辨而不可面数也。其刚毅有如此者。

　　身可危也，而志不可夺也。虽危，起居竟信（伸）其志，犹将不忘

　　百姓之病也。其忧思有如此者。

　　患难相死也，久相待也，远相致也。

　　儒有澡身而浴德，陈言而伏……世治不轻，世乱不沮。同弗与，

异弗非也。其特立独行有如此者。

儒有上不臣天子，下不事诸侯，慎静而尚宽，强毅以与人……砥

厉廉隅。虽分国，如锱铢……其规为有如此者。

这就都是超过那柔顺的儒风，建立那刚毅威严，特立独行的新儒行了。

以上述孔子改造的新儒行：他把那有部落性的殷儒扩大到那"仁以为己任"的新儒；他把那亡国遗民的柔顺取容的殷儒抬高到那弘毅进取的新儒。这真是"振衰而起儒"的大事业。

第十三节　孔子的品格

林语堂

文章指出孔子的声望之高及儒学的地位之隆主要在于其人品的可爱，作者通过《论语》中的部分篇章，为我们勾勒出一个品格动人的夫子形象：快乐热情、奋勉力行、自信乐观、和蔼温逊、有爱有恨，也会说刻薄话，甚至也能表现出粗野。他感情丰富而敏锐，又有深厚的艺术气质，学问渊博且毕生好学，他有"和悦可亲的风趣"，也因此有着令人称美的师生关系。这样一个毫无矫饰的、亲切可爱的孔子，怎能不令人倾倒呢？

在孔子去世后数百年，以及再往后的中国历史上，孔子本人的声望之高及其遗教地位之隆，要归之三个因素。第一，孔子思想对中国人特具吸引力；第二，中国古典学术与历史知识为孔门学人所专有，而当时其他学派对中国古典及历史则不屑一顾，同时，中国此等古代学问本身即极为宝贵；第三，孔子本人的人品声望使人倾慕。在我们这个世界上，有些伟大师表人物，他们影响之大多半由于其人品可爱，反倒不是由于他们的学问渊深。我们想到古希腊哲人苏格拉底，意大利圣人圣芳济，他们本人并没有写过什么重要的著作，但是给当代留下那么深厚的印象，其影响乃不可磨灭，竟至历久而弥新。孔子的

删六经著春秋

可爱之处正像苏格拉底可爱之处一样。苏格拉底之深获柏拉图的敬爱，就足以证明是由于他的人品与思想使然。诚然，孔子删《诗经》，著《春秋》，但是孔子谆谆教人的传统，只是由弟子及日后的信徒记录下来的。

在儒家著述中，对孔子的人品有许多不同的描写。我们在本书第三章论中庸时，曾先提到一些。孔子的弟子颜回曾赞美孔子，把他高捧到云天之上，将他比做神秘不可知之物，颜回说："仰之弥高，钻之弥坚；瞻之在前，忽焉在后。"下面有几段文字，可算作描写孔子最好的文字。一段是："子温而厉，威而不猛，恭而安。"孔子自己的描述尤其好。一次，一位国君向孔子的一个弟子问孔子是何等人，弟子并未回答。他回来之后将此事告诉孔子。在《论语》中有这样文字："叶公问孔子于子路，子路不对。子曰：'汝奚不曰：其为人也，发愤忘食，乐以忘忧，不知老之将至云尔。"在这段夫子自道的文字里，我们不难看出孔子生活的快乐、热情及其力行的精神。孔子有好几次说他自己不是圣人，只是自己"学而不厌，诲人不倦"而已。下面有一段文字，可以说明孔子的奋勉力行。（原书此处漏排。编者注。）这表示孔子是有其道德的理想，自己知道自身负有的使命，因此深具自信。

孔子的品格的动人处，就在他的和蔼温逊，由他对弟子说话的语气腔调就可清清楚楚看得出。《论语》里记载的孔子对弟子的谈话，只可以看作一个风趣的教师与弟子之间的漫谈，其中偶尔点缀着几处隽永的警语。以这样的态度去读《论语》，孔子在最为漫不经心时说出一言半语,那才是妙不可言呢。比如说,我就好喜欢下面这一段:一天,孔子和两三个知己的门人闲谈时,他说:"你们以为我有什么话不好意思告诉你们两三个人吗?说实在话,我真是没有什么瞒你们的。我孔丘生性就是这种人。"原文是:

子曰:"二三子,以我为隐乎?吾无隐乎尔。吾无行而不与二三子者,是丘也。"

还有一次,因为子贡爱批评人,孔子不是用客气话称他的号,而是叫他的名字说:"喂,赐啊,你是够聪明的,是不是?我可没有那么多闲工夫!"原文是:

子贡方人(批评人),子曰:"赐也,贤乎哉!夫我则不暇。"

还有一次,孔子说:"天天吃得饱饱的,什么也不做,只知道鬼混。这太不像话了。不是有人赌博下棋吗?那也比闲着无所事事好哇。"原文是:

子曰:"饱食终日,无所用心,难矣哉!不有博弈者乎?为之,犹贤乎已。"

又有一次,孔子对弟子的行为开了一次玩笑,听了孔子的话,弟子大惑不解。孔子告诉弟子说:"前言戏之耳。"言外之意是孔子并不反对那件事,而是赞成。这因为孔子的确是个乐天派的老先生。不管谁想向他求教,他都以高雅的态度表示欢迎。由下面一件事就可见出,这件事也正像基督教新约耶稣传上的记载。耶稣一次向门徒说:"让小孩子们到我跟前来。"那件事是这样:一个村子的居民因不老实而讨人厌,村里有几个年轻人去见孔子,孔子的弟子知道孔子居然接见了他们,对此事颇不以为然。孔子说:"干什么对他们那么凶?我认为,重要的是他们肯来向我请教,而不是他们走后的行为如何。人家既然诚心诚意的来见我,我就很重视他们那份诚意,当然我不能担保他们以后的行为如何呀。"

这段原文如此:

互乡难与言。童子见,门人惑。子曰:"与其进也,不与其退也。唯何甚?人洁己以进,与其洁也,不保其往也。"

但是孔子可不是永远温和高雅,因为他也是一个活生生的"真人"。他能歌唱,也能十分谦恭有礼,但是他也能像普通一个真人那样恨人,那样鄙视人,正和耶稣之恨那些犹太法学家法理赛人一样。我们这个世界上从来就没有一个伟人不是疾恶如仇的。孔子有时也能十分粗野,《论语》就记载他老人家有四五次当着人面说出很刻薄的话。他那种粗野,今日的儒家都不敢表现,都办不到了。孔子恨之入骨的就是那些善恶不分的好好先生,那些伪善的"乡愿",他说那是"德之贼"。有一次,一个乡愿式的人物叫孺悲的,要见孔子。《论语》上这样记载:

孺悲欲见孔子。孔子辞以疾。将命者出户,取瑟而歌,使之闻之。

这明明是要孺悲听见孔子在家。这段文字使所有的孔学家茫然不解。因为他们以为孔子是圣人,不是肉体凡胎的人,一向是彬彬如也恭而有礼的。这种正统的见解自然全然剥夺了孔子的人性。《论语》里另一段文字也使儒家学者感到困惑,在《孟子》一书中也有记载。那故事是这样:一个贪官名叫阳货,送给孔子一只猪蹄膀。因为阳货与孔子二人毫无好感,阳货单找孔子不在家时,把一只猪蹄膀送到孔家,用以表示对孔子的敬意。孔子也特别用心趁阳货不在家时前往道谢,留下了自己的名片。《论语》上有这样一段文字:

阳货欲见孔子,孔子不见。归孔子豚。孔子时其亡也,而往拜之……

弟子有一次向夫子问当代的王公大人为何等人物,孔子回答说:"那些都是酒囊饭桶啊!"

又有一次,孔子评论一个以在母丧中歌唱出名的人。孔子斥责他说:"你年轻时,狂妄不听教训。长大时,你一事无成。现在你老了,又老而不死。你简直是个祸害!"于是孔子用手中的杖打原壤的腿。在《论语》里有下列这段文字:

原壤夷俟(原壤蹲在地下等候孔子),子曰:"幼而不逊悌,长而无述焉,老而不死,是为贼。"以杖叩其胫。

事实上,在孔子的所言所行上有好多趣事呢。孔子过的日子里那充实的欢乐,完全是合乎人性,合乎人的感情,完全充满艺术的高雅。因为孔子具有深厚的情感,敏锐的感性,高度的优美。孔子的得意高足颜回,不幸早逝,孔子哭得极为伤心。有人问他为什么那么哭,为什么哭得浑身抽搐颤动,他回答说:"我哭得太伤心了吗? 我若不这么哭他,我还为谁这么痛哭呢?"原文是:

颜渊死,子哭之恸。从者曰:"子恸矣!"曰:"有恸乎? 非夫人之为恸,而谁为?"

有一次,孔子偶然经过一个老相识的丧礼,就进门去吊祭,看见别人哭,受了那哀哭的感动,自己也哭起来。他出来之后,让弟子从他的鞍辔上拿下一个零件来,给丧家送进去,作为祭礼,并且说:"拿进去当作祭礼吧。平白无故去哭祭,不带什么礼品最讨厌了。"由此可见孔子很容易受感动,也很容易流眼泪,可见孔子的感情是多么丰富。

孔子这个人,能歌唱,能演奏乐器,如琴瑟等,并且把《诗经》重编,再配上音乐,他当然是个艺术家。我曾指出来,孔子是个爱好礼乐的人。由下面一事,亦可以证明孔子是具有基督教圣公会那样宗教家的气质,雅爱礼仪音乐;但和耶稣对于律法,先知及宗教中的仪礼之不甚措意,不那么喜爱,则正好是个鲜明的对比。在安息日,耶稣曾命人到一个地洞里去救出一头牛。对这样的事,孔子也许赞成,也许不赞成。孔子的弟子子贡有一次提议把祭祀典礼上的羊省去,孔子说:"赐啊,你爱那只羊,我爱的是那典礼啊。"《论语》上那段原文是这样:

子贡欲去告朔之饩羊。子曰:"赐也,尔爱其羊,我爱其礼。"

不管怎么样,我们可以说,孔子是对动物不太关心的人。因为,还有一次,孔子听说他家的马棚着了火,他只问有没有人受伤,他不问马如何了。《论语》上此一段原文是:

厩焚。子退朝,曰:"伤人乎?"不问马。

由于孔子有深厚的艺术气质,他才说人的教育应当以学诗开其端,继之以敦品励行,最后"成于乐"。又据记载,孔子如果听人唱歌而自己也喜欢时,他总是请人再唱一次,而且自己也在重叠唱词之处参加歌唱。由于孔子具有此等艺术气质,他对饮食衣着也很挑剔。我曾在别处指出来,他对饮食如此挑剔,可能就是他妻子弃他而去的原因(见林著《生活的艺术》第二四九页)。比如说,菜的季节不对,那种菜孔子不吃;烹调的方法不对,孔子不吃;用的佐料不对,孔子也不吃。而且席位不正他还不肯坐。穿的衣裳怎样配颜色,他也很有眼光。现代的女裁缝很容易了解为什么孔子要用黑羔羊皮袍子配黑面子,白羊皮袍子配白面子,而狐皮则配黄面子。孔子在衣裳上,也小有发明之才。他盖的被子超过他本人的身长一半,这样好免得脚冷。为了做事方便,他要右袖子比左袖子短,他难得想到这样妙主意，但是这个妙主意可能惹他夫人生气，而气跑了（以上见《论语·乡党》第十，及本书第五章第二节）。孔子的贵族气质甚至使孔子趋向于休妻。孔子本人，及其后的两代，他儿子及孙子不是休妻，便是与妻子分居。在孔门儒家传统上，孔子本人，他的大弟子曾子，曾子的门人子思，这三代半期间都不断有休妻的记载。据记载，儒学传到第四代大师孟子（受业于子思之门），也几乎把妻子休掉。这几位儒学大师虽非特别富有，但都是贵族，当无疑问。

孔子的最重要的若干特点之一，足以真正说明他的声望如此之隆，就是孔子的学问渊博，而毕生好学的缘故。孔子本人也屡次说过这种话。孔子自己承认并非那种"生而知之者"，他只是一个"学而不厌，诲人不倦"的人而已。他承认"十室之邑，必有忠信如丘者焉。不如丘之好学也"。他认为可忧愁的若干事之中有一体，那就是荒废学业。他说的话里我发现有一句，其中所显示出的遗憾，正和现代考古学家所感到的遗憾完全相同。他想重建古代的宗教礼仪，于是到杞国去求访夏代的古俗遗物，到宋国以求访商代宗教习俗礼仪，但是并无所获。他说："夏礼吾能言之，杞不足征也。殷礼吾能言之，宋不足征也。文献不足故也。足，则吾能征之矣。"换句话说，孔子根本上是个历史学家，他力图从当时尚存的风俗古物以及文献之中，去研究并保存已然淹没的古代礼仪制度。他竭尽精力之所得，就是他整理编著的《五经》。严格说，正如清朝学人章学诚所说"六经皆史"，所以《五经》就是史书，自与《四书》不同。我想孔子之如此受人仰望，并不见得怎么由于他是当年最伟大的智者，而倒是由于他是当年最渊博的学人，他能将古代的经典学问授予徒众。当年有很丰厚的古代政治制度的学问，也有更为丰富的有关古代宗教典礼的知识，那些古代神权政治有些部分已然没落，有的已日趋衰微，尤其商朝那套古礼，这些情形，由孔子手订的《五经》里即可看出。据说孔子有弟子三千人，其中七十二人精通《诗经》《书经》《礼记》、音乐。孔子坚信历史的价值，因为他相信人类文化必然会继续。在本书第三章《论中庸》内，可以看出孔子认为在治国平天下的大业上，三个必要条件，是个人的道德，政治地位，历史的传统，缺一而为政，不足以成功，不足以立信。政治制度不论如何好，单此一个条件，也无成功之望。孔门的学术研究，结果发展成为历史丰厚的遗产，而当时其他学派，在此方面，则全付缺如。因此我个人相信，儒家之能战胜其他学派如道家、墨家，一半是由于儒家本身的哲学价值，一半也由于儒家的学术地位。儒家为师者确是可以拿出东西来教学生，而学生也确实可以学而有所收获。那套真实的学问就是历史，而其他学派只能夸示一下自己的意见与看法，"兼爱"也罢，"为己"也罢，没有具体的内容。

关于孔子和悦可亲的风趣，必须在此一提。因为这可以说明我在前面所说孔子所过的生活是充实而快活的日子，这和宋朝理学家那种窒息生机大煞风景的教条是大异其趣的，并且由此也可以看出孔子的单纯和伟大。孔子不是一个爱"耍嘴皮子"的人，但有时候他也不由得说几句俏皮话，像下面几句便是："凡是自己不说：'怎么办呢？怎么办呢？'的人，我对这种人也没法怎么办。"《论语》的原文是：

子曰："不曰'如之何？如之何？'者，吾未如之何也已矣。"

他又说：知道自己犯了过错而不肯改，那是又犯了过错。有时孔子也用《诗经》上的句子小发风趣诙谐之词。《诗经》上有一首诗，在诗里情人说"不是不想念，而是你家离得太远了"，才没法与他相会。孔子论到这首诗时说："我看那女的根本心里并不想那个男的；否则怎么会嫌路途遥远呢。"《论语》里原文为：

"唐棣之华，偏其反而。岂不尔思，室是远而。"子曰："未之思也。夫何远之有？"

但是我们觉得孔子独具的风趣，也就是最好的风趣，那种风趣就是孔子在挖苦自己时自然流露出来的。孔子有好多时候可以嘲笑自己表面的缺点，或是承认别人对他的批评正中要害。他的风趣有时只是他们师生之间偶尔轻微的玩笑而已，并无深意可言。有一次，一个村民说："孔子真够伟大的，什么都通，件件稀松。"孔子听见这样的批评，就对学生说："那么我要专攻什么呢？是射箭呢？还是驾车呢？"《论语》上的原文是：

达巷党人曰："大哉孔子！博学，而无所成名！"子闻之，谓弟子曰："吾何执？执御乎？执射乎？吾执御矣。"

和这里相关联的还有一件事。孔子一次向学生开玩笑说："若是能发财，让我去给人赶马车我都干。若是办不到，那还是从我之所好吧。"《论语》原文是：

子曰:"富而可求也,虽执鞭之士,吾亦为之。如不可求,从吾所好。"

又孔子周游列国,政治的谋求终不得意,有一次,子贡说:"这儿有一块宝玉,在盒子里装着出卖,是不是待高价卖出呢?"孔子说:"卖!当然卖!我就是正等着高价卖出呢!"《论语》原文是:

子贡曰:"有美玉于斯,韫椟而藏诸?求善价而沽诸?"子曰:"沽之哉!沽之哉!我待贾者也。"

如果评论或注解《论语》的人,不肯把这种文字看作是孔子的风趣或诙谐,那就陷入了困难,弄得十分尴尬。而事实上,孔子和弟子往往彼此开玩笑。有一次,孔子周游列国时,路途中遇到了困难。孔子被村民误认作欺负村中人,而遭兵丁围困。最后终于逃出来,但是得意高足颜回却晚到了。孔子对他说:"我以为你死了呢。"颜回回答说:"老师您还健在,我怎么敢死!"《论语》原文是:

子畏于匡,颜渊后。子曰:"吾以汝为死矣。"曰:"子在,回何敢死?"

另一次,孔子及诸弟子在路途中失散。弟子后来听见一群人说,有一个人,高大个子,脑门子很高,好像古代的帝王,在东门那儿站着呢,那副垂头丧气的样子,简直像个丧家之犬。弟子后来终于找到孔子,就把这些话告诉了孔子。孔子说:"我像不像古代的帝王,我倒不知道。至于说我像个丧家之犬,他说得不错!一点儿也不错!"《史记·孔子世家》中有下面一段文字:

孔子适郑,与弟子相失。孔子独立东郭门。郑人或谓子贡曰:"东门有人,其颡似尧,其项似皋陶,其肩类子产,然自腰以下,不及禹三寸。累累若丧家之狗。"子贡以实告孔子孔子欣然笑曰:"形状未也。而谓似丧家之狗,然哉!然哉!"

这真是最富有风趣的话。而最为我喜爱的,是孔子真个在雨中歌唱。事实是,孔子带领弟子这一群学者到处漂泊,在陈、蔡两国之间的旷野荒郊,彷徨踯躅,历时三载,饱经艰险。虽然满腹经纶,却竟找不到个安身之处,这种生不逢时,实在也令人恻然鼻酸。那些年的周游列国之后,孔子觉得无法施展政治上的抱负,乃返回山东故乡著书立说,编辑经典。他把自己和门生比做非牛非虎无以名之的一群兽,在旷野中流浪。他紧接着问门人，他自己到底有什么错误，有什么可非难之处。学生中第三个人回答之后，孔子觉得满意，向此巧于应对的门人笑着说："颜回，是这样吗？你若家中富有，我愿到你家当个管家。"这一段话真使我倾倒，使我好喜爱孔夫子。从这一整段看，这种师生的关系之美、之哀感动人，真可以与耶经中叙述耶稣被捕时那段文字相比，只是孔子这一段是个欢乐的收场，与耶稣不同而已。

第十四节　孔子与中国

陈独秀

陈独秀（1880～1942），安徽怀宁（今安庆市）人。原名干生，字仲甫，号实庵。原文发表于1937年10月。从1915年起，陈独秀便同李大钊、胡适、鲁迅等一起，发起新文化运动。这一社会运动的主要内容便是批驳"尊孔复古"的逆流而鼓吹"民主"与"科学"。本文便体现了新文化运动的思想倾向。文章肯定了孔子的价值在于：一、非宗教迷信的态度；二、建立君、父、夫三权一体的礼教。但认为现代社会对这两方面当区别对待：孔子反对迷信的观念，作者认为是值得发挥的；而礼教，则不适于现代社会，不能够支配现代人的思想行为，现代社会再谈礼教，只会阻害人权民主运动，助长官僚气焰。本文也在某种程度上为我们了解新文化运动思潮提供了一个参照。

尼采说得对："经评定价值始有价值；不评定价值，则此生存之有壳果，将空无所有。"所有绝对的或相当的崇拜孔子的人们，倘若不愿孔子成为空无所有的东西，便不应该反对我们对孔子重新评定价值。

在现代知识的评定之下，孔子有没有价值？我敢肯定地说有。

孔子的第一价值是非宗教迷信的态度：自上古以至东周，先民宗教神话之传说，见之战国诸子及纬书者，多至不可殚述，孔子一概摈弃之，其设教惟德行、言语、政事、文学四

科(见《论语·先进》),又"子以四教,文、行、忠、信。"(见《论语·述而》)其对于天道鬼神的态度,见诸《论语》者:

子贡曰:"夫子之文章,可得而闻也;夫子之言性与天道,不可得而闻也已矣。"(《公冶长》)

子疾病,子路请祷。子曰:"有诸?"子路对曰:"有之,诔曰:祷尔于上下神祇"。子曰:"丘之祷久矣。"(《述而》)

季路问事鬼神,子曰:"未能事人,焉能事鬼?"曰:"敢问死。"曰:"未知生,焉知死!"(《先进》)

子不语怪力乱神。(《述而》)

非其鬼而祭之,谄也。(《为政》)

祭如在,祭神如神在。(《八佾》)

获罪于天,无所祷也。(《八佾》)

务民之义,敬鬼神而远之,可谓知矣。(《雍也》)

重人事而远鬼神,此孔墨之不同也,孔子之言鬼神,义在以祭享。为治天下之本,故《祭义》说:"建国之神位,右社稷而左宗庙。"《祭统》说:"凡治人之道,莫急于礼,礼有五经,莫重于祭。"至于鬼神之果有或无,则视为不可知之事,而非所深究;孔子之言天命,乃悬拟一道德上至高无上之鹄的,以制躬行,至于天地之始万物之母,则非所容心,此孔子之异于道家也。不但孔子如此,在儒道未混合以前,孔子的嫡派大儒如孟子如荀子,亦力唱仁义礼乐而不言天鬼,至战国之末,不知何人,糅合儒道二家之说,作《中庸》,(《中庸》言华岳,又说:"生乎今之世,反古之道,如此者裁及其身者也。"又说:"今天下车同轨,书同文。"这明明是和李斯辈同时代人的口气,绝非孟子之前东鲁子思所作。)始盛称鬼神之德与天道,于是孔子之面目一变;汉初传《周易》者,取阴阳家《系辞》归之孔子,大谈其阴阳不溯之谓神,大谈其幽明之故,死生之说,大谈其精气游魂鬼神之情状,大谈其极数知来,极深研几,探颐索隐,钩深致远,(《中庸》犹说:"素隐行怪,后世有述焉,吾弗为之矣。"犹说:"道不远人,人之为道而远人,不可以为道。")大谈其河出图,洛出书(《论语》

读《周易》有感

"凤鸟不至，河不出图"之说，大约亦此时窜入，崔述已辨此非孔子之言。《春秋纬》有"龙负河图，龟具洛书"之说，可证为阴阳家言。）于是孔子之面目乃再变；董仲舒号为西汉大儒，实是方士，成、哀以后，谶纬大兴，刘氏父子著书，皆兼采儒与阴阳二家之说，班固、许慎承其谬，于是孔子之面目乃三变；东汉诸帝，笃信谶纬，无耻儒生，靡然从之，白虎观讲义诸人，都是桓谭、王充所讥的俗儒，班固所纂集的《白虎通德论》，广引纬书，侈言三纲、六纪、五行、灾变，可说是集儒道糟粕之大成，然而桓谭还公言反谶，几以非圣无法的罪名见诛于光武，郑兴亦不善谶，乃以逊辞仅免，王充著《论衡》力辟神怪，贱儒贾逵以附和谶纬取媚民贼，亦尚言"五经家皆无证图谶明刘氏为尧后者"，到郑玄，他早年师事第五元，本是习京氏《易》、公羊《春秋》的，故晚年笃信谶纬，博采纬书神怪之言以注《毛诗》《周礼》《论语》《孝经》《礼记》《尚书大传》等，至此孔子之面目乃四变；而与阴阳家正式联宗矣。从此贾逵、郑玄之学日显，桓谭、王充之说日微，影响于中国之学术思想不为小也。

孔子的第二价值是建立君、父、夫三权一体的礼教。这一价值，在二千年后的今天固然一文不值，并且在历史上造过无穷的罪恶，然而在孔子立教的当时，也有它相当的价值。中国的社会到了春秋时代，君权、父权、夫权虽早已确定，但并不像孔子特别提倡礼教以后的后世那样尊严，特别是君权更不像后世那样神圣不可侵犯，而三权一体的礼教，虽有它的连环性，尊君却是主要目的；这是因为自周平王东迁以后，王室渐陵夷，各诸侯国中的商业都日渐发达,景王之前,已行用金属货币(见《周语》及《汉书·食货志》)。郑桓公东迁新郑,与商人立"无强贾""毋匄夺"的盟誓(见昭公十六年《左传》)。齐擅鱼盐之利,"人物归之,襁至而辐辏,故齐冠带衣履天下。"(见《史记·货殖传》)"管仲相桓公,通轻重之权,曰:岁有凶穰,故谷有贵贱,令有缓急,故物有轻重。人君不理,则畜贾游于市,乘民之不给,百倍其本矣。故万乘之国必有万金之贾,千乘之国必有千金之贾者,利有所并也。"(见《汉书·食货志》)"桓公曰:四郊之民贫,商贾之民富,寡人欲杀商贾之民以益四郊之民,为之奈何。"(见《管子·轻重篇》)"及周室衰……士庶人莫不离制而弃本,稼穑之民少,商旅之民多,谷不足而货有余。"(见《汉书·货殖传》)由此可见当时的商业,已经动摇了闭关自给的封建农业经济之基础,由经济的兼并,开始了政治的兼并,为封建制度掘下了坟墓,为统一政权开辟了道路,同时也产生了孔子的政治思想。春秋之末,商旅之势益盛,即孔门的子贡亦"废著(《汉书》作"发贮")鬻财于曹鲁之间……结驷连骑,束帛之币以聘享诸侯。所至国君无不分庭与之抗礼。"(见《史记·货殖传》)是为战国白圭、计然、猗顿之先驱,这便是司马迁所谓"无秩禄之奉爵邑之入,而乐与之比者,命曰'素封'","素封"势方愈盛,封建制度愈动摇,遂至诸侯亦日渐陵夷,大夫陪臣挟"素封"之势力,政权乃以次下移。孔子生当此时,已预见封建颓势将无可挽救,当时的社会又无由封建走向民主之可能,(欧洲的中世纪之末,封建陵夷以后,亦非直接走向民主,中间曾经过王政复兴君主专制的时代,Machiavelli 的君主大权主义,正是这一时代的产物。)于是乃在封建的躯壳中抽出它的精髓,即所谓尊卑长幼之节,以为君臣之义,父子之恩,夫妇之别普遍而简单的礼教,来代替那"王臣公、公臣大夫、大夫臣士、士臣皂、皂臣與、與臣隶、隶臣僚、僚臣仆、仆臣台"(见昭公七年《左传》)的十等制,冀图在"礼"的大帽子之下,不但在朝廷有君臣之礼,并且在整个社会复父子、夫妻等尊卑之礼,拿这样的连环法宝,来束缚压倒那封建诸侯大夫以至陪臣,使他们认识到君臣之义,无所逃于天地之间,以维持那日就离析分崩的社会。所以孔门的礼教即孔门的政治思想,其内容是:

孔子曰:"天下有道,则礼乐征伐自天子出;天下无道,则礼乐征伐自诸侯出。自诸侯出,盖十世希不失矣;自大夫出,五世希不失矣;陪臣执国命,三世希不失矣。天下有道,

则政不在大夫；天下有道，则庶人不议。"（《论语·季氏》）

孔子曰："如有用我者，吾其为东周乎。"（《论语·阳货》）

齐景公问政于孔子，孔子对曰："君君、臣臣、父父、子子。"（《论语·颜渊》）

子曰："《书》云：'孝乎惟孝，友于兄弟，施于有政。'是亦为政，奚其为为政？"（《论语·为政》）

有子曰："其为人也孝悌而好犯上者鲜矣；不好犯上而好作乱者未之有也。"（《论语·学而》）

子路曰："不仕无义，长幼之节不可废也，君臣之义如之何其可废也，欲洁其身而乱大伦，君子之仕也，行其义也。"（《论语·微子》）

孔子曰："安土治民，冀善于礼。故朝觐之礼所以明君臣之义也，聘问之礼所以使诸侯相尊敬也，丧祭之礼所以明臣子之恩也，乡饮酒之礼所以明长幼之序也，婚姻之礼所以明男女之别也，夫礼禁乱之所由生，犹防止水之所自来也……故婚姻之礼废，则夫妇之道苦而淫辟之罪多矣……聘觐之礼废，则君臣之位失，诸侯之行恶，而倍畔侵陵之败起矣。"（《礼记·经解》）

子云："天无二日，土无二王，家无二主，尊无二上，示民有君臣之别也。"（《礼记·坊记》）

君臣上下父子兄弟，非礼不定。（《礼记·曲礼》）

是故礼者，君之大柄也……所以治政安君也，故政不正则君位危，君位危则大臣倍，小臣窃，刑肃而俗敝……故唯圣人为知礼之不可以已也，故坏国、丧家、亡人，必先去其礼。（《礼记·礼运》）

哀公问于孔子曰："大礼何如，君子之言礼何其尊也。"孔子曰："丘闻之：民之所由生，礼为大，非礼无以节事天地之神也，非礼无以辨君臣上下长幼之位也，非礼无以别男女父子兄弟之亲婚姻疏数之交也。'"（《礼记·哀公问》）

公曰："敢问为政如之何。"孔子对曰："夫妇别，父子亲，君臣严，三者正则庶物从之矣。"（《礼记·哀公问》，《大戴礼·哀公问》"庶物"作"庶民"）。

是故君子之教也，外则教之以尊其君长，内则教之以孝于其亲，是故明君在上则诸臣服从，崇事宗庙社稷则子孙顺孝，尽其道，端其义，而教生焉。（《礼记·祭统》）

曾子曰："忠者，其孝之本与。"（《大戴礼·曾子本孝》）

曾子曰："君子立孝，其忠之用，礼之贵……君子之孝也，忠爱以敬，反是乱也。"（《大戴礼·曾子立孝》）

天无二日，国无二君，家无二尊，以治之也。（《大戴礼·本命》）

女子者，言如男子之教而长其义理者也，故谓之妇人，妇人伏于人也，是故无专制之义，有三从之道，在家从父，适人从夫，夫死从子，无所敢自遂也。（《大戴礼·本命》）

出乎大门而先，男帅女，女从男，夫妇之义由此始也；妇人，从人者也，幼从父兄，嫁从夫，夫死从子。（《礼记·郊特牲》）

男先于女，刚柔之义也，天先乎地，君先乎臣，其义一也。（《礼记·郊特牲》）

仲尼曰："……父子君臣长幼之道得而国治……父子君臣长幼之道合，德音之致，礼之大者也。"（《礼记·文王世子》）

不但孔子自己及他的及门弟子是这样，孔子之后，孔子的嫡派大儒孟子、荀子，他们的思想。无论对于天鬼，对于礼教，都是孔子的继承者。

齐宣王问曰："齐桓、晋文之事可得闻乎?"孟子对曰："仲尼之徒无道桓文之事者，是以后世无传焉，臣未之闻也，无已则王乎。"（《孟子·梁惠王》）

学则三代共之，皆所以明人伦也。人伦明于上，小民亲于下。有王者起，必来取法，是为王者师也。（《孟子·滕文公》）

当尧之时……使契为司徒，教以人伦，父子有亲，君臣有义，夫妇有别，长幼有序，朋友有信。（《孟子·滕文公》）

子未学礼乎，丈夫之冠也父命之，女子之嫁也，母命之，往送之门，戒之曰：往之女家，必敬必戒，无违夫子，以顺为正者，妾妇之道也。（同上）

世衰道微，邪说暴行有作，臣弑其君者有之，子弑其父者有之，孔子惧，作《春秋》。《春秋》，天子之事也……杨氏为我，是无君也，墨氏兼爱，是无父也。无父无君，是禽兽也

……昔者禹抑洪水而天下平，周公兼夷狄驱猛兽而百姓宁，孔子成《春秋》而乱臣贼子惧。（《孟子·滕文公》）

君仁莫不仁，君义莫不义，君正莫不正，一正君而国定矣。（《孟子·离娄》）

礼有三本：天地者生之本也，先祖者类之本也，君师者治之本也。无天地恶生，无先祖恶出，无君师恶治，三者偏亡焉无安人。（《荀子·礼论篇》，《大戴礼·礼三本》，"生之本"作"性之本"，"恶"作"焉"，"无安人"作"无安之人"，后世天地君亲师并祀，即始于此。）

"君之丧，所以取三年，何也。曰：君者，治辨之主也……彼君者（依俞樾说"君"下删"子"字），固有为民父母之说焉，父能生之，不能养之；母能养之，不能教诲之；君者已能食之矣，又善教诲之者也。三年毕矣哉。"（《荀子·礼论篇》）

上无君师，下无父子，夫是之谓至乱，君臣父子兄弟夫妇，始则终，终则始，与天地同理，与万世同久，夫是之谓大本。（《荀子·王制篇》）

故人道莫不有辨，辨莫大于分，分莫大于礼，礼莫大于圣王……欲观圣王之迹，则于其粲然者矣，后王是也。彼后王者，天下之君也。舍后王而道上古，譬之是犹舍己之君而事人之君也。（《荀子·非相篇》）

故古者圣人，以人之性恶，似为偏险而不正，悖乱而不治，故为之立君上之执以临之，明礼义以化之，起法正以治之，重刑罚以禁之，使天下皆出于治，合于善也……今当试去君上之执，无礼义之化，去法正之治，无刑罚之禁，倚而观天下民人之相与也；若是，则夫强者害弱而夺之，众者暴寡而哗之，天下之悖乱而相亡，不待顷矣。（《荀子·性恶篇》）

天子无妻，告人无匹也。（杨注云：告，言也；妻者，齐也；天子尊无与二，故无匹也。）四海之内无客礼，告无适也。（杨注云：适读为敌。《礼记》曰：天子无客礼，莫敢为主焉。）……圣王在上，分义行乎下，则士大夫无流淫之行，百官吏人无怠慢之事，众庶百姓无奸怪之俗，无盗贼之罪，莫敢犯上之禁。（《荀子·君子篇》）

这一君尊臣卑，父尊子卑、男尊女卑三权一体的礼教，创始者是孔子，实行者是韩非、李斯。（韩非、李斯都是荀子的及门弟子，法家本是儒家的支流，法家的法即儒家的礼，名虽不同，其君尊臣卑、父尊子卑、男尊女卑之义则同，故荀子说："礼者，法之大分，类之纲纪也。"司马迁谓韩非"归本于黄老"，真是牛头不对马嘴的胡说，这是由于他不懂得尊礼法与反礼法乃是儒法与黄老根本不同的中心点。）孔子是中国的 Machiavelli，也就是韩非、李斯的先驱，世人尊孔子而薄韩非、李斯，真是二千年来一大冤案。历代民贼每每轻视儒者（例如汉朝的高祖和宣帝），然而仍旧要尊奉孔子，正是因为孔子尊君的礼教是有利于他们的东西，孔子之所以称为万世师表，其原因亦正在此。近世有人见尊君尊父尊夫之弊，而欲为孔子回护者，妄谓"三纲"之说盛倡于宋儒，非孔子之教，而不知董仲舒造《春秋繁露》，班固纂《白虎通德论》，马融注《论语》，都有"三纲"之说，岂可独罪宋儒，孔子、孟子、荀子虽然未说"三纲"这一名词，而其立教的实质不是"三纲"是什么呢？在孔子积极的教义中，若除去"三纲"的礼教，剩下来的只是些仁、恕、忠、信等美德，那么，孔子和历代一班笃行好学的君子，有什么不同呢？他积极建立起来他所独有的伦理政治学说之体系是什么呢？周末封建动摇，社会的飓风将至，故百家立说，于治世之术都有积极的独特主张，小国寡民，无为而治，这是黄老的主张；兼爱、非攻、明鬼、非命，这是墨家的主张；尚法、好作，这是慎到田骈的主张；不法先王，不事礼义，这是惠施、邓析的主张；并耕、尽地力，这是农家的主张；儒家的独特主张是什么呢？除去三纲的礼教，他没有任何生张，孔子只不过是一个笃行好学的君子而已，人们凭什么奉他为万世师表呢？我向来反对拿二千年前孔子的礼教，来支配现代人的思想行为，却从来不曾认为孔子的伦理政治学说在他的时代也没有价值；人们倘若因为孔子的学说在现代无价值，遂极力掩蔽孔子的本来面目，力将孔子的教义现代化，甚至称孔教为"共和国魂"，这种诬罔孔子的孔子之徒，较之康有为更糊涂百倍。

《周礼·天官大宰》："师以贤得民，儒以道得民，吏以治得民。"郑玄注云："师，诸侯师氏，有德行以教民者；儒，清侯保氏，有六艺以教民者；吏，小吏在乡邑者。"《地官大司徒》："联师儒。"郑玄注云："师儒，乡里教以道艺者。"是周之儒者，其地位与乡邑小吏同，其专职是礼、乐、射、御、书、数的六艺，贤属师，治属吏，非儒者之事，儒者所教的礼，当然说不上吉、凶、宾、军、嘉全部的礼，不过士民所需凶礼中的丧吊，嘉礼中的昏冠之礼节仪文而已,更说不上治术;若有人把孔门的礼教和孔子以前儒者所教六艺的礼并为一谈,便是天大的错误?孔子说:"礼云礼云,玉帛云乎哉。"礼之所尊,尊其义也,失其义,陈其数,祝史之事也(《礼记·郊特牲》)。孔子对子夏说,"汝为君子儒,毋为小人儒。"(此所谓君子小人,与"小人哉樊须也"之小人同义,彼谓稼圃为小道末艺,非治国平天下的大道,此谓小人儒为习于礼、乐、射、御、书、数的小儒,非以礼教治国安民的君子儒。)这正是说礼之义不在礼节仪文之末,君子儒不以六艺多能为贵,所以孔子以后的礼和儒,都有特殊的意义,儒是以礼治国的人,礼是君权、父权、夫权三纲一体的治国之道,而不是礼节仪文之末。不懂得这个,便不懂得孔子。

科学与民主,是人类社会进步之两大主要动力,孔子不言神怪,是近于科学的。孔子的礼教,是反民主的,人们把不言神怪的孔子打入了冷宫,把建立礼教的孔子尊为万世师表,中国人活该倒霉!

请看近数十年的历史,每逢民主运动失败一次,反动潮流便高涨一次;同时孔子便被人高抬一次,这是何等自然的逻辑!帝制虽然两次倒台,然而袁世凯和徐世昌的走狗,却先后倡言民国的大总统就是君,忠于大总统就是忠于君;善哉,善哉!原来中国的共和,是实君共和,还没有做到虚君共和!民国初年,女权运动的人们,竟认为夫妻平等,无伤于君父二纲;美哉,美哉!原来孔子三纲一体的礼教,是可以肢解的!这些新发明,真是中国人特有的天才。

孔子的礼教,真能够支配现代人的思想行为吗?就是一班主张尊孔的人们,也未必能做肯定的答复吧!礼教明明告诉我们:君臣大伦不可废,无君便是禽兽;然而许多主张尊孔的人,居然两次推翻帝制,把皇帝赶出皇宫,律以礼教,这当然是犯上作乱;一面犯上作乱,一面又力倡祀孔,这是何等滑稽的事!礼教明明告诉我们:天下有道则庶人不议;然而许多主张尊孔的人,居然身为议员,在国会中大议而特议!礼教明明告诉我们:"妇人,从人者也,幼从父兄,嫁从夫,夫死从子;"然而许多主张尊孔的人,居然大倡其女权,大倡其男女平等;这不是反了吗!礼教明明告诉我们:"信,妇德也,一与之齐,终身不改,故夫死不嫁。"(《礼记·郊特牲》)然而有些主张尊孔的人,自己竟和寡妇结婚。礼教明明告诉我们："生事之以礼，死葬之以礼，祭之以礼。"(《论语·为政》)"父母在，朝夕恒食，子妇佐馂，既食恒馂。""非馂莫之敢饮食"。"子事父母，鸡初明……妇事舅姑，如事父母，鸡初鸣……以适父母舅姑之所，下气怡声，问衣、燠、寒、疾、痛、苛、痒，而敬抑搔之……枣栗饴蜜以甘之，堇、荁、枌、榆、兔、薧，滫瀡以滑之，脂膏以膏之，父母舅姑必尝之而后退。"(《礼记·内则》)然而主张尊孔的人，都这样孝敬父母吗？非父母舅姑之馂余不敢饮食吗？有些还要离开父母舅姑组织小家庭哩。礼教明明告诉我们，"男不言内，女不言外，""内言不出，外言不入。""女子出门，必拥蔽其面，""七年，男女不同席，不共食。"(《内则》)"男女非有行媒不相知名，""男女不杂坐。"(《曲礼》)然而尊孔的人，能够愿意千百万女工一齐离开工厂，回到家庭，使之内言不出吗？能禁止男女同学吗？他们宴会时不邀请女客同席杂坐共食吗？他们岂不常常和女朋友互换名片，社交公开吗？不但女子出门不蔽面，大家还要恭维学习美人鱼哩。礼教明明告诉我们："男女授受不亲。"(《孟子》《礼记》)"非祭非丧，不相授器，其相授，则女受以篚，其无篚，则皆坐奠之而后取之。"(《礼记·内则》)然而尊孔的人，不但男女授受可亲，而且以握手为礼，接腰跳舞，而且男子生病会请女医诊脉，女子产儿会请男医收生，孔子若活到现在，看见这些现象，岂不要气炸了肺吗？这班尊孔的人们，大约嘴里虽不说，心里却也明白二千年前的孔子礼教，已经不能支配现代人的思想行为了，所以只好通融办理；独至一件与他们权威有碍的事，还是不能通融，还得仰仗孔子的威灵，来压服一班犯上作乱的禽兽，至于他们自己曾否犯上作乱，这本糊涂账，一时也就难算了。孔子的三纲礼教所教训我们的三件事：一是"事君，可贵、可贱、可富、可贫、可生、可杀，而不可使为乱"(《礼记·表记》)；一是"父母怒，不悦而挞之流血，不敢疾怨，起敬起孝"(《礼记·内则》)；一是"寡妇不夜哭"(郑注云："嫌思人道。")，"妇人疾，问之不问其疾"(郑注云："嫌媚，略之也，问增损而已"。)；"寡妇之子，不有见焉，则弗友也"(均见《礼记·坊记》)。今之尊孔者，对于第二第三教训，未必接受，对于第一个教训，倒有点正合孤意了，他们之所以尊孔，中心问题即在此；汉之高帝宣帝以及历朝民贼，并不重视儒生，而祀孔典礼，则历久而愈隆，其中心问题亦即在此；孔子立教之本身，其中心问题亦即在此，此孔子之所以被尊为万世师表也。如果孔子永久是万世师表，中国民族将不免万世倒霉，将一直倒霉到孔子之徒都公认外国统监就是君，忠于统监就是忠于君，那时万世师表的孔子，仍旧是万世师表，"三月无君则皇皇如也"的孔子之徒，只要能过事君的瘾，盗贼夷狄都无所择，冯道、姚枢、许衡、李光地、曾国藩、郑孝胥、罗振玉等，正是他们的典型人物。

人类社会之进步，虽不幸而有一时的曲折，甚至于一时的倒退，然而只要不是过于近视的人，便不能否认历史的大流，终于是沿着人权民主运动的总方向前进的。如果我们不甘永远落后，便不应该乘着法西斯特的一时逆流，大开其倒车，使中国的进步再延迟数十年呀！不幸得很，中国经过了两次民主革命，而进步党人所号召的"贤人政治"，"东方文化"，袁世凯、徐世昌所提倡的"特别国情"，"固有道德"，还成为有力的主张；所谓"贤人政治"，所谓"东方文化"，所谓"特别国情"，所谓"固有道德"哪一样不是孔子的礼教在作祟呢？哪一样不是和人权民主背道而驰呢？

人们如果定要尊孔，也应该在孔子不言神怪的方面加以发挥，不可再提倡阻害人权民主运动，助长官僚气焰的礼教了！

不塞不流，不止不行，孔子的礼教不废，人权民主自然不能不是犯上作乱的邪说；人权民主运动不高涨，束手束足意气消沉安分守己的奴才，哪会有万众一心反抗强邻的朝气。在这样的政治环境之下，只能够产生冯道、姚枢、许衡、李光地、曾国藩、郑孝胥、罗振玉，而不能够产生马拉、但顿、罗伯士比尔。幸运的是万世师表的孔子，倒霉的是全中国人民！

第十五节　孔子在中国历史中之地位

冯友兰

孔子在中国文化史上有着独特的地位——"先师""先圣""素王""教主"诸多名号已

然显示了他在国人心中的重要位置。两千多年来,他的思想历经发挥,蔚为大观,成为中国传统文化的基石,更影响到了中国的政治体制、伦理观念以及国人的人生价值观。但本文并非立足于对孔子歌功颂德,而是在于证明孔子不曾制作或删定六经,他只是一个"选本多、门徒众的教授老儒",但他亦有理由获得后人加诸其身的"先圣""先师"之尊号。

观乡入射

廖平说:

"六经,孔子一人之书;学校,素王特立之政;所谓道冠百王,师表万世者也。刘歆以前,皆主此说,故移书以六经皆出于孔子,后来欲攻博士,故牵涉周公,以敌孔子,遂以《礼》《乐》归之周公,《诗》《书》归之帝王,《春秋》因于史文,《易传》仅注前圣。以一人之作,分隶帝王周公,如此是六艺不过如选文选诗。或并删正之说,亦欲驳之,则孔子碌碌无所建树矣。盖师说浸亡,学者以己律人,亦欲将孔子说成一教授老儒,不过选本多,门徒众……"(《知圣篇》)

康有为说：

"孔子为教主，为神明圣王，配天地，育万物，无人无事无义，不范围于孔子大道中，乃所以为生民未有之大成至圣也……汉以来皆以孔子为先圣也。唐贞观乃以周公为先圣，黜孔子为先师。孔子以圣被黜，可谓极背谬矣，然如旧说，《诗》、《书》、《礼》、《乐》、《易》，皆周公作；孔子仅在删赞之列。孔子之仅为先师而不为先圣，比于伏生、申公，岂不宜哉？然……六经皆孔子所作也。汉以前之说，莫不然也。学者知六经为孔子所作，然后孔子之为大圣，为教主，范围万世而独称尊者，乃可明也。知孔子为教主，六经为孔子所作，然后知孔子拨乱世致太平之功，凡有血气者，皆日被其殊功大德，而不可忘也。"（《孔子改制考》卷十》）

这是清末"今文家"的学说。孔子本来已竟是一般人所承认的先圣先师，本来已竟是一部分汉儒所承认的素王。清末"今文家"犹以为未足，乃于先圣、先师、素王之外，又为上一"教主"的尊号，孔子的地位，于是为最高；其风头亦于是出得最足。

然而"日中则昃，月盈则亏"，孔子的厄运，也就于是渐渐开始；他的地位，也就于是一天低落一天，在以前，孔子是教主素王，制作六经之说，虽未必为尽人所承认，但他是先圣先师，曾删《诗》《书》，正《礼》《乐》，赞《易》，作《春秋》，则否认者极少。但现在多数人的意见，则不但以为孔子未曾制作六经，且一并删正之说，亦欲驳之。于是孔子乃似"碌碌无所建树矣"。廖季平所反对之意见，正现在多数人所持者。由素王教主之地位，一降而为"教授老儒"，"比于伏生、申公"，真孔子之厄运也。

本篇的主要意思，在于证明孔子果然未曾制作或删正六经；即令有所删正，也不过如"教授老儒"之"选文选诗"；他一生果然不过是一个"选本多，门徒众"的"教授老儒"；但他却并不因此而即是"碌碌无所建树"；后人之以先圣先师等尊号与他加上，亦并非无理由。

关于孔子未曾制作或删正六经的证据，前人及时人已经举过许多，现在只需附加几个。《易》及《春秋》，依传说乃孔子毕生精力之所聚。一个是他特别"作"的；一个是他特别"赞"的。他作《春秋》以上继文、武、周公;他赞"易",作《彖》《象》《文言》《系辞》等,"以通神明之德,以类万物之情"。现在只说这两部书是否果为孔子所"作"所"赞"。

据孟子说,孔子作《春秋》之目的及功用,在使"乱臣贼子惧"。然《左传》宣公二年(西历纪元前六零七),赵穿弑晋灵公,

"太史书曰:'赵盾弑其君,'以示于朝。宣子曰:'不然。'曰:'子为正卿,亡不越竟,反不讨贼,非子而谁?'……孔子曰:'董狐,古之良史也:书法不隐。'"

又《左传》襄公二十五年(西历纪元前五四八),崔杼弑齐庄公,

"太史书曰:'崔杼弑其君'。崔子杀之,其弟嗣书而死者二人。其弟又书,乃舍之。南史氏闻太史尽死,执简以往,闻既书矣,乃还。"

据此则至少春秋时晋齐二国太史之史笔,皆能使"乱臣贼子惧"。不独《春秋》为然,赵穿弑晋灵公,而董狐却书"赵盾弑其君",则所谓"诛心"及"君亲无将,将则必诛"等"大义",董狐的"晋乘"中,本来亦有,《春秋》不能据为专利品。孟子说:

"晋之乘,楚之梼杌,鲁之春秋,一也。其事则齐桓晋文,其文则史,其义则丘窃取之矣。"(《孟子·离娄》)

"其义"不只是《春秋》之义,实亦是"乘"及"梼杌"之义,观于董狐史笔,亦可概见,孔子只"取"其义,而非"作"其义。孟子此说,与他的孔子"作春秋"之说不合,而却似近于事实。

但亦或因鲁是周公之后,"礼义之邦",所以鲁之《春秋》,对于此等书法,格外认真,所以韩宣子聘鲁"观书于太史氏,见易象与鲁春秋,曰:'周礼尽在鲁矣'"(《左传》昭公二年,西历纪元前五四零)。他特注意于"鲁春秋",或者"鲁春秋"果有比"晋之乘""楚之梼杌"较特别的地方,所以在孔子以前,就有人以《春秋》为教人的教科书。楚庄王(西历纪元前六一三——五九一)使士亹傅太子箴,士亹问于申叔时,叔时曰:

"教之'春秋'而为之耸善而抑恶焉,以戒劝其心。教之'世'而为之昭明德而废幽昏焉,以休惧其动。教之'诗'而为之导广显德,以耀明其志。教之'礼'使知上下之则。教之乐以疏其秽而镇其浮。教之'令'使访物官。教之'语'使明其德而知先王之务用明德于民也,教之'故志'使知废兴者而戒惧焉,教之'训典'使知族类,行比义焉"(《国语·楚

可见《春秋》早已成教人的一种课本。不过这些都在孔子成年以前,所以也都与孔子无干。

"春秋"之"耸善抑恶"诛乱臣贼子,孔子完全赞成;这却是实在情形。《论语》上说:

"陈成子弑简公,孔子沐浴而朝,告于哀公曰'陈恒弑其君,请讨之'。公曰:'告夫三子。'孔子曰:'以吾从大夫之后。不敢不告也……"(《宪问》)

观此可知孔子以乱臣贼子之当讨,为天经地义。他当然赞成晋董狐齐太史之史笔,当然赞成"春秋"的观点。孔子主张"正名",是论语上说过的。不过按之事实,似乎不是孔子因主张"正名"而作《春秋》,如传说所说,似乎是孔子取《春秋》等书之义而主张"正名",孟子所说"其义则丘窃取"者是也。不过孔子能从"晋乘""鲁春秋"等里面,归纳出一个"正名"之抽象的原理,这也就是他的大贡献了。

《易》之彖象文言系辞等,是否果系孔子所作,此问题,我们但将彖象等里面的哲学思想,与《论语》里面的比较,便可解决。

我们且看《论语》中所说孔子对于天之观念:

"子曰:'获罪于天,无所祷也。'"(《八佾》)

"夫子曰:'予所否者,天厌之! 天厌之!'"(《雍也》)

"子曰:'天生德于予,桓魋其如予何!'"(《述而》)

"子曰:'文王既没,文不在兹乎? 天之将丧斯文也,后死者不得与于斯文也。天之未丧斯文也,匡人其如予何!'"(《子罕》)

"子曰:'吾谁欺,欺天乎?'"(《子罕》)

"子曰:'噫! 天丧予! 天丧予!'"(《先进》)

"孔子曰:'君子有三畏:畏天命,畏大人,畏圣人之言。'"(《季氏》)

据此可知《论语》中孔子所说之天,完全系一有意志的上帝,一个"主宰之天"。

但"主宰之天"在《易》《彖》《象》等中,没有地位,我们再看《易》中所说之天:

"大哉乾元,万物资始,乃统天。云行雨施,品物流行。大明终始,六位时成,时乘六

龙以御天。乾道变化,各正性命。"(《乾·彖》)

"天地以顺动,故日月不过而四时不忒。"(《豫·彖》)

"反复其道,七日来复,天行也;复其见天地之心乎。"(《复·彖》)

"天地感而万物化生。"(《咸·彖》)

"天地之道,恒久而不已也。"(《恒·彖》)

"天行健,君子以自强不息。"(《乾·象》)

"大哉乾乎,刚健中正,纯粹精也,六爻发挥,旁通情也,时乘六龙,以御天也,云行雨施,天下平也。"(《乾·文言》)

"天尊地卑,乾坤定矣。卑高以陈,贵贱位矣。动静有常,刚柔断矣。方以类聚,物以群分,吉凶生矣,在天成象,在地成形,变化见矣。是故刚柔相摩,八卦相荡。鼓之以雷霆,润之以风雨。日月运行,一寒一暑,乾道成男,坤道成女,乾知大始,坤作成物。乾以易知,坤以简能……"(《系辞》)

这些话究竟是什么意思,我们暂不必管。不过我们读了以后,我们即觉在这些话中,有一种自然主义的哲学,在这些话中,决没有一个能受"祷",能受"欺",能"厌"人,能"丧斯文"之"主宰之天"。这些话里面的天或乾,不过是一种宇宙力量,至多也不过是一个"义理之天"。

一个人的思想,本来可以变动,但一个人决不能同时对于宇宙及人生真持两种极端相反的见解。如果我们承认《论语》上的话是孔子所说,又承认《易》《彖》《象》等是孔子所作,则我们即将孔子陷于一个矛盾的地位,因为上所引《论语》中的话,不一定都是孔子早年说的;我们也不能拿一个人早年晚年之思想不同以做解释。

或者可以说《论语》中所说,乃孔子对门弟子之言,是其学说之粗浅方面,乃"下学"之事。《易》《彖》《象》等中所说,乃孔子学说之精深方面,乃"上达"之事,群弟子所不得知者。所以子贡说:"夫子之文章,可得而闻也;其言性与天道,不可得而闻也。"(《论语·公冶长》)但《论语》中所载,孔子所说"天之将丧斯文","天生德于予"之言,并非对弟子讲学,而乃直述其内心之信仰。若孔子本无此信仰,而故为此说以饰智惊愚,则是王莽

欺世的手段,恐非讲忠恕之孔子所出。且顾亭林已云:

"延平先生答问曰:"夫子之道,不难乎日用之间。自其尽己而言,则谓之忠;自其及物而言,则谓之恕……曾子答门人之问,正是发其心尔,岂有二耶? 若以为夫子一以贯之之旨甚精微,非门人所可告,姑以忠恕答之,恐圣人之心,不若是其支也。"(《日知录》卷七)

又云:

"子曰:'二三子以我为隐乎? 吾无隐乎尔。吾无行而不与二三子者是丘也。'谓'夫子之言性与天道不可得而闻,'是疑其有隐者也。不知夫子之文章,无非夫子之言性与天道;所谓吾无行而不与二三子者是丘也。"(同上)

孔子所讲,本只及日用伦常之事。观《易》之《文言》等中,凡冠有"子曰"之言,百分之九十九皆是讲道德的,更可知矣。至其对于宇宙,他大概完全接受传统的见解。盖孔子只以人事为重,此外皆不注意研究也。所以他说:

"未能事人,焉能事鬼? ………未知生,焉知死?"(《论语·先进》)

根据以上所说,及别人所已经说过的证据,我以为孔子果然未曾制作或删正六经或六艺。

不过后人为什么以六艺为特别与孔子有密切的关系? 这是由于孔子以六艺教学生之故。以六艺教人,并不必始于孔子,据上所引《国语》,士亹教楚太子之功课表中,也即有《诗》《礼》《乐》《春秋》《故志》等。《左传》《国语》中所载当时人物应答之辞,都常引《诗》《书》;他们交接用《礼》,卜筮用《易》。可见当时至少一部分的贵族人物,都读过这些书,受过这等教育。不过孔子却是以六艺教一般人之第一人。这一点下文再提。现在我们只说,孔子之讲学,与其后别家不同。别家如道、墨,等,皆注重其自家之一家言,如《庄子·天下》篇说,墨家弟子诵《墨经》。但孔子则是一个教育家。他讲学的目的,在于养成"人",养成为国家服务的人,并不在于养成某一家的学者。所以他教学生读各种的书,学各种功课。所以颜渊说:"博我以文,约我以礼。"(《论语·子罕》)《庄子·天下》篇讲及儒家,即说:"《诗》以道志,《书》以道事,《礼》以道行,《乐》以道和,《易》以道阴阳,《春秋》以道名分。"这六种正是儒家教人的六种功课。

唯其如此,所以孔子的学生之成就,亦不一律。《论语》上说:"德行:颜渊闵子骞;政事:冉有季路;言语:宰我子贡;文学:子游子夏。"(《先进》)又如子路之"可使治赋";冉有之"可使为宰";公西华之"可使与宾客言";皆能为"千乘之国"办事(《论语·公冶长》)。可见孔子教学生,完全要教他成"人",不是要教他做一家的学者。

孔子以以前已有的成书教人,教之之时,如廖季平所谓"选诗选文",或亦有之。教之之时,随时讲解,或亦有之。如《论语》:"'不恒其德,或承之羞,'子曰:'不占而已矣。'"(《子路》)《易·系辞》中对于诸卦爻辞之引申解释之冠以"子曰"者,虽非必果系孔子所说,但孔子讲学时可以对"易"有类此之解释。如以此等"选诗选文",此等随时讲解,为"删正六经",为"赞易",则孔子实可有"删正"及"赞"之事,不过这等"删正"及"赞"实没有什么了不得的意义而已。后来儒家因仍旧贯,仍继续用六艺教人,恰又因别家只讲自家新学说,不讲旧书,因之六艺遂似专为儒家所有,为孔子所制作,而删正(如果有删正)亦即似有重大意义矣。

《汉书·艺文志》以为诸子皆六艺之"支与流裔"。《庄子·天下篇》似亦同此见解。这话亦并非毫无理由,因为所谓六艺本来是当时人的共同知识。自各家专讲其自己之新学说后,而六艺乃似为儒家之专有品,其实原本是大家共有之物也。但以为各家之学说,皆六艺中所已有,则不对耳。

总之孔子是一个教育家。"述而不作,信而好古"(《论语·述而》),"学之不厌,诲人不倦"(同上),正是他为他自己下的考语。

这样说起来,孔子只是一个"教授老儒",但他却并不是"碌碌无所建树",并不即"比于伏生、申公",下文的主要意思就是要证明三点:

(一)孔子是中国第一个使学术民众化的,以教育为职业的"教授老儒";他开战国讲学游说之风;他创立,至少亦发扬光大,中国之非农非工非商非官僚之士之阶级。

(二)孔子的行为,与希腊之"智者"相仿佛。

(三)孔子的行为及其在中国历史上的影响,与苏格拉底的行为及其在西洋历史上的影响相仿佛。

上文已经说过，士亹教楚太子的功课表中，已有《诗》《礼》《乐》《春秋》《故志》等。但此等教育，并不是一般人所能受。不但当时的平民未必有机会受这等完全教育，即当时的贵族也不见得尽人皆有受此等完全教育之机会。韩宣子系晋世卿，然于到鲁办外交的时候，"观太史氏书"始得"见'易象'与'鲁春秋'。"（《左传》昭公二年）季札也到鲁方能听各国之诗与乐（《左传》襄公二十九年）。可见《易》《春秋》《乐》《诗》等，都是很名贵的典籍学问了。

孔子却抱定一个"有教无类"（《论语·卫灵公》）的宗旨，"自行束脩以上，吾未尝无诲焉。"（《论语·述而》）如此大招学生，不问身家，凡缴学费者即收，一律教以各种功课，教读各种名贵的典籍。这是何等的一个大解放！故以六艺教人或不始于孔子；但以六艺教一般人使六艺民众化则实始于孔子。

我说孔子是第一个以六艺教一般人者，因在孔子以前，在较可靠的书内，我们没有听说有什么人曾经大规模的招许多学生而教育之，更没有听说有什么人"有教无类"的号召学生。在孔子同时，据说有个少正卯"其居处足以撮徒成党，其谈说足以饰褒荣众，其强御足以反是独立。"（《孔子家语》）据说少正卯也曾大招学生，"孔子门人三盈三虚，惟颜渊不去。"（《新论》）庄子说："鲁有兀者王骀，从之游者与仲尼相若。"（《德充符》）不过孔子诛少正卯事，昔人已谓是假的，少正卯之果有无其人，亦不可知。庄子寓言十九，王骀之"与孔子中分鲁"，更不足信。故大规模招学生而教育之者，孔子是第一人。以后则各家蜂起，竞聚生徒，然此风气实孔子开之。

孔子又继续不断的游说干君，带领学生，各处招摇。此等举动，前亦未闻，而以后则成为风气；此风气亦孔子开之。

再说孔子以前未闻有不农不工不商不仕，而只以讲学为职业，因以谋生活之人。古时除了贵族世代以做官为生者外，我们亦尝听说有起于微贱之人物。此等人物。在未仕时，皆或为农或为工或为商，以维持其生活。孟子说：

"舜发于畎亩之中；傅说举于版筑之间；胶鬲举于鱼盐之中；管夷吾举于士；孙叔敖举于海；百里奚举于市。"（《告子》）

孟子的话,虽未必尽可信,但孔子以前,不仕而又别不事生产者,实未闻有人,《左传》中说冀缺未仕时,亦是以农为业(僖公三十三年,西历纪元前六二七),孔子早年,据孟子说,亦尝为贫而仕,"尝为委吏矣","尝为乘田矣"(《万章下》)。但自"从大夫之后",大收学生以来,即纯以讲学为职业,为谋生之道。不但他自己不治生产,他还不愿教弟子治生产。樊迟"请学稼""请学为圃",孔子说:"小人哉,樊须也。"(《论语·子路》)子贡经商,孔子说:"赐不受命,而货殖焉;亿则屡中。"(《论语·先进》)他这种不治生产的办法,颇为其时人所诟病。据《论语》所说,荷蓧丈人骂孔子:"四体不勤,五谷不分。"(《微子》)此外晏婴亦说:

"夫儒者滑稽而不可轨法;倨傲自顺,不可以为下;崇丧遂哀,破产厚葬,不可以为俗;游说乞贷,不可以为国。"(《史记·孔子世家》)

《庄子》亦载盗跖骂孔子云:

"尔作言造语,妄称文武……多辞缪说,不耕而食,不织而衣,摇唇鼓舌,擅生是非,以迷天下之主,使天下学士,不反其本,妄作孝悌而徼幸于封侯富贵者也。"(《盗跖》)

这些批评未必果是晏婴、盗跖所说,《庄子》里面的话,尤不可靠,但这些批评却是当时可能有的。

战国时之有学问而不仕者,亦尚有自食其力之人。如许行"与其徒数十人,皆衣褐,捆屦,织席,以为食"(《孟子·滕文公》),陈仲子"身织屦,妻辟纑"(同上)以自养。但孟子则不以为然,孟子自己是"后车数十乘,从者数百人,以传食于诸侯";此其弟子彭更即以为"泰"(同上),他人当更有批评矣。孟子又述子思收养的情形,说:

"缪公之于子思也,亟问亟馈鼎肉。子思不悦于卒也,摽使者出诸大门之外,北面稽首再拜而不受,曰:'今而后知君之犬马畜伋。'……曰,'敢问国君欲养君子,如何斯可谓养矣?'曰:'以君命将之,再拜稽首而受。'其后廪人继粟,庖人继肉,不以君命将之。子思以为鼎肉使己仆仆尔亟拜也,非养君子之道也。"(《万章下》)

观此可知儒家的一种风气。唯其风气如此,于是后来即有一种非农,非工,非商,非官僚之"士",不治生产而专待人之养己。这种士之阶级,孔子以前,似乎也没有。以前所谓士，多系大夫士之士，或系男子军士之称，非后世所谓士农工商之士也。

《管子》书中《乘马第五》有《士农工商》一节；《国语·齐语》亦述管仲语云：

"四民者勿使杂处，杂处则其言哤，其事易……昔圣王之处士也，使就闲燕。处工就官府，处商就市井，处农就田野……是故士之子恒为士……工之子恒为工……商之子恒为商……农之子恒为农。野处而不昵，其秀民之能为士者，必足赖也。有司见而不以告，其罪五……工商之乡六，士乡十五……君有此士也三万人，以方行于天下。"

这也是管仲的话。一卷齐语，只有管仲相桓公，霸诸侯一段事。似乎这段与《管子》书中所说，是同一来源。即令《管子》不是假的，这两个证据，也只算一个。就上引管仲一段话而言，其中也有前后不一致的地方，既曰士农工商各以世及，而又说农"野处而不昵，其秀民之能为士者，必足赖也"；"有司"又须"以告"。"有此士也三万人"之士，似乎又以士为军士。韦昭于"士乡十五"下注云："此士，军士也。十五乡合三万人，是谓三军。"若军士非即士农工商之士，则岂非有"五民"吗？此外又有一个反证，《左传》宣公十二年（西历纪元前五九七）随武子论楚国云：

"昔岁入陈，今兹入郑，民不罢劳，君无怨讟，政有经矣。荆尸而举，商农工贾，不败其业，而卒乘辑睦。"

若士农工商，已是当时普通所谓"四民"，为什么随武子不说士农工商"不败其业"，而说"商农工贾"呢？孔颖达正义云：

"齐语云：'……处士就闲燕……'彼四民谓士农工商，此数亦四，无士而有贾者，此武子意言举兵动众，四者不败其业。发兵则士从征。不容复就闲燕。"

"发兵则士从征"，可见孔颖达亦以《齐语》所说士为非以后所谓士农工商之士。

《管子》系伪书，其中所说，当系孔子以后情形。我所以以为，在孔子以前，似乎没有以后所谓士农工商之士阶级。这种阶级，只能做两种事情，即做官与讲学。直到现在，各学校的毕业生，无论是农业学校或工业学校，还只有当教员做官两条谋生之路，这所谓：

"仕而优则学；学而优则仕。"（《论语·子张》）

孔子即是此阶级之创立者，至少亦是其发扬光大者。

这种阶级为后来法家所痛恶。韩非子说：

"博习辩智如孔墨，孔墨不耕耨，则国何得焉？修孝寡欲如曾史，曾史不战攻，则国家何利焉？"（《韩非子·八说》）

"儒以文乱法，侠以武犯禁……今修文学习言谈，则无耕之劳而有富之实，无战之危而有贵之尊，则人孰不为也？"（《韩非子·五蠹》）

孔子与希腊"智者"，其行动颇相仿佛。他们都是打破以前习惯，开始正式招学生而教育之者。"智者"向学生收学费以维持其生活：此层亦大为当时所诟病。孔子说："自行束脩以上，吾未尝无诲焉。"他虽未必收定额学费，但如"贽"之类，是一定收的。孔子虽可靠国君之养，未必专靠弟子的学费维持生活，但其弟子之多，未尝不是其有受养资格之一。所以我上文说，孔子以讲学为职业，因以维持生活。这并不损害孔子的价值；因为生活总是要维持的。

孔子还有一点与"智者"最相似，"智者"都是博学多能的人，能教学生以各种功能，而主要目的，在使学生有做政治活动之能力。孔子亦博学多能，所以

"达巷党人曰：'大哉孔子，博学而无所成名。'"（《论语·子罕》）

"太宰问于子贡曰：'夫子圣者与，何其多能也？'子贡曰：'固天纵之将圣，又多能也'。"（同上）

孔子教人亦有各种功课，即所谓六艺是也。至于政治活动，亦为孔子所注意，其弟子可在"千乘之国""治赋"，"为宰"。季康子问仲由，赐，求，"可使从政也与？"孔子说："由也果"，"赐也达"，"求也艺"，"于从政乎何有"？（《论语·雍也》）这即如现在政府各机关之向各学校校长要人，而校长即加考语荐其毕业生一样。

孔子颇似苏格拉底。苏格拉底本亦是一"智者"。其不同在他不向学生收学费，不卖知识。他对于宇宙问题，无有兴趣，对于神之问题，接受传统的见解。孔子亦如此，如上文所说，苏格拉底自以为负有神圣的使命，以觉醒其国人为己任。孔子亦然，所以有"天生德于予"，"天之未丧斯文，匡人其如予何"之言。苏格拉底以归纳法求定义（亚里士多德说），以定义为吾人行为之标准。孔子亦讲"正名"，以"名"为吾人行为之标准。苏格

拉底注重人之道德的性质。孔子亦视人之完全人格,较其"从政"之能力,尤为重。故对于子路、冉有、公西华,虽许其能在"千乘之国""治赋","为宰","与宾客言",而独不许其为"仁"(《论语·公冶长》),苏格拉底自己不著书,而后来著书者多假其名(如柏拉图之《对话》)。孔子亦不著书,而后来各书中"子曰"极多。苏格拉底死后,其宗派经柏拉图、亚里士多德之发挥光大,遂为西洋哲学之正统。孔子之宗派,亦经孟子荀子之发挥光大,遂为中国哲学之正统。

即孔子为中国苏格拉底之一端,即已占甚高之地位。况孔子又为使学术普遍化之第一人,为士之阶级之创立者,至少亦系其发扬光大者;其建树之大,又超过苏格拉底,谓孔子不制作或删正六艺即为"碌碌无所建树"者,是谓古之发明帆船者不算发明,必发明潜艇飞机,始为有所建树也。

孔子为士之阶级之创造者,至少亦系其发扬光大者,而中国历代政权,向在士之手中,故尊孔子为先师先圣,此犹木匠之拜鲁班,酒家之奉葛仙也。

第十六节　孔子与中国文化

张岱年

张岱年(1909~2004),原籍河北献县。字季同,别署宇同。当代著名思想家、哲学家。本文主要讨论了孔子对中国文化的影响。文章指出,孔子在文化史上是一个继往开来的人物,他积极乐观的有为精神、对于道德价值的高度重视、他所开创的重视历史经验的优良传统都为中国文化的发展提供了思想基础。作者认为孔子对中国文化的贡献是巨大的,虽不可避免地存在着阶级局限性,但不应以今人的高度苛求他,而应予以客观认识。

中华民族在几千年的发展过程中,创造了丰富灿烂的中国文化。中国文化是中华民族长期延续、不断发展的精神支柱。斯大林论民族,认为一个民族不但有共同的语言、共同的地域、共同的经济生活,而且还有"表现于共同文化上的共同心理素质"。(《马克思主义和民族问题》,见《斯大林全集》第2卷,第294页,人民出版社1953年版)中华民族确实具有"表现于共同文化上的共同心理素质"。这种"表现于共同文化上的共同心理素质"是在长期的历史发展过程中形成的,一方面有其经济的物质基础,另一方面也有其与社会教育密切联系的思想基础。这种"表现于共同文化上的共同心理素质",是在一些有重要影响的思想家和教育家的引导和培育之下逐渐形成的。而在中华民族的"共同文化"与"共同心理"的形成和发展的过程中,起了最重要、最巨大的作用的,是春秋时期伟大的思想家和教育家孔子。

何谓文化?文化即是人类改造自然同时改变人性的一切成就。何谓心理?一般的所谓心理包括对于客观世界的正确的和不正确的认识,以及自发的和自觉的主观要求。孔子的学说对于中华民族的共同文化和共同心理的形成起了别人不能比拟的深远影响。

孔子的学说何以能发生这样巨大的影响呢?这首先是由于孔子继承、总结了原始社会后期以来和夏商周三代的文化传统。我们现在看孔子,觉得他已经是年代久远了,事实上在孔子以前,中国文化已经有二三千年的漫长历史。韩非说:"殷周七百余岁,虞夏二千余岁。"(《韩非子·显学》。近人或谓应作虞夏七百余岁,殷周二千余岁。)尧舜虽然是传说中的人物,但未必出于虚构。孔子自称"述而不作,信而好古",又说:"周监于二代,郁郁乎文哉!"孔子一生的工作正是对于尧舜以来夏商周三代的文化成就进行了一番系统的整理,做出了一次重要的总结。孟子称赞孔子为"集大成",即意谓孔子总结了上古时代的文化思想。孔子的学说不是凭空提出的,而是有其深厚的历史基础。唯其如此,所以能够对后来文化的发展产生了深远的影响。

在古代,孔子是一个继往开来的人物,一方面对于过去的文化进行了一次系统的总结,另一方面又开创了文化发展的新局面。从孔子开始,私人讲学蔚然成风;到战国时代,百家争鸣的盛况蓬勃兴起了。

西汉今文经学把孔子装扮为一个神人,那是历史的倒退。古文经学和历史家司马迁则肯定孔子是一个卓越的学问家。在古文经学和历史的传说中,孔子的主要工作是:"删诗书,定礼乐,修春秋,序易传。"这是东汉以来以至明清时代孔子的具体形象,这是一个卓越的哲学家、教育家的形象。孔子以《诗》《书》教弟子,保存了上古的诗歌和历史文献。孔子在音乐史上也有重要地位。"修春秋"之说,首见于孟子的言论中,近人颇有疑问。但亦不易提出有力的反证。宋代欧阳修开始怀疑《易传》不是孔子所作,但直到近代,许多史学家、易学家仍然承认《易传》表达了孔子的思想。《易传》中有先秦哲学中最精湛的辩证法。如果《易传》出自孔子,孔子的哲学观点就超越老庄孟荀诸子了。《礼记》的《礼运》篇有孔子谈论"大同"的记载,而"大同"是中国古代最高的政治理想。这样,在汉魏以至宋明时代中,一般学者心目中的孔子形象,确实是高大的、卓越的。

近年以来,多数哲学史家认为:《春秋》基本上是鲁国史官的手笔,《易传》是战国时期的著作,"大同"学说更是战国时期儒家的思想;关于孔子言行的最可靠的资料是《论语》和《左传》中关于孔子的记载。这样,关于孔子的资料较过去时代所承认的大大削减了。虽然如此,专从《论语》和《左传》来看,孔子仍然是一个伟大的思想家、教育家,仍然是为中国文化的发展提供思想基础的最主要的哲人。

孔子的哪些思想观点为中国文化的发展提供了思想基础呢? 这主要有三点。第一,积极乐观的有为精神;第二,对于道德价值的高度重视;第三,开创了重视历史经验的优良传统。

孔子虽然承认天命,但不是消极地等待命运的安排,而是积极努力争取达到人力所能达到的最高限度。孔子自称"为之不厌,诲人不倦"(《论语·述而》)。当时的隐者讥讽他是"知其不可而为之者"(同书《宪问》)。他自述自己的生活态度是"发愤忘食,乐以忘忧,不知老之将至"(同书《述而》)。孔子倡导积极有为,是非常昭著的。他还说过:"饱食终日,无所用心,难矣哉! 不有博弈者乎? 为之犹贤乎已。"(同书《阳货》)认为博弈比无所事事还好些,这种反对无所作为的态度是非常明显的。

孔子所谓"为之"具有什么具体内容呢? 他所从事的活动是什么性质的活动呢? 多年以来有一个流行的说法,认为孔子在伦理学说、教育思想方面有所创新,在政治上却是保守的,属于守旧派,他一生不得志,是由于他的政治活动是违反历史发展趋势的。十年动乱时期,"批孔""批儒",更指斥孔子是一个顽固的反动派、复古派、复辟狂。时至今日,这个问题须加以认真考察,分辨清楚。认为孔子守旧、保守,逆历史潮流而动的看法,主要以四项历史资料为依据。(1)孔子反对三桓僭越;(2)孔子反对陈恒杀君;(3)孔子反对鲁用田赋;(4)孔子反对晋铸刑鼎。前两项见于《论语》,后两项资料见于《国语》和《左传》。多数的论者都认为当时鲁国的三桓、齐国的田氏属于革新派,鲁用田赋、晋铸刑鼎也都属于革新的措施。当时鲁国的三桓破坏了周礼,齐国的田氏进行了一些改革,晋铸刑鼎,鲁用田赋,都是符合历史潮流的新措施,这些都是事实。孔子反对这些,是否一定是顽固守旧呢?这还要进行具体的分析。当时各国诸侯大夫都从事于僭越,这是大势所趋。但这类僭越行为对于人民有没有好处呢?事实上那只是加重了人民的负担。孔子尝说:"礼,与其奢也,宁俭。"(《论语·八佾》)从宁俭勿奢的观点来反对僭越,应该是有积极意义的。田氏篡齐有一定的进步性,但是春秋末年陈恒杀君,据《左传》的记载,仅仅属于权力之争,并无革命意义。孔子反对陈恒杀君,也难以断定其为反动的。后来《庄子》书中讥刺田氏代齐为"窃国者侯",韩非在他的著作中也指责"田常杀君"(《韩非子》的《难二》《说疑》),能说反对陈恒杀君就是守旧反动吗?孔子反对鲁用田赋的理由是反对增税,他的主张是:"施取其厚,事举其中,敛从其薄。"(《左传》哀公十一年)这反对增税的言论,虽然不合乎经济发展的形势,但不能说是反动的。孔子反对晋铸刑鼎的理由是"民在鼎矣,何以尊贵?贵何业之守?贵贱无序,何以为国?"(《左传》昭公二十九年)强调了贵贱的等级秩序。这表现了反对劳动人民的倾向。但是,强调贵贱区分是先秦时代儒法诸家的共同观点。商鞅论历史的演变说:"上世亲亲而爱私,中世上贤而说仁,下世贵贵而尊官。"(《商君书·开塞》)法家的"贵贵"更甚于儒家。如果说法家的"贵贵而尊官"的思想在当时也还起过一定的进步作用,何以断言孔子的"尊贵"言论一定是反动的呢?

孔子的政治思想主要有三点:(1)为政以德;(2)君主集权;(3)反对个人独裁与大臣专权。他强调道德在政治上的作用,宣称"政者正也,子帅以正,孰敢不正?"(《论语·颜渊》)要求统治者在道德上做出表率,这确实具有深刻的意义。孔子宣称:"天下有道,则礼乐征伐自天子出;天下无道,则礼乐征伐自诸侯出。"(同书《季氏》)这是中央集权的思想,应该说是符合春秋战国的发展趋势的。以后孟子讲"定于一"(《孟子·梁惠王》),荀子鼓吹"天下为一"(《荀子·议兵》),都主张建立统一的中央政权,这种思想都可以说源于孔子。鲁定公问:"一言而丧邦,有诸?"孔子回答:"人之言曰:'予无乐乎为君,唯其言而莫予违也。'如其善而莫之违也,不亦善乎?如不善而莫之违也,不几乎一言而丧邦乎?"(《论语·子路》)反对"言莫予违",也就是反对个人独裁。孔子认为,君主虽应有最高权力,但不应个人独裁;同时大臣亦不应专权,"天下有道,则政不在大夫"(同书《季氏》)。这些思想,应该说都是符合当时历史发展要求的。

过去很多人认为孔子是守旧派,或者认为是复古主义者,其主要理由之一是认为孔子拥护周礼,这个问题还需要作具体的分析。孔子曾说:"周监于二代,郁郁乎文哉!吾从周。"(《论语·八佾》)事实上,孔子并不认为周制是永恒的尽美尽善的。他说:"殷因于夏礼,所损益可知也;周因于殷礼,所损益可知也。其或继周者,虽百世可知也。"(同书《为政》)这就是说,对于周礼还应有所损益。他曾评论乐章说:"《韶》尽美矣,又尽善也";"《武》尽美矣,未尽善也"(同书《八佾》)。从这些言论看来,所谓"吾从周"乃是在三代之中取其最近的,并非认为周制是绝对的好。孔子论仁,有"克己复礼为仁"之说(同书《颜渊》),有些人认为"复礼"即是恢复周礼。其实这是望文生义,所谓"复礼"的内容即是"非礼勿视,非礼勿听,非礼勿言,非礼勿动",即视听言动无不合礼,并非复古之意。

孔子称赞子产,赞扬子产不毁乡校(《左传》襄公三十一年)。子产宣称"天道远,人道迩",孔子主张"务民之义,敬鬼神而远之";孔子重礼,子产亦说过"夫礼,天之经也,地之义也,民之行也"(《左传》昭公二十五年)。孔子的政治思想基本上是和子产一致的。近年以来,许多人都承认子产是进步的政治家,却认为孔子是守旧派,这是不公允的。(十年动乱时期,也有人写文章抨击子产,那更是完全荒谬的。)

孔子的政治活动究竟是什么性质的活动呢?《论语》中有一段记载透露了其中的信息。《论语》云:"长沮、桀溺耦而耕,孔子过之,使子路问津焉……桀溺……曰:'滔滔者

在陈绝粮

天下皆是也,而谁以易之? 且而与其从辟人之士也,岂若从辟世之士哉?'……子路行以告。夫子怃然曰:'鸟兽不可与同群,吾非斯人之徒与而谁与? 天下有道,丘不与易也。'"(《微子》)所谓"易之","与易"的"易"字是改变之意。孟子批评墨者夷之,曾说:"墨之治丧也,以薄为其道也。夷子思以易天下。"(《孟子·滕文公上》)儒墨都是企图以其道"易天下"的。孔子一生的活动也是企图以其道易天下,企图改变"天下无道"为"天下有道"。这种活动固然不是革命的活动,而可谓一种移风易俗、建立理想秩序的活动。

孔子一生,"再逐于鲁,削迹于卫,穷于齐,围于陈蔡"(《庄子·盗跖》),并不是因为他是逆潮流而动,违反了历史发展的趋势,而是因为孔子所考虑的是统治阶级的长远利益,不易被人理解,而实际上是适应从奴隶制向封建制转变的要求的。孔子的积极有为的精神是基本上符合社会发展需要的。

孔子的积极有为的思想,在《易传》有进一步的发展。《易传》提出"刚健""日新""自强不息"的重要原则。《象传》说:"大畜,刚健笃实辉光,日新其德,刚上而尚贤,能止健,大正也。"提倡刚健的精神,宣扬"日新"。《象传》云:"天行健,君子以自强不息。"自强不息即是勉力向上、不断提高,这是孔子"发愤忘食"精神的发展。《系辞上传》说:"日新之谓盛德。"《系辞下传》说:"夫乾,天下之至健也,德行恒易以知险;夫坤,天下之至顺也,德行恒简以知阻。"知险而不陷于险,然后为至健;知阻而不困于阻,然后为至顺。《易传》以健顺的统一为最高理想。《易传》的刚健自强的学说激励着历代有志之士奋发向上,确实起了促进文化发展的积极作用。

以上论证孔子积极有为的思想态度对于中国文化的影响。

其次,孔子思想学说的核心是重视道德价值的观点。这种价值观对于中国文化的发展的影响更是非常深刻的。孔子宣称"君子义以为上"(《论语·阳货》),认为道德是最有价值的。所谓义即道德原则,义的内容即是仁。孔子说:"好仁者无以尚之。"(同书《里仁》)仁是最高的道德规范。(在《论语》中,仁和义不是同一层次的概念。)又说:"仁者安仁,知者利仁。"(同书《里仁》)安仁即安于仁而行之,利仁即以仁为有利而行之。仁者实行仁德,不是以仁为有利,而是认为仁德本身具有最高的价值。

何谓仁? 仁即是"爱人"(《论语·颜渊》),亦即"泛爱众"(同书《学而》),亦即"己欲立而立人,己欲达而达人"(同书《雍也》)。所谓"爱人"的具体意义就是"己欲立而立人,己欲达而达人"。何谓立? 立即能独立生存而不依靠别人。何谓达? 达即上进,提高。"己欲立而立人,己欲达而达人",即是自己要求成立,也帮助别人成立;自己要求提高,也帮助别人提高。这是仁的主要含义。

所谓立就是有独立生存的能力,亦即有独立的人格。孔子肯定人人有自己的独立意志,他说:"三军可夺帅也,匹夫不可夺志也。"(《论语·子罕》)孔子称赞伯夷、叔齐"不降其志,不辱其身"(同书《微子》),以为这是保持独立人格的最高表现。

人人具有"不可夺"的独立意志。孔子认为,做一个人,应该"志于道"(同书《述而》)。如能"志于道",就可以达到高尚的精神境界。孔子说:"士志于道,而耻恶衣恶食者,未足与议也。"(同书《里仁》)又说:"饭疏食,饮水,曲肱而枕之,乐亦在其中矣。不义而富且贵,于我如浮云。"(同书《述而》)志于道的人,虽然生活艰苦,但能自得其乐,这是一种高尚的乐趣。孔子以为,在一定条件下,应该为了实现道德理想而牺牲自己的生命。他说:"志士仁人,无求生以害仁,有杀身以成仁。"(同书《卫灵公》)道德理想比个人生命更为重要。

这里包含精神生活与物质生活关系的问题。孔子承认精神生活以物质生活为基础。《论语》记载:"子适卫,冉有仆。子曰:'庶矣哉!'冉有曰:'既庶矣,又何加焉?'曰:'富之。'曰:'既富矣,又何加焉?'曰:'教之。'"(《子路》)富之然后才能教之,就是说,须先解决物质生活的问题,才能提高人们的精神生活。从先后次序来说,富之先于教之。但孔子又认为,从重要性来讲,道德却又重于衣食。《论语》载:"子贡问政。子曰:'足食,足兵,民信之矣。'子贡曰:'必不得已而去,于斯三者何先?'曰:'去兵。'子贡曰:'必不得已而去,于斯二者何先?'曰:'去食。自古皆有死,民无信不立。'"(《颜渊》)这里有两种顺序,从先后来讲,"足食"居先;从重要性来讲,"民信"最重。"民信之矣",即政府对人民有信,人民也信任政府,这是立国的根本条件。孔子的这些观点,含有非常深湛的思想,表现了辩证思维的光辉。后来王充对孔子去食存信之说提出批评,那是不理解孔子的深意所在。总之,孔子承认精神生活需以物质生活为基础,而又肯定精神生活有高于物质生活的价值。

孔子所谓仁,是"泛爱众"的人类之爱,又是由近及远的差等之爱。仁是等级制度之下的道德原则,含有一定的阶级性。仁并不要求消除阶级差别,而且肯定等级差别。虽然如此,仁具有反对苛政暴政的意义,要求让人民安居乐业,在历史上具有相对的进步意义。

孔子这种重视道德和精神生活的价值观,对于中国文化的形成和发展有深远影响,这至少表现于两个方面:第一,中国文化中存在着一个以道德教育代替宗教的传统;第二,在历代知识分子和劳动人民中存在着一个重视气节、刚正不屈的传统。这两者都是在孔子思想的熏陶下形成的。西方中世纪以来,宗教占统治地位,西方的社会道德是和宗教密切结合的。在中国的南北朝隋唐时代,虽然对于天神的信仰以及佛教、道教杂然并存,而占统治地位的儒学却表现了无神论的倾向。儒学亦称为儒教。但是儒教之教绝非宗教之义。孔子说:"务民之义,敬鬼神而远之,可谓知矣。"(《论语·雍也》)这就是以道德教育代替宗教。经过孔门的宣传,这形成了一个占统治地位的传统。在这个优良传统的影响之下,在士大夫和劳动人民之中,又形成了一个重视气节、操守的传统,敢于和不良势力进行坚决斗争,决不屈服于祸国殃民的恶劣势力,坚持抵抗外来的侵略,排斥一切奴颜婢膝的可耻行为。劳动人民的道德与统治阶级的道德有所区别,但是开明的士大夫和劳动人民都反对祸国殃民的行为,都反对外来的侵略,两者也有一致之处。这种崇尚气节的传统也是在孔子思想影响之下萌发完成的。

章太炎说:"仲尼,良史也,辅以丘明而次《春秋》,料比百家,若旋机玉斗矣。"(《訄书·订孔》)这是认为孔子开创了重视历史的传统。自周初以来,设立了记言、记事的史官,历代因之,所以中国的史书在世界文明古国中最为丰富。这确实和孔子"删诗书,修春秋"有一定关系。重视历史经验,是中国文化的一个显著的特点。

总之,孔子对中国文化的贡献是非常巨大的。

然而,孔子的学说,也不是完美无缺,至少有三方面的缺欠。第一,孔子"述而不作",对于创新重视不够;第二,孔子宣扬德治,对于军事重视不够;第三,孔子推崇礼乐,对于生产劳动重视不够。

孔子自称"述而不作""好古敏求",重视继承发展历史的传统,宣扬"温故而知新"(《论语·为政》),但没有讲过鼓励创新的言论。在这种倾向的影响之下,汉代经学、宋明理学以及清儒的考据之学,都没有表现创新的精神,既不致力于自然界的新探索,亦不鼓励生产工具的新创造。

孔子曾说过:"俎豆之事,则尝闻之矣;军旅之事,未之学也。"(《论语·卫灵公》)以礼乐与军旅对立起来。《中庸》云:"子路问强。子曰:'南方之强与?北方之强与?抑而强与?宽柔以教,不报无道,南方之强也。君子居之。衽金革,死而不厌,北方之强也,而强者居之。故君子和而不流,强哉矫!中立而不倚,强哉矫!国有道,不变塞焉,强哉矫!国无道,至死不变,强哉矫!'"这区别了南方之强、北方之强与道义之强,意谓道义之强是最高的,而北方强者之强价值较低。事实上,"衽金革,死而不厌"的强也是必需的。在儒家影响之下,中国养成了一种重文轻武的传统,这也是一个严重的不足之处。

孔子回答樊迟"请学稼""请学为圃"说:"吾不如老农","吾不如老圃",这也是实话,但又批评樊迟道:"小人哉!樊须也!上好礼则民莫敢不敬;上好义则民莫敢不服;上好信则民莫敢不用情。夫如是,则四方之民襁负其子而至矣,焉用稼!"(《论语·子路》)这段言论表现了对农稼的轻视,也就是对于生产劳动的轻视。这是剥削阶级鄙视劳动的态度。孔子是地主阶级思想家,他不如此是不可能的。这是孔子的阶级局限性。现在的中国已到达社会主义的时代,我们就可能站在新的高度对孔子思想进行正确评价了。孔子是两千多年前的思想家,我们不必苛求古人。关于孔子对中国文化的积极影响与消极影响,我们应有比较明确的认识。

第十七节　孔子奠定中国人文思想之基础

林继平

林继平(1924~)祖籍四川遂宁县,著名台湾学者。本文选自林著《孔孟老庄与文化大国》(台湾商务印书馆,1990年)文章认为孔子为中国人文思想奠定了深厚的基础,其学说有形上学与形下学两大范畴;对人群生活环境的设计、博学多能的才具、人道精神的体现都属形下学范畴;孔子言天、天命与天道的意蕴以及孔颜之乐等,属于形上学范畴。作者对这些方面进行了哲学层面的剖析,指出它们对于中国人文主义思想的形成具有重要意义,这些思想不仅是值得我们珍视的文化遗产,对于澄清当今世界思想的混乱也有不容小觑的力量。

一、绪论

中国人文思想,发展到孔子,是一个重要的阶段。孔子非仅继承古代中国的人文传统，抑且在思想上加以融贯与创新，为中国人文思想奠定深厚的基础。自此以后，中国人文思想才有系统，亦才有深度和广度。而孔子就中国人文思想塑成一圣人或理想人，他自己便是这一圣人或理想人的精神面貌的全部显现。故吾人研究孔子思想，即无异研究一具体的、典型的圣人思想。

一般说来，以仁智兼尽四字代表孔子思想的全貌。但深一层分析，孔子思想实含有形上学与形下学两大范畴，而中国思想里有形上哲学之出现，亦自孔子始。孔子的形上学与形下学，如再加以剖析，约可厘为：一是人群生活环境之设计，二是博学多能的才具，三是仁道精神之展现，凡此皆属于孔子形下学的范畴。四是孔子言天、天命、与天道的意蕴，五是孔颜之乐等，则可划入孔子的形上学范畴。并以仁德的修养贯通形上形下思想，而融为一体。作者所以如此阐述孔子思想，主要根据孔子几句重要的话。孔子晚年说"下学而上达"，又自述十五志学到七十不逾矩的成学阶段，其间"五十而知天命"以前，正是他的下学阶段，以后则进入他的上达阶段。另外，孔子又说："志于道。据于德。依于仁。游于艺。"孔子的思想，这四句话不就可以概括吗？志道、据德，即上达，依仁、游艺，即下学。但是道与德，亦有属于下学的层次，仁则可直通于上达的境界。故就孔子下学而上达的为学次第来看，孔子思想，很明白的有形下学与形上学的区别，且其哲理意境步步超升，驯致最后有唯天知我之一境。还有中国思想重"行"，尤其孔子思想，更是建立在行的基础之上。

二、人群生活环境之设计

孔子以其混乱的时代作背景，为当时人群设计一个理想的生活环境。首先考虑需要经济物质生活的富裕。如孔子自鲁适卫，答复冉有的问话，"曰富之"，便是这一设计的构想。其次又答复冉有，"曰教之"，便进入政治生活的层面。孔子在政治措施上，是主张恢复周公的制度，以礼乐治国的。礼以道德为主，乐以艺术为主，故以礼乐治国，实际上，就是使政治达到道德化、艺术化的境界。又次，孔子答复齐景公的问政，曰："君君，臣臣，父父,子子。"乃陈述应恢复固有的伦理社会形态与社会秩序。虽然不如后来孟子说得那么明确完整,但在《论语》中,兄弟、朋友两伦,孔子是十分重视的。唯独夫妇一伦,单凭《论语》考察,孔子似少道及。而孔子强调伦理社会秩序的恢复,是不容置疑的。又次,孔子更注重国防军事的建设。如云:"不教民而战,是谓弃之。"又说:"善人教民七年,亦可以即戎矣。"均是明证。最后,孔子以一信字来巩固人心的团结。如云:"自古皆有死,民无信不立。"即使国家处于极险恶的环境,只要昭示大信,使民心团结,内部巩固,仍然可以创造光明的前途。这一人群生活环境的设计,举凡经济、政治、教育、社会、军事国防以及民心团结等要素,无不概括其中;尤其道德化、艺术化的政治,更可悬为今后世界人类向往的目标之一。这一生活环境,易言之,就是孔子所构想的文化环境。孔子的志愿:"老者安之,朋友信之,少者怀之。"必在这样的文化环境中,才有初步实现的可能。而孔子自己亦必乐于生活在这样的环境中。

三、博学多能的才具

现在从智的观点略说孔子的知识与才能。孔子在青年时代,即以"博学"著称于闾里。如《论语》达巷党人说:"大哉孔子,博学而无所成名!"中年以后,又以"多能"蜚声于国际,如吴太宰嚭之所赞美者。孔子则说:"吾少也贱,故多能鄙事。"由此可知孔子的博学多能,是从青年时代艰苦的生活环境和工作环境中,学习磨炼出来的。亦即从行的工夫中,才获得广博的知识和多方面的才能的。孔子又说:"多识于鸟兽草木之名。"是知孔子除一般知识外,亦注重科学知识的。故从知识方面看,乃是中国人文思想的认识心的展现,亦即智的展现。直到此后荀子,称自觉的透显出一知识世界来。另外,孔子又具有多方面的才能,与仁智两个条件的配合,遂铸成中国式的通才的典型。举其要者,孔子是一伟大的政治家。如云:"为政以德,譬如北辰居其所而众星共(同拱)之。"这是何等气象!! 在中国历史人物中。只有周公可以此拟。孔子又是卓越的三军统帅。如《论语》说:"子之所慎:斋、战、疾。"所谓"诸葛用兵惟谨慎",即师法孔子而来。又孔子答子路

"临事而惧,奸谋而成",前者即着重一慎字,后者谓需高度谋略的指导,始能达到克敌制胜的战果。由这些条件,可以窥知孔子的卓越军事才能之一斑。而孔子摄鲁相,辅佐定公,参与夹谷之会,向强齐索回鲁之失地,又是孔子的政治、军事、外交等才能综合运用的优异表现。经济、财政问题,孔子自然很注重。教育,更是他育才与传道的命脉之所系。音乐、艺术,孔子亦区为擅长。至于教育家或哲学家,那是现代人对他的"尊号"了。所以孔子仁智兼书,博学多能,而成为典型的通才,在中国历史人物里,孔子后两千五百年以来,绝不多见。

四、仁道精神之展现

在人类心灵中,孔子有一绝大发现,就是人人共同需要的仁心,亦即今人常说的爱心。无论任何人,总希望别人对他有颗爱心的滋润,而他自己对人的态度怎样,我们姑且不问。这是人类心理上的共同要求,古今中外莫不如此。但这一心理上的共同要求,却被孔子最先发掘出来。孔子又发现人类心理上的通病,即人往往需要别人的爱心的滋润,而他自己对待人,却不一定都有爱心的回报;因此,孔子教人先从自己的心地做起。因为这颗爱心,乃系一普通的存在,人人具足,只为利欲、成见、习性等所蔽障,自己未加反省而已。由于爱心的普遍存在。故孔子教人先从自己的心地做起,对于个人的成德达才,亦才有塑造成功的可能。而孔子这方面的道行最为圆满,境界最为崇高,其洒蕴于内与表现于外者,我们称之为仁道精神。盖孔子之道,以仁为中心而统贯诸德也。

至于爱心即是仁心之说,实据仁字的本义而来。如《国语》《周语》云:"仁,文之爱也","爱人能仁",又《楚语》亦云:"明之慈爱,以导之仁。"都是以爱释仁的例证。而爱必以他人为对象,故《周语》又有"言仁必及人"的话。以爱释仁,或以爱人为仁,乃仁之本义。《论语》孔子答樊迟问仁为"爱人",仍是依据仁之本义。孔子以后,先秦诸子言仁,皆不离此一界说。惟自西汉以后,仁字的意义迭有变更与增益,然以爱人为仁之本义,则沿用迄今,故近代又盛行"仁爱"一词。现在单就孔子的仁说,爱的范围狭小,仁的范围广大，即使韩愈以"博爱"释仁，亦仅能及于仁之广度，未见其深度。故敢格言之，必以广大的爱心，横通于人，又能直透于己之心灵底层，庶乎近于孔子言仁的全部意蕴。为解说方便，特以体用观念来涵摄。先言仁之用，直指之孔子的形下学；次言仁之体，则可透显孔子的形上学。而近代学人阐释孔子言仁的层次境界以及如何完成仁德修养，其见解精辟，兼具体验工夫者，似莫若唐君毅先生《中国哲学原论》有关孔子的仁道之说《原道篇》。兹酌取其意，并掺以己见，以申释孔子的仁道精神。

（一）仁之表现为事功。在孔子思想中，仁心之表现为事功，以遂民之情，适民之欲；因而改造经济物质环境、建立社会秩序与政治制度等等，适度满足人群的普遍需求，如前述文化生活环境设计之部分者，最易为吾人所理解。盖此情与欲浮现于仁心之上层，其需要与满足，最易发现，亦最易认知，古今来政治家的心力，无不集中于此。孔子自不例外，故赞许管仲之功曰："如其仁！如其仁！"而孔子栖栖惶惶，志在行道，然具体言之，仍不外蕲求前述文化生活环境构想之全部实现，以顺其道德化的事功，而达到老安、少怀、友信的目的。尽管孔子和管仲对事功显现之层次境界有高低之不同，但他们都希望对事功有所创建，可以说殊无二致。于是孔门弟子中遂有事功派之产生，如子路、子贡、冉求、宰予、子张等，即其著者。兹以子贡为例，以说明仁心与事功的关系。由子贡对仁的认识，进而探索孔子的教法。子贡重事功，认为能"博施济众"，就是仁，亦即仁心之表现为事功者。由此可知子贡对仁心的理解，仅仅触及人的情与欲之需求与满足。就子贡说，对他自己的仁心的理解，亦仅限于情与欲浮于仁心的最上面的一层；如顺此认识发展下去，其功业的最大成就，仍与管仲无殊。因此，孔子才教他对仁心应作深一层的认识，揭去情、欲的表层，以逐步观察体验仁心的究竟。这是孔子教人作体验工夫的开始。

（二）培养仁心的方法。孔子教人培养仁心的基本方法有二：一是从孝弟着手。如云："弟子入则孝，出则弟……行有余力，则以学文。"这是小学生的起码教育。先教爱自己的父母，这叫做孝。这颗爱心，也就是孝心。其次，又教他对兄弟等亲属关系应相互友爱，这友爱之心，便称为弟。合而言之，孝弟，就是人的爱心或仁心自觉的最初的发现。因父母兄弟系天伦，关系密切，亦最容易发现。故有子说"孝弟为仁之本"，也就是仁心的栽根处。而且这颗仁心绝未夹杂情与欲的成分，亦无功利的色彩，最为真实，最具道德价值，故孔子教人才自孝弟始。而孝弟之成为德行，必须于实践工夫中去体验，去了解，去完成，故孔子教人又特别注重一"行"字。二是用恕道继续加工。孝弟行于家庭，恕道则行于社会。前者由亲属关系以培育仁心，后者则由社会关系以培育仁心。其性质、范围、对象等各不相同，但是这颗爱人之心却无差别。故孔子提倡的恕道，亦才有期于人人实行的可能。而孝弟为仁心的萌芽，亦个人成德之始，于是才奠定了仁道修为的基础，恕道即在此基础之上继续加工，以发现仁心的另一面，并逐渐地把他拓展开来。行的工夫，则是他们的推动力。从体验、认知而粗具仁的德行，都离不了这个动力的作用，才得形成一系列的发展。

（三）仁心的成长。除孝弟而外，仁心的培育与成长，全赖忠恕之道，尤其是恕道最为重要。恕道可分消极与积极两方面：如孔子教子贡、仲弓要"己所不欲，勿施于人"，这是消极的恕道；又教子贡"己欲立而立人，己欲达而达人"，则是积极的恕道。但二者实有难易之分，故孔子教子贡的话，这两方面都顾到了。根据我们生活中的实际体验，即消极的恕道，行来亦不简单。一则由于血缘的亲疏关系的差别，教孝道容易，教恕道就比较困难。再则因为他人往往有过度的情与欲的夹杂（此即私心之出现），造成己对人在恕道推行上的一大阻力。即使能够做到爱心的消极面——己所不欲，勿施于人的地步，但是人对我的态度，恰与此相反，即己所不欲，必施于人。试问在此情况下，又将如何？此类事例，在日常生活中屡见不鲜。如不采取适当的对抗行为，实足成为被人凌辱的弱者。这是孔子恕道的唯一缺陷。因此，本文作者主张在此情况下应采适当的防卫措施，以对抗人加于我的反恕道的行为，直到对方反省、悔悟及收敛为止。由此可悟出一个道理来。即有力的对抗行为，可作恕道推行的唯一后盾。不独人际关系如此，即国际关系亦然。帝国主义的侵略，资本家的剥削，以及国际共产主义的对内强制压迫，对外阴险狡诈等，无一不是反恕道的行为。唯有赖实力的对抗行为作后盾，才可立于不败之地；进而开拓文化理想，始可消弭祸患于无形，导致人类步人一光明前景。我们如能去除恕道推行上的障碍，进一步便可从事己立己达的积极恕道了。要做到己所不欲，勿施于人，固属不易；但己之所欲，则施于人，以立己达己，同时亦立人达人，非有大识见、大气魄者，亦猝难办到。因一般人多被情欲、意见等所纠缠，唯有勉强而行之，终身不解，或可于恕道无亏。合此二者，则为恕道之全。恕道即仁道之一端。在人际关系上，所以能够显发一己之爱心——仁心的一面，即以恕道为基点。因为此时无论消极的、或积极的恕道，其所含个人反面的欲求与正面的欲求，都把它们化为对人的爱心而转变成具体的行为了。

人际关系中所表现的爱心或部分的仁心，即由此培育而来。亦可说仁心的成长，便从此开端。但吾人再进一步体察，其间即紧密关联"忠"的问题。按忠字古义："考中度衷"，"中能应外"（《国语》《周语》）为忠，又"除阍以应外谓之忠"《晋语》。此即能保持个人心理的平衡，而无偏私，以处理外在一切事物者，谓之忠。故言忠，必及及于外在的事物。如云："上思利民，忠也。"（《左传》桓公六年。）"公家之利，知无不为，忠也。"（僖公九年）。又忠含均分义。《周语》云："忠分则均。"均分则平，平则公，故后代有"公忠体国"之说。由于均分而公平，其蕴藏于内心者。即一平衡的中和状态；其表现于外物者，亦为一个平衡的中和状态，故又有以"内外倡和"（昭公十二年）为忠之语。综合以上诸说，凡在内心能保持平衡和谐，而公平处理外在的人、事、物等问题，亦同样能表露一平衡和谐状态者，谓之忠。孔子言"与人忠"，"臣事君以忠"，应不离此忠字之原始界说。宋儒程伊川谓："尽己之谓忠，推己及人之谓恕"，由于忠字本义的阐释，其尽己之义，更易理解。且忠为个人本分内事，故尽己一说，最为精当。至于恕与他人密切关联，故释为推己及人，亦恰达好处。由此可知恕道必以忠道作基石，故称忠恕之道。曾子所谓："夫子之道，忠恕而已矣。"实具甚深意义。而人际关系的处理，又以恕道最为切近而易知，故恕道可以成就忠道。而忠恕之道，乃仁道之一大端，人人可共信共行，除此以外，似亦无他道求。故孔子之仁道，实为世界人类皆可奉行之大道，只就忠恕一义的剖析，即可满足人群心理上的普遍要求。然而忠道与恕道之推行，在其过程中得使仁心逐步成长，亦完成了个人的德行。尤其是忠道的实行，更使仁心趋于深度化。

（四）仁心之扩充。由忠恕进而言"忠信"，又作深一层的体察，当可发现仁心展露为另一新的境界。盖忠道与恕道相辅为用，既可使仁心由成长而趋于深度化，又可以推己及人的方式，使仁心的涵盖范围扩大，而具有广度。但此深度与广度，只能说是仁心由成长过程做初步的扩充。现在进而言忠信，则仁心的发展情况立即改观。孔子说"主忠信"，又孔子四教："文、行、忠、信"，皆以信为归极。而人言为信，对人有言说，必有实践其言之约定，此乃信之本义，自亦为孔子所承袭。孔子主忠信，所以以信为归极，必然信的意境与德行有高于忠者。如就人际关系说，所谓忠人之事，其初必允诺他人的要求，而有某项约定，在此约定的实践过程中，尽一己之力，而达到前述忠的境界，就其对人实践某项约定说，这就是信。如对某项约定能贯彻始终，做到圆满无缺的地步，可谓忠之至，亦必为人所深信。次就政事言，凡一切政令的推行，亦能达到前述忠的境界，此一政府必为人民所信赖。如百凡庶政皆能贯彻完成，而无愧无怍可谓至忠；由至忠必能产生大信。孔子告诉冉有："足食足兵，民信之矣。""自古皆有死，民无信不立。"又答子张问仁，曰："信则民任焉。"均含至忠大信之意义。由至忠而生大信，则仁心向外的扩充，似乎已达到一极限。

（五）仁德之显现。为政者的仁心向外逐步扩展充实，臻至大信的境界，虽然似乎达到一极限，但是孔子却又有新的发现，即由外而转向于内，以体察普遍人心的另一需求，发现"礼敬"或"敬意"的重要性。以广大而有深度的爱心或具体而微的仁心，普遍浸润于人、事、物之中，此时就人群心理的需要说，本已感到无上的满足；然而孔子则不然，从他自己精湛的体验工夫中，察觉人群心理的需要，除上述爱心外，还要一番极为真诚的敬意。此可以颜渊问仁为最佳例证。

颜渊在孔门弟子中居于首席的地位，极为孔子所敬重，列为德行科之首。他以"无伐善，无施劳"为志抱，高于子路，仅次于孔子。由"颜渊问为邦"，可以了解他的志抱与子路、子贡、冉求等事功派完全不同。颜渊注重国家的整体建设，如前述文化环境之创造，实为一政治领袖人才；子路等仅瞩目于事功之一部分，其才能之发挥，不过政府方面大员而已。不仅如此，子路等对孔子言仁之认识，亦仅能触及情与欲之需求，即仁心展现为事功之表层，而颜渊则能对仁之统贯诸德有潜沈的体会与笃行的工夫。故孔子赞美颜回的修养，已达到"其心三月不违仁"的境地。因此，颜渊问仁，孔子的答复与诸弟子皆不同。

如云:"一日克己复礼,天下归仁焉。"克己,即"依于仁";复礼,乃恢复礼之敬意。唯有依于仁,又能恢复礼之敬意,才可使天下之人皆趋向于仁。如就政治领袖之影响力言,此语义趣尤为深远。颜渊请问其目,孔子答以"非礼勿视,非礼勿听,非礼勿言,非礼勿动。"一位政治领袖对全国人民如能做到上述大信的境地,进一步注意他自己对全国的视、听、言、动,处处又能显出一番极为真诚的敬意,其影响力之深远,如风行草偃,实不难想知。此时,全国人民在心理上不仅获得最大的满足,抑且由于这位领袖的影响力的感召,都必归于仁心的灌溉,自动的向仁人君子的目标迈进。就孔颜的学养说,体悟至此,工夫至此,可谓仁德修养外在的极度显现。

(六)求仁的曲折过程。在上述孝弟、忠恕、忠信、与礼敬诸德之实践过程中,亦有种种情况之不同。如以己之爱心植基于孝弟始,加以培养扩充,而及于人与事之各方面,以成就仁的德行,并作极度的显现,其间固然可以由孔子所谓直道而行者;但是亦有种种曲折艰难的情境发生,须由曲以成直,才能达成仁德的修养。故孔子之仁,亦常与智、勇、义诸德并言。孔子言智,含义有二:一属于认识心的智,已如前述;一属于道德心的智,即此处所欲申说者。依据吾人实际生活之体验,即由直道而行,亦常须赖智的辨别力和判断力,始能达致行仁、成仁的目的。兹以孝弟为例,曾子所谓"小杖则受,大杖则逃。"关系一智的抉择。次如父母或兄弟为不义事,更需要智的抉择。其他忠恕诸德之实践过程,亦往往如此。故孔子说:"智者利仁。"在一般情况下,亦需要智的辅助,才利于仁道之实行。至于特殊复杂情况,更不用说了。而智的抉择,又有以次种种对象:一是辨己之好恶而作适中的判断。孔子说:"唯唯唯仁者能好人,能恶人。"由好恶之不过不及,而完成自己之德行。二是辨真知。孔子所谓"知之为知之",即是真知;"不知为不知",亦可由不知而进于真知。此与道德、知识二者均有关联。三是辨人己之贤愚善恶。关于己者,有自知之明,见贤思齐,及勇于改过等等。至于识别他人之贤愚善恶,情况就更复杂了。四是对事理之认识与判断。又可分为价值的判断,如是非曲直,与知识的判断,如成败利弊得失等等。以智辅仁,概括言之,似不外以上四者。由以上种种,再加前述孔子博学多能之智,则可臻于"智者不惑"之境。以不惑之智的抉择,面对复杂艰难的环境,始可由一己爱心之浸润，而成就仁的德行。其次言勇。在前述实践过程中，凡遇反面事物阻碍仁道之实行者，必须勇敢果决之精神予以克服，才能成就其仁之德行。孔子说："仁者必有勇，勇者不必有仁。"兹就其来源，一则由于爱心的激发。在危险情况下，如慈母之救爱子，即其著者。仁者之勇，即由此扩张而来。再则如遇义愤不平、或义所当为之事，而一往无前，奋不顾身者，谓之"义勇"，即由义的激励而来。三是由耻激发，如中庸"知耻近乎勇"，为勇的又一来源。还有因人的欲望、冲动、与野心等因素，亦可导致勇的产生。故孔子言勇，必节之以义，始可免于不仁之勇，而铸成"勇者不惧"的仁者之勇。以仁者之勇，辅仁行仁，自可完成仁的德行。其终极境界，则为"杀身成仁"。又次言义。义者，事之宜，即对处理事物之应当与否的道德判断，完全属外在的。此乃义之古谊，亦为孔子所承。如答樊迟问智，曰："务民之义"，即是其例。又云："君子有勇而无义为乱，小人有勇而无义为盗"，此节勇之义，仍是就外在的事物说。故义为外在事物的是非标准之确定。智者知此，而是知义。智与义，乃勇之所以辨别是非者，因而才能完成"勇者不惧"的德行。故智、义、勇三者，皆可统摄于仁德之内。

以上由智、勇、义三者，以说仁的德行之完成，固系一曲折艰难之过程，然由吾人实际生活之体验，仍不外包涵于前述实践过程中，不过为其中种种复杂特殊之情况而已。即如颜渊问仁，孔子答以克己复礼，天下归仁；吾人如揆诸实际情形，必不免先由智、勇、义三者之辅益，而曲折艰困，始有"颜渊为邦"之可能，亦始能呈现天下归仁之一境。

（七）仁者内心的感受。孔子言仁，有专就内在心境与工夫效验而贡者，其义尤为深远。如云："君子无终食之间违仁，造次必于是，颠沛必于是"，即系其例。又云："仁者乐山，智者乐水。仁者静，智者动。仁者寿，智者乐。"此乃孔子对仁者与智者内心感受的细腻描写。虽然以仁者与智者相对为书，但孔子仁智兼尽，以仁摄智，故此两种内心不同的感受，孔子均兼而有之。由于以仁摄智，故仁者亦乐。孔子亦爱言乐。如云："知之者，不如好之者；好之者，不如乐之者。"此当就道德、知识之真知以言乐。又如"发愤忘食，乐以忘忧"，及所谓孔颜之乐等。仍是就内心的感受言。兹按孔颜之乐，宋明儒最为强调，当有更深的意蕴，其说详后文。凡此，乃孔子就仁者内心之感受、工夫之效验以言乐，与前述仁德之表显于外在者及经曲折艰困之境而展现于行为者，显有工夫深浅程度之不同。而此唯一乐的感受，只有进一层了解仁之根源本于内心，以念念不违仁之细密功夫，始能臻于此境。唯有赖此项细密功夫之深入，便可直通于孔子的形上学。

由上述志在仁之表现为事功，浮现仁心之表层起，经历孝悌、忠恕、忠信及礼敬等一系列的实践过程，使仁心经培养，成长与扩充，横通于人，具有广度，而又直透于己之生命底层，更有深度；复历智勇义等曲折艰困之境，而头示仁德影响力之伟大。进而转向于内，精密加工，复有仁者内心之乐的感受，而又外在地显现为圣贤气象者。这一切，我们统称为孔子仁道精神之展现。本系一道德的修为过程，但亦是孔子博学多能的磨炼过程。故仁道精神与知识才能相结合，假如孔子又在"时"的条件许可下，实不难为人群创造一理想的生活环境，以实现其文化理想，达成老安、少怀、友信的鹄的。此修己安人之学，我们称为孔子的形下学。志道、据德、依仁、游艺。皆可概括其中。而此形下学的完成，无异孔子下学阶段的完成，以仁统贯诸德而为"仁之用"。其上达阶段，则为"仁之体"，正是我们要讨论的孔子形上学的问题。

五、孔子形上学的探讨

关于孔子形上学的探讨，不仅涉及孔子思想所能达致的终极境界，抑且更紧密关联此后中国人文思想的发展趋向。然而孔子的形上学或其思想的终极境界究竟是什么？又用什么工夫或方法才达致这一终极境界？而这一终极境界对孔子的人生具有何种意义与价值？这些都是探讨孔子形上学极为重要的问题，特申说如此：

（一）孔子思想的终极境界与工夫问题。我们从孔子告诉子贡"学而上达"的工夫次第来看，所谓上达，正是向上超拔，逐步达致孔子思想的终极境界。孔子学诣至此，已不为子贡等之所能窥测，故有"知我者，其天乎！"的慨憾。吾人虽知这是属于孔子思想的形上学范畴，亦即孔子思想的终极境界，然而其具体内涵如何？单凭孔子唯天知我的一叹，绝难理解。现在如从孔子自述"五十而知天命"一关键语来剖析，则对孔子的形上学可能即有新的发现。知天命在孔子成学经历中，实系一学问进境的分水岭。知天命以前，即孔子的下学阶段，此后则是他的上达阶段。但其中的关键，则是天命一词的含义问题。作者以为宋明儒的解释，最能抉露孔子的创新意义。孔子在思想上除因袭传统外，必能开新，不然，以孔子的智慧，何必等待五十才知天命呢？然而宋明儒又如何抉露孔子的创新意义？盖宋明儒透过佛家与老庄思想的研究，尤其摄取禅宗的"自性本体"的观念，以充实天命的内涵，并扬弃古老传统的人格神或上帝的宗教意识，于是孔子知天命的意蕴立即改观；孔子思想亦由此得以向上超拔，而跻于形上学的境界。关此，《朱子论语集注》的解说，不够明确通透，令人不无迷离之感；唯有明儒许锺斗《四书阐旨合喙鸣》有关孔子知天命的诠释，最为精到。许氏以理学家"见道"的情景，来阐释天命的内涵；于是孔子知天命，实无异理学家之见道。此乃宋明儒下学上达的紧要关头。由他们深切的体悟工夫，来看孔子学养的进境，亦应当如此。再者，就工夫方面考察，更可作为有力的证据。孔子晚年尝言"默而识之""予欲无言"及舜无为而治等等，这些话与孔子晚年的工夫紧密关联；或则以默识、无言、与无为，这可视为孔子晚年的工夫。只要以"毋意，毋必，毋固，毋我"的基本素养，遂行其默识、无言、无为的工夫，则孔子亦如此后理学家般证得超乎言思、象外之一境，未始不无可能。同时，已如前说，孔子体验仁之根源本于内心，以念念不违仁的细密功夫，亦可能呈露上述之一境。明儒王心斋"居仁三月半"，即已悟得此境，可为最佳例证。而程伊川谓明道"得不传之学于遗经"，亦是指的悟得此境说。而此所悟之一境，禅宗谓之自性本体，或简称本体，又叫作自性或心体。禅宗学人在修证方面直到现在为止，仍然强调孔子的无言、无为等工夫；由此即不难推知与禅宗思想在形上学方面，不无相互关联之处。根据以上种种分析，孔子五十而知天命，即孔子之"见道"，亦即孔子赋予天命一词的创新意义。盖孔子之上达工夫，必然于自性本体有所发掘，以进入一可实证的形上学境界，则孔子思想如巨海之纳百川，在中国思想里自可居于主导地位。孔子知天命的创新意义，经如此确定后，则由孔子思想中便可开出一自性的、形而上的本体世界。由是子贡所谓"夫子之言性与天道，不可得而闻"，其性与天道的意蕴，亦可迎刃而解。当此自性本体之发用流行，布濩古今，沦洽宇宙，即是天道（按：《朱子论语集注》,即取此义。)而此本体又为人之所同具,当其赋予人,人亦各得一本体,为吾人生命之底层或心灵之精蕴者,便谓之性。而此自性本体又为孔子之道形而上的一面的内涵,故孔子说:"朝闻道,夕死可矣。"此闻道之道,必具道的形而上的内涵,方可朝闻道,而夕死无憾。宋明儒由工夫以见道,又称闻道,亦可做此道字之注脚。至于前述孔子告子贡"知我者,其天乎!?"一语,所显示孔子学养的终极境界,亦可由此获得合理的解释。盖孔子此时工夫人于化境(按:即"七十而从心所欲,不逾矩。")不为门弟子所知,故有"莫我知也夫"之叹。既不为门弟子所知,而唯一知孔子者,唯赖此富于灵知的、澄澈光明的自性本体而已。由于孔子注重人道,罕言天道,故其思想的终极境界,只能略述如上。其默识(为此后王阳明所重视)、无言、无为等工夫,缘于后代中国学人之所承,由此上溯孔子形上学之开拓,及其思想的终极境界之透显,亦系依据事实所作合理的推论,并非逞一己之臆说而凭空架构也。

(二)为孔颜之乐进一解。孔颜之乐,乃探讨孔子思想应重视的一大问题。自宋儒周濂溪教二程兄弟"寻孔颜乐处"以来,即为宋明儒所瞩目,尤其陆王派最为强调,驯致王阳明门下的王心斋,更以"乐为学的",因此,孔颜之乐的讨论,亦达到思想上的高潮。近代中国学人亦多言孔颜之乐,然而其乐的性质、程度如何?条件如何?似乎甚少有人作明白的剖析。作者特根据宋明儒的体验,略说如此:

在孔子的形下学方面,关于仁的内心之感受,已提到孔颜之乐,如前所说;但此乐的性质是有条件的,是有时空对待的,亦为人所易于认知感受的。其乐的最高境界,如欣赏艺术品一般,虽然超越西方哲学中属于功利的快乐主义的范畴;但是其乐由于有条件和时空等限制,故其乐的层次、境界、程度等,均属有限。现在由孔子的形下学进入形上学的领域,并有自性本体之确定,其乐的性质、程度等。又大为改观。如孔子赞美颜回之乐,《朱注》引程子说:"颜子之乐,非乐箪瓢陋巷也;不以贫窭累其心而改其乐也。"又说:"箪瓢陋巷非可乐,盖自有其乐而!"颜子不以箪瓢陋巷之贫而累其心,自然是无条件的乐,与观山水、艺术品之乐,完全不同。前者乐的来源发自内心,与时空中的事物了无关涉;后者则多由时空中的事物之引发,始有此一乐的感受。故程子谓颜回"自有其乐尔",

很明显的，颜回之乐，另有其根源所在。此一根源，即发自吾人之内心；如细为剖析，则源于吾人之心体。关此，李二曲的解说最为精辟。如云："……欲知孔颜之乐，须知世俗之忧。胸无世俗之所以忧，便是孔颜之所以乐。心斋云：'人心本自乐，自将私欲缚。私欲一萌时，良知还自觉。一觉便消除，此心依旧乐。'乐则富贵贫贱、患难流离，无入而不自得。即下幸至于饥饿而死，俯仰无怍，莫非乐也。"（《二曲集》卷十五富平答问）此即就工夫甚深的、形而上的自性本体，以说孔颜之乐。二曲又云："学苟真实用力，操存久则自觉身心爽泰。当其未与物接，必有湛然虚明时（按：即自性本体之呈现。）即从此收摄保任，勿致沮昧，驯致常虚常明，浩然无涯（按：此即二曲他处描述自性本体所呈"虚、明、寂、定"之景况。）所谓"夜深人复静，此境对谁言（按：此语应深看）？"乐莫乐于此。孔曰乐在其中，颜回不改其乐，皆是此等景况也。（《二曲集》卷四靖江语要）二曲就自性本体说孔颜之乐，此处最为醒豁明白。盖此乃一超言思、超象外、超时空的、形而上的本体界，为产生乐的感受的唯一来源。其乐的感受纯自内发，与外在的事物没有丝毫关联，故其乐的性质是无对待的，是没有条件的。而其乐的程度，又系于工夫之深浅，完全超出边际效用的限制。轻灵快适，回味无穷，真可谓人间之至乐也。由此，吾人不难理解"吾与点也"一语之胜义。孔子在诸弟子中何以特别赞美曾点？因曾点亦能深体此乐的受用，故孔子美之。而曾点之乐，此后王阳明亦赞叹不已。这是人生一内在的绝大享受，绝大满足。故孔子说："仁者不忧"。又说："发愤忘食，乐以忘忧，不知老之将至云尔。"由于内心获得一最大满足，最大享受，即大大地冲淡了个人对外在事物的希求，故孔子又云："不义而富且贵，于我如浮云。"以此修养，如转化为功业，即为圣贤事业——高度道德化的事功；其表显于意态、风度与行为，即为圣贤气象。至此，孔子所向往的圣人，便塑造完成，德行圆满，而孔子自己就是这位圣人的具体显现。此即孔子形上学或其思想的终极境界之意义之所在，亦即其价值之所在。

孔子的形上学，实际上，是由默识、无言等细密功夫，使仁心尽量向内凝练而愈有深度，以透显出一自性本体而成。此自性本体，即仁之体，亦即为仁道精神觅出了形而上的依据，以完成圆满无缺的道德人生。而此自性本体，又即孔子的形而上之道；由此，而志道、据德、依仁、游艺,恓恓惶惶,周游列国,而显出一种"知其不可而为之"的道德精神,并对大群人生表现一无穷的责任感。这是孔子由成己以成物的一面。此外,孔颜之乐,在形上学中,亦直接导源于自性本体的涵濡,又铸成孔子饮水曲肱的艺术人生。似乎侧重无待于外的轻灵快适之精神享受,又表露一种欲与隐者为伍、道家式的艺术精神。这是孔子由成己而为己的一面。此两种人生意态相反相成,融为一体,即孔子形上学中所展示的圣人境界。尤其值得注意的是,孔子所抉发的自性本体——形而上之道,非仅为孔子的形上学之核心观念,抑且此后儒、道、佛三家思想中,无不以此核心观念为其形上学之基础。由此导致中国思想均向人文主义的路线发展。

六、结论

综合以上各节所说,孔子继承古代中国的人文传统,在因袭中加以融贯、发扬、与创新,才镕成孔子博大精深的思想。他首先为改造人群生活环境,揭示一个远大的文化理想。并且以广博的知识、多方面的才能和崇高的道德涵养,作为实现这一文化理想的两大支柱。前者因随时代需要的不同,往往有所改变,故孔子未做甚深的探究;后者则不受空因素的限制,而万古恒新,正即孔子仁道精神之展现。孔子继承周公的王道,充实其内容,以仁统贯诸德作一系列的发展:使仁心表现为事功,遂适人群情与欲的需求。再就个人心地工夫之体验,透过孝弟、忠恕、忠信与礼敬诸德之实践过程,由内心之省察,逐步表现于行为,并经智、勇、义等折曲艰困之境,而横通于人,使人在心理上获得爱心与敬意的最大满足。不独个人如此,领袖群伦者尤为显然。同时,亦由此直透于己之心灵底层,以成就仁之德行,而有仁者内心之种种感受与乎圣贤气象之显现。于是周公的王道思想获得一重大发展,遂显出孔子的仁道精神来。孔子的形下学,亦由此形成。过此以往,工夫加密,使仁心尽量凝练于内,而开出一形上学的思想领域。以默识、无言、无为等工夫,证实孔子"知天命"的自性本体之存在,并寻出孔颜之乐的根源。因而孔子之仁道精神,亦觅得形上学的依据。故大体言之,孔子的形下学,其目的在使大群人生普遍获致物质生活与精神生活之满足;至于形上学,则可使孔子自己在心灵上亦获得无上之满足。由是开出孔子的道德人生与艺术人生,并始终基于行的工夫,把形而下的与形而上的思想,融成一个整体,才塑成一典型的圣人或理想人,以奠定中国人文思想之基础。

自孔子以后,先秦诸子无不就此作多方面的发挥。老庄在形上学的开拓,具有重大贡献,墨派学者对形下学的探究,已步入科学领域。孟子发扬孔学,厥功尤伟,荀子拓出一知识世界,可与墨家科学思想衔接。《中庸》《易传》于天道作深度的发展,《大学》《礼运》又对人道做系统的展开,并以天下为公、世界大同为其终极理想。此后隋、唐佛学于形上哲学之穷究,精细入微;尤其赖禅宗工夫的证实,确信自性本体之存在,而奠定成佛成圣之基石。宋明儒透过佛、老思想,阐发儒家的形上哲学,并与形而下学融成一片,使中国人文思想更具有系统、深度和广度;尤其王阳明发良知之精蕴,又实现了孟子人人可以为圣人的主张。下迄国父孙先生承中国之道统,创三民主义、五权宪法,而中国的人文思想、制度等,于焉灿然大备。蒋总统倡"法古今完人",更使人文思想的标的趋于大众化,并基于"行"的深切体认,表现于功业,为孔子以来的第一人。此中国人文思想自孔子后两千四百余年发展的大概情形。

吾人必须在中西文化思想对比之下,才能确切了解中国人文思想之伟大成就。盖西方理性主义,源于希腊初期哲人对自然原理之探索,而演成柏拉图的"理型论"、亚里士多德的"最终因",皆属于自然底,初与人生无涉。厥后与基督教的上帝观结合,遂构成中世纪的神学。近世文艺复兴重振希腊的理性精神,始有近代西方五光十色的哲学出现。而科学脱离哲学独立发展以后,亦才造成今日西方的物质文明,但始终不失穷究自然原理之理性本色。复以"非理性"的嚣张,而形成今日纷乱之世局。如以中国人文思想掌握现代科学,必能澄清今日世界思想的混乱,开创未来之新局。英国史学权威汤恩比最近预测:"中华民族文化能平治未来世界",由本文对孔子人文思想的阐述及此后之发展,更可加强吾人之信心。

第十二章 《论语》智慧应用

第一节 《论语》的做人智慧

不要轻看比你小的人

【原文】

子曰：后生可畏，焉知来者之不如今也？四十五十而无闻焉，斯亦不足畏也已。

俗话说："长江后浪推前浪，一代新人换旧人。""青出于蓝而胜于蓝，冰出于水而寒于水。"社会在发展，人类在前进，后代一定会超过前人。这种今胜于昔的观念是正确的，"后生可畏"说明孔子的思想并非守旧。

孔子之所以会发出"后生可畏"这样的慨叹，可能跟他曾经在"后生"面前碰过不少"钉子"有关。那么，他究竟碰过那些"钉子"呢？

孔子在游历的时候，碰见三个小孩，有两个正在玩耍，另一个小孩却站在旁边。孔子觉得奇怪，就问站着的小孩为什么不和大家一起玩。

小孩很认真地回答："激烈的打闹能害人的性命，拉拉扯扯的玩耍也会伤人的身体。再退一步说，撕破了衣服，也没有什么好处。所以，我不愿和他们玩。这有什么可奇怪的呢？"

过了一会儿，小孩用泥土堆成一座城堡，自己坐在里面，好久不出来，也不给准备动身的孔子让路。孔子忍不住又问："你坐在里面，为什么不避让车子？""我只听说车子要绕城走，没有听说过城堡还要避车子的！"孩子说。

孔子非常惊讶，觉得这么小的孩子，竟如此会说话，实在是了不起。于是，赞叹地说："你这么小的年纪，懂得的事理真不少呀！"小孩却回答说："我听人说，鱼生下来，三天就会游泳；兔生下来，三天就能在地里跑；马生下来，三天就可跟着母马行走。这些都是自然的事，有什么大小可言呢？"孔子不由感叹地说："好啊，我现在才知道少年人实在了不起呀！"

孔子到东方去游学，途中看见两个小孩在争论。孔子询问他们争论的原因。一个小孩说："我认为太阳刚出来时距离人近，而正午时距离人远。"另一个小孩却认为太阳刚出来时离人远，而正午时离人近。

慧能

前一个小孩说:"太阳刚出来时大得像车上的篷盖,等到正午时就像个盘盂了,这不是远处的小而近处的大吗?"另一个小孩说:"太阳刚出来时清清凉凉,等到正午时就热得像把手伸进热水里一样,这不是近的时候热而远的时候凉吗?"

孔子听了,不能判断谁是谁非。两个小孩笑着说:"谁说你知道的事情多呢?"孔子顿时无言以对,再次领教了后生的可畏。

对于后生可畏的道理和现象,不但使中国儒家宗师深有感触,而且也使中国佛教禅宗的一代大师感到惊异万分。

中国禅宗自一祖达摩开始,传到弘忍大师,已经是第五代禅宗。这天,弘忍大师命众弟子在墙上写偈语,希望能找到第六代传人。最热门的继任人是大师兄神秀,他在墙上写着:"身是菩提树,心如明镜台,时时勤拂拭,勿使惹尘埃。"他自以为会得衣钵真传。

这时,厨房里一个带发修行的小伙夫看到外面这么热闹,也去凑一下。但他是文盲,就请老居士把大师兄的作品念给他听。小伙夫听后直摇头,心想大师兄并未开悟呵!就说:"我也有一首偈颂,请居士帮我写到墙壁上。"老居士睁大眼睛,带着轻视的态度,瞧瞧小伙夫说:"你一个字也不认识,你怎么会做偈?这事情太稀奇了。"

小伙夫不想说话,不说就没有人帮他写,只好说了:"你想学最上乘的菩提觉道,就不应该轻慢初学佛法的人。"于是,由老居士代笔写下了一首流传千古的名偈:"菩提本无树,明镜亦非台,本来无一物,何处惹尘埃。"

弘忍大师过来检查作业,顿时惊讶得半晌无语,同时内心也充满无以名状的惊喜——此人悟性极高,足以胜任接班重任。一问之下,才知道是一个带发修行的小伙夫所作,于是暗示小伙夫半夜来见。此伙夫,就是后来的六祖慧能大师。半夜,慧能去见五祖弘忍大师,大师将袈裟亲手传给他,并为他说《金刚经》,顿即开悟。后来,他终成一代宗师,对中国禅宗乃至整个佛教界都产生了极其深远的影响。

历史上,很多杰出的人在青年时就已成为传奇人物。三国时期,周瑜18岁就做了三军统帅;霍去病年纪轻轻,就为大汉王朝立下汗马功劳;唐朝才子王勃15岁时,就被授朝散郎之职;周恩来为寻救国道路,16岁时西渡法国,东渡日本求学。

年轻人有很大的可塑性和年龄资本,有很大的发展潜力。纵观历史长河,正是"长江后浪推前浪,一代更比一代强"。后人之所以能超越前人,一方面是因为前人所积累的经验总是受历史、地理、时间等因素强烈制约的。也就是说,到了一定时候,他们的许多经验过时落伍,甚至蜕化变质成生活发展前进的阻力。另一方面,是因为先贤前辈们所创造的辉煌文化哺育了后人,而富有创新精神的后人,站在前人的肩膀上,以前人的基点为自己开拓创新的起点,必然会在发扬光大的基础上创造出新的辉煌。作为年长者,不能因为他们现在还不如自己就小看他们。

孔子讲后生可畏,这种以发展眼光看人的观点,非常有价值。记得以前有一首非常流行的歌曲《趁你还年轻》,歌词大意是:一个人年轻的时候想将来成为怎样的人,就有可能成为怎样的人。只是这样的优势和潜力并不永远存在,如果不努力,到了四五十岁还一事无成,也就只能将所有的理想都"一江春水向东流"了,自然也就没有什么可敬畏的了。或许,这也就是人们常说的"人到中年万事休"的原因所在吧。作为老年人,不要轻视年轻人。作为年轻人,更应该珍视自己的大好年华,不要虚度了。

当然,随着人类寿命的延长,四五十岁这个界线也许可以适当推迟一点,大器晚成者也不是没有。所以,如果由于种种原因而错过了在年轻时有所成就的机会,也不要自暴自弃,仍然应该继续努力。尽管中老年人起步比年轻人晚,精力也不如年轻人充沛,但只要努力,仍然有希望有所成就。只要努力了,就不会有遗憾。因为在努力的过程中,人们仍然能够感受到一种特殊的快乐——奋斗的快乐和追求的快乐。

别做中间派

【原文】

子曰:"唯上知与下愚不移。"

人还是有些做人的原则好,起码人生的风景不俗。上不着天下不着地,浑浑噩噩,随波逐流,有什么意思呢? 我看外国大选,一到白热化的时候,两派力量总要争取中间选民,中间选民成了什么?简直就是妓女呀!被拉来推去,谁给予的利益大,就跟谁,没有主见,没有思想,很悲哀的。在现实生活中,我们也发现,最伤害人的往往不是敌人,因为敌人培养人的素质,比如警惕性、耐性、危机意识,朋友更不会伤害你,因为大凡做朋友都背负道义上的责任。中间派可就不行了,他永远跟着你的兴衰走,当你发达的时候,趋之若鹜;当你败落的时候,啐上一口唾沫就逃之夭夭。

中间派,大都是投机分子。他考虑的几乎全是自我利益,对自己有利,则一马当先;对自己无益,则漠不关心;对自己无利无害,则静观其变,三缄其口。对问题,不说是,亦不云非;做事情,不是不做,也不是努力去做。软绵绵,慢悠悠,温吞吞,让人提不起神来。我们不是反对中间,比如对不是事的事,鸡毛蒜皮的事,模糊也是上策,但对待原则问题,比如做人原则、做事的原则,无论如何也不能含糊,因为你的含糊,就可能让别人承受一生的痛苦。

孔子没有谈论中间派,他只是说"唯上知与下愚不移"。聪明的人有思想,有见解。有主张,不会受外界的干扰;愚蠢的人,石头蛋子不开缝,无法影响他。孔子意在提醒我们,提醒我们,要注意中间派。历史的车轮不是由中间派推动的,推动他的一定是左派或者右派,但中间派的影响却很大。

要挑起责任的重担

【原文】

曾子曰:"士不可以不弘毅,任重而道远。仁以为己任,不亦重乎?死而后已,不亦远乎?"

什么是仁?爱人、爱社会、爱国家、爱世界、爱天下。

我国上古文化,两三千年前的选士的制度,这是上古最重要的政治制度之一。每十个青年中,推选一人出来为公家服务的,就是士。所以士是十字下面加一横,意即为十中选一。被选为士的人,要受政治教育,学习法令规章。士出来做官,执行任务做公务员,就叫出仕。所以古代的士，并不是普普通通一个读书的青年就可以叫士。士的教育都是政府主办，一个士要想知道法律政治，须向官方学习。平民教育是由孔子开始的，大概与今天的民办教育有点类似，只不过当时没有这个名称。

曾子这里所讲的士，已经不是上古时代的士，而是读书人知识分子的通称。所以他是说一个读书人有读书人的风格。"不可以不弘毅"，"弘"就是弘大，胸襟大，气度大，眼光大；"毅"就是刚毅，有决断，要看得准、拿得稳，对事情处理有见解。

有些人有见解，但请他当主管，却搞得一塌糊涂，因为他下不了决断；有人很容易下决心，但眼光不远，见解有限。所以把眼光、见解、果断、决心加起来的"弘毅"，而且中间还要有正气，立场公正。

曾子说：一位士，一个知识分子，要养成弘与毅是基本的条件，才能做主管，才能做一个领导者。为什么要养成这两个基本条件呢？因为一个领导者，为国家、为社会挑起了很重的责任。"任重而道远"，这个道是领导，也是指道路。责任担得重，前面人生的道路、历史的道路是遥远的、漫长的。社会国家许多事，要去挑起来，走这历史无穷的路。

一个领导者，为什么要对国家社会挑那么重的责任？为什么要为历史、为人生走那么远的路？因为一个受过教育的知识分子，"仁"就是他的责任。什么是仁？爱人、爱社会、爱国家、爱世界、爱天下。儒家的道统精神所在，亲亲、仁民、爱物，由个人的爱发展到爱别人、爱世界乃至爱物、爱一切东西。西方文化的爱，往往流于狭义；仁则是广义的爱。所以知识分子以救世救人作为自己的责任，这担子是挑得非常重的。

那么，这个责任，在人生的路途上，历史的道路上，要挑到什么时候？有没有得退休呢？这是没有退休的时候，一直到死为止。所以这个路途是非常遥远的。当然，要挑起这样重的担子，走这样远的路，就必须要养成伟人的胸襟、恢弘的气魄和真正的决心、果敢的决断、深远的眼光，以及正确的见解等形成的"弘""毅"两个条件，不然，只能半途而废，功亏一篑。

感情和原则要分开

【原文】

子畏于匡，颜渊后。子曰："吾以女为死矣。"曰："子在，回何敢死？"

颜渊死。子曰："噫！天丧予！天丧予！"

颜渊死，子哭之恸。从者曰："子恸矣。"曰："有恸乎？非夫人之为恸而谁为！"

颜渊死，颜路请子之车以为之椁。子曰："才不才，亦各言其子也。鲤也死，有棺而无椁。吾不徒行以为之椁。以吾从大夫之后，不可徒行也。"

颜渊死，门人欲厚葬之，子曰："不可。"门人厚葬之。子曰："回也视予犹父也，予不得视犹子也。非我也，夫二三子也。"

子疾病，子路使门人为臣。病间，曰："久矣哉！由之行诈也，无臣而为有臣。吾谁欺？欺天乎？且予与其死于臣之手也，无宁死于二三子之手乎？且予纵不得大葬，予死于道路乎？"

人是感情的动物。谁又能逃脱感情的网络？父母情，儿女情，师生情，朋友情，男女情，等等。往大处说，同志情，阶级情，民族情，祖国情，等等。正是这些情的存在才让人感觉世界的温暖，才让人感觉世界的可爱，也正是在处理这些情的时候，才让人体察出一个人境界的高低。

孔子和颜渊的师生情就非常深厚。孔子被围困匡地的时候，颜渊为了保护老师就执意殿后。当他追赶上老师的时候，孔子差点落泪，他说，"我以为你死了呢！"颜渊为了给老师宽心，幽默地说，"老师不死，我怎么敢死呀！"可见，师生之间的感情是何等之深。当颜渊过早地离孔子而去的时候，孔子非常悲痛，犹如老年丧子的感觉，他悲痛地说，"这是上天要我的命呀！这是上天要我的命呀！"有人劝孔子，你是师长，这样悲痛有些过分了，孔子却毫不顾及师者之风。他说，这样的人死了，我不悲痛，我还为谁而悲痛？可见，孔子是非常喜爱颜渊。

既然这样,厚葬颜渊是理所应当的。好多的门人也向孔子建议。但孔子坚决反对,他认为,按颜渊的地位和身份,不应该厚葬,厚葬与礼不和,再说颜渊家里十分贫困,办丧事铺张浪费,于理不通。更有甚者,颜渊的父亲颜路请求孔子把车卖了,给颜渊买个椁。他依然拒绝。因为孔子曾经做过大夫,按礼大夫出门要坐车,否则就是失礼。孔子怕颜路难以接受,就从感情的角度劝他,你的儿子和我的儿子,一个有才、一个无才,但都是儿子,我的儿子死后只有棺没有椁,颜渊也不能特殊,我不能卖车。

一方面,"哭之恸",一方面,不符合礼的事情,坚辞不做。可见,孔子是很有原则的。就是在孔子病危时,子路派了几个家臣侍候,孔子都不领情,不仅不领情还很生气,他知道按照礼节自己的身份是不能配家臣的,"由之行诈也,无臣而为有臣。吾谁欺?欺天乎?且予与其死于臣之手也,无宁死于二三子之手乎?且予纵不得大葬,予死于道路乎?"子路的好心成了驴肝肺,好不近人情呀!

再看看当今,有多少人为了亲情、友情、私情,而徇私枉法,贪污受贿,贿赂公行,铤而走险,有的还银铛入狱,想想孔子,当汗颜啊!

你不要做空头理论家

【原文】

子曰:"诵诗三百,授之以政,不达;使于四方,不能专对;虽多,亦奚以为?"

子谓子夏曰:"女为君子儒,无为小人儒。"

孔子说,熟读《诗经》三百篇,让他为政做官,却不会处理政务;派他当外交使节,却不能独立处理外交事务。读得虽然很多,有什么用?

孔子是在批评谁呢?是批评子夏吗?至少是在告诫他,"女为君子儒,无为小人儒"。何谓"小人儒"?就是书呆子,考试高分,处事低能。何谓"君子儒"?世事洞明,人情练达。

孔子还在批评谁?环顾四周,真的不少。

知道"纸上谈兵"的故事吧？战国时期的赵国，有一年轻得志的名士赵括，谈兵法滔滔不绝，天下莫能当。然其父赵奢生前并不认为赵括善将兵，奢曰："兵，死地也，而括易言之。"结果，就是这个以容易态度带兵作战的赵括，在赵秦长平之战中惨败，四十五万之众为秦悉数坑之，成为中国古代战史上一战而亡人数最多的战例。

知道"挥泪斩马谡"的故事吧？马谡，三国时蜀国大将，熟读兵法，才气过人，深得孔明器重，曾提出过"攻心为上，攻城为下；心战为上，兵战为下"的著名理论。在街亭之战中，马谡担任守街亭的重要职责，却一味唯书本是从，违背诸葛亮的命令，被魏将张郃打败，蜀军被迫退守汉中。这正应了刘备临终前对马谡的评价，"言过其实，不可大用"。没办法，诸葛孔明只好"挥泪斩马谡"了。

当你连篇累牍地发表论文的时候，当你滔滔不绝地发表演讲的时候，当你引经据典，从国外讲到国内，从远古讲到今天、天文地理、历史典故，无所不讲，好不热闹的时候，你有没有离题万里，脱离实际，"头重脚轻根底浅，嘴尖皮厚腹中空"的感觉？你想过孔子的话吗？你是不是成了现代的赵括和马谡？你可要警惕呢！

不能丢掉做人的原则

【原文】

子路曰："君子尚勇乎？"子曰："君子义以为上。君子有勇而无义为乱，小人有勇而无义为盗。"

子曰："恭而无礼则劳，慎而无礼则思，勇而无礼则乱，直而无礼则绞。君子笃于亲，则民兴于仁；故旧不遗，则民不偷。"

子路是很勇敢的人，所以他很洋洋自得地问孔子，君子是不是崇尚勇敢。孔子的回答斩钉截铁，"君子义以为上"，他还就"礼"的统帅作用，做了一番论述。我理解不论是"义"还是"礼"，实际上就是做人的原则问题。

做人的原则是什么？真的不好回答，大凡好的东西没有穷尽和彻底的，虎的威武、羊的善良和狗的忠诚没什么本质的区别,但不好的东西总有一个底线。那么用这个思路谈做人,那就应该是不什么什么,比如不要见钱眼开,不要唯利是图,不要见利忘义,不要见风使舵,不要投身求荣,不要溜须拍马,不要卖友为己,不要低三下四,不要造谣生事,不要小肚鸡肠,不要怨天尤人,不要牢骚满腹,不要骂骂咧咧,不要装疯卖傻,不要斤斤计较,不要违背规律,不要咋咋呼呼,不要感情用事,不要整人害人,不要投机取巧,不要精明过头,不要成人之恶,不要妒火中烧,不要干傻事、坏事、蠢事。一个人不论在顺境还是逆境,不论是面对得还是失,毁和誉,升和降,尤其在它们两可之间,需要你做出选择的时候,都应胸怀高义,知晓大义,坚守正义。从以上角度理解"义"和"礼",可能更为简便和透彻。

不把这些放在做人的前面,就如同一艘失去航舵的大船,随风飘荡,任尔西东,就有可能走失人性。五代的冯道是我国历史上颇受訾议的人物。欧阳修骂他"可谓无廉耻者矣",司马光骂他"乃奸臣之尤",清代的王夫之说"道之恶浮于纣,祸烈于盗跖"。冯道为什么挨骂?原因是他历仕十君,三入中书,居相位二十余年,是个不倒翁式的人物。他在后唐、后晋均任宰相;辽太宗耶律德光灭后晋,他出任太傅;后汉时任太师;后周时任太师、中书令。因此,在五代时,除了未在后梁任职外,他在四朝都是显宦,加上契丹,共为五朝。

《辞海·冯道条》说:"后世因其历事五姓,每加非议。"胡三省说他:"位极人臣,国亡不能死,视其君如路人,何足重哉!"这里牵扯到一个气节问题。几千年来人们敬重的是忠贞不贰、守节不移的臣子,厌恶的是二三其德、朝秦暮楚的软骨头,冯道历仕五朝,受到非议,自在情理之中。

至于冯道的苦衷,人们自然也就忽略了,这也是没有办法的事,人们看的是大节呀!

勇敢是很好的品格,可没有原则的勇敢,就是莽撞,就可能会作乱,就可能会杀人越货,杀人犯是勇敢的,为了不值得的小事就拔刀而出,流氓为了竖起山头,竟能自残,一位政法委的书记为了升官,竟敢雇佣杀手杀掉竞争对手,这样的勇敢还是勇敢吗?恭敬是好品德,可没有原则的恭敬,不也太劳累了吗?不也太"乡愿"了吗?

如果再遇到一只野狼,还不成了狼的美味野餐?谨慎是值得提倡的,但需要创新的事业也谨慎有加,亦步亦趋,那还能指望他做成什么大事吗?直率是好的,但没有原则指导的直率,好心也成了驴肝肺,象牙也长在狗嘴上,风度也建在浅薄的沙滩上。

人啊,应该守住自己的原则,起码底线是不能突破的。

患难见真情

【原文】

朋友死,无所归,曰:于我殡。朋友之馈,虽车马,非祭肉不拜。

人是有情感的高级动物,患难与共的手足之情、相濡以沫的同窗之情、舐犊情深的母子之情、生生不息的赤子之情,都感人至深、催人泪下。

孔子的朋友因为得病死了,不知道是他根本没有亲戚,还是亲戚们都不愿意管,总之,他的后事没有着落。在这紧要关头,孔子说话了:丧事由我负责吧。众所周知,办丧事要花很多钱,尤其是在古代,而且孔子也没富裕过。但是,在平常的时候,孔子的朋友送给孔子东西,哪怕是像车马这样的贵重礼物,孔子接受了,但却不回拜。

这说明了什么呢?简单一句话:平常不言谢,患难见真情。平常你送我再重的礼物,我铭刻在心,却没必要假惺惺去回拜致谢,因为我把你当成真正的朋友,"君子大恩不言谢"。但作为我的朋友,当你真的到了生死存亡的危急时刻,我即使再困难,倾家荡产,也会对你伸出援助之手。正如孔子说的:"到了一年中最寒冷的时候,才知道松柏是不凋落的。"

让我们看看下面这个经典的小故事,体味其中的深意吧!

两个男人结伴穿越森林,突然,一只大熊从丛林中跳出来。其中一个男人为了自己的安全爬上了一棵树,另一个因无力同这头熊搏斗,便倒在地上一动不动地躺着,像是死了似的。

那头熊只在他头上嗅了一嗅,便像对他是死的感到不满似的走开了。爬到树上的那个男人从树上跳下来问:"那头熊好像在你耳边说了什么,它告诉你什么来着?"

躺在地上的男人回答道:"它说,和一个在危险时刻抛弃朋友的人做伴是愚蠢的。"

这个故事,几乎人人皆知。人们常说患难见真情,这一点无须怀疑。如果一个人身处困境,他的朋友都来雪中送炭,那他的朋友都是可以信赖的。但当一个人遭遇难处,他的朋友却如鸟兽散,那朋友之间的友情当然是不牢固的。人比动物更会伪装自己,把自己的心藏得严严实实,不轻易流露出来。只有在危难之时,才可以看清一个人的真面孔。

东晋大将军王敦因谋反被杀,他的儿子王应想去投奔江州刺史王彬,王应的父亲王含想去投奔荆州刺史王舒。王含问王应:"大将军以前和王彬关系怎么样? 你竟然想去归附他?"王应说:"这正是应当去的原因。王彬在人家强盛时,能够提出不同意见,这不是常人能够做到的。到了看见人家有难时,就一定会产生怜悯之情。荆州刺史王舒是个安分守己的人,从来不敢做出格的事,我看投奔他没用。"

王含不听从儿子的意见,于是两人就一起投奔王舒,王舒果然把王含父子沉入长江。当初王彬听说王应要来,已秘密地准备了船只等待他们。他们最终没能来,王彬深深引为憾事。看来,儿子比老子更会看人,只是儿子屈从老子的意见,终于误了自己。

古人说:"疾风知劲草。"在海拔很高的地方,大风来了,所有的草都倒下去只有一种草还顽强地立着,它叫"劲草",是一种有用的中草药。交朋友也须交"劲草"类的朋友。

"多个朋友多条路"是人类的共识。在你遇到困难、需要帮助的时候,朋友当中你最先想到谁? 这时候,能有一两位伸出援助之手的朋友是一种莫大的幸福。在我们这个社会中,重义轻利把友谊看得极为神圣的大有人在,这也是整个社会构建道德基础的重要组成部分。同时,不能否认的是,还有另外一种人,仅仅把朋友当成可供利用的资源。一旦人家失势找上他时,他立即换上另一幅面孔。"但见锦上添花,从不雪中送炭。"

很多人曾经感叹:志同道合、肝胆相照的真朋友何其少,而虚与委蛇,利益面前经不住考验的假朋友又何其多。对人认识不清就把他当作忠诚的朋友是很危险的:他在危难时刻不仅不帮助你,反而还会做一个落井下石的人。

蔺相如曾是赵国宦官缪贤的一名舍人,缪贤曾因犯法获罪,打算逃往燕国躲避。蔺

《论语》智慧应用

相如问他："您为什么选择燕国呢?"

缪贤说:"我曾跟随大王在边境与燕王相会,燕王曾握着我的手,表示愿意和我结为朋友。所以,我想燕王一定会接纳我的。"

蔺相如劝阻说:"我看未必啊。赵国比燕国强大,您当时又是赵王的红人,所以燕王才愿意和您结交。如今您在赵国获罪,逃往燕国是为了躲避处罚。燕国惧怕赵国,势必不敢收留,他甚至会把你抓起来送回赵国。你不如向赵王负荆请罪,也许能有幸获免。"缪贤觉得有理,就按照蔺相如所说的办,向赵王请罪,果然得到赵王的赦免。

缪贤以为燕王是真的想和自己交朋友,他显然没有考虑自己背后的一些隐性因素,比如自己当时的地位、对燕王的价值等等。可是,现在他成了赵国的罪人,地位已经变了,交朋友的价值也就失去了,他贸然到燕国去当然很危险了。蔺相如看问题可谓"一针见血"。

"成功可以招引朋友,挫败可以考验朋友。"唐代韩愈《柳子厚墓志铭》:"一旦临小利害,仅如毛发比,反眼若不相识,落陷阱,不一引手救,反挤之,又下石焉者,皆是也。"

晋国大夫文子流亡在外,经过一个县城。随从说:"此县有一个啬夫是你过去的朋友,何不在他的舍下休息片刻,顺便等待后面的车辆呢?"

文子说:"我曾经喜欢音乐,此人给我送来鸣琴;我爱好佩玉,此人给我送来玉环。他这样迎合我的爱好,是为了得到我对他的好感。我怕他也会出卖我,以求得别人的好感。"

于是,他没有停留,匆匆离去。结果,那个人果然扣留了文子后面的两辆车马,把他们献给自己的国君。

王舒、燕王、啬夫在友与利的选择上都看重后者。在他们眼里、情义二字不值分文,而且会成为自己的障碍。此一时彼一时,此时的他们必欲除友而后快。一个人是不是可以相交成为朋友,不可以等到大事当前再去判断,而应在平常小事中就注意观察,这样可以防患未然。

忠诚的朋友给你带来的是稳定的信任,你在任何时候都可以向他发出求救的信号。

将朋友看得很重的人，自身具有一颗善良、正直、无私的心，能将朋友的苦难作为自己的苦难，与朋友同生死、共患难。我们的身边朋友很多，我们不能祈盼有什么苦难来考验我们的朋友。可一旦你有危难，你身边的朋友肯定会有离你而去的。在困难面前，很多人丧失了对朋友的忠诚，抛弃了友谊。如果你自己或者别人有这样的经历，你可要远离这种人。

世上的人有千百种，不可能所有的人都成为我们的朋友，真正的朋友就看关键时刻在利益面前的表现。因此，考察一个人（也可以是你自己）在困境里的友情，就可以获得被认知者的真实信息，再通过客观的评价确定是否值得与之交友。

君子务本，本立而道生

【原文】

子曰："君子务本，本立而道生。"

孔子说："君子致力于根本，根本树立了，治国做人的原则也就会形成。"

树叶和树根有着本与末的区别。树叶有荣与枯、长与落、绿与黄的变化，而树根却始终深扎大地，千年不变。人也有本末之别，贫富、贵贱、荣辱、沉浮乃为人之末，人的一生谁不经几次这样的变化！然而，不论怎样变，人应该有自己的品德与人格，这是为人之本。就像吕蒙正，他曾贫贱过，曾被人屈辱过，甚至被人诽谤过。但他始终以宽厚的态度对待之。这是无语的申诉，无声的劝诫，无言的抗辩。这是令人倾倒的人格力量。这是人生的大智。

开宝九年（公元 976 年），宋太祖赵匡胤突然去世，赵光义在太监王继恩的帮助下，抢先一步继位，史称宋太宗。宋太宗的继位在朝野上下引发了不少议论，宋太宗为笼络人心，便决定大规模开科取士。太平兴国二年（公元 977 年），宋太宗一次开科，便录取了500 名进士。吕蒙正是进士第一名。

对这批进士，宋太宗都予以重用。吕蒙正以进士第一名的身份，被授作监丞，升州通判,赐钱 20 万,并下旨,如遇到对百姓不利的事情,准许他们通过驿站直接向皇帝报告。在宋太宗的直接关注下,吕蒙正很快便得到参与处理国家事务的权力了。

北宋名相——文穆公吕蒙正

　　吕蒙正为人正直宽厚。当初,他父亲有好几个宠妾,对妻子刘氏渐渐疏远,刘氏因此与其发生矛盾,于是,刘氏和吕蒙正被赶出了吕家。离开吕家后,刘氏发誓不再嫁,母子二人相依为命,艰难度日。吕蒙正考中进士,步入仕途后,家境大为改善。吕蒙正不计较父亲把他们母子赶出家门,使他们吃了许多苦,把父母接到家中,同堂异室而居,照顾得十分周到,重新成为一家人。

　　吕蒙正入朝为官时还不到 40 岁,简单的经历,快速的升迁,令朝中许多老臣感到不满,但由于他是皇上的红人,谁也奈何不了,只好在背后说些怪话,发发牢骚。吕蒙正刚入朝堂时,有个人指着他说:"这小子也是参政?"吕蒙正假装没听见,从那人面前走了过去。和吕蒙正一起上朝的同僚,听了这话后,愤愤不平,非要问清楚那人姓甚名谁,吕蒙正连忙制止说:"如果知道了他的姓名,那么我一辈子也忘不了,还是不知道为好。"对新旧朝臣间的矛盾，吕蒙正采取了宽容的态度，体现了其待人宽厚的性格，吕蒙正待人以宽厚的名声渐渐在朝中树立了起来。

随着吕蒙正在朝中为官时间的延长，吕蒙正逐渐积累了政治经验。端拱元年（公元988年），吕蒙正出任宰相，从他步入仕途到位居宰相，前后仅12年的时间，而此时，吕蒙正也不过是个40出头的中年人。地位的变化，并未使吕蒙正待人以宽厚的性格发生变化。

位居宰相，自然有许多人跑到他那儿去活动以求升迁。对这样的人，吕蒙正巧妙地予以回绝。当时朝中有人专门收藏古镜，自称有面古镜能照见方圆200里以内的东西，那人打算把这面古镜送给吕蒙正，希望得到赏识。吕蒙正听说后，便笑着说："我的脸只有碟子那么大，怎么用得上这照见方圆200里的镜子呢!"吕蒙正以其机智与幽默，巧妙地打消了送礼者想要通过送礼而得到好处的念头。

虽然吕蒙正的快速升迁与宋太宗的重用和提拔有着密切的联系，但吕蒙正并没有有恃无恐。端拱元年，吕蒙正刚刚出任宰相，便有人向宋太宗告发，说他挟私报复。当时，张绅为蔡州（今河南汝南县）知州，因为贪污被免去官职。有人对宋太宗说："张绅家境富裕，不会贪污，这肯定是吕蒙正挟私报复张绅。吕蒙正贫寒之时，曾向张绅借钱，张绅没借给他那么多，他便怀恨在心，现在吕蒙正任宰相，便有意加害张绅，以泄心头之恨。"宋太宗听人这么说，便下命恢复张绅的官职。

面对这样的恶意诽谤，吕蒙正并没有向宋太宗进行辩解，他以其宽厚的胸怀，相信事久自然明了。

淳化二年（公元991年），吕蒙正被罢相。此后考课院发现了张绅贪污的证据，宋太宗便将其贬为绛州（今山西新绛县）团练副使。淳化四年，吕蒙正复出为相，宋太宗觉得当初错怪了吕蒙正，便对吕蒙正说："那张绅果然犯了贪污罪。"

本想得到一声感谢或者是申辩的宋太宗什么回答也没有得到，吕蒙正依然是不辩也不谢。他用宽厚的沉默，回答了诽谤与误解。

古语云："大丈夫处其厚，不居其薄;处其实，不居其华。"意谓大丈夫立身处世要淳厚朴实,不应浮薄虚华。宋代吕蒙正之所以三次为相,历仕太宗、真宗,除了敢于直言谏诤,政见超人这一原因外,他致力于为人的根本,待人诚恳宽厚,胸襟开阔,谦虚谨慎也是一个极其重要的原因。

本立而道生,一个人只有致力于根本的东西,然后才能去追求其他的外在之物,这样的话才有可能取得成就。否则,就会本末倒置,根基不稳,危害自身。

一以贯之的忠恕之道

【原文】

子曰:"参乎!吾道一以贯之。夫子之道忠恕而已矣。"

孔子的中心思想是"仁"。而忠恕就是"仁"。忠,就是中心,把心放在当中,就是孔子明确地告诉子贡的:"己欲立而立人,己欲达而达人",这就是"仁";恕,就是"如心",将心比心,就是孔子明确地告诉仲弓的:"己所不欲,勿施于人",这也是"仁"。忠是从正面讲的,恕是从反面讲的。

其实,《论语·颜渊》里也是讲这点:"君子成人之美,不成人之恶;小人反是。"成人之美是忠,不成人之恶是恕;而小人是不忠不恕。在《论语》中,或强调忠,或强调恕,都是一个意思。

《论语·卫灵公》有一章:子贡曰:"有一言而可以终身行之者乎?"子曰:"其恕乎!己所不欲,勿施于人。"在《论语》中,"主忠信"出现了五次,分别在第一、八、九、十二、十五篇中,真不少!第八篇《泰伯》中的"子以四教:文,行,忠,信。"讲得十分明确了。可以说,"仁"贯穿了《论语》。

人类所最需要的是"关爱人",是人际关系的和谐,即"仁",即所谓"孔子智慧"。

应该说,孔子智慧是一个抽象,即东方文化核心的抽象,正确处理人与人、与集体、与社会、与自然界的关系。更一般地讲,世界的一切,就是"关系",就是"处理关系"。我们所努力的,就是尽可能正确地去认识关系、把握关系、处理关系;人类社会也逃不出这个

"关系"。"关系"和谐,方能存在与发展;"关系"不和谐,必导致灾害,甚至必遭到毁灭。

所谓忠恕是孔子待人的基本原则,是一个问题的两个方面,所以孔子说是"一"以贯之,而不是"二"以贯之。

忠是从积极的方面说,也就是孔子在《雍也》篇里所说的:"己欲立而立人,己欲达而达人。"自己想有所作为,也尽心尽力地让别人有所作为,自己想飞黄腾达,也尽心尽力地让别人飞黄腾达。这其实也就是人们通常所理解的待人忠心的意思。

恕是从消极的方面说,也就是孔子在《卫灵公》篇里回答子贡"有一言而可以终身行之者乎?"的问题时所说的:"其恕乎! 己所不欲,勿施于人。"自己不愿意的事,不要强加给别人。子贡还曾问孔子:"我不欲人之加诸我也,吾亦欲无加诸人。"孔子曰:"赐也,非尔所及也。"自己不愿意别人强加的事,也不要强加给别人。这实际上就是"己所不欲,勿施于人"的"恕道"。

子贡是孔子的得意门生。作为这样一个高才生,又抓住了老师思想体系中的一个核心问题来谈体会,按理说该得到赞许,却不料被老师一盆冷水迎面泼下来,说:"赐呀,这不是你做到了的。"

连子贡都没能做到,又有谁能做到呢? 恐怕就只有颜回了吧。可惜我们在《论语》中还没有看到孔子对颜回这方面的评价。

倒是在《卫灵公》里,当子贡问老师有没有一个字可以终身奉行时,孔子回答道:"那就是'恕'吧——己所不欲,勿施于人。"

原来,就是在孔子自己的心目中,"己所不欲,勿施于人"也是非常难以做到的,所以要做终身的努力。

既然如此,不仅子贡没能做到这一点不足为怪,就是我们没能做到这一点又有什么可怪的呢?

只能说,"恕"道之难,难于上青天啊!

总起来说,忠恕之道就是人们常说的将心比心,推己及人。所谓人心都是肉长的,自己想这样,也要想到人家也想这样;自己不想这样,也要想到人家也不想这样。

鲁哀公问宰我用什么木头做土神的牌位好。宰我回答说："夏代用松木做,周代用栗木做,用栗木做的意思是使老百姓望而生畏,战战兢兢。"孔子听到后说:"成事不说,遂事不谏,既往不咎。"即"已经做成的事就不必再说它了,已经做了的事就不必再劝阻了,已经过去的事就不必再追究了。"

孔子不满意宰我关于"使民战栗"的解释,因为它不符合德政爱民的思想。但周代确实用栗木做土神牌位,所以孔子也不好正面批评宰我。而只是从思想方法上来说,既然已经过去了的事,就不要去追究它了。

不管这件事本身的是非曲直,孔子这里所表现的,的确是一种既往不咎的宽恕精神。

所谓破镜难圆,覆水难收。生米既已煮成了熟饭,说也无益,劝阻徒劳,追究也于事无补,不如不说的好。

人们常说:"过去的就让它过去吧。"或者说:"坦白从宽,抗拒从严;既往不咎,立功受奖。"孔子特别强调不念旧恶少怨恨,他说:"伯夷、叔齐不念旧恶,怨是用希。"意思是"伯夷、叔齐不记过去的旧仇,别人对他们的怨恨因此很少。"俗话说:"退后一步天地宽"。

过去有人对不起自己,但毕竟已经是过去的事了。过去了的就让它过去吧!潇洒一点,不怀恨别人,和别人之间的仇怨也就因此而没有了。就算对方是坏人,也终有被感化的一天。

不然的话,冤冤相报何时了? 大家都处处设防,永远没有安宁的一天。

所以,对人宽容一点吧,不要老是一副苦大仇深的样子。

有人说宽容是一把健康的钥匙,是一个人修养和为人善良的结晶,是生活幸福的一剂良药。宽容别人,无论走到哪里,都会带去一片和煦的春风;不肯宽容别人,往往会给自己带来痛苦。宽容犹如冬日正午的阳光,常常会令冰冷的心墙渐渐融化。宽容是一种豁达和挚爱,可以化冲突为祥和,化干戈为玉帛。以宽厚之心待人,就会使彼此拥有更多的信任和爱戴。宽容是一种涵养,它是一种善待生活、善待自己的境界;它能陶冶人的情操,带给你心灵的安宁和恬静。

有人说宽容是软弱的象征。其实不然,有软弱之嫌的宽容根本称不上真正的宽容。

宽容是一种需要操练、需要修行才能达到的境界。

不为他人的错误而惩罚自己。气愤和悲伤是追随心胸狭窄的影子。生气的根源不外是别人做事侵犯、伤害了自己的利益和自尊心等，于是勃然作色，怒从心头起。此种生理反应无非在惩罚自己，而且是为他人的错误，拙然不值！

孔子还说："居上不宽，为礼不敬，临丧不哀，吾何以观之哉？"就是"作领导不宽容，行礼仪不严肃认真，遭遇丧事的时候不悲哀，我用什么来观察这种人呢？"

没有什么值得观察的，当然也就是被否定的对象了。

这里最值得我们重视的是"居上不宽"的问题。在另外的地方，孔子曾反复从正面说："宽则得众"。(《阳货》《尧曰》)宽容就能得到群众拥护。孔子把"宽"作为"仁"的五个方面内容之一。

荷裔美国作家房龙曾写过一本有世界影响的名著《宽容》，他把宽容作为人类文明进步的重要标志。

如果说，宽容对于一般人来说都非常重要的话，那么，对于居于上位的领导人来说，就更应该是一种必须具备的素质了。所谓"水至清则无鱼，人至察则无徒"。水太清澈了，清澈到像游泳池里的水一样，是没有鱼儿能够在里面生存的；人太明察，太苛刻了，苛刻到像眼睛里容不得一粒沙子。一样，那是没有人愿意跟随你的。俗话说："金无足赤，人无完人"。其实说的也是这个道理。

在中国历史上，有许多"宽则得众"的著名典故和故事，诸如楚庄王绝缨尽欢，孟尝君不杀与自己夫人通奸的门客，汉高祖重用陈平，曹操下《求贤令》选拔那些虽然有这样那样缺点但确有才干的人，唐太宗不追究郭子义的儿子得罪自己，宋太祖宽容受贿的宰相赵普，宋太宗宽容酒醉的功臣孔守正和王荣，如此等等，不一而足。而与此相反，因"居上不宽"而自食其果的例子也同样不胜枚举。

因此可以说"居上不宽"是领导者的致命伤，而宽容的肚量则是作为一个领导者的起码要求。越是进入民主的时代这一点就越发突出。这是所有领导者或想做领导者的人必须牢牢记在心上的信条。

有仁德才能够正确对待他人，宽容他人，孔子曰："惟仁者能好人，能恶人。""只有有仁德的人才能够正确地去喜爱人，才能够正确地去厌恶人。"

子贡曾经向孔子请教说："一乡的人都喜欢他，这个人怎样？"

孔子回答说："难说。"子贡又问："一乡的人都厌恶他，这个人又怎么样呢？"孔子还是回答说："也难说。只有当乡人中的好人喜欢他，乡人中的坏人厌恶他时，我才能肯定他是好人。"（《子路》）

又有一次，孔子说："众人都厌恶他，一定要对他加以考察；众人都喜欢他，也一定要对他加以考察。"（《卫灵公》）

可见，对一个人的好恶一定要有是非标准，既不能只凭个人的私心得失之见，也不能被舆论所左右，人云亦云。

正是从这一点出发，孔子提出了"只有有仁德的人才能够正确地去喜爱人，才能够正确地去厌恶人"的看法。实际上是要求我们修养以"仁"为核心的内在品格，克服偏私之见，正确对待他人。

"仁"是孔子确立的最高理想人格和道德准则。"忠恕之道"则是为仁的基本原则和方法。"己所不欲，勿施于人"，在孔子的教育思想中居于重要位置。它强调了仁爱之心，其间蕴含的宽容平和与不强加于人的心态，正是人类个体之间、种族之间、国家之间，乃至天、地、人、物之间，相互尊重、共存共生的相依之道。人与人之间在利益上是相互依存、不可分割的整体。无论什么样的人物，要想在社会上安身立命，成就一番事业，就必须以他人的生存与发展为前提。所以，孔子自信地说："不仁者不可以久处约，不可以长处乐。仁者安仁，知者利仁。""惟仁者能好人，能恶人"（《论语·里仁》）。

恨人即是恨己，爱人即是爱己。譬如登高呐喊"我恨你——"回音也是"我恨你"；反之，"我爱你——"回音亦然。所以，付出良善，最终受用还归自己。

把我当作他人，意在破除我执，达到"无我"的精神境界。做到这一点，这种心灵是愉悦的，安详的，美好的。它的中心做法是同一切功利、是非保持距离，不执一切，欣赏一切。在逆境中不失意，不愤愤不平，不愤世嫉俗。在顺境中不得意，不欢喜，不为别人的称赞、颂扬所动,终日如行云流水,时时保持生命的安详原态。

把自己当作他人看待,才能正确看待他人,良好的同他人相处,得到美的感受。正确看待他人,就正如欣赏落日的景色一样。我们能够欣赏落日,就在于我们不控制它,不强求它。观赏时我们不会说:"左边角上的橙色该淡些,右边角上的红色可浓些,底下的云彩可惜太黑了!"

我们会任它所具有的形态去接受它,欣赏它。看待他人亦然。对自己,这样的体验有利身心安详;对别人,则会令人感到舒适愉悦,美自在其中矣。

做人一定要有信用

【原文】

子曰:"人而无信。不知其可也。大车无輗。小车无軏。其何以行之哉?"

信,就是重承诺,说到做到,肯于负责。孔子说做人、处世及对朋友,"信"很重要,无信誉是绝对不可以的。尤其一些当主管的人,处理事情若不多想想,仓促下决定,以致随时改变,就会使部下无所适从。所以孔子说:"人而无信,不知其可也。"

"大车无輗,小车无軏。"輗和軏两个字是古代车辕前面横木上楔嵌的起关联固定作用的木销子(榫头)。輗是用牛拉,以载重,所以是大车;軏是用马拉,以载人,所以是小车。没有輗和軏就无法拉车,这都是车子上的关键所在。所以孔子说做人也好,处世也好,为政也好,言而有信,是关键所在。有如大车上的輗,小车上的軏,如果没有了它们,车子是绝对走不动的。

孔子之所以把"信"强调到如此重要的地位,是因为在他看来,信,作为说话算数,做事靠得住来讲,也就是"忠"的表现。孔子在强调言行一致时,常常是忠信并提的。他说:"言忠信,行笃敬,虽蛮貊之邦,行矣。"由此可知,忠的表现于外,就包括"言而有信""敬事而信"。而忠又是孔子反复强调的道德规范——忠、恕、让、孝四原则之首。对于人际关系,对于社会,忠有着特殊的作用。这里我们不去过多论述。我们单从"信"在待人接物、处理人与人之间关系时的重要作用,亦可以看出孔子强调"信"是慧眼独具的。

俗话说:"凡事信为本,一身到处宜。实心无处假,百行有根基。"从古到今,言而有信的人受到人们的欢迎、赞颂,其事业也得到人们的支持。究其原因,是因为这个"信"包含着深刻的道理,这道理就在于信可以明德,信可以诚,信可以树威。

以信明德。曾参是孔子的弟子,他经常教导子女要诚实无欺,并以身作则。某天,曾参的妻子要去集市,儿子哭闹着要跟去,她就哄孩子,说回家后就杀猪给他吃。等她赶集回到家里,一眼看到曾参正在磨刀准备杀猪,她忙问究竟。曾参说:"你不是对孩子讲好,赶集回来就杀猪给他吃吗?"妻子急忙劝阻道:"我这样说,只是为了哄孩子,你怎能当真呢?"曾参对此颇不以为然,说:"我们不能哄骗孩子,因为孩子时刻在模仿父母,现在你哄骗他,等于教他用同样的方法去哄骗别人;而且当他知道你是哄骗他时,他就不会再信任母亲了,将来你如何教育他呢?"最终曾参还是杀了猪,让孩子吃到了猪肉。更重要的是,他使儿子感到父母言而有信,说到做到,父母的威信在孩子的心目中更稳固了,也使儿子懂得了做人须诚实的道理。

以信示威。春秋时期,晋文公一次准备了三天粮草包围原,并允诺三天不攻下原,便立刻撤军。到了第三天,原仍没有攻下,有人建议晋文公再观望一时,但晋文公说:"'信'是立国的基础,也是人民的庇护所。即使得原而失信,还有什么利益可言?或许还可能因小失大。"于是,晋文公便传令三军依言撤退,三军欢呼雀跃以拥戴晋文公。

以信树威。战国时期,商鞅"徙木立信"以推行新法的故事,可算是以信树威、取信于人的典范。

商鞅原本是卫国人,后来到秦国深得秦孝公的信任,任命他为左庶长(掌管国家军政大权的官),并具体负责掌管变法事宜。公元前359年,商鞅起草了一个新法令,新法令的主旨是强本抑末,奖励耕战。

秦孝公认为很好,就要下令执行。商鞅说:"主公先不要忙着下令。"秦孝公不解其意,商鞅解释说:"常言说得好,'自古皆有死,民无信不立'。必须先取信于民,让百姓知道我们说了话是算数的,新法一公布必须照着执行,只要百姓有这样一个牢固的概念,下

徒木立信

一步就好办了。"

秦孝公听了这话，觉得很有道理，就说："这事但凭左庶长主张。"

这一天，商鞅派人把一根约三丈长的木杆立在城南门口，并令专人守候着。人们不知道城南门孤零零地立着一根光秃秃的木杆子有什么用，都围过来看热闹。过了一会，左庶长商鞅来了，他当众宣布："谁能把这根木杆儿扛到北门去，赏黄金十两！"围观的人们一时弄不清是怎么回事，人群中没有应声的。这也难怪，这是和官府打交道，谁知他们又要出什么花样，就凭这根木杆，扛上走这么点路，就能赏黄金十两？世上哪有这等便宜事，说不定会找你的麻烦。人们只是你看看我，我看看你，谁也不肯去没事找事。

这时左庶长又发话了："怎么没有人扛？赏金少了？现在我郑重宣布，谁执行我的命令，把木杆由此扛到北门，赏金五十！"人们听了，吓得直吐舌头。

人多了，什么样的人都会有，人群中有个好逞能的小伙子，心想：不就是扛一根木头拿赏金吗，即使拿不到赏，他又能把我怎么着，我倒要看看他葫芦里卖的是什么药，于是挤到前面说："我来扛！"他的话音刚落，一些老人就小声嘀咕："初生牛犊不怕虎，逞这能干什么！"小伙子不管三七二十一，他扛起木杆就往北门走。看热闹的人越来越多，都拥挤着跟在后面。

小伙子把杆扛到北门放下，左庶长商鞅走到他面前，叫人捧过黄金来。商鞅拍了拍这年轻人的肩膀说："小伙子，好样的，能听从朝廷的命令，按着命令办事，应当受奖！"之后命人将五十金送到小伙子的手上。小伙子愣住了，围观的人群愣住了，都不敢相信这个事实。只见商鞅提高嗓门说："大家记住，朝廷命令的公布，一定会照办的。找左庶长说话办事是守信用的！"这一消息不胫而走，很快传播到秦国各地。秦国民众都说："左庶长有令必行，有赏必信，我们心里有数了。"

商鞅看到官府已经取得了老百姓的信任，于是请秦孝公下令颁布新法。

这则故事通常被称为"徙木立信"。本来，移木与变法毫无关联，但在这里却让商鞅巧妙地联系了起来。移木不过是一件区区小事，但唯其事小，使众人确实感到现在的官府发令必行，重赏有信，既然今天能"赏不逾日"，以后也会"罚不还口"的，再也不敢把官府的告示当儿戏了。这样一来，商鞅就在社会心理上确立了民众对官府的信赖，也就为新的政策、法令的顺利推行，赢得了广泛的社会理解和支持。

新法令公布以后，秦国很快就发生了变化。战士们在战场上打仗十分英勇，为个人私事打架斗殴的少了。农民种田的积极性提高了，投机骗钱的人和懒汉少了。没有军功的贵族失去了特权，不能再作威作福。立新功得到奖赏的人，感到分外荣耀。商鞅变法的成功，应该说与他的"徙木立信"的轰动效应有着密切的联系。

诚实信用在现代社会生活中是非常重要的品格。即使在市场经济中也离不开这条原则。有一句老话说"成大业者必有大德"，你越是讲诚信，越能获得更大的经济效益，这是成正比的，特别是在市场经济成熟时，这就非常重要了。如果你认为要获取更大的利润，就必须用欺诈手段或者不诚信的方式来获取，这恰恰是错误的。前几年南京冠生园发生了月饼陈年馅的问题，现在这个企业已经倒闭了，根本谈不上任何利润了。你本来想用这些手段获得更多的利润，但是适得其反，到头来还是身败名裂。因此，你要长期在市场上做下去，就必须对顾客像上帝一样，要尊重他，要满足他的需求，要真正地全心全意地为他们服务，才能开拓市场。

人无远虑，必有近忧

【原文】

子曰：人无远虑，必有近忧。

一个人思考问题，处理事情，不但要顾及眼前，并且还要考虑到长远。只有这样，才能安排协调好方方面面的关系，不致出现各种意想不到的困扰。否则冒冒失失，顾头不顾尾，说不定忧患就会一夜之间来到你的面前。做任何一件事情，没有一个长远和近期的通盘性考虑是不行的。子曰："人无远虑，必有近忧。"意思是说："一个人如果没有对将来的长远考虑，必定会有眼前的忧患。"

北宋的张咏任崇阳县知县的时候，当地的居民都以种植茶树为生。张咏知道后说："种植茶叶的利润丰厚，官府将来一定会对茶叶进行垄断，我们还是尽早改种其他植物为好。"然后他下令全县拔除茶树而改为种桑养蚕，这一举动使得百姓们怨声载道。后来国家果然对茶叶进行了垄断，其他县的农民全都丢了饭碗，而崇阳县种桑养蚕的大环境已经形成，每年出产的丝绸有几百万匹之多。当地的居民们感激张咏给他们带来的福利，修建了祠堂来纪念他。

宋仁宗晚年精神错乱，时有狂癫之状，宫廷内外，人心惶惶；京城开封，气氛紧张。一代名臣文彦博和另一个人品不怎样的刘沆同为宰相。这一天，文彦博等人留宿宫中，以便处理紧急事务，应付非常之变。一天深夜，开封府的知府王素急慌慌地叩打宫门，要求面见执政大臣，说是有要事禀报。文彦博拒绝了："这是什么时候，还敢深夜开宫门？"第二天一大早，王素又来了，报告说昨天夜里有一名禁卒告发都虞侯（禁军头目）要谋反。有的大臣主张立即将这名都虞侯抓来审问，文彦博不同意，他说："这样一来，势必扩大事态，闹得人人惊惶不安。"他召来了禁军总指挥许怀德问："这位都虞侯是个什么样的人？"

许怀德说："这个人是禁军中最为忠诚老实的一个人。"

文彦博问："你敢打保票吗？"

"敢"。许怀德说。

文彦博说:"一定是这个禁卒同都虞侯有旧仇,所以趁机诬告他,应当立即将他斩首,以安众心。"大家都同意他的意见。

文彦博便要签署行刑的命令,他身边的一个小吏暗中捏了一把他的膝盖,他顿时明白过来,软磨硬拉地让刘沆也在命令上签了名。

不久,仁宗病情有所缓解,刘沆便诬告说:"陛下有病时,文彦博擅自将告发谋反的人斩首。"话虽不多,用意却十分恶毒,分明是暗示文彦博纵容造反者,甚至是造反者的同谋。文彦博当即拿出了有刘沆签名的行刑命令,这才消除了仁宗的疑心。幸亏刘沆签了名,否则,文彦博真是有口难辩了。

人无远虑,必有近忧。一个取得成功的人,必须拥有长远的眼光。唯有如此,才能不被眼前的繁荣所迷惑,看到隐藏在繁荣背后的危险。否则,一味陶醉在目前的成功之中,在前进的道路上裹足不前,就有可能被潜伏的危险击倒,使原有的成就都化为乌有,自尝失败的苦果。张咏正是凭借他的深谋远虑,才透过种植茶树表面的繁荣,看到了其不利的因素,帮助崇阳的百姓躲开了可能降临的灾祸;而文彦博身边的小吏更是熟知官场中的复杂残酷,偷偷地指点了文彦博一下,替其免除了一场杀身之祸。

因此,善经营者,睹事于未萌,所以能未雨绸缪,处处主动。如举世闻名的希腊船王奥纳西斯,在1929年的西方经济大危机时,预见到危机后的复苏和将来运输业的发展,不去大量购买破产企业的不动产,更不是抢购当时让人眼热的黄金,而是以惊人的眼光去收购被人们看作最不景气的航海业的。正是他的远见卓识和先期准备,在第二次世界大战爆发时,终于提供给了他天赐良机,他的船只一夜之间变成"浮动金矿",财源滚滚而来。战后,他一跃成为名扬世界的"船王"。

在现实生活中,努力培养自己的忧患意识,提高自己对事物发展的把握能力,是很有必要的。因为生活每天都在进行,我们身处的环境也在发生着日新月异的变化,我们也应该积极地面对这种变化,拓展思路,避开隐藏于暗中的危机,以获得更大成功。

我们一定要记住:成大事者都是从长计议的人,他们绝不会去干一些只顾眼前利益而放弃长远利益的事情。因此，做人不能不深思熟虑，不能不前思后想，不能只顾前而不顾后，否则必然会碰到眼前的忧患。

交益友不交损友

【原文】

孔子曰：益者三友，损者三友。友直，友谅，友多闻，益矣。友便辟，友善柔，友便佞，损矣。

通常人们以"有缘"来解释自己所交的朋友，但其中又隐含了被动与无奈的心情，尤其在"求一知己而不可得""人生得一知己，可以死而无憾"的时候更是如此。每一个人都在有意无意及主动被动中结交了不少朋友，那么要如何与他们和平相处呢？

孔子的建议是：先分辨益友与损友，再决定亲近或疏远。分辨的原则很清楚。"友直，友谅，友多闻，益矣。"这是益友。简单说来，应该具备"正直、信实、多闻"三项条件。

引申而言，"直"是指朋友对自己直言不讳，像镜子一般，使自己经常得到警惕，不敢胡作非为。这是畏友。如果一生没有畏友，那么自己可能骄矜自满、故步自封，无法善度人生。所谓"以友辅仁"，即是此意。"谅"可以引申为体谅，当天下人都误解我的时候，朋友依然信任我，了解我的苦心，明白我的抱负。正所谓"知我者，为我心忧"，即使我不慎犯错，他也将宽容待我，鼓励我继续努力。"多闻"并不指学问高低，而是指浓厚的求知兴趣，并且对许多事都有特定的看法，谈起话来互相启发。多闻则视野开阔，心境提升，常以新奇眼光看待一切，平添人生许多快乐。

让我们来看看齐国名相管仲和好朋友鲍叔牙之间的友情故事。

鲍叔牙年轻时与管仲交往，彼此奠定了深厚的友情。两人一起去做买卖，管仲常常分得四分之三的利润。因为管仲穷困，鲍叔牙认为这是应该的。又有一次，管仲为鲍叔牙做了一件事情反而使鲍叔牙陷入窘境。然而，鲍叔牙并没有怨恨管仲。

他们年轻时，曾秘密约定辅佐齐国君王建立霸业。管仲当公子纠的师傅时，鲍叔牙当公子小白的师傅。管仲对鲍叔牙说:"齐国必定是由纠或小白当上君主,其他公子不配继承。很幸运,我们在这两个优秀的公子身旁当师傅。不管谁继承王位,我们都要合力辅助君主。"

齐国的君主僖公死后,诸位王子相互争夺王位,到最后就只剩下小白与王兄公子纠争夺。管仲为了替公子纠争王位,还曾用箭射伤公子小白。最终还是小白回到齐国继承了王位,这就是齐桓公。

管仲

帮助客居鲁国的公子纠争王位的鲁国在与齐国交战中大败,只得求和。桓公要求鲁国处死公子纠并交出管仲。消息传出后,大家都同情管仲,被遣送回齐国,他无疑会被折磨致死。于是,有人说:"管仲啊! 与其厚着脸皮被送到敌方,不如自己先自杀。"

管仲一笑了之。他说:"如果小白要杀我,当初我就该和主君一起被杀了。既然还找我去,就不会杀我。"就这样,管仲被押回齐国。出人意料的是,桓公马上任用管仲为宰相,这连管仲也没有想到。

管仲之所以能够当上齐国宰相,这与好友鲍叔牙有很大关系。鲍叔牙救了他的命,并且推荐他为宰相，遵守了彼此的约定。在他们的共同努力之下，齐桓公平定乱世，成为开创霸业的先驱。

管仲曾经深有感触地说："当初我贫穷时，曾与鲍叔牙一起做买卖。分财利时，我常常多占，鲍叔牙却不认为我贪，因为他知道我家贫。我曾经为鲍叔牙谋事，结果却使他更窘迫，鲍叔牙不认为我这个人很愚蠢，因为他知道时机有时有利有时不利。我曾经几次出仕，屡次被国君罢免，鲍叔牙不认为我无能，因为他知道我没有遇到好时机。我曾几次带兵打仗，不仅屡战屡败，而且还做过逃兵，鲍叔牙不认为我这个人胆小，因为他知道我家有老母需要供养。公子纠与小白争位失败后，我被囚禁起来，忍受侮辱，鲍叔牙不认为我这个人不知羞耻，因为他知道我不以小事为耻，而只耻功名不显扬于天下。所以说，生我的是父母，真正了解我的是鲍叔牙。"于是，天下人常常称道鲍叔牙有知人之明。

鲍叔牙不愧是管仲的好朋友，称之为"知己"也一点不过分。"人生得一知己，死而无憾。"鲍叔牙把"直、谅、多闻"这三个益友的基本条件全占了。难怪他和管仲之间的友情故事能为大家津津乐道，并且流传千古，成为大家学习的榜样和楷模。

而损友，"友便辟，友善柔，友便佞，损矣"。这就是损友，交往久了，会使自己受到伤害。"便辟"是指刚愎自用、心胸狭隘，不会体谅别人。"善柔"是指习惯于奉承及柔顺的态度，缺乏正直的精神。"便佞"则是口才甚佳，言过其实，不愿认真求知，即使表面上看似多闻，其实只是道听途说，以耳代目，并无真正见识。对照而言，便辟的人不易做到"谅"，善柔的人缺少"直"的勇气，便佞的人则是伪装的"多闻"。

深一层反省，可以思索：第一，何以在交友时要求"直、谅、多闻"呢？因为个人在气质、志趣、意图、行动各方面都可能偏差犯错而不自知，这时需要有人以平等互动的立场与自己切磋琢磨。第二，自己是否也能成为别人的益友呢？当然可以，但是条件相同，也是"直、谅、多闻"。朋友相遇固然需要缘分，但若想彼此成为益友，则不能依赖缘分，而须谨慎考虑孔子所提示的原则。

《佛说孛经》中说："友有四品，不可不知：有友如花，有友如秤，有友如山，有友如地。"其实，如花、如秤的朋友便是孔子提及的损友的另一种表述，如山、如地的朋友则是益友的另一种概括。

有友如花,好时插头,萎时损之,见富贵则附,见贫贱则弃。这类朋友对待你像花一样,当你盛开时,将你插于头鬓、供奉桌上;假如你凋谢了,他便毫不怜惜将你丢弃。当你拥有权势、富贵时,他把你捧到高处,凡事奉承、随顺;一旦你功名富贵随风而去,失去了利用价值,他就会毫不犹豫地背弃你、离开你。

有友如秤,物重头低,物轻则仰,有与则敬,无与则慢。这种朋友像秤一样,如果你比他重,他就低头;如果你比他轻,他就高起来。当你有名位、有权力时,他就卑躬屈膝,阿谀谄媚;等到你无权无名一身轻,他就昂起头来,傲然俯视你了。

有特别的嗜好或不宽容的朋友总会对你有所求,情感上或物质上一旦无法满足他,你们之间的友情便会走到尽头。个性软弱、依赖性太强的朋友会让你疲惫不堪,一旦偶尔流露出让他自己做决定的想法,他便会认为你抛弃了他,你们之间的友情也会出现危机。至于结交逢迎谄媚的朋友,更是对自身有百害而无一利。

孔子说的交友、择友之道,实际上也是一种为人之道。当人们用正直、诚信、博学多识作为自己择友的原则,而力戒与那些"损者"为友的时候,事实上也在为自己、为对方确立一个做人的道德目标和行为准则。只有自己在道德上努力做到正直、诚信,并且不断追求广博的知识,提高自己的能力,才会得到朋友的认可,也才会受到社会的尊重。

益友难交,更显得可贵。多交益友,少交损友,才能真正从朋友身上得到进步和快乐。益友志同道合,可以让你有所借鉴,对你有所帮助,能在关键时刻扶你一把。交友不能不慎重,要有所分辨才能交上益友。

要信人，也要防人

【原文】

子曰：不逆诈，不亿不信，抑亦先觉者，是贤乎！

记得前些年看过这么一则新闻，说是在某繁华商业街乞讨的乞丐，别看外表脏兮兮，可怜巴巴，还每个人都有一肚子惨事，其实个个日薪过百。赶上"五一""十一"，每天的收入竟然能超过 500 元。据采访，他们在"下班"之后，竟然换过衣服，得意扬扬去吃麦当劳！

西河返驾

俗话说：害人之心不可有，防人之心不可无。对谁都轻信、都坦诚，不存防人之心，固然是一个人善良的表现，但也容易让坏人钻空子，让好人吃亏。善良用错了地方，就有可能助纣为虐。

做人固然要正直善良，但不等于任人宰割。有一位父亲写了首诗送给自己刚出生的儿子，其中有这么一句："孩子/请准备好一副钢牙/因为/生活很硬。"生活真的是非常残酷的,人际交往的过程中更是随时可能成为牺牲品。所以,每个人都一定要学会自我保护。

下面这个故事,让人感触良多。

当年刘禹锡参加永贞改革失败以后,屡受小人诬陷、权贵打击,两次被放逐,达23年之久。痛苦的遭遇,使他深感世路维艰,凶险异常,故有愤世嫉俗之言。他写了一首《竹枝词》抒发长期郁积在自己心中的对那些惯于兴风作浪、无事生非、陷害忠良的无耻之徒的无比愤恨。刘禹锡以惊涛拍岸、险阻重重的瞿塘峡之险,比喻人心险恶,令人防不胜防。这是刘禹锡发自内心的感慨之言。

鲁迅说:"忠厚是无用的别名。"光讲忠厚,不知道阳光之下还有罪恶,不是太天真,就是太愚昧。但光是防人也不可行,如果时时事事都存防备之心,那生活还有什么快乐可言?那么,到底应该怎么办呢? 让我们来看看孔子的主张。

孔子主张不要无端地怀疑人、猜测人、防着人,但他高明的地方是"先觉",就是既不猜测别人的不善,又在不善者的马脚刚刚暴露时就能察觉,并采取相应的防范措施,保护好人,让坏人无法得逞。这个办法很适合我们。我们要好好学习《论语》,认真体会孔子的教诲。既不无根据地怀疑、猜测,也不天真得毫无警觉。

孔子就曾经遇到过企图加害他的人,但他凭着自己的聪明智慧,化解了一场灾难,也贯彻了自己提倡的"不逆诈,不亿不信,抑亦先觉"的原则。

孔子周游列国,一直找不到英雄用武之地。这时,晋国的赵简子派人来请孔子。孔子觉得有了可以实施自己主张的机会,便接受聘请,带领弟子准备渡过黄河到晋国去。其实,赵简子是心存歹意,想把孔子骗去杀了。孔子并不知晓赵简子这一阴谋,本着"不逆诈,不亿不信"的处世原则,孔子满怀希望地去了。

到了黄河边上,孔子听说了一个消息:晋国的两名贤大夫窦鸣犊、舜华被赵简子杀害了。孔子面对滔滔黄河水叹道:"波涛滚滚的黄河,真壮观呀! 可惜我不能渡过你了,这是命呀!"弟子子贡见孔子突然改变过河的主意,颇为不解,就问孔子原因。

孔子说:"窦鸣犊、舜华二人都是晋国的贤人。赵简子未得志时,是靠这两个人才发达起来的。现在赵简子大权在握，却杀了他们，真是让人扼腕而痛呀！我听说：一个人如果残忍到剖开动物的肚子来杀死幼胎，那麒麟是不会来到他那里的；如果排干了池塘水来捉鱼，那蛟龙就不肯来兴云致雨；弄翻了鸟巢打破了卵，那凤凰是不愿飞来的。君子痛心于自己的同类受到伤害啊！连飞禽走兽对于不义的人事尚且知道避开，何况是我孔丘呢？我们走吧，不渡河了。"

孔子在赵简子聘请的问题上，表现了他既"不逆诈"又"先觉"的处世方略，从而避免了杀身之祸。

所以，做人不仅要浑厚，就是"不逆诈，不亿不信"；还要精明，就是要"先觉"。把两者很好地结合起来，才能在复杂的社会中立于不败之地。

亲君子，远小人

【原文】

子曰：巧言令色，鲜矣仁。

君子与小人自古以来就是评价人类的标准。孔子不喜欢巧言令色的人，认为这种人不是君子。但是，2000年过后，在我们身边，仍不乏其人。

孔子对"巧言令色"的斥责，在《论语》中出现过三次，另外两次分别为："不知其仁，焉用佞？""乡原德之贼。"（《阳货》）曾子说："胁肩谄笑，病于夏畦。"意思是说，耸起两个肩头，做出一副讨好人的笑脸，这真比顶着盛夏的毒日在菜地里干活还要令人难受啊！孔子还说过："君子周而不比，小人比而不周。""君子坦荡荡，小人常戚戚。"

孔子提倡人们正直、坦率、诚实，不要口是心非、表里不一。这符合孔子培养健康人格的基本要求。这种思想千古以来一直有它规谏的价值，对那些人前一套、人后一套的人，有很强的针对性。

然而，在历史上，这种巧言令色、胁肩谄笑的人却不因为圣人的鄙弃而减少。他们虽无仁德，难成正果，但却有的是用武之地。古代昏君之旁，必伴有"花言巧语，八面玲珑"

的奸臣。这种人不仅是孔子所说的"鲜矣仁",小到贪图富贵,收受贿赂,把重权,进谗言,结奸党,大到扰乱朝纲,祸国殃民,使国危而天下乱。

春秋时期,齐国人竖刁在少年时进宫侍候齐桓公,深得齐桓公的宠爱。在桓公身边,他处处留心观察桓公的生活习性和内心活动,不久就把桓公的各种嗜好摸得一清二楚。于是,他事事投其好、满足其欲、迎其欢,使桓公非常满意。桓公常在众人面前夸赞竖刁,天长日久,他也就成了桓公日常生活中不可须臾离开的人物了。

竖刁深知桓公有两大嗜好,一是喜食美味、奇味;二是喜好女色。于是,竖刁就着力从这两方面下手,投桓公之所好以取悦于他。宫中有一个叫易牙的人,为人奸诈,精于烹调之技。竖刁就设法与他结为朋友。易牙也深羡竖刁显赫之势,不久两人遂成莫逆之交。

有一天,竖刁向桓公举荐了易牙。桓公听说他很擅长烹调,就问易牙:"我对人间的鸟、兽、虫、鱼都吃腻了,只是没吃过人肉,不知人肉的味道如何?"这本是桓公的一句戏言。可是,言者无心,闻者有意。易牙便把这件事牢记在心,回到家里把自己的儿子烹杀了。

几天后的一次午膳上,桓公吃到了一盘嫩如乳羊、鲜美无比、从没吃过的菜。当桓公知道这是易牙儿子的肉时,虽然心里感到很恶心,但又觉得:易牙杀子是为了自己,可见他爱我胜于爱他的亲骨肉啊。桓公也觉得推荐易牙的竖刁确有识人之才。此后,桓公不仅宠信易牙,对竖刁也更是恩宠有加。

贤相管仲病危时,齐桓公去看望他,并请教说:"仲父病了,请问您有什么事要嘱咐我吗?"管仲知道自己将不久于人世,就对齐桓公说:"我希望你离易牙、竖刁、常之巫、卫公子这伙人远一些,千万不要接近他们。"

齐桓公听了他这"临终遗言",十分不理解地说:"易牙煮了自己儿子的肉来孝敬我,说明他爱我胜过爱他的儿子。难道这还不值得信任吗?"管仲说:"人没有不爱自己儿子的,如果他对儿子很残忍,对自己的主人怎么能好?"

齐桓公说:"竖刁阉割自己来侍奉我,他爱我胜过爱自己的身体。难道还能怀疑他

齐桓公

吗?"管仲说:"人没有不爱惜自己的身体,狠心毁坏自己身体的人,对君主又怎么能好呢?"

齐桓公又说:"常之巫能断定人的死期,能治疗我的顽固病症。难道不能相信他吗?"管仲说:"死生由命,顽症是身体上的毛病,不去掌握自己的命数、守住自己的根本,却依靠常之巫来维系自己的健康,人就因此而为所欲为了!"

齐桓公说:"卫公子侍奉我已15年了,为了我,父亲死了他都没去奔丧,说明他爱我胜过爱自己的父母。这样的人还不应该信任吗?"管仲说:"人最亲的莫过于父母,他对父母尚且如此无情,又何况对其他人呢!"

齐桓公听了他的这一番话,觉得十分有道理,说:"好,一切照您的话办。"管仲死后,齐桓公驱逐了这四个人。过了3年,桓公说:"仲父的话太过分了吧!此四人有益而无害于国。"于是,又把他们召回朝廷。

次年，桓公病了。常之巫利用自己的巫术造谣说："桓公将在某日死去。"易牙、竖刁、常之巫勾结起来作乱，他们把桓公的宫门堵塞住，不准任何人进去，在宫外筑起3丈高的墙，断绝他的饮食，把他活活饿死。齐桓公临死时，流着泪说："唉！我今天得到这样的下场，就是因为没有听仲父的话。仲父实在是圣人，圣人的眼光是很远的呀！"

齐桓公，年少时也算是位英雄。他在诸皇子的"夺位"战争中脱颖而出，又收了齐国名相管仲和鲍叔公，年纪轻轻，大展宏图，曾被列入"春秋五霸"。可以说，他的前半生，是辉煌的前半生，基本上没什么"政治污点"。但就是这么一个贤明的君主，还有贤相管仲劝阻，却也没能挡住一群伪君子的"糖衣炮弹"，可见这伪君子是多么难防了。

世人往往鄙弃"巧言令色"之徒，崇信"知者不言，言者不知"。殊不知，捧人捧得有分寸，骂人骂得很含蓄，自夸夸得像自谦，这些技巧都是可以意会而不可言传的。尽管人们讨厌"花言巧语"之徒，但有几个人能不上他们的当？

所以，我们要时时警惕那些花言巧语、满脸堆着笑容的小人。正所谓"无事献殷勤，非奸即诈。"对于"巧言令色"的行为，最好的处理方式就是置之不理；对于置之不理而产生的狗急跳墙现象，最好的态度就是一笑而过。

做自己该做的事

【原文】

子曰：不在其位，不谋其政。

古人常用直白的语言讲述简单的道理，孔子说"不在其位，不谋其政"就是这样。曾子也说过类似的话："君子思不出其位。"两位先贤说的都是一个人应该做好自己该做的事情，不要思考自己不该思考的事情。完整地理解这句话，就是"在其位，谋其政；不在其位，不谋其政"。

不担任这个职务，就不去过问这个职务范围内的事情。这是儒家一贯的处世态度。也就是说，在你的职务上把自己做到最好，你就能升到高一级的职位。如果去做了不该做的事情,反而可能会弄巧成拙。君子只求就现在所处的地位来做他应该做的事,不希望去做本分以外的事。做该做的事情,这是中庸之道。

孔子的这句话是对专业化分工的一个说法。人只有专事自己的优势,才能发挥社会的最大效率。不在这个职位上工作的人,不应该管这个职位上的事。如果他管了,就是越权,不利于人们能力的发挥,并且不利于人际关系的发展。

"不在其位,不谋其政。"理解这句话时,我们不要把"位"看成是固定的、唯一的东西。实际上,位不是唯一的,也不是一成不变的。"位",可以表现为一个人的职位、身份、地位……有什么样的角色、地位,就有什么样的职责,就应该完成相应的职责。人可以同时拥有多重角色,这些角色处在不断变化之中。不同的角色要承担不同的职责,也就是"在其位,谋其政"。

一个人,在家里可以是父亲、儿子、丈夫,在公司里可以是员工、上级、下级,这些都是不同的角色。"在其位,谋其政"就是要求能够认识这些不同的角色,根据需要区分、扮演好这些不同的角色。

在这方面,庄子与孔子的思想有共鸣之处。庄子说:"厨师虽然不做祭品,主持祭祀的司仪是不会越过摆设祭品的几案,代替厨师去做的。尽管庖人不尽职,也不必超越自己的职权范围代他人行事。"成语"越俎代庖"即由此而来。

岂止是道家的庄子,就连法家的韩非子也持相同的观点。他在《二柄》篇中讲了一个故事:

从前,韩昭侯喝醉酒睡着了,掌帽官见他冷,就给他身上盖了衣服。韩昭侯睡醒后很高兴,问近侍说:"盖衣服的是谁?"近侍回答说:"掌帽官。"昭侯便同时处罚了掌衣官和掌帽官。他处罚掌衣官,是认为掌衣官失职;他处罚掌帽官,是认为掌帽官越权。

韩非子讲这个故事的目的,是告诫君主要求臣子司守本职,超越职权就该治罪,目的是防止群臣结党营私。

不在其位,不谋其政。对于这个道理,谋士陈平理解得很透彻。

有一回,汉文帝问右丞相周勃:"天下一年有多少诉讼案件?"周勃答不出来。汉文帝又问:"天下一年收支多少?"周勃还是答不出来。连续一问三不知。周勃吓得冷汗直流。

汉文帝问左丞相陈平。陈平回答说:"每件事都有主管官员。问司法案件,找廷尉;问钱粮,找治粟内史。"文帝不太高兴,质问陈平:"如果各有官员负责,你这丞相要管什什么呢?"陈平回答:"管大臣啊!"

陈平答得爽快:身为宰相,不该样样琐事都管,宰相的责任是辅佐皇帝,协调管理各部门官员,使他们发挥所长,尽其本分。文帝很满意陈平的说辞,周勃相形见绌,自知不如,不久便退职。陈平成为唯一的丞相。

谋士陈平

周勃脑袋不开窍的地方就在于,汉文帝所问的事情都不是他分内的工作和职责,自己本来不在那些位置上,完全可以不考虑、不了解那个职位上的事务。况且你皇帝不在那些位置上,不也不知道那些事务吗?陈平就不同了,他把孔子"不在其位,不谋其政"的训诫用得很灵活、很果敢,敢于说不知道,并且能讲出道理来,让皇上也难以反驳和责难。

现在,有很多人出于"利己"的心理,偏解了孔子"不在其位,不谋其政"的意思,表现为自私,"本位主义","自扫门前雪","事不关己,高高挂起"。鲁迅曾对"各人自扫门前雪,莫管他人瓦上霜"的格言做过这样精辟剖析:这乃是"教人要奉公,纳税,输捐,安分,不可怠慢,不可不平,尤其是不要管闲事"。这里的"不要管闲事"也是有特定的适用范围的,该管的也是要管的,鲁迅自己就是一个爱管"闲事"的人。他还一针见血地指出:"被压制时信奉着'各人自扫门前雪,莫管他家瓦上霜'的格言的人物,一旦得势,足以凌人的时候,他的行为就截然不同,变为'各人不扫门前雪,却管他家瓦上霜'了。"

所以,危难时刻的见义勇为还是应该做的。要灵活运用孔子的这句训诫——如果你当时恰好在现场,你就等于在其位,你就要用适当的方式谋其政了,或者报警,或者挺身而出,或者保护好证据,而不能仅仅当个旁观者。

凡事适可而止

【原文】

子贡问友。子曰:忠告而善道之,不可则止,毋自辱焉。

在人际交往中,经常会遇到这样的难题:朋友有缺点,或做了不对的事情时,该不该直言相告? 说了会不会影响彼此的友谊? 如果旁观者清,当局者迷,朋友不接受你的忠告,你是否还坚持劝他?

孔子认为:对待朋友的错误要忠诚地劝告他,恰当地引导他;如果不听也就罢了,不要自取其辱。另外,孔子也说过:"可与言而不与之言,失人也。"意思是说,应该和朋友谈的话,却不同他谈,这样做会失掉朋友。

细想一下,这两句话其实是我们处理大部分人际关系的重要准则。朋友间是这个理,夫妻间难道不也还是这个理吗? 作为老师,用来处理师生关系,同样也很受用。

孔子与学生交谈时,从来都是温文尔雅,非常谦和。所以,师生之道便是朋友之道。每个人都是独立个性的主体,"忠告而善道之,不可则止",这是对个体的尊重。要想让一个人能够真正地进步或纠正错误,要靠个体自己的认识,而不是别人强制措施。看到朋友做得不对的事,你要真心地劝告、善意地引导。

对待朋友的错误或不足，教育的前提是"忠告"，而关键则是"善道之"。劝告的态度要诚恳，不能讽刺挖苦，而要让被劝告的人受用。忠告是要讲究方法的，要合理地、巧妙地、恰当地说出。因此，忠告还是一个方法的问题。光有好心好意，对方未必就听你的劝、领你的情。

孔子回答子贡的交友问题，没有泛泛去谈沟通人际关系的合理性、必要性和可行性，而是直接提出解决朋友间问题的具体方法：朋友相交于道义，坚决树立是非观念。朋友有错，要勇于进言。如果朋友不听从，一意孤行，你就要适可而止，不必坚持己见。这就是孔子懂得变通的地方，也是儒家处世中的中庸原则的体现。儒家所谓的中庸并不是指无原则的油滑态度，而是指行为做事懂得变通，任其自然，懂得审时度势，因时变通，不固执却又合乎自然之道。这不同于常人的庸俗市侩的误解。

孔子的这段话是对人们的苦心劝导，这段话是在 2500 多年前说的，2500 多年来，许多人知道这个道理却未必能做到有不少人就是因为没有做到，不仅自取其辱，还丢了身家性命。

三国时代，当袁绍已经打定主意铁了心要讨伐曹操时，田丰却不知进退，死谏袁绍不可对曹操用兵，并指出了袁绍的一连串弱点。

袁绍对众文武说："我早就打算进兵许都讨伐曹操，一直没有什么合适的时机。眼下正好赶上春暖花开之际，恰是出兵的大好时机呵！"于是，就跟众文武商议破曹之策。田丰没等众人开口，当即劝谏道："前一时期曹操攻打徐州时，许都很空虚。那时咱们没去袭击许都，已错过用兵良机。如今徐州已被曹操拿下了，曹操的士气正盛，咱们可不要轻敌啊！不如再好好观察一段时间，等发现了漏洞再乘机夺取。"

袁绍眨巴眨巴眼睛说："让我考虑考虑。"其实，袁绍考虑什么呢？他不是考虑田丰的建议，而是在考虑怎样反击田丰。他扭头一下子看到了坐在旁边的刘备，心想刘备的家眷在曹操手里，他肯定赞成我攻打曹操。于是，便问刘备说："田丰劝我固守，你有什么看法？"

刘备说："曹操是个欺君的恶贼，明公您如果不出兵讨伐他，恐怕有失大义于天下

袁绍

啊。"袁绍一听，马上赞扬刘备道："你说得太好了。"当即就准备部署用兵之事。田丰一看自己的良苦用心没好使，立马又加以规谏。

袁绍没等他说完，就勃然大怒："你这等文弱书生就是轻视和害怕用兵，这是害我失去大义啊！"田丰一听袁绍已完全拒绝了他的建议，还不肯停止，进而捶胸顿足地说："你如果不听我的建议，出兵必败无疑！"袁绍闻言大怒，当时就想把他杀了。经刘备劝止才没有杀他，把他囚于狱中。

田丰的意见不可谓不中肯，本来田丰也是为其江山社稷设想。可是，由于袁绍主意已定，想听的要么是好听的话，要么就是为他出点子如何取胜的谋略。对于反复的阻谏，袁绍初时能忍能容，终于不堪忍受，便下令将田丰关入大牢。

后来，战局果然如田丰所料，袁绍战败而归。当田丰听到狱卒兴冲冲跑来告诉他："我军大败而回，他定会记起先生先见之明而重用先生。"田丰却叹道："吾命休矣，因为袁绍外宽而内忌，定会羞于见我，必杀而后快。"袁绍回来后，真的就把田丰给杀了。

相比之下，同处在三国时代的诸葛亮就聪明多了，是田丰没法比的。在《后出师表》

中自称"明知其不可为而为之",应该是位硬骨头的好汉。可刘备为报关羽之仇而举国伐吴时,却不见他硬生生非要阻拦。其实,他也知道刘备伐吴必败无疑,但他知道劝也是劝不住刘备的,便在适当劝谏之后,预先做好战败的补救工作。两相对比,诸葛亮懂得有所为有所不为,何其明智也。

这个故事就说明长官与部下或者朋友相处,都要恰到好处。如果处理失当,朋友都会变成冤家。人生交一个朋友是很难的,所以,孔子告诉子贡,劝朋友时要适可而止。

孔子的"中庸"是适可而止、恰如其分,是"殊途同归""百虑一致",是处理事情时的分寸感。

中国文化中,友道的精神在于"规过劝善",这是朋友的真正价值所在。有错误相互纠正,彼此向好的方向勉励,这是真朋友。但规过劝善,也有一定的限度。尤其是共事的朋友,更要注意。如若不然,以后恐怕连朋友都做不得了!

谦逊礼让,公正竞争

【原文】

　　子曰:君子无所争,必也射乎!揖让而升,下而饮,其争也君子。

孔子此处所论"君子无所争",应该是有某种语境的,但现在已经无法推知孔夫子当初是在何种语境下这样说的。

"君子"岂能"无所争"?不要说大义所在必将一争;就是涉及伦常,有所不一,君子也当在真诚宣称中陈述己见,力辩其非。孔子就曾在他一生中,多次与人争辩,多次争取出仕的机会。

"争",是实现人与人之间有效交流的必要手段。所以孔子说,即使要争,也是彬彬有礼地争。这反映了孔子和儒家思想的一个重要特点,即强调谦逊礼让而鄙视无礼的、不公正的竞争。

没有竞争就没有进步。但是,光有竞争,没有公正,是兽类法则在人间的延续。竞争

君子无所争

与礼让不是一个根本对立的矛盾,我们既要讲竞争,又要讲协作礼让,如果把社会竞争理解成对人就要冷酷无情,不择手段,连在生活中起码应具备的对人谦让、礼貌、守信等美德都摒弃掉,这样的人可能会争得一时之利,但却不可能长久的良好发展。

礼让和竞争是相互为用的,其目的就是为了更好的生存。礼让不是为了礼让而礼让,竞争也不是为了竞争而竞争。礼让的目的就是为了创造更好的生存环境,更和谐、更适宜的生存条件,应该说这也是竞争的目的。俗话说:"后退一步天地宽。"这也是一种礼让的态度,刀对刀、枪对枪,"以牙还牙,以眼还眼",是不能解决问题的。

在社会竞争中,需要抢抓机遇,需要敢于争先,但并不意味着永远绷紧一根弦,只能向前不能后退,只能争不能让,一味毫无策略地硬争硬抢。盲目地争强好胜,总有一天要崩断弦的。做人要能够辩证地看待竞争与礼让的关系,使竞争的原则性与礼让的灵活性很好地结合在一起,在激烈的社会竞争中进退自如,做到该争则争,该让则让,而不是把竞争绝对化,变成毫无人情味、毫无道德感的你死我活的争夺。竞争要光明正大,以正确的态度、正确的方法来谋求进取。自古以来,搞阴谋诡计的人都难以成大气候,甚至还会落下不堪收拾的下场。

在三家分晋以后，韩、赵、魏三家中数魏国的势力最强大，魏惠王野心勃勃，学秦国收拢人才，封庞涓为大将，让他训练兵马，图谋称霸。

庞涓是高人鬼谷子的学生，与苏秦、张仪、孙膑是同学，果然本领超强，不断向卫、宋、鲁等国进攻，连打胜仗，弄得三国齐来拜服。东方的大国齐国派兵来攻，也被庞涓打了回去。从此魏王就更信任他了。

庞涓的同学孙膑德才兼备，是个少见的人才。尤其是从老师鬼谷子那里得知了祖先孙子的十三篇兵法，更是智谋非凡。他听说庞涓已在魏国做了大官，就到魏国，先见了庞涓，又见了魏王。一谈之下，魏王就知道孙膑才能极大，想拜他做副军师，协助军师庞涓行事。

庞涓听了忙说："孙膑是我的兄长，才能又比我强，岂可在我的手下。不如先让他做个客卿，等他立了功，我再让位于他。"在当时客卿没有实权，却比臣下的地位高，孙膑还以为庞涓一片真心，对他十分感激。

庞涓原以为孙膑一家人都在齐国，孙膑不会在魏国久留，就试探着问他："你怎么不把家里人接来同住呢？"孙膑说："家里的人都被齐君害死了，剩下的几个也已被冲散，不知何处寻找，哪里还能接来呢？"庞涓一听傻了眼，如果孙膑真在魏国呆下去，自己的位置可真要让给他了。

半年以后，一个齐国人捎来孙膑的家书，大意是哥哥让他回去，齐国也想重振国威，希望孙家的人能在齐国团聚。孙膑对来人说："我已在魏国做了客卿，不能随便就走。"并写了一封信，让他带回去交给哥哥。

孙膑的回信竟被魏国人搜出来交给了魏王，魏王便找来庞涓说："孙膑想念齐国，怎么办呢？"庞涓见机会来了，就对魏王说："孙膑是大有才能之人，如果回到了齐国，对魏国十分不利。我先去劝劝他，如果他愿意留在魏国，那就罢了，如果不愿意，那就交给我来处理罢。"魏王答应了。

庞涓当然没有劝孙膑，而是建议他回齐国"探亲"，这个建议够阴的。第二天，孙膑向魏王请上两月的假，魏王一听他要回去，就说他私通齐国，立刻把他押到庞涓那里审问。庞涓故作惊讶，先放了孙膑，再跑去向魏王求情。过了许久，才又神色慌张地跑回来说："大王发怒，一定要杀了你，经我再三恳求，大王总算给了点面子，保住了你的性命，但必须处以黥刑和膑刑。"孙膑听了，虽然非常愤怒，但觉得庞涓为自己出力，还是十分感激他。

孙膑脸上刺了字又被剔去了膝盖骨，从此只能爬着走路，成了终身残疾。庞涓倒是对孙膑的生活照顾得很周到，孙膑觉得靠庞涓生活过意不去。就主动提出要替庞涓做点什么。庞涓说："你那祖传的十三篇兵法，能不能写下来，咱们共同琢磨，也好流传后世。"孙膑想了想，只好答应了。

由于孙膑只能躺在那里用刀往竹简上一个字一个字地刻，所以每天只能刻十几个字。这样一来，庞涓沉不住气了，就让手下一个小厮催孙膑快写。小厮见孙膑可怜。便不解地问服侍孙膑的人说："庞军师为什么死命地催孙先生快写兵法呢？"那人说："这还不明白。庞军师留下孙先生的一条命就是为了让他写兵法，等写完兵法，孙先生也就没命了。"

孙膑听到了这话大吃一惊，前后一想，恍然大悟，霎时间大叫一声，昏了过去。等别人把他弄醒时，他已经疯了。只见孙膑捶胸拔发，两眼呆滞，一忽儿把东西推倒，一忽儿又把写好的兵法扔到火里，还把地下的脏东西往嘴里塞。孙膑的假痴癫之计，瞒过了庞涓。

后来，齐国国君齐威王派使臣淳于髡出访魏

孙膑

国,通过周密安排;把孙膑偷偷运出魏国国境。孙膑到了齐国,齐威王当即拜他为军师。不久,庞涓带兵连败宋、鲁、卫、赵等国,越国向齐国求救。齐王派田忌为大将、孙膑为军师,使庞涓连连败北。最后,孙膑用"减灶法"引诱庞涓来追,暗设伏兵,将庞涓逼死在马陵道上。

庞涓最终死于非命的下场,可以说是他自己为自己铺设的。如果他能够向师兄孙膑谦虚请教,互相切磋,共同进步,说不定会出现像"将相和"那样的好景况,成就事业,流传美名。可惜的是,他妒贤嫉能,耍小聪明,采取了卑劣的打击手段,结果害了别人更害了自己。

人类的竞争应当是君子之争,进取之道须把握中正的原则。正常的竞争是社会发展的动力,在现代社会,竞争的领域和方式更加多样化,所以"游戏规则"更须遵守。进取时不可用不正当的手段耍阴招,否则,到头来吃亏的还是自己。

有才早晚会出头

【原文】

子曰:不患人之不己知,患其不能也。

人与人交往,做朋友,都有自己的标准。物以类聚,人以群分,形成了不同的人际圈子。通常人们愿意选择比自己素质高的人交往,与自己素质相当的人也乐意与之往来。当然,前提是趣味相投。

所以,有的人发现别人不理自己,是不是不了解他呢? 其实,人家不是不了解你,而是太了解你了,看不上你。他也不是歧视你,而是觉得与你交往对自己无益,就没有把你纳入他的圈子里。这就是孔子说的:不是别人不了解你,而是你没有才能。找工作、谈恋爱、同事相处,也同样是这个道理。

孔子在《卫灵公》篇中说:"君子病无能焉,不病人之不己知也。"孔子还在《学而》中说:"不患人之不己知,患不知人也。"意为不必担心别人不知我,该担心的是我不知人。

在《里仁》里，他说："不患莫己知，求为可知也。"强调该担心我有什么可为人知道的。这些都是孔子"君子反求于己"的名言，孔子要求人们修身要自我反省，提高自己。

虽说《论语》是记载孔子及其门生言语思想的学生笔记，很有可能有重复之处，但有多次出现，那就只有一种理解，是孔老夫子多次强调这个话题。

《三国志》中记载，庞统刚刚投靠刘备时，刘备没有赏识他，只让他到耒阳县担任一个小县令。张飞巡视地方时，发现耒阳县令庞统耽于酒乐，不理县政，事务积压情形惊人，立刻召唤并当面责备庞统的渎职懈怠。孰料庞统满不在乎地说，不就是一县政务么，非常简单。当着张飞的面，召唤相关人员，果断处决所有事务，迅速将数月积累的事务全部圆满解决。张飞立刻刮目相看，向他道歉，请求原谅自己的失礼，并向刘备引荐庞统。当刘备任命庞统担任军师时，庞统才慢悠悠地掏出一位名人的推荐信。刘备惊奇地问他，为什么不早些拿出这封推荐信？庞统傲然说，他就是想依靠自身的能力来彰显才华，并不想沾名人的光。

这位庞统先生，就是极富能力而自信的人物。怀才不遇时，他也不颓废怨尤。一旦机遇来临，他就立刻发出光芒。我们立身处世，也应当"不患人之不己知，患其不能也"。应当努力培养自己的能力与自信。

对大多数人来说，自己有才华而没有人赏识还是排在第二位的事，最头痛的问题就是自己缺乏忍耐，做自己想做的事常常力不从心，半途而废。遇到这种情况，没有什么好的办法。与其担心不被别人理解，还不如专心提高自己的才能，努力使自己的本事有所提高。

我们来看一个范仲淹苦学成材的故事。

范仲淹是北宋初期著名的军事家、政治家和文学家，他本来生活在一个官宦之家。五代时期，他的爷爷范赞时任吴越国秘书监，父亲范墉任武宁军（徐州）节度掌书记。范仲淹就是范墉在徐州所生的第三个儿子。当范仲淹刚2岁时，父亲便去世了。随着家境的衰落，母亲谢氏不得不带着他改嫁给淄州长山县（今山东邹平县东）朱氏，改姓朱，名说，中进士后恢复本姓。

范仲淹小时候很有志气。他曾在长白山(今山东邹平县南)醴泉寺读书,因家庭贫苦,每天只能煮一盆薄粥,划作4块,早晚各两块,切一点荠菜,加一点盐来吃,这样苦学了3年。后来,他知道了自己的家世,十分难过,哭着辞别了母亲,到南都(今属商丘)学舍读书。他学习更加刻苦,夜以继日,有时通宵达旦,5年没有脱衣服睡过觉。由于范仲淹勤奋学习,终于成为一个很有学问的人,为他以后建功立业打下了坚实的基础。

范仲淹从小就怀有远大的抱负。当他还是个秀才时,就"以天下为己任",后来他当了谏官,大胆揭发吕夷简滥用职权,任用私人,受到贬谪处分。后来,他在与西夏的战争中立了大功,又回朝任副宰相,积极推行新政。因触犯一部分权贵利益而遭到排挤,回到陕西防守边境,新政也就废止了。第二年,他在岳州做官的老朋友滕子京修建当地的名胜岳阳楼,请范仲淹写篇纪念文章,范仲淹便写下了脍炙人口的《岳阳楼记》。他在这篇文章里提出,一个具有远大抱负的人,应该"先天下之忧而忧,后天下之乐而乐"。一千多年来,这句话成为激励中华民族古往今来的仁人志士为国为民、奋斗不息的警句。范仲淹一生艰苦朴素,经常把自己的薪俸分给乡亲,深得人民的拥戴。他"死之日,四方闻者,皆为叹息",人民"哭之如父"。

像范仲淹这样的历史名人,还有许许多多,都是从小刻苦学习,之后才能成就大事,流芳百世。在你的学识能力达到一定程度,你才能去寻找成功的机会。至于究竟能不能成功,那就要看机遇了。孔子也是具备了成功的才能,却没能成功。因此,谁又敢打保票,说自己有本事,就一定能出人头地啊。正所谓"得之我幸,失之我命"。

当然,在这个寻找机会的过程中,你必须抱着积极乐观的态度,一丝机会也不放弃,坚忍不拔,锲而不舍,没有机会,也要学会给自己创造机会。总之,在有才能的情况下,不懂得把握机会,是对自己生命的浪费,当然也就谈不上成功了。《孟子》一书中也说:"与其临渊羡鱼,不如退而结网。"说的就是这个道理。

一个真正有才学的人,只会担心自己才能尚未完全具备。等到自己的才能真正具备了,学问真的达到了,就不会担心自己没有立身之处了。

孔子谈人生,强调"不怕不出头,就怕没本事"。所谓生死、贫富、成败等都不是人单独所能决定的,需要外在的形势和机缘。一个人如果一心钻营,倾心于这些自己不能决定的地方,必然会迷失自己。所以,孔子强调做人不怕不出头,就怕没本事,就怕自己的仁德修养还不够。

能力和修养是人自己决定、能够做到并且应该做到的事。做好了这一点,你在这个世界上的独到价值才会显现出来,才有了存在下来的合理性。否则,一味地跟在别人或者潮流的后面跑,永远寻找不到真正的自我。即便有所成绩,那也是侥幸而已。

邻居好,赛金宝

【原文】

子曰:里仁为美,择不处仁,焉得知?

孟母三迁的故事早已妇孺皆知。孟子小的时候,他家住在一片坟地旁边,孟子就玩一些哭丧、埋人之类的游戏。孟子的母亲认为这种环境不利于孩子的成长,就举家搬迁到一个集镇上住下。结果,孟子又玩些做买卖的游戏。孟子的母亲还是不满意,又迁居到了一所学校旁边。孟子受到良好的影响,逐渐变成勤奋学习、彬彬有礼的人。

这个故事生动形象地表达了孔子"里仁为美"的思想。荀子在《劝学》篇里说:"品质高尚的人居住一定要选择地方,郊游一定要选择朋友,这样可以远离歪风邪气而接近仁义道德。"这讲的依然是"里仁为美"的意思。

孟母三迁

晋代文学家和哲学家傅玄在他的《太子少傅箴》中说:"近朱者赤,近墨者黑;声和则响清,形正则影直。"这四句话是强调环境影响的作用:一个人生活在好的环境里,能受到好的影响;生活在坏的环境里,常会受到坏的影响。形体端正的"影"一定直而不歪,声调和谐的"响"一定清而不乱。就是说,同品德高尚的人相处在一起,一定能受到良好的影响。

春秋战国之际的思想家墨子见染丝者而叹曰:"染于苍则苍,染于黄则黄。五人为五色,不可不慎也。非独染丝,治国亦然。"说的也是环境影响人。孔子的"里仁为美"强调环境对人的重要影响,具体说就是搞好邻居关系。任何一个家庭都不是孤零零存在的,总有左邻右舍。邻里相处,建立在共同住地的基础上,在日常生活领域发生多方面的互助关系,邻里交往是很密切的。每个家庭都愿意搞好邻里关系,于人家方便,对自己也有利。

张廷玉手迹

然而,现实中总有一种人,只关心自家的事,对邻居的情况不闻不问,或自以为清高,或标榜不多管闲事。一旦自家有事情,便后悔不已。有位大妈边跑边喊:"捉住前面的小偷。"邻居小两口迎面过来,却侧身让小偷跑了过去。大妈上气不接下气告诉他们:"偷的就是你们家的东西。"待这两位明白过来再去追赶时,小偷早已不见踪影了。"只扫自家门前雪,不管他人瓦上霜"的结果,只能是自家门前雪成堆、自家瓦上霜也重。

邻居住在一起,难免闹些矛盾误会。一旦发生矛盾。邻居间应互相谦让,及时处理,使矛盾不致扩大。对邻居不可蛮不讲理,恃势逞强。

清朝时,在安徽桐城有一个著名的家族,父子两代为相,权势显赫,这就是张英、张廷玉父子。清康熙年间,张英在朝廷当文华殿大学士、礼部尚书。老家桐城的老宅与吴家为邻,两家府邸之间有个空地,供双方来往交通使用。后来,邻居吴家建房,要占用这个通道,张家不同意,双方将官司打到县衙门。县官考虑纠纷双方都是官位显赫、名门望族,不敢轻易了断。

在这期间,张家人写了一封信,给在北京当大官的张英,要求张英出面,干涉此事。张英收到信件后,认为应该谦让邻里,给家里回信中写了四句话:"千里来书只为墙,让他三尺又何妨? 万里长城今犹在,不见当年秦始皇。"家人阅罢,明白其中意思,主动让三尺空地。吴家见状,深受感动,也主动让出三尺房基地,这样就形成了一个6尺的巷子。两家礼让之举传为千古美谈。

在日常生活中,邻居间应互相帮助。邻里相处,不能只图自家方便,只想自己占便宜。城市居民,左邻右舍、楼上楼下仅一墙或一层楼板之隔,任何声响都会影响邻居。因此,在日常生活中,要多加注意。比如家庭聚会,不要高声喧哗,举办家庭舞会也要尽量避免影响邻居。听广播、看电视应把声量尽可能放小,尤其在午间或夜里的休息时间更应注意。

俗话说,让人一步自己宽。如果两家孩子发生争执,首先要批评自己的孩子:"你比小东大,怎么不让着点? 快向小东说对不起!"即使自己的孩子吃了亏,被对方打了,他又占理,也不要对打人的孩子吼叫,这样显得大人太没有涵养了。你可以找到打人孩子的父母说明情况,因为他们不知道孩子打人的事,对孩子管教也是不利的。

实际上,邻里间往往因为一些鸡毛蒜皮的小事而闹得不可开交。双方遇事毫不相让，针尖对麦芒，以眼还眼，以牙还牙，结果小事闹大，矛盾加深，结成疙瘩，久久不能解决。在邻里相处中，应该严以律己、宽以待人。若每个家庭都能经常注意自己的涵养，邻里问的矛盾就会减少。

邻里之间，成天低头不见抬头见。谁家的喜怒哀乐、迎来送往、吃喝穿戴，邻居都能看得见、听得到。有些人就爱捕风捉影，添油加醋地议论张家长、李家短。今天把孙家的矛盾告诉王家，明天又把赵家的家丑告诉李家，后天再把江家的新鲜事告诉何家，甚至制造流言蜚语，弄得平地起风浪，四邻不安。由此可见，拨弄是非是搞好邻里关系的大敌。大家应自觉抵制，而不是津津乐道、推波助澜，不给拨弄是非者以市场。

孔子的"里仁为美"强调的是选择居住环境的重要性。常和品行高尚的人在一起，就像沐浴在种植芝兰散满香气的屋子里一样。时间长了便闻不到香味，但本身已经充满香气了。和品行低劣的人在一起，就像到了卖鲍鱼的地方，时间长了也闻不到臭了，也是融入环境里了；藏丹的地方时间长了会变红，藏漆的地方时间长了会变黑，也是环境影响使然！所以真正的君子必须谨慎地选择自己处身的环境。

选择一个相处得来的邻居，是在许多人的能力之内的事。只是，这种选择往往是双向的。你若要想得到邻里之间的友好相处，自己就必须掏出一片真心对人。

第二节　《论语》的修身智慧

诚信质朴不虚伪

【原文】

子曰：质胜文则野，文胜质则史。文质彬彬，然后君子。

孔子对"君子"的理解有很多，这句话说的是"君子"的气质。"君子"就要表里如一，既要朴实，不要虚伪，又要有礼貌，不要粗野。就是俗话说的"既要面子，又要里子"，这样的人，才能算得上是"君子"。

青年时代的毛泽东如璞中美玉，假以时日，将成非凡大器。但是，璞玉如何成雕石，关键还在于开发。对于个人的成长而言，这个开发者就是良师。对青年毛泽东，塑造的良师主要有三位：杨昌济、徐特立和袁吉六。杨昌济给青年毛泽东做人生规划时，曾引用孔子的名言"质胜文则野，文胜质则史"说，一个人光是能力素质强，而学问修养不够，则无法约束自己，本身的能力反而成了一种野性破坏之力；反过来，如果光注重书本学问，而缺乏实际能力的培养，知识也就成了死知识，学问也就成了伪学问，其人必死板呆滞，毫无实用。

杨昌济

三位老师对毛泽东的人格塑造恰恰可作为杨昌济话语的注脚：国文老师袁吉六从学问行为上扭转了毛泽东文风的轻飘之感，为他日后写理论文章、作诗词打下了扎实基础，也使毛泽东张扬的个性避免了"本身的能力反而成了一种野性破坏之力"；实习主任徐特立则从别开生面的第一堂小学教育观摩课开始，就把青年毛泽东的视野拉向社会，引入学习的另一个境界，避免"知识成了死知识、学问成为伪学问"；杨昌济则兼二者之长，全面地影响了青年毛泽东。

杨昌济是对青年毛泽东影响最大的老师。毛泽东嗜书如命，饥寒可以不顾，书不能不读，赢得杨昌济的赏识，成为他的入室弟子。所以，毛泽东第一次到杨昌济家里问学时，杨昌济以"修学储能"4字为毛泽东做了人生规划。刚刚步入一师的毛泽东，理想有余、学问不足，这时他偏执于梁启超式文风、而不知道韩（愈）柳（宗元）风骨，这也是热血青年们很容易步入的一个误区，它制约一个人发展的后劲。所以，杨昌济告诫他，不要过早地框死自己修学储能的范围而不广泛学习、多方涉猎，于今后是有百弊而无一利。

在现代社会中，有两种极端现象很有意思。一种极端是：一些人将自然率真理解为自己行为和思想的不加节制，任性胡为。在此前提下，盲目自负、狭隘的自私偏见以及野蛮的暴力宣泄和肮脏的下流粗话，渐渐竟也成了时尚。许多年轻人对此甚至达到了泰然处之的境地。他们嘲笑那些懂礼貌、讲道德的同辈，说他们"虚伪""文绉绉""掉书袋，卖弄学问"，自己呢，对"三字经""国骂"，还有些不知道从哪里学来的外国脏字，"运用自如"，一句话不带3个脏字，好像就跟没说似的。唯其如此，才能让别人感觉他们直爽、豪迈似的。

从这个角度讲，这种人陷入一种盲目的自我表现的狂欲和发泄欲之中，偏偏又要自我标榜地把这曲解为所谓的真诚率直。殊不知讲真诚率直也是要有本钱的，那就是要有起码的道德是非观念。没有文化教养内涵的自我表现即便是真实而诚恳的，也很容易沦落为野蛮、肤浅和偏执，根本谈不上真诚、淳朴和率直。

另一种极端是：有些人过于讲究文化修饰，乃至虚伪做作。这实在让人万分的不舒服。比如一些所谓的歌星，其真正的歌未必唱得好，却总是要在台上扭捏作态，弄出许多额外的花样，或者自作多情般地呈现痛苦状，或者冷漠摆酷，再或者神经质般地热情似火，不弄得人起一身鸡皮疙瘩绝不罢手。这种人，正是因为自己的本事不够，才用其"出格"的行为来吸引别人的眼球——做得好不好，无所谓，起码你把注意力投向我了，这就成了。

像报纸经常炒作的"明星走光"事件，明星们明明可以避免"走光"的，却偏要抓住机会"暴露一下"，没有机会，哪怕创造机会也要"春光乍泄"。其实，各种炒作无非是为了吸引记者和观众的注意，以便为自己新出的唱片做宣传，如此而已。

不仅仅只有文艺界如此，学术界也存在类似的问题——许多假大空的官样文章和报告在各种场合和刊物上肆意泛滥。毫无疑问，他们都戕害了为人的基本诚信准则。凡此种种都显示：这多半出自一些人对文化教养的偏执认识，只重视外在仪式的包装，却没有内在真实诚信的展露。其结果必然导致种种丑恶现象的产生，如前一段时候出现的学术界论文集体造假事件。

真诚淳朴和文化教养是做人的必备要求。用孔子的话说，就是"文质彬彬，然后君子"。一个人既要有文化教养的培养以避免幼稚无知、防止欲望的无限膨胀，又要坚持诚信质朴的良好品格以避免虚伪做作，由此他才能充满人性的善良和灵性的清澈。试问这个世界上谁愿意和一个无知的傻子或者自大的疯子，抑或巧妙伪装的骗子相处呢？

做人要思想纯正

【原文】

子曰：诗三百，一言以蔽之，曰：思无邪。

孔子时代，可供学生阅读的书还不很多，《诗经》经过孔子的整理加工以后，被用作教材。孔子对《诗经》有深入研究。所以他用"思无邪"来概括它。《论语》中解释《诗经》的话都是按照"思无邪"的原则提出的。

孔子认为《诗经》最显著的特征就是"思想纯正"。诗歌都是直抒胸臆的，古代人们把对美好事物的赞美，对邪恶现象的批判，都以诗歌的形式表达出来了。学习《诗经》不仅仅是得到了文学素养的熏陶，更重要的是让他们从中体验到了真善美。更知晓了生活中的假恶丑。

《诗经》能够惩恶扬善，就是因为它的"思想纯正"。也正是因为这个原因，孔子在教学过程中，把《诗经》作为不可或缺的教材，而且这个传统被后来的儒者所继承。三百篇的诗歌总集也成了儒家的一部经典文献。

孔子一生都把"思想纯正"作为治学的一个原则。《论语》中说，孔子也涉猎过《河图》《洛书》，但是，孔子没有极力推崇这样的书，就是因为在他看来那些思想太诡秘，不够端正。《论语》中还说"子不语乱力怪神"。这几乎成了中国文人君子的高雅标准。孔子为什么不说"作乱、暴力、怪诞、神鬼"这些事情呢？就是担心影响自己思想的"纯正"。儒家是诸子百家的一家，后来为什么被"独尊"，这与他所追求的"思想纯正"有密切关联。

邪和正，有一个标准，这个标准就是"仁"。冯友兰先生在《中国哲学史新编》里说，这个标准是"非礼勿视，非礼勿叫，非礼勿言，非礼勿动"，还要加一个"非礼勿思"。实质也是"仁"，孔子说"克己复礼为仁"，这个"仁"要比这五个"礼"所规定的范围要广。

唐代文学家、哲学家、思想家韩愈在《原道》里说："欲修其身者，先正其心。"想要在道德人品上进行修炼的人，首先要纯正自己的思想。人生需要时时拒绝邪恶的诱惑，让自己的心灵回到圣洁纯正的古道。

贾似道误国

南宋理宗时期，贾似道等大臣把持朝政。在贾似道当政时，许多文人投入其门下成为其门客。在众多门客中，有一位叫陈淳祖的人，此人正直而且很有豪气，与别的门客大不一样，因此门客们都想法排挤他，贾似道的家人也不喜欢他。

有一天，贾似道的诸姬争宠，有人就把一位姬子的鞋子偷走，藏在了陈淳祖的床下，意欲借机陷害两人。贾似道在陈淳祖的房间里发现了自己爱妾的鞋子，但他没有立刻发火下令把陈淳祖抓起来，而是不动声色地退了出来。

当天夜里，贾似道把爱妾叫到自己跟前，在她耳边轻声说了几句，她面色绯红，站着不动。贾似道又凑其跟前说了几句，她才胆战心惊地朝外走去。她走到陈淳祖的房门前站住了，她抬起玉手，轻轻地叩了一下门。

陈淳祖正在灯下看书，听见敲门声，放下书问道："是哪位？有何事？"

贾似道的小妾轻声说道："是小女子，今晚无事，想来先生处一坐，想必先生是愿意的。"

陈淳祖是个正直的人,听见是贾似道小妾的声音,连忙回答道:"夫人,夜已晚,我已睡下,请回吧。"

她又用言语挑逗陈淳祖,陈淳祖一声不吭,不予理会。双方相持了一会儿,陈淳祖见她还不离开,就大怒道:"夫人,晚生为人正直,决不做偷鸡摸狗之事,夫人请自重,不然,晚生明天就将此事禀告宰相大人。"

这女子轻声笑了笑,就离开了。躲在暗处的贾似道见陈淳祖没有他意,就解除了心中的疑团。第二天,他询问了一位使女,得知内情后,就更加看重陈淳祖了。

贾似道在陈淳祖房间里发现自己爱妾的鞋子后,为了进一步弄清事情的真相,了解陈淳祖的真实想法,就采取了"投石问路"的计策,派爱妾去试一试,终于弄清了陈淳祖的真实意图。而陈淳祖自身正直,也就不怕任何方式的考验,结果免去了一场灾难。

诱惑祸人,不可小视,面对诱惑,勇于拒绝才能保持自己的本色。一个人要有优秀的品质、良好的道德和高尚的情操。"真、善、美",是一个人精神世界和现实生活的准则。人的心灵,指引着人的行为,导向着人的趋势。同时,在不断实践、不断锤炼的经历中,人的心灵也在不断地净化和升华。

让我们成为一个心灵纯正的人!

利益之上还有道义

【原文】

子曰:君子喻于义,小人喻于利。

君子喻于义,小人喻于利。这是孔子学说中对后世影响较大的一句话,孔子认为,利要服从义,要重义轻利。所以,他把追求个人利益的人视为小人。

孔子还说过:"于利而行,多怨。"为追求利益而行动,就会招致更多的怨恨。他认为,作为高尚的君子,不会总是考虑个人利益的得与失,更不会一心追求个人利益,否则,就会招致来自各方的怨恨和指责。

君子平时廉洁自持,克勤克俭,廉以持躬,各循分而自守,接物以公私分明,品德高洁,无愧于心。如果有不义之财物,也不贪不取,不失中道,以义为廉。小人做不到这些,他们的行为与贪有关,玷污了德行。

圣人对于仁义道德,就像小人对于货财金玉一样。小人对于货财金玉没有一时能感到满足的,圣人对仁义道德也是没有一时能感到满足的。所以文王、周公、孔子都是大圣人。文王视民如子,从早到晚忙得都没吃饭的空闲;周公想兼有三王的长处而实施四件事,夜以继日忙到天亮。圣人对于仁义道德的贪到了如此地步! 如果用贪财物金玉的心而去贪仁义道德,那么昏昧的可以变得明知,狂妄的可以变得明哲。

孔子指出:"见利思义,见危授命,久而不忘乎平生之言。亦可以为成人矣。"这里的"成人"是指道德完善的人。在孔子看来,一个道德完善的人。最起码的要求就是"见利思义""见得思义"。品行高尚的人,在个人利益面前,首先要考虑这种利益是否符合全社会公众的道德准则。

孔子赞赏"义然后取,人不厌其取"这一行为准则。他说:"富而可求也。虽执鞭之士,吾亦为之。如不可求,从吾所好。""不义而富且贵,于我如浮云。"这些话,说的就是"义然后取"或"取之有义"的行为准则。

孔子指出:"君子义以为上",这里的"上"是崇尚、尊贵的意思,"上义"也就是重义。如果先讲利而后讲义,或者重利而轻义,人们的贪欲就永远也不能满足。

我们都需要利益,但我们更需要道义。中国人历来对欲望采取了十分谨慎的态度。儒家讲修身,主张适度欲望,将其引向道德仁义。修身养性,是为了更好地控制自己的欲望。生命要不断完善,就要不断地修养,并在渐渐地探索、磨砺中走向真实。古来的圣哲们都尽毕生的精思与修养来挖掘生命中的珍贵的智性与德性,以扩充人生的真实价值,使国土更为庄严,生活更加美满。

人是不能没有欲望的,但欲望不能发展为贪。当一个人的欲望成了贪婪的工具,那么就离毁灭不远了。比如赌、嫖,都是因贪而起。赌,贪的是金钱,想的是一夜暴富;嫖,贪的是色,逞的是一时痛快。又比如做官,贪官没有官德,心中装满贪念,深陷在权、钱、色贪欲里不能自拔，最终毁在一个贪字中，玷污了清白。因此，做官要戒贪。

子罕是春秋时宋国的宰相，任司城，掌管土地、水利和工程建设。他一向廉洁奉公，勤政爱民，为官清正无私深受当地老百姓的爱戴。

公元前557年（宋平公十九年）秋天的一天，子罕办完公事回到内衙休息，一个衣着朴素的中年人登门拜访，子罕热情地接待了他。中年人从怀中掏出一块半青半白的璞玉，恭恭敬敬地放在子罕面前的桌子上，然后说道："大人为官清正，德被苍生，老百姓得到很多的好处和实惠。小人前两天在山上采石，发现了这块璞玉，特献给大人，以表示敬慕之诚。"

子罕婉言谢道："我不需要它。你得之不易，还是拿回你家去吧！"说完，把璞玉推到中年人面前。中年人以为子罕不懂得璞玉的价值，特别郑重地解释说："大人，你不要看这块璞玉外貌不扬，其实它真是一块宝贝。我曾经拿着它给玉匠看过，玉匠认为这是一块价值千金的宝玉，所以我才敢献给你，请相国一定收下。"

子罕正色地说："你把玉石当作宝物，我一向把不贪当作宝物。如果你把宝玉给我，岂不是我们两人都失去了自己的珍宝。相反，我不收你的宝玉，我们两人也都保留了自己的珍宝。"

中年献宝人见他坚决不收，听了子罕这段话以后也非常感动。禁不住着急起来，对子罕行下跪叩首之礼，坦率说明自己献玉的原因："我是一个普通的百姓，突然得到这样贵重得宝玉，并非特意向您行贿，只是现在家中有事要赶回家乡，怕身带宝玉路上不安全遭强盗杀害，所以才想把它献给您，一则表示敬意，二则可免杀身之祸，请大人恕罪务必笑纳。"说完，又把璞玉推到子罕面前。

子罕明白了中年人的苦衷后，便安排他先住在驿馆，然后命人将宝玉送往冶玉作坊，让玉匠把这块璞玉雕琢打磨成器，果然是色质晶莹、价值千金的宝玉，子罕命人把这块宝玉拿到街上卖了一大笔钱，然后命人把中年人找来。

子罕指着桌子上的一大堆金子对中年人说："你的宝玉我已经找人卖了，这些金子就是你的宝玉的价值，你可以拿回去安家立业，我派两个人路上为你护送，我还写有一封信你带给你们当地的父母官,要他们加强缉盗,保证百姓的安宁,你回去就再不会有什么危险了。"

中年人见子罕不但不要宝玉,还替自己考虑得这么周到,感动得热泪盈眶,连连叩头致谢。然后满怀感激之情,出门而去。

子罕不收宝玉,还帮献宝人卖玉致富的消息,很快就传遍了全国,老百姓都赞扬子罕是廉洁正直、关心百姓的好官。宋国一些年高德劭的人对此评论说:"子罕并非没有宝物,只是他所珍视的与常人不同罢了。"

何以为宝?人们对此看法各异,许多人以金银珠玉为宝,也有人以气节情操为宝。孔子常言:君子爱财,取之有道。珠宝确实是好东西,以手中的权力去贪图不义之财,就是仁人君子所不耻的了。

欲望无处不在,人就是生活在欲海里沉浮,但必须经得住各种诱惑,控制得住自己的心魔,这样才不至于一失足成千古恨。贪如火,不遏则燎原;欲如水,不遏则泛滥。节欲戒贪是修身做人的第一原则。平时要常思贪欲之灾,常弃非分之想,在任何情况下,稳住心神,管住身手,抗住诱惑,保持高尚的情操和人格力量。

当今社会是一个欲望燃烧的年代,金钱、地位、名望成了越来越多人的追求,道德的光芒开始暗淡。在这个越来越容易迷失的时代,想放纵的人越来越多,越来越无法克制。在道德和欲望的战争中,欲望一度战胜了道德,于是悲剧一幕幕上演。

欲望是人类心灵中本能的骚动,是不可灭绝的人性。我们应该善于利用自己的欲望,往好的方向引导。做人要清白其身而不贪其欲,节制欲望关键在于把握欲望。不当物质的奴求,不当金钱的俘虏,追求恰如其分的物质生活,享受恰到好处的生活质量,以便保持人与自然生活的平衡。

有过则勿惮改

【原文】

子曰:"主忠信,毋友不如己者。过则勿惮改。""过而不改,是谓过矣。"

孔子在"修身""正己"问题上，非常强调自省改进。在《论语》中多处见到他谈自省改过的话题。在《论语·公冶长》中，他指出，人应"能见其过而内自讼（即能看到自己的过错而进行自我批判）。"在《论语·子罕》中还说："法语之言，能无从乎？改之为贵。巽与之言，能无从乎？绎之为贵。说而不绎，从而不改，吾未如之何也已矣。"翻译成白话意思是："符合礼法的话，能不听从吗？但只有（按照原则）改正（自己的缺点错误），才是可贵的。顺耳好听的话，能不让人高兴吗？但只有分析鉴别（这些话的真伪是非），才是可贵的。如果只高兴而不分析鉴别，只听从而不改正自己，（对于这样的人）我实在没有什么办法啊。"

孔子不但要求别人"过则勿惮改"，对他自己也能不讲面子，有一种"闻过则喜"的态度，认为别人批评自己的过错是好事。例如，在《论语》中记载了这样一件事：楚国使者陈司败问孔子："昭公知礼乎？"孔子回答说："知礼。"孔子走后陈司败就感觉到孔子在这里是不坚持原则，有意袒护昭公，所持的理由是昭公"取（娶）于吴为同姓（按周礼规定同姓是不能结婚的）"，陈司败说，昭公做出这样的事，如果还说昭公"知礼"，这世上还有谁不知礼呢？孔子后来听到这个批评后说："丘也幸，苟有过，人必知之。"意思是说："我真幸运啊，一旦我有过错，马上有人提醒我、告诉我。"

不但孔子重视并反复强调"过则勿惮改"，"不二过"（不重复犯一样的错误）。他的学生中，许多人也是坚持"知过必改"的。传说"子路闻过则喜"，当然是孔子影响所致。子贡说："君子之过也，如日月之食（蚀）焉；过也，人皆见之，更也（改了过），人皆仰之。"言外之意是，改了过错则思想言行会更健康，也显得风格更高了。这同我们现代人说的，改过是进步的动力的观点是一致的。子夏也说过："小人之过也，必文（即一定文饰、粉饰、辩解、怕丢面子）"；换句话说，那么君子则不怕丢面子，能正视错误，改正错误。一般来说，人如不正视、改正错误，而文过饰非，那就更错了。人们常说的"欲盖弥彰"就是这个意思，这样便不能进步，反而会摔跤的。

孔子在强调一个人修身、正己过程中，把能不能改正错误作为重要内容，并且明确指出"过则勿惮改"，不但问题抓得准，切中要害，而且也符合人们成长进步的过程。世界上没有不犯错误的人，差别是错误的大小和多少，更大的差别还在于对待错误的态度上。错误人人难免，有时不以人的意志为转移，但犯了错误不能改正错误，那就错上加错；犯了错误，但能正视错误，改正错误，不但对事情有所补救，而且也能从错误中吸取教训。平时我们说的"亡羊补牢，犹未为晚""吃一堑长一智"，都是这个意思。从某种意义上讲，人就是在不断犯错误、又不断改正错误中进步的。而每一回错误的改正，便意味着在完善自我的台阶上又上前一步，所以古人说："知过能改，善莫大焉。"历史上有明君、昏君的说法，其实明君不是未卜先知的圣人，纵观他们的行踪，许多明君是明在他们能"过则勿惮改"；昏君则相反，昏就昏在有了过错却"死不改悔"。"过则勿惮改"的明君能创一番轰轰烈烈的大事业；死不改过的昏君只能自食恶果，只能像南唐后主李煜那样：

四十年来家国，三千里地山河；

凤阁龙楼连霄汉，玉树琼枝作烟萝。

几曾识干戈？

一旦归为臣虏，沈腰潘鬓消磨。

最是仓皇辞庙日，教坊犹奏别离歌，

垂泪对宫娥。

敢于承认错误，并且能够正视错误和改正错误的，在封建王朝中，可能唐太宗李世民算第一个。唐太宗非常喜欢魏征给他说的"兼听则明，偏信则暗"这一句话。他对大臣们说："自古以来帝王怒起来就随便杀人，夏朝的关龙逄，商王的比干，都因为敢谏而被杀。汉代的晁错也是无罪被杀，我总是提醒自己以此为鉴。为了国家，请你们经常指出我的过错，我一定接受。诸位经常记着隋朝灭亡的教训，我常常想着关龙逄、晁错死得冤枉，咱们君臣互相保全不就很好吗？"唐太宗不但这样说，在实际行动中也着实有知错就改的举动。

有一次，太宗出行至洛阳，嫌地方供应的东西不好而发火。魏征当即劝谏道："隋炀帝为追求享乐，到处巡游，供求无厌，弄得民不聊生，以至灭亡。今圣上得天下，正应当接受教训，躬行节约，怎能因天下供应不好就发脾气呢？如果上行下效，那将成什么样子！"

大宗接受了他的批评。

有一年,陕西、河南发大水,不少地区遭了灾,太宗却要建飞龙宫。魏征上疏反对,说隋炀大修行宫台榭,役无时,干戈不休,把人民逼上绝境,最后招致灭亡。皇上要引以为戒。如果重复隋炀帝的做法,那就是"以暴易暴",还会重蹈亡隋的覆辙。最后说服太宗停建了这项工程,并把备用的木料都送到灾区救济灾民。

还有一次,太宗要修洛阳宫,河南陕县县远皇甫德参上书反对说:"修洛阳宫,是劳民之举;收取地租,是重敛于民;天下妇女时兴高髻,是从皇宫里传出来的。"太宗看了奏章勃然大怒,说:"这家伙是想让国家不役使一个人、不收一斗租,宫里的女人都变成秃子,他才会满意!"魏征在旁,连忙解释说:"人臣上书,言辞不激烈不足以引起圣上的重视,言辞激烈又近于诽谤,希望陛下能够理解。"太宗听了,转怒为喜,还派人赏赐了皇甫德参。

贞观二年,太宗访得隋朝旧官郑仁其有个小女儿生得天姿国色,又有才学,想纳入后宫为妃,册封的诏书已写好。魏征听说郑女早已许嫁陆氏,于是面谏太宗:"陛下为天下万民的父母,应爱抚百姓,忧其所忧,乐其所乐。自古有道之君心里总是想着百姓。住在皇宫里,想着百姓是否有房子住;吃山珍海味,想着百姓是否受冻挨饿。嫔妃拥前,要想着百姓是否有家室的欢乐。郑氏之女已许嫁别人,陛下却想娶至后宫,这哪里是为民父母者应做的事情呢!"说得太宗无言以对,马上停止册封,让郑氏之女仍归陆氏,并自责:"听说郑氏之女已受人礼聘,朕下诏册封的时候没有详审,这是朕的过错。"

由于唐太宗能听大臣们劝谏,纠正了不少过失,带来了贞观盛世。唐太宗李世民在实践中尝到了知错就改的甜头,因此还以自己的过错警戒后人,劝他们笃行仁政节用爱人,不要犯他曾犯过的错误。他临死的前一年,曾对太子李治说:"我即位以来毛病很多,喜欢锦衣玉食、宫室台榭、犬马鹰隼,四方行游,烦扰百姓,这都是我的过错,可不要学习我这些。"

唐大宗有"贞观之治",应该说与他能"闻过则喜"不无关系。相反如果"闻过则怒",或者"讳疾忌医",则一定会造成严重的损失,以至身败名裂。相传古代的周厉王,横征暴敛,虐待人民,激起了人民的愤懑,甚至有人破口大骂。厉王对别人的指责置之不理,而且让巫师们去"监谤",发现有人议论、咒骂厉王,就立即抓去杀头。

在周厉王的镇压下,人们敢怒不敢言,在路上相遇只能用目光相互交换眼色。厉王十分得意,说:"我能制住人们的诽谤了!"对此,召公曾多次提醒厉王,"防民之口,甚于防川","若塞其口,其与能几何!"不出召公所料,国人不堪忍受,爆发了我国历史上第一次大规模的民众暴动,周厉王也因此逃走他乡。

三国官渡之战的袁绍,事先不听忠告,强行征战大败而归,不但不承认错误,反而杀掉忠心于他的志士田丰,更是令人发指。官渡之战,袁强曹弱。在资历、名望、地形和兵力上,袁绍都占有明显的优势。但袁绍出征之前,田丰却持异议,泼了其主子一盆冷水。

据田丰的分析,"曹公善用兵,变化无方,众虽少,未可轻也。"田丰的策略是:"不如以久持之","据山河之固,拥四州之众,外结英雄,内修农战","我未劳而彼已疲,不及二年,坐可克也。"田丰这个"以逸待劳"之计,是很有见地的,可惜袁绍不采纳,不仅不采纳,还以"扰乱军心"的罪名将田丰打入牢房,当自己的失败被田丰料中后,却又不肯承认自己的失误,反而怕被田丰讥笑,把田丰处死于狱中。这种爱面子、耍权威、知过也不改的态度,正是袁绍由强变弱,最后落得一败涂地的重要原因。

痛加反省,迷而知返,不但不会丢面子,不会失威信,反而会赢得赞誉,受到称道。战国时期,赵国"将相和"就是典型一例。"将相和"成为千古美谈,固然与蔺相如顾全大局受辱不羞、宽以待人的度量有关,但是也缘于廉颇痛加反省、知错必改的大将作风。

能不能知过必改,关键看能否进行自省自讼。怎样进行自省自讼呢?自省固然主要是回忆、检查自身,但按照社会学、行为学的观点,人的思想和行为等等,总是在对象性的联系中体现和完成的,因而自省应当是以自我为中心,同时联系到身外的人和事来加以思考。在你的日常生活中,在遇到的事情中,在与人交往中,别人见到你时是否喜欢,或是讨厌你。如果喜欢你,是什么缘故? 如果讨厌你又是什么原因? 你遇见人时,是否感觉自然,或觉得很不自在? 如果感到自然或窘困,又是什么道理? 即以这些参照物来反观自己的举措,校正自己的行为。历史上的廉颇从蔺相如对自己的避让中,觉察到自己只顾争一人之高低,而置国家利益于脑后,立即省悟这是大错特错,从而立即改正。在日常生活中也有不少人是在别人对自己的看法、对自己的评价中了解到自己的过错，突然醒悟迅速改正，并做出了突出成绩的。

因此为人应该有不惮改过的气度。自己做了错事并不要紧，关键的是要能够改正错误，这样才会有进步。而且，如果是领导的话，还要积极听取下属的有益的意见和建议，只要是对个人或者工作有帮助的，就应该虚心接受。

一定要以诚立身

【原文】

曾子曰："吾日三省其身：为人谋而不忠乎？与朋友交而不信乎？传不习乎？"

古代的贤人孟子说过："诚者，天之道也；思诚者，人之道也。至诚而不动者，未之有也；不诚，未有能动者也。"诚实，在任何时候都是人的可贵品质，是做一个君子的最基本的要求。也正因如此，高允以诚立身，深为人们赞许。

魏世祖太武帝时，高允与司徒崔浩奉命一同著成《国纪》。高允以侍郎、从事中郎兼任著书郎。他精通天文历法，在著述过程中，经常匡正崔浩的谬误，令人叹服。当时，有著作令史闵湛等人乖巧奸佞，深得崔浩信任。见崔浩注释的《诗》《论语》《尚书》《易》，便上奏章，说马、郑、王、贾所注述的《六经》，疏漏谬误之处很多，不如崔浩所注精微，因而请求将这些在境内流行的各家注述书籍统统搜集收藏，颁发崔浩的注书让天下人学习。同时请求世祖赐命，让崔浩再注释《礼传》，以使后生晚辈们能够真正领会其中的义理。有人抬轿子，大事吹捧，崔浩飘飘然不知所以。闵湛阿谀有功，崔浩心中有数，决不能亏待，上表推荐，称赞他有著述的才华。不久，闵湛又怂恿崔浩将其撰写的《国纪》全文刊刻在石碑上，立于交通要道，求永垂不朽，并借以彰明崔浩秉笔直书的事迹。

高允听说后，忧心忡忡，料知崔浩这样得意忘形，必无好结果。他不无担心地对著作郎宗钦说："闵湛所作所为，实在是岌岌可危，恐怕会给崔浩宗族招来永世大祸，我们也很难幸免。"高允料事如神，不久果然事发，崔浩因撰写《国纪》触怒世祖，被收押在审。

此时高允在中书省供职，恭宗已被世祖立为太子，曾由高允讲授经史，对他很敬重，见高允因参与《国纪》的撰写也将受到牵连，就设法救助。他派东宫侍郎吴延请来高允，让他留在宫内。第二天，恭宗奏明世祖，命高允陪同自己进宫朝见。到了宫门口，恭宗说："现你我一同进见至尊，进去后我自会为你疏导，至尊如果询问，你只要依我的意思回答即可。"二人进宫面见世祖，恭宗小心

一代名相高允

翼翼说道："中书侍郎高允一直在臣宫中，与臣相处多年，一向小心谨慎，臣对此十分清楚，他虽与崔浩共事，但位卑言轻，受崔浩制约，责在崔浩，请赦高允不死。世祖召高允进前问道："《国纪》是否皆为崔浩所作？"高允答："《太祖纪》为前著作郎邓渊所撰，《先帝纪》及《今纪》，臣与崔浩同作，但崔浩综理全面，事务繁杂，虽是共撰，其实不过总审裁断而已。至于书中注疏，臣所做多于崔浩。"世祖闻言大怒："如此说来，你罪更甚于崔浩，岂能放你生路。"恭宗见世祖发怒，马上插话解释辩白："父皇息怒，高允乃一介小臣，恐惧迷乱以至语无伦次。臣过去曾详细查问，高允都称《国纪》为崔浩所作。"高祖再问高允："果然如太子所言？"高允面无惧色，从容作答："臣才疏学浅，著述多有谬误，有违圣恩，又触怒天威，臣已知罪，罪该灭族。臣死在即日，不敢胡言妄说，欺蒙圣听。太子殿下因臣随侍左右讲授经学多年，可怜臣下，故极力为臣请求宽免，其实殿下并未曾问臣，臣也无此言。臣如实奏报，不敢隐瞒。"世祖听罢，怒气顿消，对恭宗道："真是直言不讳！这也是人情所难，临死而不巧语饰过，岂不难哉。且为臣不欺君，告朕以实情，真是忠贞之臣。虽然有罪，也可宽免。"于是，高允得到了赦免。

世祖随即召来崔浩，命人请问，崔浩惶恐迷乱，不能应答，哪似高允，事事申说得清清楚楚，有条有理。这下世祖愈发恼怒，命高允拟写诏书，将崔浩以下僮仆小吏以上共一百二十八人，均满门抄斩，株连五族。高允受命草拟诏书，但他迟迟不肯写，世祖频频派人催问，高允请求再进见世祖，说明情况然后才好拟诏。世祖应允，高允面奏说："崔浩获罪，若另有罪状，臣不敢多言，但若仅以此事论罪，罪不该死。"世祖一听，勃然大怒，命待

卫将高允拿下。恭宗只得再次上前求情，世祖道："不是此人劝谏，更要致死数千人。"恭宗与高允再不敢多说，拜谢退下。崔浩最终仍遭灭族灭门之祸，崔浩僚属僮吏也都被处死，但仅止于本人，不累及妻子儿女。著作郎宗钦临刑前，想起高允当时的预言，长叹一声："高允有先见之明，简直是个圣人啊！"

事过之后，恭宗曾责备高允说："做人应知道随机应变，否则多读书又有何益。当时我为你安排导引，你为何不依我言行事，以至触怒圣帝，雷霆万钧，至今想起仍心有余悸。"高允当时何尝不明白恭宗的一片苦心，但他自有一番道理，此时才告之恭宗："臣是一东野凡夫俗子，本无意做官，不想被朝廷征召，沐浴圣恩，在中书省为官。自思多年来尸位素餐，枉享官荣，妨碍贤良，心中每每不安。至于说到史籍，应为帝王言行实录，是将来的借鉴，今日借此可以了解过去，后代借此可以知晓今朝，因此言行举动，无不一一记载，为人君者自然对此分外审慎。崔浩世受皇恩，荣耀一时，而辜负圣恩，以至自取灭亡，崔浩其人其事，确有可非议之处。崔浩以平庸之才，而承担栋梁重任，在朝内没有忠诚正直的节操，退归没有雍容自得的称誉，私欲吞没了清廉，个人好恶掩盖了正直与公理，这些应是崔浩的罪责，至于其记载朝廷起居之事，评论国家政事得失，本是撰写史书的惯例，并没有过多违背。臣与崔浩共撰一书，同担一事，亦是事实。死生荣辱，不该有别，依理而言，臣不应有所特殊。今日获免，由衷感激殿下再生之恩。臣违心苟且求免，并非臣之本意。"高允一席话掷地有声，恭宗听罢，为之动容，又连连慨叹。

总观高允言行，始终表里如一，言行不二，不做投机取巧、阿谀奉迎、苟且求生的勾当，以忠直坦诚为其立身准则。人生在世，难得的就是这个"诚"字，更难得的是遇有风浪，生命攸关，仍能不变本色。封建时代，官场多是名利场，为争权逐利，为谋取高官厚禄，尔虞我诈，互相攻讦倾轧，而吹牛拍马，巧言令色，欺上瞒下，八面玲珑，在官场上更是司空见惯，见怪不怪。高允身在官场几十年，不管风云变幻，不计利害得失，坚持以诚立身，教人以诚，待人以诚，实属难能可贵，也使他赢得了上上下下的信赖和尊敬。

诚实，是为人处世的最宝贵的品质之一。以诚立身，虽然有可能在某些情况下会吃亏甚至会得罪某些人，但从长久来看，必然会得到人们的信赖与尊敬。

贫莫自哀,富不忘礼

【原文】

子贡曰:"贫而无谄,富而无骄,何如?"子曰:"可也。未若贫而乐,富而好礼者也。"

"贫而无谄",仅仅是"固穷",是穷人保持自己尊严的最后底线;"富而无骄"也只能算是一种消极的不作为。这两种行为的心理背景,仍然存在严重的贫富界线。因此,这还算不上一种超脱的人生认知境界。

"贫而乐,富而好礼",则完全把"贫""富"抛开,而以发自内心的生命喜悦和谦仁礼让作为生活的最实质性的内容与准则。能够达到这一境界的人,才是真正的贤者,才是真正懂生活、会生活的人。

其实,人活在世上是否幸福,关键在于心态,贫或富只是一种外在因素,真正有道的人是不会为其左右的。况且,贫或富也是一种像浮云一样变幻不定的东西,为之忧苦或因之骄纵,都是轻薄不明智的,不为智者所取。

贵黍贱桃

"不要挡住我的阳光。"这句话是古希腊哲学家狄奥根尼的名言。狄奥根尼蔑视权贵,无意仕途,过着放荡不羁的生活,倒也自得其乐。一天,他正在大街上晒太阳,亚历山大大帝路过这里,对他说:"哲学家,你对我有什么要求,我可以满足你的一切欲望。"狄奥根尼毫不给大帝面子,平静地说:"我所要求你的,就是你走开,不要挡住我的阳光。"

东汉的严子陵,不高攀刘秀这个做了皇帝的老同学,继续过自己清贫的生活,而刘秀也并不勉强于他,仍以礼相待。

严光,字子陵,年轻时曾是汉光武帝刘秀的同窗,有很高的名望。刘秀称帝后,告示天下,令人寻找严子陵。但是光有名字不好找。于是光武帝召集宫廷的一流画家,描绘出严子陵的容貌,直到画得形神毕肖后,便复制了许多份,颁发天下,令各地官吏负责寻找严子陵,过了许久仍杳无音信,汉光武帝十分焦虑。有人冒充严子陵,刘秀召见后,一一否决。时间过了许久依然没有一点儿消息,刘秀忧心忡忡。

严子陵到底在哪里呢?

严子陵看到刘秀打得天下,知道定会封他做官,可他生来厌恶官场,不愿意享受朝廷俸禄。于是,他隐姓埋名,在齐县境内富春山中过起了隐士的生活。一天到晚垂钓于溪水之中,怡然自得。

有一天,一个农夫上山砍柴,又累又渴,便到河边喝水,看见一人独自坐在河边钓鱼,他越看越觉得这个钓鱼人面熟,回到镇上,看到集市张贴的画像,农夫才明白,山中的钓鱼人就是刘秀出重金寻找的严子陵。农夫顾不得一天劳累,扔下柴禾,飞一样跑到衙门,把此事报告了县令,农夫也因此得到了一份儿奖赏。

齐县县令上书光武帝:"有一个人,身披着羊皮大衣,在富春山溪水边钓鱼,很像严子陵。"

刘秀立即命官吏备好车马,装上优厚俸禄,想把严子陵请出富春山,然而,官车去了又回,均无多大收获。这天,官吏又一次来到富春山,严子陵说:"你们认错人了,我只是个普通打鱼人。"使者不管他怎么解释,硬是把他推进了官车,快马加鞭,送他到了京城。严子陵住进了刘秀特意为他安排的房子,每日饭菜相当可口,数十名仆人为他效劳,然而对于这些他不屑一顾。

侯霸与严子陵也是旧时好友。此时的侯霸已今非昔比,他接替伏湛做了汉朝的大司徒侯霸听说严子陵已到皇宫，就让臣下侯子道给严子陵送去一封书信，表示对严子陵的问候。一见严子陵，侯子道恭恭敬敬地把信递了过去，此刻，严子陵正斜倚在床上，听到是大司徒侯霸派人送信，仍然面无喜色。接过信，大概一看，便放在了桌子上。侯子道以为严子陵因为侯霸没有亲自看望而不愉快，忙又说："大司徒本想亲自迎接您，因为公事繁忙，一刻也脱不开身，晚上，他一定抽空登门拜访，请严先生写个回信儿，也好让我有个交代。"

严子陵想了片刻，命仆人拿出笔墨，他说，让侯子道写。信中写道："君房（侯霸字君房）先生，你做了汉朝大司徒，这很好。如果你帮助君王为人民做了好事，大家都高兴；如果你只知道奉承君王，而不顾人民死活，那可千万要不得。"他说到这儿停了下来，侯子道请他再说些什么，严子陵没有吭气儿，侯子道讨了个没趣回到了侯霸那里。

侯霸听完侯子道的话，面有怒色，觉得严子陵不把他这大司徒放在眼里。于是把严子陵的一番话，报告了刘秀，谁知刘秀却说："我了解他，就这倔脾气。"

当天，刘秀去看望严子陵。皇帝亲自登门，这可是件大事儿，得远迎才对。可严子陵根本不理，躺在床上养神。刘秀进来后，看到他这幅情景，并不恼火，走过去用手轻轻地拍了拍严子陵的肚子，亲切地说："老同学，你难道不念旧情，帮我一把吗？"严子陵说："人各有志，你为什么一定要逼我做官呢？"刘秀听后长长地叹了口气，失望地走了。

有一天晚上，刘秀与严子陵叙旧。刘秀问："我比从前怎么样？"

"嗯，有点儿进步。"严子陵大模大样地回答道。

那晚，两人睡在一起，严子陵故意大声打呼噜，并把腿压在刘秀身上，刘秀毫不介意。第二天早上，太史惊慌地来汇报："皇上，昨晚微臣观察天象，发现有一客星冲犯帝星。"刘秀轻描淡写地说："没啥大不了，昨晚我和严子陵在一起。"刘秀封严子陵为谏议大夫，他不肯上任，仍旧回到富春山中过他的隐士生活，种种地，钓钓鱼。富春山边有条富春江，江上有个台子，据说是当年严子陵钓鱼的地方，称为"严子陵钓台"。

狄奥根尼只需要温暖的阳光，严子陵只希望寄情于山水之间，他们以这种在俗人看起来"贫穷得可怜"的生活为乐；而亚历山大大帝和刘秀，也能以王者身份，以礼相待这种人。他们对于彼此的态度和行为,以及那种超脱的关系,也可以算是一种佳话了。

人生贵在自强不息

【原文】

子曰:"譬如为山,未成一篑,止,吾止也。譬如平地,虽覆一篑,进,吾往也。"

人怀才不遇是经常的事情。一是由于自己的才华没有被人发现,所以也就不可能被使用;二是虽然胸怀大志,满腹文韬武略,但是生不逢时,像姜太公那样,不愿意把自己的聪明才智用在助纣为虐上,而要与明主相顾,像鸟要择木而栖那样,君子要审时度势,择主而事。这样就要忍受一时的贫穷、困苦,忍受住自己的不得志,而不能为了眼前的功名利禄,放弃自己的追求。真正有大志的人,即使是平生不得志,也会廉洁自守,刚正不阿,

受饩分惠

不会依附权贵,更不会与奸人同流合污。不怕失败,也不畏惧别人的嘲讽,矢志不渝地向着既定奋斗目标前进。唐朝裴略出身高级官员之家,得以成为唐太宗时期的一个宫廷侍卫。他头脑灵活,为人机警,当了两年多的宫中侍卫,长了很多见识,也认识了许多朝廷大臣。这一年,裴略参加了兵部主持的武官考试。考完后裴略自我感觉不错,觉得很有

《论语》智慧应用

把握被录取。谁知到了开榜之日，裴略竟名落孙山。气恼之余，他想去找宰相温彦博申诉，或许能争得一个转折的机会。反正是死马当活马医，成功了是意外，不成功也无所失，裴略抱着这样的心理去见温宰相。

裴略是宫中侍卫，没费什么周折，便进入宰相宫邸。正巧，兵部尚书杜如晦也在温家，二人在客厅饮茶交谈，已有一会儿了。

裴略一见杜如晦也在座，感到来得不是时候，上前施礼后，便临时改换了一个话题。裴略彬彬有礼地对温、杜二人说："我在宫中干了几年，长了不少见识，我觉得自己能明辨事理，记忆力极好，尤其对语言特别敏感，别人说一段话，我能一字不漏地复述下来，如果在朝廷做个通事舍人，我相信是非常称职的。"温彦博一听，笑了起来，心想：真是一个自命不凡的人。他看了看杜如晦，见他没有开口说话的意思，便对裴略说："太宗皇帝爱才惜才，古今少有，但皇上量才录用，视能授职，要通过一定的考试程序。前不久兵部主持的考试，就是为了选拔人才，你参加了这次考试没有？"

裴略接口说："我不但参加了，而且考得很好；但也许是考官们那天喝多了酒，醉眼昏花，录取时把我的名字给弄丢了。"温彦博哈哈大笑，对杜如晦说："你看，有人到这儿来告你兵部的状了。"杜如晦从容说道："我真希望有人能对我们兵部的工作提出意见。不过，评卷、复查，手续完备，至今尚未听说过有什么偏差。年轻人，你考得也许是不错，但别人考得更不错哩。这次没被录取，下次再考嘛。"裴略一听，心里凉了半截。杜如晦接着又说："看你这样能说会道的，你还有何才能？"裴略一听，随即转忧为喜，马上大声说："我会写诗作赋，不信，您出题试试？"温彦博抬头看到院子甬道两旁的数枝翠竹，于是对裴略说："你就以竹为题，赋诗一首吧。"

裴略低头略一思索，一首诗脱口而出：

庭前数竿竹，风吹青萧萧。

凌寒叶不凋，经夏子不熟。

虚心未能待国士，皮上何须生节目。

这首诗抓住竹子外表有节、内里空虚，经冬不凋、经夏无子的特征，讥讽竹子徒有其表面不务实际。以竹喻人，一语双关。

温彦博和杜如晦听罢点点头，露出赞许的目光。温彦博心想：也许他曾经作过这个题目的诗，所以显得敏捷、成熟，便决定换个题目，再试一下。于是又指着屏风对裴略说："你再以屏风为题，作诗一首，好吗？"

裴略随即缓缓走到屏风前，口中吟道：

高下八九尺，东西六七步。

突兀当庭坐，几许遮贤路。

他略一停顿后，突然亮开嗓门大声说："当今圣明在上，大敞四门以待天下士人，君是何人，竟在此妨贤？"话音刚落，伸出双手"哗"的一声，将屏风推倒在地。裴略出语惊人，行动更是出人意料。这首诗，这番话，明里说的是屏风挡道，实际暗示当权者不识人才，堵塞贤路。裴略说话时，吐字清晰，语调铿锵，声音洪亮，落落大方。

温彦博笑着对杜如晦说："你听出来没有？年轻人的弦外之音，是讽刺我温彦博哩。"裴略随即接口，一面比画着自己的臂膀和肚皮，一面说："不但刺膊（博），还刺肚（杜）呢。"温彦博和杜如晦不觉被他的机敏逗得哈哈大笑。

没过几天，补齐必要的手续后，裴略被朝廷授予陪戎校尉，这是武职中第30队，一个从九品的小官。官职虽小，但裴略毕竟是正式进入了仕途。

在怀才不遇的情况下，君子应该坚持不懈，自强不息，积极进取，用自己的才华，让世人认识自己。要像孔子所说的那样："譬如为山，未成一篑，止，吾止也。譬如平地，虽覆一篑，进，吾往也。"而不要中途停止，忍气吞声，不再奋斗。奋斗不奋斗所获得的结果是完全不同的。

天行健，君子自强不息。人生在世，由于各种各样的原因，别人不可能一下子完全认识自己，甚至在某些情况下还会误解自己，这就需要自己坚持不懈地去充分展示才华，积极进取地抓住各种机会，让别人充分认识自己。

一定要严于律己

【原文】

子曰:"君子求诸己,小人求诸人。"

孔子说:"君子求诸己,小人求诸人。"这话的意思就是君子严于律己,让自己的一言一行都符合道德规范,使自己经得起时间与历史的考验。而小人只苛刻要求他人,而对自己却放任自流。在严格要求自己方面,长孙皇后的言行为我们做出了很好的榜样。

长孙皇后

唐太宗长孙皇后十三岁时与唐太宗成婚,武德元年(公元618年),被册立为秦王妃。武德九年六月,册拜为皇太子妃。武德九年八月,太宗即皇帝位,立为皇后。

长孙皇后崇尚节俭,服饰用具,力求简省。太宗经常与长孙皇后谈论朝廷赏罚之事,皇后引用《尚书·牧誓》中的话回答道:"'牝鸡之晨,惟家之索。'我是个妇人,岂敢干预国家的政事?"太宗坚持与皇后谈论,皇后终不发一言。皇后的哥哥长孙无忌与太宗皇帝早在少年时期就交往密切,又是辅佐太宗取得成功的元勋,太宗对他十分信任,他经常出入内宫。太宗将把朝廷重任委托给他。皇后坚持认为不可,找机会对太宗说:"我既已托身紫宫,尊贵已到了极点,实在不愿让我的兄弟子侄在朝廷担任要职。汉朝吕氏、霍氏两家外戚专权,应该引为铭心刻骨的教训,希望本朝不要让我的兄长担任宰相。"太宗没有采纳皇后的意见,终于任命长孙无忌为左武侯大将军、吏部尚书、右仆射。皇后又秘密地让长孙无忌苦苦地请求不担任要职,太宗不得已而答应了长孙无忌的请求,改授予长孙无忌开府仪同三司,皇后才安心愉悦了。

长孙皇后有个异母兄长,名叫长孙安业,好酗酒,而且不务正业。皇后的父亲长孙晟去世的时候,皇后和长孙无忌都还年幼,长孙安业就把他们兄妹俩赶回他们的舅舅高士廉家,皇后对此事毫不介意,时常请太宗厚待长孙安业,长孙安业的官位做到监门将军。后来长孙安业与刘德裕密谋叛乱,太宗将要杀掉长孙安业,长孙皇后叩头流泪为他请命说:"长孙安业罪该万死。可是他对我不仁慈的事,天下人都知道,现在若对他处以极刑,人们必定认为我倚仗皇帝的宠幸而报复自己的兄长,这不是有损圣朝的名誉吗?"因此,长孙安业才得以免去死刑。

长孙皇后所生的长乐公主,太宗特别疼爱。到长乐公主将要出嫁时,太宗命令有司,陪送的嫁妆要是长公主的一倍。魏征进谏道:"当初汉明帝时,将要封皇子,明帝说:'我的儿子怎么能和先帝的儿子同等对待呢?'可是,所谓长公主,确实应该比公主尊贵,感情远近虽有差别,义是没有等级差别的。如果让公主的礼仪超过长公主,恐怕于理不合,请陛下考虑。"太宗回到内宫后,把魏征的话告诉了长孙皇后,皇后叹息道:"我曾经听说陛下十分器重魏征,但一点都不了解其中的缘故。他实在是能用义来制止皇上感情用事,他真称得上国家正直的大臣了。我与陛下是结发的夫妻,深受礼遇,情意深重,可是每当进言时,必定要看陛下脸色行事,尚且不敢轻易冒犯陛下的威严,何况臣下感情比我与您要远,礼节上又有君臣之隔,所以韩非子为此称向君主进言难,东方朔也说向君主进言不容易,这其中确实有原因!忠言虽然逆耳,可是对行事有利。有关国家急务的意见,若采纳,则社会安定,若拒绝,则政局混乱,我诚恳地希望您仔细考虑,则天下人都十分幸运。"于是长孙皇后派内宫太监带着五百匹帛,前往魏征的住宅赏赐给他。

太子李承乾的乳母遂安夫人常对长孙皇后说:"东宫的用具缺少,想奏请皇上、皇后予以添置。"皇后不答应,说道:"作为太子,所担忧的是美德不立、美名不扬,何必计较用具少呢?"贞观八年(公元634年),长孙皇后陪太宗住在九成宫,不幸染病,且病势沉重,太子李承乾入宫侍奉,秘密启奏皇后道:"医药已经用尽,您的病势仍不见好转,请让我奏请父皇赦免囚犯,并使人入道观,希望能得到上天赐福。"皇后说:"人的死生由命注定,不是人力所给予的。若做善事就能延长寿命,那么我平时从未作恶;若做善事无效,又有什么福可求呢?赦罪是国家的大事,佛教、道教不过是产生于不同地域的宗教罢了,不仅国家政体无此弊端,而且是皇上所不做的,岂能因为我一个妇人而扰乱国家的法令?"听了母后的这番话,太子李承乾不敢向父皇提出这个要求。太子把皇后的话告诉了左仆射房玄龄,房玄龄又把这些话奏闻太宗,太宗和侍臣们听了这些话,无不流泪叹息。朝臣们都请求大赦天下罪犯,太宗答应了朝臣的请求,长孙皇后听说以后,坚决要求撤销赦罪的决定,这个决定才没有实行。

长孙皇后在病危时与太宗诀别。当时,房玄龄因为小的过失触怒了太宗而被免官回家,皇后强撑着病体对太宗说道:"房玄龄事奉陛下最久,小心谨慎。奇谋秘计,都是他参与策划的,他始终不曾泄露过一个字,他没有什么大的过失,希望您不要抛弃他。另外,我家族之人,侥幸成为皇亲,既然不是因德高望重而被抬举,就容易踏上危险境地,若要永久保全,一定不要让他们把握重权,只以外戚的身份朝见皇上就很幸运了。我在世时,既对国家没有什么益处,死了也不要厚葬。况且所谓葬,就是藏的意思,就是让人们看不见。自古以来的圣人、贤人,都崇尚节俭、薄葬,只有无道的朝代,才大造陵墓,劳民伤财,被有智识的人们嘲笑。我死后只求依山而葬,不起坟墓,不用棺椁,埋葬我所需的物品,都用瓦木造就。俭薄送终,就是对我的怀念。"

贞观十年(公元636年)六月己卯日,长孙皇后在立政殿去世,享年三十六岁。

长孙皇后生前曾撰述古代妇女的善事,刻成十卷,书名叫《女则》,皇后亲自为这部书写了序言。还曾经著论文一篇,批评东汉明帝马皇后,认为她不抑退外戚,使他们当朝掌握重权,却制止他们车水马龙,认为这是开其祸患之源而节其末节之事。并且告诫主管的官员道:"这些文章是我用来约束自己的。妇人的著述没有条理,不想让皇上看到,千万不要对皇上说。"皇后去世后，宫中的官员把此事奏明太宗，太宗读了以后更加悲痛，把这些书拿给近臣们看，并且说："皇后此书，足可以流传后代。难道是我不知道天命而不能割断思念之情吗？因为她常能规劝我，补足我的缺漏，如今不能再听到她的善言，这使我失去了一位贤德的助手，因此令人哀痛啊！"

长孙皇后能严于律己，决不干预朝政，而且严格约束亲兄，力戒外戚专权，这既是为唐王朝的长治久安，也是对长孙家族的保护，因为历史上外戚专权终遭灭门之祸者并不鲜见；长孙皇后在政治上又不是无所作为，而是适时适度地规谏太宗，为太宗拾遗补阙，使太宗既不因喜以谬赏，又不因怒而滥刑；长孙皇后又能宽以待人，豁达大度，不计较个人恩怨，而且能以德报怨；长孙皇后虽位极人臣，但崇尚节俭，身前不求奢华，身后更只求薄葬。纵观长孙皇后的立身处事，她不愧是一个深谋远虑的女丈夫。在长孙皇后身上集中了中国妇女的许多传统美德，太宗能成为中国历史上的一代明君，应该说也有着长孙皇后的功劳。

长孙皇后参加了玄武门之变，深知取得政权的艰难，于是自觉承担巩固政权的责任；为了强化唐太宗的地位，她采取了严于律己的立身之法，因为皇后的品行，正是皇帝政治作风的体现。皇后的严谨，反映出这个政权的希望。

严于律己，既是做人的内在要求，也是保全自身的长远之道。一个人，一旦放松了对自己的严格要求，也就是他走向失败的开始。

克服私欲，才能刚毅

【原文】

子曰："吾未见刚者。"或对曰："申枨。"子曰："枨也欲，焉得刚？"

在现实中，一般来说，一个人很难做到刚毅不屈，无私正直，原因就在于心中还存有私欲，而私欲又是人的一种本性。这种矛盾几乎存在于每一个渴望成就一番事业的人身上，因此，对于他们来说，用正直来压制私欲的过程就几乎成了奋斗的大部分内容。而在几乎所有的成功者和仁人志士身上，我们都可以发现，正直刚毅而无私欲是他们共有的品质。

心中无私，才能做到自己为人刚毅正直，办事公正有度。子曰："吾未见刚者。"或对曰："申枨。"子曰："枨也欲，焉得刚？"意思是说："我没见过刚毅不屈的人。"有人回答说："申枨是刚者。"孔子说："申枨这个人私欲太重，怎么能刚毅不屈呢？"这既是一种高洁的品行，也是一种做人做事的智慧。东汉时期的马皇后，在这方面的表现就很令后人敬服。

东汉光武帝时期，有一位南征北战、功勋赫赫的名将马援。他有个女儿，自幼聪明伶俐，然而，不幸的是母亲过早地离开了人世，马援又长年征战在外，关照弟弟、妹妹的家事，不得不过早地落在她的肩上。这也使她早早地懂事、成熟起来，马援后来在征讨武陵"五溪蛮"时，病死军中，实现了"以马革裹尸还葬"的雄心。马援死后，光武帝爱怜其后，将马援十三岁的女儿召入宫中，留在皇后身边使唤。太子刘庄（即汉明帝）见其秀丽端庄，礼仪周全，渐生感情。公元57年2月，武帝死后，刘庄继位，立马援之女为贵人。公元60年2月，又立贵人马氏为皇后。

马皇后是个才貌双全、很有能力的女性。她在宫中熟读经史，尤其喜读《春秋》《楚辞》等著作，所以，涉及国家的重大政令，她总能提出自己比较高明的见解，使汉明帝很佩服。公元70年，有个叫燕广的人揭发楚王英有密谋造反之嫌，汉明帝没有调查清楚，就大兴问罪之师，将楚王英赶到丹阳。英自杀，京师之内凡与英王有牵连的亲属、朋友、诸侯、州郡豪杰都被连坐，上千人被赶出京师，全国因楚王英一案下狱的有数千人。公元73年，又发生了类似的冤狱。马皇后对这种情况非常忧虑，她从国家长远利益出发，大胆向明帝谏言，说明这样发展下去十分危险，将危及自己的统治。明帝采纳了马皇后的意见，制止了这类事件的恶性发展。马皇后能够虚心听取来自各方面反映的问题，平等而又宽宏待人。凡有人想要通过她向明帝反映情况，她总是能认真地听取，认真地思考、调查，以便把真实的情况反映给明帝。

马皇后没有生子，汉明帝因见她考虑事情周到，又有较高的修养，就把贾妃生的儿子刘旭送到她身边，由她抚养教育。马皇后则以自己的严格律己，教育、影响刘旭。她在生活上注意节俭，爱穿粗布衣服，衣裙也不华丽。在宫中她经常对宫妃们说，粗布衣料容易染色而又大方耐用。所以，经她提倡宫廷生活一度变得严谨而俭省，后来的人们既尊敬她，又愿意接近她。

公元75年8月明帝卒，太子刘沮即位，是为汉章帝。马皇后被尊为皇太后。为了辅佐刘沮，使其了解前朝的历史，她开始撰写汉明帝起居注。马皇后的哥哥马防，曾任负责汉明帝健康以及用药方面的官吏，本应在起居注中提到一笔，但是，马皇后只字未提。章帝看了对太后说："我的舅舅在父皇身边忙碌一生，没有功劳也有苦劳，书中总该写上他。"马皇后却说："他们多尽些力是应该的。"

她从不凭借自己的地位，为亲戚谋私利。反之，她对兄弟们平日的言行要求非常严格。她曾向京城官吏们表示：如有马家兄弟违反地方法令，请依法制裁并报告给我，他们若做了好事，也请给予表彰和赏赐；眼下他们都有一定的官职，如不称职或违法，就应当罢官，送回老家。

汉章帝初登基时，曾打算给几位舅父加封爵位，一些拍马屁的大臣也怂恿年轻皇帝这样做。马皇后却坚决不同意。章帝担心不封侯于众舅父，会使他们终生怀恨皇帝。马皇后经过反复认真地考虑，为章帝想了个两全其美的办法，她说：高祖时就有规定，没有军功者不能封侯，马氏兄弟目前还没有给国家立下什么军功。何况现在国家连年遭灾，谷价长了好几倍，我为这些事昼夜不安。你未成年时，一切依靠父母，现在你已成人即位了，就应该全力去实现你的志向，把国家治理好。只有这样，我才能放心。你应该鼓励你的舅舅们努力建功立业。章帝听了这番话，深受感动，终于打消了给舅舅封侯的念头。他鼓励舅舅们去沙场建立军功。公元77年8月，马防同耿恭率兵平定烧当羌（汉时西羌的一支）。第二年，马防又大败西羌兵，年末，被任命为车骑大将军。

公元79年6月，为宫廷和国事操劳一生的马皇后得了重病，她不相信那些神巫邪术，也不欢迎人们为她而祈祷。不久，马皇后离开人世，死时才四十几岁。

马皇后的一生，可谓是行事公正、做人无私的一生。她虽贵为皇后，但并没有像大多数人那样卷入后宫的勾心斗角之中，不但留下了美名，同时也合情合理地维持了家族利益。而这一切，是与她正确的为人处世之道分不开的。

当然，无论做什么事，我们都希望自己是对的。当我们得出正确的结论时，我们会感到特别高兴。当老师对学生说你答对了的时候，学生会觉得骄傲和快乐。相反地，如果老师说："你答错了！你没有通过考试"，那么学生就会因此害怕自己又答错，反而会答错得更多。但大多数人都应该知道，在人们所做的事情中，很少有人能说哪些事情是百分之百正确或百分之百错误的。然而，不管是在学校也好，公司也好，还是从事政治活动或是在运动场上，我们所有的社会系统都只能容忍我们做出正确的事情。结果很多人都在充满防御的心理下长大，而且学会掩饰自己的错误。还有一种人，他们在被指出错误之后，因为害怕再犯错，干脆就什么事情也不做。他们会变得既紧张又有抵触的心理。

当然，如果采取相反的态度，即对任何事情，都认定我对你错，这也是不明智的。一句俗话讲得好："或许你会因此而赢得某场战役，可是你最后可能会输掉整场战争。"有些人固执坚持自己时刻都对，而且他们在辩赢了之后，还会对别人幸灾乐祸，自我吹嘘一番，这种人令人无法忍受，只会让别人讨厌。

对这些人我们要奉劝：与其装出一副自己什么都对、洋洋得意的样子，倒不如做错事情的时候勇敢承认比较明智一些，如果一个令人难以忍受的人在你做错事情的时候贬抑你，你内心应清醒地明白这个人的心理大概是有些问题，同样的道理，对于那些斩钉截铁地说自己对，并常常要证明自己对的人，人们会敬而远之的。

士不可以不弘毅

【原文】

曾子曰："士，不可以不弘毅，任重而道远。仁以为己任，不亦重乎？死而后已，不亦远乎？"

人活在世上，免不了有被人误解的时候。人和人消除误解的方式不同。有的人火冒三丈，非要找人弄个是非分明，水落石出。有的人淡而处之，让时间的流逝和事态的发展洗掉层层尘埃，最后将事实自然澄清。三国时陆逊的弘毅与忍辱负重，就是后一种。

陆逊，字伯言，吴郡吴县（今属江苏省）人。为人忠厚，凡事都能容让别人，不计恩怨。

由于陆逊受到孙权的器重，有的人就爱在孙权那里告点状。会稽（今浙江省绍兴市）太守淳于式对陆逊不满，给孙权上书，指责陆逊在打仗过程中，向老百姓征收物资数量太多，给百姓造成困难和负担。事情讲得有夸大的地方。

战事结束后，陆逊回到孙权身边。孙权将淳于式的指责转告给陆逊，陆逊没有说什么。孙权接着又问淳于式的为人和表现怎么样？陆逊极力称赞淳于式，说他是个很好的官吏。

陆逊

孙权奇怪地问陆逊："淳于式背后告你状，你却如此赞扬他，这是为什么啊？"

陆逊回答说："淳于式告我的状，虽不完全符合事实，但他的出发点是好的，是为了维护老百姓的利益；因为他告了我的状，我就在您面前讲他的坏话，那我就不是一个正派的人了。"

孙权听了，很钦佩陆逊的为人，说："你真是个忠厚的人，胸怀如此宽阔，一般的人是很难做到的啊！"

吴黄武元年（公元 222 年），刘备领兵征讨吴国，孙权命令陆逊为大都督，指挥朱然、潘璋、宋谦、孙恒等 5 万大军抵抗刘备。陆逊当时统率的各部队的将领中，有的是孙策的老将，有的是皇亲贵戚，资历比陆逊老，地位比陆逊高，有些看不起陆逊。因此打起仗来，往往不听陆逊的指挥，各行其是。陆逊看到这种状态，很是着急。在一次战斗之前，陆逊又碰到难处，有几位老将军不服从军令，各持己见。陆逊没有办法，只好以手握剑，十分严厉地说："你们应该知道，刘备是闻名天下的英雄，连曹操都很怕他。现在刘备的军队已侵犯了我们的边境，大敌当前，我们应该团结一致、齐心协力，共同抵抗刘备。你们各位将军都是身负重任的人，而现在却互不协调，不听指挥，实在太不应该了。"

火烧连营

听陆逊说这番话，将领们才有所收敛。

陆逊接着又说："我是书生出身，资历威望都不如各位老将军。但我已受命指挥大军作战。国家给予我这样的重任，是相信我能不负重托、忍辱负重，团结大家完成使命。国家委屈各位将军，接受我的指挥，各人都应承担自己的责任，没有理由推辞。否则如何对得起国家的恩典呢？"

最后，陆逊严肃宣布："军令如山倒，有谁敢任意违抗，我只能依法惩处了。"

各位将领这才统一行动，不敢各行其是了。

陆逊在战争中出了很多计策谋略。用火攻的办法烧了刘备的营寨。结果连破刘备四十多个军营，蜀军将士死伤数万人，把刘备打退到白帝城。

战争结束后，大家总结打胜仗的原因，很多成功的计谋都是陆逊策划的。那些老将们才真正口服心服了。从此陆逊的威信大大提高。

有一次，孙权问陆逊："在击退刘备的战役中，你遇到这样大的困难，当时你为什么不把将领不听指挥的情况报告我呢？"

陆逊回答说："各位将军都是国家的功臣，要依靠他们创建大业。您对我如此信任，交给我的重任和我的才能很不相称，但为了对国家有利，我能做到忍辱负重。从前蔺相如能容忍廉颇、寇恂能包涵贾复的佳话，实在叫我钦佩。我和他们相比，还相差很远呢！"

孙权听了，连连称赞："说得好，做得对！"于是聘任他为辅国将军，封他为江陵侯。

忍辱负重与忍气吞声绝对不是一码事。忍气吞声者没有原则，无论事大事小，一概逆来顺受。忍气吞声者也无自信，不认为自己有能力改变现状。

忍辱负重者则不同。以陆逊为例，他之所以能忍受部将对他因误解而产生的不敬，是因为他身负抵御蜀汉大军的重任，他不能因小失大。同时他也坚信，随着最终打败蜀汉的进攻，一切误解也将烟消云散。陆逊在面临老将军们蔑视小看他、不听指挥的困难情况下，忠厚待人、忍辱负重，不以统帅自居，对各行其是的将领们晓之以理，动之以情，终于以超众才能和智慧战胜了刘备。这种为了大局委曲求全的处事态度也最终得到了别人的尊敬和信服。陆逊的弘毅与忍辱负重，是一种大将风度、大将胸怀、大将谋略！

人生在世，任重而道远。这要求我们心胸宽广，意志坚强，并且能够忍辱负重，在各种不利情况下仍坚持自己的理想！

士行有耻,君命不辱

【原文】

子贡问曰:"何如斯可谓之士矣?"子曰:"行己有耻,使于四方不辱君命。"

也许你会遇到这种情况:每天翻开报纸,总有一些事情会令你愤慨。为什么有那么多人会去做那些无耻之事呢?原因就在于,他们在道德良心上,根本没有以之为耻的感觉。一个人一旦丧失了耻辱感,那么就会不仅对自己的言行无所顾忌,即使面对有关全局大计乃至民族大节的事情,也会丧失根本的原则。这种道德沦丧,应当是我们所必须警惕的,包括对自己。

最名副其实的"士"是德才兼备的。他们在道德方面"行己有耻",言行顾惜名节,有所不为,但在国家大事上又有所为:"使于四方,不辱君命"。这种"士"才是国家依靠的力量。子贡问道:"怎样才配称为'士'?"孔子说:"自己做事知道什么是羞耻,出使到其他国家能不辜负君主委托的使命,这就可以称为'士'了。"

唐代的颜真卿和沈括,他们在这方面的作为,可视为士人的典范。

颜真卿

颜真卿,字清臣,京兆万年(今陕西西安)人。他不但擅长书法艺术,而且有一颗爱国之心。

唐德宗建中三年,淮南节度使李希烈发动叛乱,自称天下大元帅,派兵攻陷汝州(今河南临汝),打到东京洛阳附近,朝廷大为震动。宰相卢杞平时忌恨颜真卿公正无私,想乘藩镇叛乱的机会陷害他。因此,就向唐德宗建议:"颜真卿威望很高,何不派他去规劝李希烈归附,不用一刀一枪,就能把叛乱平息下去。"

唐德宗听信了他的话,于是就把颜真卿派去见李希烈。

颜真卿这时候已经七十多岁了，他不顾自身的安危，带着自己的侄子颜岘和随从官吏来到汝州。李希烈听说颜真卿来了，想给他来个下马威，在见面的时候，叫部下一千多人聚集在厅堂内外，颜真卿刚向李希烈宣读唐德宗的诏书，劝说他停止叛乱，那些部将们就冲了进来，拔出快刀，围住颜真卿，又是谩骂又是威胁。颜真卿毫不畏惧，站在堂上，岿然不动。

过了几天，李希烈大摆筵席，也邀请颜真卿参加，宴会开始以后，李希烈强迫歌妓在表演的时候，加入侮辱朝廷的内容。颜真卿听了十分气愤，质问李希烈："你是唐朝的臣子，为什么叫他们这样侮辱朝廷？"说罢，拂袖而去。

颜真卿一到汝州，叛军将领都向李希烈祝贺，说："早听说颜太师德高望重，元帅将来想要称帝，正好有现成的宰相。"颜真卿听后十分气愤，指着李希烈手下的将领们大骂道："什么宰相不宰相，我年纪快八十了。要杀、要剐都不怕，难道会受你们的威胁利诱吗？"在座的叛将们听了这番大义凛然的话，大惊失色，狼狈不堪。

李希烈没有办法，知道颜真卿终不肯投降自己，就把这位一心爱国的正义之士杀害了。沈括是北宋中后期的一位政治家和自然科学家。他在天文、数学、历法、地理、物理、生物、医药、文学、史学、音乐等学科中都有卓越的成就。太阳系里有几颗以我国古代科学家名字命名的行星中，有一颗叫作"沈括"；他的《梦溪笔谈》一书被英国科学家李约瑟博士誉为"中国科学史上的里程碑"。

沈括像

沈括还是一位不辱君命的外交谈判能手。

有一次，辽国的萧禧前来争要河东黄嵬（今山西原平县西北）一带地方，留在宾馆不肯辞去，说："我一定要达到目的才能返回。"当时北宋的大臣迫于辽国的军事压力，多数都主张答应对方要求，沈括却不同意那样做。宋神宗也感到对方要求不合理，便决定派沈括为使臣，前去谈判。

沈括对辽使贪得无厌的态度看在眼里，恼在心上，他决心在谈判桌上击败对方。他到枢密院翻看以前的档案文件，查找到往年商定边境的文件，文件上指定以古代的长城为边境，而现在所争的地方与长城相差 30 里远，就画出地图，上表论述这件事。宋神宗特地在休假日打开天章阁，召见了沈括，让他陈述自己的意见。宋神宗听后高兴地说："大臣们根本不去探讨事情的本末原委，几乎误了国家大事。"于是命令将沈括所画地图拿给萧禧看。萧禧理屈词穷，才不再争了。宋神宗又赏赐沈括白金一千两，让他出发去辽国了结此事。沈括一行到了契丹宫廷，契丹宰相杨益戒来同他面议。沈括找到争论土地的文件数十件，预先让随从办事人员和幕僚背熟这些文件。杨益戒提出问题，沈括就让办事人员举例回答。第二天再提问，还是同样回答。杨益戒对沈括提出的质问却无话可答，便傲慢地说："你们连几里的地方也不愿放弃，难道想轻易断绝两国的关系吗？"他想用武力向沈括施加压力。沈括满不在乎地说："出兵有道理，士气就高昂，没有道理，士气就低落。现在你们舍弃以前的重大信誓，用暴力来役使你们的人民，这对我们宋朝没有什么不妥。"总共会晤了六次，契丹方面知道沈括的意志不会屈服，于是不得不做出让步，便丢开黄嵬地区不淡，只要求将天池一带地方划归他们。沈括于是启程回朝。他在路上画下沿途山川的险峻和平缓，道路的迂曲和顺直，风俗的单纯和复杂，人心的拥护与不满，写成《使契丹图抄》一书，献给朝廷。朝廷因他出使契丹有功又提升他为翰林学士。

颜真卿与沈括，他们的言行，不仅是以自己的才能作支撑的，更强大的力量来自他们知道怎样做才能不辱自己和自己所代表的国家的尊严、责任和使命。这种崇高的气节，于私，值得托付；于公，值得信赖。

所以，做人不卑不亢，面对权高势重不奴颜婢膝，面对势单力薄者不盛气凌人，这就是一个士的处世风格，这样既不有辱于人格，也不会有辱于国格。

不因小利而失大义

【原文】

子曰："君子喻于义,小人喻于利。"

"舍生取义"是君子做人的准则之一,历史上有许多先人正是这样做的,文天祥、谭嗣同都是令人景仰的大义君子。而在今天,也许不需舍生才能取义,但在这物欲横流的社会,每个从政者应练好"内功",以防"糖衣炮弹",勿以小利而失大义。春秋祁黄平公"忍所私以行大义",才是现在每个为官者正确的义利观。但反其道而为者是否仍层出不穷呢? 看看古人先哲的作为吧。

汉灵帝淫乱后宫

刘悝是东汉章帝的曾孙,质帝时被封为渤海王。延熹八年(公元 165 年)因犯谋逆之罪,被贬官。当时正是桓帝时,中常侍王甫在朝中权势极大。刘悝为了恢复渤海王之位,对王甫许愿,说只要帮助他恢复王位,他就以五千万钱相报。王甫还未来得及活动,桓帝就死了。因为刘悝是桓帝的弟弟,所以桓帝特留下遗诏,恢复刘悝的渤海王之位。这个巧合,使王甫将不费力白得五千万钱。

不料刘悝知道了自己王位的失而复得不是王甫的功劳,便毁弃前约,一文钱也没给他,王甫从此对刘悝怀恨在心,暗地里寻找他的过错。桓帝死后,灵帝继位。灵帝继位时,朝内外就流传说,刘悝认为自己应该继位,他对灵帝继位非常不满。王甫便开始利用这个流言为刘悝罗织罪名。

当时朝内还有两个人也很骄横,一个是中常侍郑飒,一个是中黄门董腾。他们与朝内外权势互相交结,结党营私。这两个人都与刘悝关系极密。王甫便密告司隶校尉段颖,说郑飒图谋不轨。熹平元年(公元172年),郑飒被捕入狱。王甫又让尚书令廉忠诬陷郑飒等图谋立刘悝为帝,大逆不道。灵帝于是下诏,让冀州刺史将刘悝收监审讯。刘悝被逼无奈,自杀。其妃妾11人、子女70人,使女24人皆死于狱中。

相反,苏武却不因小利而失大义,他的这种坚贞不屈的精神备受人们的赞扬。

汉武帝太初四年(公元前101年)冬,匈奴单于病死,国人立其弟且鞮侯为单于。且鞮侯因怕汉朝乘新立之机来攻,遂对众臣说:"我乃儿子,怎敢敌汉?汉天子本是我的丈人。"并下令将原扣押在匈奴的汉臣,一律派使臣护送归国,且奉书求和。

天汉元年(公元前100年)正月,汉武帝因感匈奴单于诚意,也将被押匈奴使臣释出,派中郎将苏武持节送归,并令苏武携带金帛,厚赠单于。苏武,字子卿,杜陵(今陕西西安市东南)人,为故子陵侯苏建之子。时与兄弟同为朝中郎官。苏武此次奉命出使匈奴,知前途未卜,特与家人告别,率副中郎将张胜,从吏常惠及兵役百余人,离都北行。

苏武一行到了匈奴,见到了且鞮侯,转达了武帝的问候,赠送了金帛。且鞮侯并非真心与汉议和,只不过借此缓兵,以寻机后图。他见汉帝中计,不由傲慢起来,对待汉使,礼貌不周。苏武至此,也只好忍耐,公事办完,便告辞退出,留待遣归。谁知,就在这几日,出现了一件意外之事,使苏武等人被困匈奴近20年。

在苏武未出使匈奴之前,有一长水胡人之子卫律,与协律都尉李延年相好。李延年便将其推荐给武帝。武帝见卫律通晓胡事,便命其出使匈奴。不久,李延年因罪被囚。卫律在匈奴得知,因怕株累,竟背汉降胡,被匈奴封为了灵王。卫律有一从人虞常虽随律降胡,但心中颇为不愿。时还有一浑邪王姐之子缑王,前从浑邪王归汉,此时与赵破奴等人同困匈奴,心情也同虞常一样,二人遂成知己,欲谋杀卫律,劫持单于母阏氏,一同归议。凑巧张胜来到匈奴。虞常本与张胜相识,乘探望之机与胜私谋道:"闻汉天子甚怨卫律,常能为汉伏弩将其射杀,还望赐教!"张胜听后,一心争功,瞒着苏武,当即应允,并以货物相助。不久,且鞮侯单于出猎。缑王、虞常认为有机可乘,便招集党羽70余人,准备发难。不料其中有一人贪生怕死,乘夜将此事报告了单于子弟。单于子弟立即调兵围捕,缑王战死,虞常被擒。且鞮侯闻报,也星夜赶回,立命卫律严审此案。

张胜见事已败露,怕受诛杀,这才将事情始末告诉了苏武。苏武听后,大惊,说道:"事已至此,必连累于我,若被匈奴捕审,岂非更有辱国家?不如早图自尽,说着拔出佩剑,便要自刎。亏张胜、常惠将宝剑夺住,苏武才得无恙。苏武无奈,只盼虞常不要供出张胜。哪知虞常连遭酷刑,坚持不住,竟将张胜供出。卫律将供词录示单于。单于见后,立召贵臣,议杀汉使。当时左伊秩訾劝道:"汉使若直接谋害单于,也不过死罪,今尚不至此,不如赦其一死,迫他投降!"单于听后,便令卫律往召苏武。苏武闻召,对常惠道:"屈节辱命,即使得生,还有何面目再回汉朝?"说着,拔出剑来,向颈上挥去。卫律见状,急忙上前把住苏武双手,但剑锋已着脖颈,血流满身,苏武已昏死过去。卫律忙令诏医生。及医生赶来,见剑锋尚未伤到喉管,经半日抢救,苏武才清醒过来。卫律见苏武已无危险,便令常惠好生看护,自己回报单于。

单于听后,也颇为苏武气节所感动,一面派人问候,一面下令将张胜收入狱中。

数月后,苏武颈伤痊愈。且鞮侯便令卫律将苏武请到庭中,并将虞常、张胜从狱中提出,当场宣布:虞常死罪,立即拉出斩首。又对张胜道:"汉使张胜,谋杀单于近臣,罪亦当死。但若肯归降,尚可赦免!"说着,卫律上前,举剑欲砍张胜。张胜见状,慌忙伏倒在地,连称愿降。卫律冷笑数声,转身问苏武道:"副使有罪,君当连坐。"苏武道:"本未同谋,又非亲属,怎能连坐?"卫律又举剑试武,苏武仍神态自若,面不改色。卫律见后,又将宝剑收起,和颜劝苏武道:"苏君,卫律前负汉归匈奴,幸蒙大恩,授爵为王,拥众数万,马畜满山,富贵如此。苏君若肯投降,定与卫律相同,又何必执拗成性,自寻死路呢?"苏武听后摇头不语。卫律接着说道:"君肯因我而降,当与君为兄弟;若不听我言,恐不能再见我面了!"

苏武听了此语,当即怒道:"卫律!你为人臣子,不顾恩义,叛主背亲,甘降夷狄,有何

苏武牧羊

面目见我？且单于令你断狱，你不能秉公而断，反欲借此挑拨两主，坐观成败。你要想想，南越杀汉使，屠为九郡；宛王杀汉使，头悬北门；朝鲜杀汉使，即时诛灭。独匈奴尚未至此。你明知我不肯降胡，还多方胁迫，我死不要紧，恐自此匈奴祸至，到时，你能幸免吗？"一席话，骂得卫律张口结舌，又不好擅杀苏武，只得汇报单于。

单于闻后，更加敬重苏武，降武之心更加强烈，遂令将苏武囚于大窖之中，不给饮食。时天下大雪，苏武食雪嚼旃，才得数日不死。单于疑为神助，乃徙武于北海上（今贝加尔湖），令其牧羝。羝系公羊，怎能产子。但单于说直到羝羊乳子，方可释归。又将常惠等分置他处，不能与苏武相见。可怜苏武身处荒野，没有食物，只得掘野鼠、觅草实充饥。尽管如此，苏武仍未忘使命，持着汉节，在匈奴过了一年又一年，希望有一天能重返故土。

汉昭帝始元二年（公元前85年），匈奴狐鹿姑单于病死，遗命立弟右谷蠡王。而阏氏颛渠与卫律密谋，匿起遗命，竟立狐鹿姑幼子壶衍鞮为单于，召集诸王，祭享天地鬼神。右谷蠡王及左贤王等，不服幼主。拒召不至。自此，匈奴国力渐衰。始元六年（公元前81年），匈奴颛渠阏氏恐内乱外患相继而来，派使臣前往汉廷和亲。汉廷也遣使来胡，提出只有匈奴释归苏武、常惠等人，方准言和。此时，苏武已困匈奴19年，对外边之事，知之

甚少。

汉使向匈奴索还苏武。胡人谎称苏武已死。多亏常惠得知消息，设法说通胡吏，得以夜访汉使，说明了真情，且附耳献了一计。汉使听后，连连称善。次日，汉使又指名要索回苏武。壶衍鞮道："苏武确已病死。"汉使闻后，怒道："单于休得相欺，大汉天子在上林中射得一雁，雁足上系有帛书，乃是苏武亲笔，言其正在北海牧羊。今单于既要言和，为何还要欺人？"单于闻言，顿时失色，对左右道："苏武忠节，难道还能感动鸟兽？"不得已只得向汉使谢罪道："苏武果真尚在，我释他归国就是了。"汉使乘机再索常惠、马宏等人，壶衍鞮一一答应释归。

不久，苏武被从北海召回。始元六年中，苏武、常惠等九人，随汉使返回长安。苏武出使匈奴时，年方四十，至此须眉皆白，但手中仍持着汉节，旄头早已落尽，都人见了，无不称赞。及见了昭帝，交还使节，又奉命往拜了武帝庙。不久，昭帝下诏，拜苏武为典属国，赐钱二百万，公田二顷，宅一所。

苏武受武帝所遣，出使匈奴，因受张胜参与谋杀卫律的牵连，被困匈奴 19 年。在这 19 年间，他经受住了匈奴的逼降、诱降，经受住了恶劣环境所造成的饥饿、寒冷、孤独，始终保持住了使节的尊严、忠君爱国的气节。这种气节虽带有一定时代的局限性，但其精髓，却是我国优秀文化传统的核心，也是我们中华民族繁衍生息，虽久经磨难，但始终屹立世界民族之林的根本精神。正因为如此，"苏武牧羊"的故事历代流传，直至今天。

苏武在匈奴受了 19 年的磨难。19 年中，他一直没有丢掉标志自己身份的"节"。我们每个人都有自己的身份，每个人都有一根"节"，然而，是不是每个人都始终将其保持住了呢？

学会爱憎分明的立场

【原文】

子曰："惟仁者能好人，能恶人。"

任何一个有点智慧的人，都有自己的善恶观，都知道什么东西是善的，什么东西又是恶的；这件事为什么这样做是对的，而那样做就是不对的等等。

在秦末项羽的起义军中，有一员英勇的战将叫季布。季布最讲信誉，凡是有人恳求他，他一旦承诺，必然完成。所以在楚霸王的军队中，流传一句话："得千金易，得季布一诺难。"

在楚军与汉军作战时，季布为将军，有几次带兵把汉王刘邦围困住，使刘邦败得很狼狈。但最后垓下一战，霸王自刎于乌江之畔，刘邦取得了胜利。

刘邦做了皇帝后，一想起当年被季布围困的窘迫情景便十分生气，于是下令全国，通缉季布，能抓到季布的赏千金，有谁匿藏就灭三族。由于季布在江湖上的信誉，还是有人冒灭族的危险，把他隐藏起来。

季布化装为奴隶藏起来后，被卖到鲁地一个姓朱的侠客家。朱氏认出了季布，假作不认识，把季布安排在地里干活。但对儿子说，种田的事你听这个奴隶的，吃饭时叫他和你一桌吃，不要看不起他，更不准虐待他。把一切都安排好后，朱氏便到京城，找到早年江湖上的朋友夏侯婴。夏侯婴同刘邦一同起义抗秦，多次立下战功，现在已经是汉朝的大将。朱氏与夏侯婴在叙旧中谈起了季布。

朱氏说："季布犯了什么大罪，皇上这样急迫地悬赏要捉住他？"

夏侯婴解释说："季布为项羽大将时，几次围困皇上，使皇上狼狈败去。皇上心里很怨恨，所以一定要捉住他，以消心头之恨。"

朱氏又问夏侯婴季布为人如何？

夏侯婴对老朋友尽吐自己内心的真实看法，直言不讳地说："季布是条好汉，一言九鼎,对朋友够义气。"

朱氏进一步说道:"当年刘项两家夺天下,手下大将各为其主,季布围困皇上,打败刘家的军队,是一个将军的职责。现在项羽失败,皇上胜利了,难道要杀尽项羽所有的部下吗?现在皇上初得天下,应向全国示以宽厚,得到全国的拥护,怎么可以为了个人的恩怨而急着捉拿得罪过自己的人呢?这岂不表示皇上的心胸不宽广,难以容人了吗?"

夏侯婴被朱侠客说得频频点头。

自负其才,受辱不羞

朱氏继续说:"季布是一员战将,能攻善战,在江湖上声誉也好,如果被皇上逼急了,他会做出些事来的。譬如他可能向北投向匈奴,或向南投向南越王。皇上为了个人恩怨把一个战将逼到敌国去,不是心胸太狭窄了吗!怎么像一个皇帝啊!"

夏侯婴觉得朱氏说得有理,同时也察觉出来,季布可能就隐藏在朱家。便说:"朱兄,你要我做什么?"

朱氏说:"为了国家的利益,你找个机会向皇帝建议,赦免季布吧。这有利于提高皇上的威望。"

夏侯婴答应了他的请求。过了不久,皇帝果然下令赦免季布,撤销了追捕令。

又过了些时候,皇上召见季布,并任命他为郎中,后来季布又被任命为河东太守。

从朱氏、夏侯婴、刘邦三人对季布的态度可以看出,唯有朱氏扮演了一个"能好人,能恶人"的仁者角色。他对季布好恶的评价,最为客观公正,最符合国家利益,所以他的意见能左右夏侯婴和刘邦。特别是他的意见实际上符合刘邦的最大利益,所以最终为刘邦所接受。当然,刘邦作为一国的君主,能从善如流,改正错误,也是难能可贵的。

虽然喜恶是人的一种自然情感,但仍应该有理性的判断才行,而谁才能有正确的理性判断呢?孔子说"唯仁者能",仁是区分善恶的标准。只有仁者才能清楚地辨别是非、善恶,采取鲜明的态度,真正做到爱憎分明。

可见,能挺身而出,明辨善恶者,必须具有极大的道德勇气。

和而不同,和而不流

【原文】

子曰:君子周而不比,小人比而不周。

这里孔子讲的是如何与人交往,如何处理人际关系的问题。"周"和"比"都有与他人亲近交往的意思,二者的区别在于,"周"有广泛、普遍的意思,"比"有亲密、狭小的意思;"周"是以一种大公无私之心进行交往,"比"是以一种结党营私之心进行交往。

君子与人交往广泛,都以公义之心待人,毫无私利之心;小人与人交往亲密,都以私利之心待人,毫无公义之心。君子以道义为准则与人交往,所以有很多志同道合的朋友。小人喜欢结成小圈子,不会融入大集体。

朱熹在《论语集注》中说:"君子小人所为不同,如阴阳昼夜,每每相反。然究其所以分,则在公私之际,毫厘之差耳。"君子出于公心,小人囿于私利。出于公心所以能胸怀宽广,纳百川而归于海,搞团结而不搞拉帮结派。出于私利所以就心胸狭窄,结党营私而排除异己,搞宗派主义而不讲道义原则。

有一句顺口溜:"三五成群搞帮派,看谁不爽就淘汰;同志之情弥足惜,制造隔阂不应该。"说的就是职场上的拉帮结派,这在古时候,也许就是小人之间的"朋党"。欧阳修在《朋党论》里说:"小人与小人,以同利为朋","小人所好者利禄也,所贪者,货财也。"凡是拉帮结派的,其出发点总是为了"营私"。他们相互利用,彼此勾结,形成了一个"小圈子"。

唐朝诗人元稹,虽为名诗人,后且身居高官,以人品论并不见重于世,曾被陈寅恪先生讥讽为"巧婚""巧宦"。元稹为后世留下了许多传诵千古的佳作,但他的人品和文学成就形成了反比。他的诗文中多有对忠贞感情和高尚品德的描写,例如"唯将终夜常开眼,报答平生未展眉"(《遣悲怀》三),用来表达对伉俪情深却人鬼殊途的哀思。还有"曾经沧海难为水,除却巫山不是云。取次花丛懒回顾,半缘修道半缘君"(《离思》),曾经深深地震撼多少人的心灵。但是,如果你了解了元稹的一些真实故事后,元稹的形象就会陡然渺小了起来。

元稹创作的传奇爱情小说《莺莺传》,主人公就是元稹和他的姨表妹妹崔莺莺,故事的结局远比后来王实甫的《西厢记》来得凄惨。元稹为了仕途通达,在已故相国小姐崔莺莺和现任京兆尹的小千金之间做出了选择。尽管前者貌若初开之牡丹,秀若清晨之露珠,又兼才艺双绝,元稹费尽心机苦苦追求而得之,并与之山盟海誓在前,可是,身为庶民士人的元稹,看懂了官场游戏规则之后,求取功名的欲望让他丧失道德操守,选择了从未谋面的当朝权贵之女韦氏,典型的攀附权贵。

元稹的《遣悲怀》和《离思》都是悼念亡妻韦慧丛所作,写出了夫妻情感的至死不渝,文意高雅动人。可实际上呢,韦氏死后不到两年,他便在江陵纳裴淑为妾,违背了他写诗的诺言。这也许算不了什么,但是当他飞黄腾达,以监察御史的身份入蜀后,便迷恋上了蜀中才女薛涛。之后他到江浙任官,又看上了另一个才女刘采春,而此时刘已经是有夫之妇。刘采春擅长唱歌,不但高歌声彻云霄,而且余音绕梁不绝,真有"半入江风半入云"的深趣。元稹立刻被刘采春迷住了,将薛涛抛在脑后。他与刘采春相狎7年,薛涛在近20年清淡的生活之后,孤独终老。

当年"诗鬼"李贺参加进士考试,主考官就是元稹,因为李贺少年就很有才名,元嫉贤妒能,利用权势,硬是取消了李贺的考试资格。这才使得一位天才诗人李贺空怀"男儿何不带吴钩,收取关山五十州"的壮志,终身落魄,短命而亡。曾有后人评价元稹为"诗中才

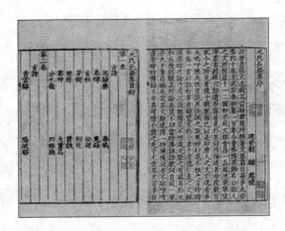

元稹著作《元氏长庆集》书影

子,人中鬼魅",由此也可以看出元稹的人品。

元稹为官,喜钻营结党。与其爱情道德同样的,为了当稳官,当大官,元稹完全抛弃了他刚出道时的正直和锋芒,不顾廉耻地投靠当权的宦官和弄臣,终得人臣之极,当上了宰相。

公元821年7月,成德节度使田弘正被部将王庭凑勾结牙兵杀害。王庭凑自称留名。唐穆宗令魏博、横海、昭义、河乐、义武诸军往讨。军队虽然不少,但因缺乏统一指挥,各路将帅各自为战以致战果不大,两军形成胶着状态。唐穆宗派裴度为镇州四面行营都招讨使,前往督战。

这时,元稹为迎合穆宗的"销兵"之议,写了《连昌官词》,说什么"努力庙谋休用兵"。他反对裴度主战的布置,便和宦官魏宏简里外勾结,阻挠裴度的规划实现。裴度发觉后,非常气愤,连上三表,要求朝廷召集百官集议。穆宗不得已把魏宏简降为弓箭使,元稹也被解去翰林学士。

白居易是元稹的好友,此时他对元稹的行为也看不过去了,他曾写诗暗示过他:"身外名徒尔,人间事偶然。"白居易希望元稹在名利面前应该有所控制。

公元822年2月,元稹做了宰相,他有意要解除裴度的兵权,便怂恿穆宗罢兵。穆宗听从了元稹的意见,诏除裴度为东都留守,判东都尚书事。

白居易目睹了元稹为了权利明争暗斗,不肯尽心为国家效力,和宦官魏弘简等勾结,与裴度失和，当年"有节秋竹竿"的伟丈夫、自己的知己、诗友，竟变成如此的庸碌势利小人，令他心情十分烦闷。他对元稹打击裴度的做法极为愤慨，于是上《论请不用臣表》，揭露元稹："臣素与元稹至交，不欲发明。伏以大臣沈屈，不利于国，方断往日之交，以存国章之政。"白居易的这种不以私害公的精神，实在让人钦佩。

《新唐书·元稹传》结语说："稹始言事峭直，欲以主名，中见斥废十年，信道不坚，乃丧所守。附宦贵得宰相，居位才三月罢。晚弥沮丧，加廉节不饰云。"此论较为公允。

孔子在《论语·卫灵公》里说："君子矜而不争，群而不党。"矜而不争是庄重自尊，却并不骄傲自满。君子是合群的，虽然他内心里庄重、庄严不可侵犯，但他在一大群人里头却从来不争。同时，他也决不拉帮结派，谋取私利。这也就是孔子在《论语·子路》里所说的："君子和而不同，小人同而不和。"

人，因为相同而联结，因为相异而成长。每个人都有不同的性格、目标、做事方式、生活习惯，因此，我们不能苛求他人与自己各方面都相同。一个人应有"和而不同"的胸襟心态处世，方能站得高远。

但是，我们还应该做到和而不流，不能因为交朋友丧失了自己应有的立场，或是受他人影响而迷失人生的方向。与人要和，但不要同流合污，不要同流结派。保持自己的本色，做到"和而不流"是一个很高的境界。

言从其行，言行相符

【原文】

子贡问君子。子曰：先行，其言而后从之。

古人说："作事必谋始，出言必顾行。"做事情一定要从开始就要加以谋划，每说一句话必须顾及能否实行以及后果如何。做人做事要内外相应，言行相称，心中所想的、口里所说的要和行动相符合。

《易经·蒙》说："君子以果行育德。"《礼记·杂记下》上有一句："有其言，无其行，君子耻之。"与行乃人之表,谨言慎行既是道德之花,又是育德之途。言行体现一个人的品德修养,做人要慎言慎行,言从其行,言行相符。

孔子说:"先行,其言而后从之。"意思是,君子要先做才说,也可用慎言二字来概括。慎言不过是成为君子的条件之一,并非仅仅做到慎言即为君子。

司马牛向孔子请问仁。孔子说:"行仁的人讲话十分谨慎。"司马牛又问:"讲话谨慎就能算是仁了吗?"孔子说:"这可是很难做到的,一般人讲话是很难做到十分谨慎的。"因为知道要实践自己每一句话是很难的,所以讲话一定得要谨慎。

《论语·宪问》里,孔子说:"君子耻其言而过其行。""其言之不怍,则为之也难。"意思是,君子以说得多做得少为耻辱。随便开口又不觉惭愧的,做起来一定不容易。《论语·里仁》里,孔子说:"古者言之不出,耻躬之不逮也。"意思是,前贤说话时,不会轻易出口,这是因为他们以自己来不及做到所说的话为耻。

孔子多次提及仁与其中的众德,都是以义为指导节制的原则。合于义指导节制的德,才是美德;合于义指导节制的仁,才是真正的仁。因此言与慎言也应当符合义的要求,才能成为君子所需的美德。这里所谓"能做到的才说它,做不到的就不要说"也正是一种义的表现。

所以,言行之间的关系一直是儒家的一个中心论题,言必行,行必果,重然诺。说过的话一定要算数。孔子的弟子子路就有一个很突出的优点,"无宿诺",说过的话一定会兑现,而且当天就兑现,绝不过夜。如果一个人做出了承诺而不兑现,就不可与之交往。其实,慎言慎行的传统并非儒家所独有,很多其他学派也都特别重行而轻言。

《道德经》书影

老子在《道德经》中的开篇就强调"道可道,非常道,名可名,非常名。"道和名虽然可以用言语表达,但一说出来就不是原来的那个道和名了,就变味了,这其实就是对言语功能界限的清醒认识。老子还说了一句话叫"功成而弗居"。你只要实实在在地帮别人把事完了,就不要总是挂在嘴上说,否则还会招来怨恨。

汉朝伟大的史学家司马迁在为李广立传时称赞道:"桃李不言,下自成蹊。"不用天天说自己如何如何,只要自己有真才实学,就一定会有自己的用武之地。

有一次,孔子问几个学生:"你们各自说说自己的理想吧!"颜渊回答:"我不愿意夸耀自己的长处,表白自己的功劳。"就是体现了老子所说的这层意思,也深得孔子的赞赏。

所以,孔子的这一句话给我们的启示就是,少说话,多办事,只有先做后说才可以取信于人,不能只说不做。言与行及其相互关系构成了人类面临的重大人生和社会命题,孔子用自己一生的行走、言说,诠释了自己的言行观,在《论语》中做了详尽的阐述,闪耀着智慧的光芒,透射出朴素的辩证思维及洞察世界的眼光。

孔子较早地意识到言与行的相对独立性,言行可以分离,言易行难。如今出现的语言的巨人,行动的矮子不在少数,在孔子看来,言行不一不只是性格问题,更涉及道德问题。他以言过其行为耻,与人做出的承诺必须努力兑现,宣言、纲领、计划、协约等等都是对未来对自己对他人的承诺,必须付诸实施,否则你这个人就有两面性,说一套做一套,为人所不齿。言行一致是言与行之间达成默契的一种协议,一旦一方违约,就打破了一种平衡,违背道德运行的规则,各种各样的意外都有可能产生。

儒家主张的立德立功立言,就是人成长的正常轨迹。在这一人生成长序列中,立言的前提是学会做人,学会做事,做好人,做善事。有德有功必有言,无德无功言何用?对于人类的行为选择倾向来说,有时候语言也显得苍白无力,老年的孔子也会感叹:"我不想说话了,天不说话,四季照常运行更替,万物照常生长。"在言行上,孔子更加侧重躬行,他很谦虚,总认为自己在"敏于行"方面比不上普通人。

孔子在表述言行观时充满辩证思想,符合生活逻辑,年代的车轮辗转到今天,重提孔子的言行观具有特殊的时代意义。语言是行动的先导,也是行动的终结,既强调说到做到,也强调做到说到,才能保证言行一致。

坐而论道,起而躬行,践行是一个人生活的真实状态,在行动中有君子风范则是一个

人道德的理想状态。我们的日常行为要注重躬行，在做事中体现做人，在做人中谋求更好地做事。

善恶皆可为师

【原文】

见贤思齐焉，见不贤而内自省也。

孔子说："见贤思齐焉，见不贤而内自省也。"这句话是后世儒家修身养德的座右铭。见到有德行的人就向他看齐，见到没有德行的人就反省自身的缺点，这种人的修养境界很高。

石刻"见贤思齐"

见贤思齐是说好的榜样对自己的震撼，驱使自己努力赶上；见不贤而内自省是说坏的榜样对自己的警醒，要学会吸取教训，不要跟别人堕落下去。看他人的优点自我鞭策，看别人的缺点反省自己。

东汉末年，有位叫郭泰的文人，他学问高深，为人谦和。有个叫魏照的人，不仅常来听郭泰讲课，还把行李搬来，整天和郭泰住在一起。

郭泰很奇怪他听完课为什么不回家。魏照说："能找到一位传授知识的老师很容易，但找一位能教自己做人的老师却很难。我天天和您在一起，是要模仿您待人接物时所表现出的高尚品格。"郭泰很感激，尽心竭力地教他，魏照很快就成为一个学识渊博、志向远大的人。

通过这个故事，我们可以看出，只有见贤思齐，并真诚地付出，才能让自己也成为一个贤人。魏照就是这样的一个人，并且，他也是一个让郭泰老师敬仰的学生。

汉代《说苑·杂篇》有一段故事：

程大子盛情邀请南瑕子吃娃娃鱼，而南瑕子拒绝了，理由是君子不能吃娃娃鱼。程大子就嘲笑说："你以为你是君子吗？不吃鱼也不会就成了君子吧？"南瑕子回答："自己虽然不是君子，但是要以君子的标准要求自己。因为，你把目标朝上去比较，就会使自己前进；而总是朝下去比，则只会后退。"

南瑕子为什么说君子不吃娃娃鱼？那时候不存在环保问题，估计是多半因为娃娃鱼叫声像娃娃，食之有野蛮人嫌疑。南瑕子不吃娃娃鱼的做法咱暂且不论，但他的这段向贤的表白，却不能不让我们敬佩。"君子上比，所以广德"，"高山仰止，景行行止"的道理，我们不能不学啊！

古人云："善者可以为法，恶者可以为戒。"善恶皆可为师，择善而从，其不善者可以为戒。你看见别人的过失和是非，就要赶快去反省，这就是修行。每逢看见别人的过失，便是自己一个长进的机会。

北宋的蔡京擅长书画，当时很有名气，宋徽宗看到后非常欣赏，蔡京就把自己的书画及所画条屏、扇面等托人送给宋徽宗、宫妃和宦官，蔡京就是靠这样阿谀逢迎当到了宰相。

他耗费大量国家资金扩建皇宫，直到北宋灭亡之前一直都在修筑，贪污的金银比朝廷府库的还多。他陷害忠臣，结党营私，任人唯亲。蔡京把持朝政时期，贿赂公行，民不聊生，是北宋最黑暗的时期。全国人民起来呼吁将蔡京正法以谢天下，朝廷不得不罢免了蔡京。

中书侍郎侯蒙说："如果蔡京能够心术端正，即使古代贤良的宰相也比不过他啊！可

惜没有用在正道上。"

由此可见，无论人才能、智商再高，如果心术不正，不仅不会为国家做贡献，反而会造成巨大危害。

老子《道德经》第二十七章上说："故善人者，不善人之师；不善人者，善人之资。不贵其师，不爱其资，虽智大迷。是谓要妙。"这几句话的意思是说，善人可以做不善人的老师，不善人可以做善人的借鉴。如果不善人不尊重善人为老师，善人不吸取不善人的教训，这种人虽然自以为聪明，其实是大糊涂。这是一个精要深奥的道理。

老子主张向一切人学习，不仅向好人学习，而且还要向不好的人学习。向不好的人学习，当然不是要学坏，而是吸取教训，把坏人作为一面镜子，不使自己犯同样的错误，实际是起一种反面教员的作用。

从别人身上看自己，比从自身看自己看得还要清楚。一个人要能够时时检省自己，在看别人的过失的时候，也别忘了多检讨一下自己。当我们看到在大庭广众下怒骂撒泼的人的形象和不文明的行为时，会觉得十分的丑陋，于是我们会避而不学之。当喜欢搬弄是非的人对我们大谈别人是非的时候，我们会警觉，自己可千万不要学之。这些都是一面镜子，反衬出人们的陋习，我们要在直面后以之为戒，调整自己的形象和行为。

宋朝学者杨万里在《庸言》中写道："见人之过，得己之过；闻人之过，得己之过。"这是一种观照他人的自省与自律。你有没有在看见别人错误的时候发现这是你的影子？

人要有骨气

【原文】

子曰：岁寒，然后知松柏之后凋也。

天气冷了，所有的草木都凋零，只有松树与柏树依然傲立。这是孔子的感叹。这里是用松柏比喻品德高尚、坚忍不拔、保持节操的人，不同于一些见利忘义、无骨气的小人。

孔子认为，人是要有骨气的。作为有远大志向的君子，他就像松柏那样，不会随波逐流,而且能够经受各种各样的严峻考验。孔子的话,语言简洁,寓意深刻,值得我们深入思考。

一个民族要有志气,一个军队要有士气,一个单位要有正气,一个人要有骨气。骨气是人格的独立和品行的端方,是信仰的明确和操守的坚定。

历史学家吴晗写过一篇《谈骨气》的文章,提出做人不可有傲气,但不可无骨气,所谓骨气就是做人要坚持原则,在大是大非的问题上明是非,知荣辱,不拿原则来做交易。这样的例子,在我国历史上不胜枚举。

南宋末年,首都临安被元军攻入,丞相文天祥组织武装力量坚决抵抗,失败被俘后,元朝劝他投降,他写了一首诗,其中有两句是:"人生自古谁无死,留取丹心照汗青。"人总是要死的,就看怎样死法,是屈辱而死呢,还是为民族利益而死? 他选取了后者,要把这片忠心纪录在历史上。

文天祥

文天祥被拘囚在北京一个阴湿的地牢里,受尽了折磨,元朝多次派人劝他,只要投降,便可以做大官,但他坚决拒绝,在公元 1282 年被杀害了。他写的有名的《正气歌》,歌颂了古代有骨气的人的英雄气概,并且以自己的生命来抗拒压迫,号召人民继续起来反抗。

孟子有几句很好的话:"富贵不能淫,贫贱不能移,威武不能屈,此之谓大丈夫。"高官厚禄收买不了,贫穷困苦折磨不了,强暴武力威胁不了,这就是所谓大丈夫。大丈夫的这种种行为,表现出了英雄气概,我们今天就叫作有骨气。文天祥就是孟子所说的大丈夫,一个有骨气的人。"人生自古谁无死,留取丹心照汗青",这就是骨气。

古代有一个穷人,饿得快死了,有人丢给他一碗饭,说:"嗟,来食!"(喂,来吃!)饿人

《论语》智慧应用

拒绝了"嗟来"的施舍,不吃这碗饭,后来就饿死了。那人摆着一副慈善家的面孔,吆喝一声"喂,来吃!"这个味道是不好受的。吃了这碗饭会怎样呢? 显然,他不会白白施舍,吃他的饭就要替他办事。那位穷人是有骨气的:看你那副脸孔、那个神气,宁可饿死,也不吃你的饭。不食嗟来之食这个故事很有名,传说了千百年,很有积极意义。骨气与地位无关,尽管没地位的人似乎很少谈起骨气。骨气与金钱无关,尽管有金钱的人好像总是很有骨气。

唐朝王勃在《滕王阁序》里有句名言:"穷且益坚,不坠青云之志。"

人有志,竹有节。不怕人穷,就怕志短。人无刚骨,安身不牢。骨气是沉着的,宁静的。无论是风平浪静还是雨骤涛狂,就那样默默地屹立着。只有在经过猛烈地撞击后,才知道它是多么的坚硬。

朱自清是我国现代著名的作家和学者,他在写作上成就最高的是散文,他的散文感情真挚,主要就是叙事性和抒情性的小品文。在中国这块广大的土地上,只要稍微读了一点书的人,就没有不知道他的。

一方面,因为他写出了许多好作品,尤其是像《背影》《春》《儿女》《荷塘月色》这样的名篇。另一方面,则是由于他伟大的民族气节。许多人都知道朱自清宁愿饿死也不领美国救济粉的真实故事。

1948 年,当时的中国,百业萧条,物价飞涨,民不聊生。贫病交加的清华大学中文系主任朱自清,一家老少只是以稀粥糊口,食不饱腹。当局为缓和教授们的不满,给他们发了"面粉配给证",凭证可购买美国援助的平价面粉。

那时,有爱国人士带头写了一份拒绝美国救济粉的声明书《百十师长严正声明》,当他们准备让朱自清在上面签名时,还是犹豫了,因为他们知道当时朱自清家有 9 口人,全靠朱自清微薄的工资抚养,非常困难,让他不要在上面签字,但朱自清还是毫不犹豫地在声明书上写下了"朱自清"3 个字。

此前朱自清就已因胃病复发卧床不起多日。1948 年 8 月上旬,朱自清先生病情恶化,入院治疗无效。8 月 12 日,朱自清因药石罔效不治逝世,终年仅 50 岁。死之时,朱自清还叮嘱妻子,告诫其不能领取美国的救济面粉,体现了一个中国人伟大的民族气节与尊严。

莎士比亚说:"在命运的颠沛中,最容易看出一个人的气节。"《论语·微子》里,孔子称赞有气节的贤人说:"不降其志,不辱其身。"人必须有傲骨和正气。一身凛凛正气,可抗五毒之侵,可敌千夫之乱。骨气构成了生命轨迹中最明亮、最久远的光芒。骨气穿破了历史的星空,划过了岁月的河流,超越了阶级、民族、时代的局限,在一切善良人们的心目中,掀起永不消失的波澜。

骨气是浩浩瀚海中的一眼泉,是茫茫夜空中的一颗星,是寥寥荒原中的一条路,是漫漫人生中的一支歌。有了它,思想就不会干涸,方向就不会迷失,前程就不会无望,生活就不会沉沦。

骨气是立足的根,骨气是活人的本。做人就是要有骨气,不能丢掉人格,失去尊严,失去尊严也失去了自我。让我们做一个有骨气的人。

谦受益,满招损

【原文】

子曰:如有周公之才之美,使骄且吝,其余不足观也已。

有人总觉得自己有才干,狂一点儿,傲一点儿,对人不好一点儿,都是细枝末节的小事。古人说过,大丈夫成大事不拘小节。我既然有才,肯定能成大事,跟那些谦虚谨慎的人,理所应当有所区别,不然怎么体现我与众不同啊!你们跟随我或者想重用我,就得忍受我的脾气,迁就我,谁让我有本事呢?

孔子的看法跟这种人恰恰相反。孔子说,你再有才能,再完美,只要自己骄傲,对别人吝啬,也不值一看了。有才能却骄傲,不足取;有才能却吝啬,也不足取。

想当年,项羽武艺何等了得,却"骄且吝",要给部下封官了,官印拿在手里,左摸右摸,都快把棱角摸秃了,还舍不得给部下。难怪打不过刘邦——人才都跑刘邦那里去了。

为什么？刘邦大方！韩信要做"假齐王"，刘邦说："大丈夫干嘛做假王，要做就做真的！"于是，封韩信为真齐王。当然，刘邦的大方也是别人提醒的。不过，刘邦知错就改，说明他不那么骄傲。所以，楚汉相争，最后是刘邦的"汉"胜利了。

曾子曾经说过："自己才能高，却向没有才能的人请教；自己学识丰富，却向学识不多的人请教。有才能，却像没有才能的样子；学识很充实，却像学识空虚的样子。别人触犯自己，自己并不与之对抗。从前，我的一位朋友就这样做了。"正所谓"满招损，谦受益"，做个谦虚的人，对自己来说，是有百利而无一害的。

三国人物当中，曹操最强的对手是刘备。从个人能力上来观察，刘备确实是没有多大能耐，曹操参战的获胜率为八成，而刘备只有两成，可以说是败多胜少。结果，曹操顺利地扩充势力，而刘备却时沉时浮，举兵20年后仍无建树。为什么最终刘备能成为曹操最强的对手与之抗衡多年呢？

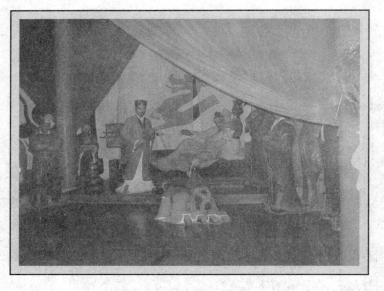

刘备托孤

根本原因在于刘备拥有一种弥补个人能力不足的秘密武器——"谦德"。刘备聘请诸葛亮为军师时，不惜三次亲自到诸葛亮的茅屋去请他。当时，两个人地位相差悬殊，刘备虽然在争霸的过程中不太顺利，但也颇有名望。刘备特地三次造访孔明，以崇敬的态度请求孔明做他的军师。在孔明应允之后，又马上将全部作战计划等国家大事都委任于他。这实在是最彻底的谦虚态度以及深切的信赖。

临终前，刘备曾经留给幼主刘禅一封遗书来训诫他，其中有"惟贤惟德，能服于人"的名句。"贤"指聪明，"德"指仁德，"德"可谓人之所以为人的魅力所在。如果在位者缺少贤德，便无法推动臣下。刘备又说："你的父亲是一个缺乏贤德的人。你千万不要像我一样。"刘备认为自己没有德，实际上是他的自谦。

到了晚年，刘备终于建立了自己的势力范围，这种成就与其说是刘备自己的才智所获得的，不如说是来自部下们的奋斗更为恰当。像孔明、关羽、张飞、赵云等人甚至可以为了刘备赴汤蹈火而在所不辞。他们之所以忠心耿耿，完全是因为刘备所具有的优秀品质，尤其是谦德。

谦虚是中华民族的传统美德，是我们文化的象征。你表现谦虚的时候，不仅体现了自身的高素质，也展示了国人的内涵。

20 世纪中国著名作家、文化先驱之一蔡元培先生曾有过这样一件轶事：

有一次，伦敦举行中国名画展，组委会派人去南京和上海监督选取博物院的名画，蔡先生与林语堂都参与其事。法国汉学家伯希和自认是中国通，在巡行观览时滔滔不绝，不能自已。

为了表示自己的内行，伯希和向蔡先生说："这张宋画绢色不错，那张徽宗鹅无疑是真品。"林语堂不表示赞同和反对意见，只是客气地低声说："是的，是的。"一脸平淡冷静的样子。

后来，伯希和若有所悟，闭口不言，面有惧色，大概从蔡元培的表情和举止上他担心自己说错了什么，出了丑自己还不知道呢！林语堂后来在谈到蔡元培先生时，还就伯希和一事感叹说："这是以中国人的涵养来反映外国人卖弄的一幅绝妙图画。"

谦受益，满招损。勿以己之长而比人之短，勿以己之短而妒人之能。须知五岳之外，别有他山之尊。我们应该保持谦虚谨慎、戒骄戒躁的学习态度。只有这样，人生之旅才能受益无穷。

简单生活最快乐

【原文】

林放问礼之本。子曰：大哉问！礼，与其奢也，宁俭；丧，与其易也，宁戚。

讲奢侈排场的人常希望胜过别人，因而常有大款斗富的故事。而过分节俭，便事事不愿与人互通有无，容易陷入固陋。两者均不可取，但比较起来，宁可简陋。

礼节仪式只是表达礼的一种形式，但根本不在形式而在内心。反对形式主义的排场，不能只停留在表面形式上，更重要的是要从内心和感情上体悟礼的根本，符合礼的要求。孔子提倡的礼仪，是发自内心肺腑的懂礼讲礼，要发扬的是勤俭节约的精神，反对的是铺张浪费的陋习。

宋人罗大经对俭的研究似乎更加细微、更加精到。他认为，俭的益处有四条：一是养德；二是养寿；三是养神；四是养气。宋人范纯仁也说过，唯俭可以助廉，唯恕可以成德。

俭是一种人生观念，它涉及人的幸福观和苦乐观。俭的本身需要约束，需要克制。所以，俭的过程可能是有痛苦的。但是，有了约束，有了克制，人就降低了奢望，抑制了贪欲，减少了烦恼，因而俭的结果往往又是幸福的、快乐的。

俭是一种行为规范，它是对浮华浪费行为的一种有效而有益的约束。李商隐在《咏史》一诗中说出了勤俭的好处和奢侈的恶果："历览前贤国与家，成由勤俭败由奢。"由此可见，提倡勤俭对于家庭幸福和国家安宁关系重大，因为家庭和国家都需要德的维系，而在各种道德修养中，俭是一种很重要的方法。节俭是一门艺术，它能使人最大限度地享用生活。热爱节俭是一切美德的根本。

古今中外立大业、成伟名者，大多都是节俭朴素之人。诸葛亮自隐于山中，居茅庐，穿布衣，粗茶淡饭，苦读勤思，养成高尚品德，造就雄才大略。他的名言"静以养身，俭以养德，非淡泊无以明志，非宁静无以至远"，不但是他本人的座右铭，还鼓励人们修身养性，完善人格。被公认为治家高手的曾国藩对俭更是宠爱有加。《曾文正公家训》有言：

"居家之道唯崇俭可以长久，处乱世尤以戒奢为要义。"曾氏家族经久不衰，其后代出了不少专家学者，与曾国藩以"俭"为中心的家教有直接关系。

古人论节俭告诉我们一个道理：节俭是大德而并非小节。节俭作为一种精神力量，本来如同大象。若是把它视作蚂蚁，显然是低估和小看了它的作用和能量。小到一个人、一个家庭，大到一个国家、一个民族，都离不开节俭，除非你不要生存、不想发展。因为自然界提供给人类的资源是有限的，不节俭就意味着人类提前结束自己的生命；发展是建立在拥有足够的能源基础之上的，资源枯竭便意味着停滞不前。

真正靠劳动致富的人是很少挥金如土、奢侈淫逸的。李嘉诚是世人皆知的华人首富，而他至今仍住在 30 年前的老房子里。他担任公司总裁，可对自己的年薪的发放却严格限制。台湾塑胶大王王永庆，不仅自己克勤克俭，而且严格限制子女的零花钱，每项花费都要有详细的记录，花一块钱也得有所交代。因为他们深知："一粥一饭，常思来之不易；半丝半缕，恒念创业维艰。"

曾国藩手迹

即使再有钱，也不能挥霍无度。瑞士是世界首富之国，但瑞士人的节俭却是出了名的，有时显得近乎"抠门"。欧洲有一句谚语，大意是说瑞士人有两个钱袋，装钱少的钱袋是准备请客的。即使是为自己购物，他们那种认真、耐心、掏钱时的谨慎，也使人叹为观止。比如，选购一张价格低廉的普通中国画，常常是戴上眼镜，又摘了眼镜看，放远了看，又拿近了看，仔细端详，反复比较，就是这样的功夫花过，有时也还是终于搁下不买了。这似乎也为瑞士民族平和、娴雅的气度做了一个注释。

近些年来，随着经济的发展，人民生活水平提高了。相比以前只能满足"温饱"的生活，可以说是"旧貌换新颜"了。但日子仅仅是好过了几年，许多人就把当年的苦日子忘

了,把中国悠久的传统美德——勤俭忘了。奢侈浪费、攀比斗富的情况比比皆是。这样做,完全违背了孔子所提倡的"礼,与其奢也,宁俭;丧,与其易也,宁戚"的思想。

在此,也要给大家提个醒:生活优越更需要俭朴,更需要养成勤俭的习惯。只有大家齐心协力,共同勤俭节约,才能使我国的经济发展更上一层楼,才能早日使中国迈入发达国家的行列。

节俭,省下的不单单是钱,而是资源,是人赖以生存的资源。

管住自己的虚荣心

【原文】

孔子曰:孰谓微生高直?或乞醯焉,乞诸其邻而与之。

孔子那个年代,有个叫微生高的人,是鲁国人,在当时号称是直爽大方。但在孔子看来,真正的直爽,应该是有就说有,没有就说没有。像微生高自己没有醋,对别人直说就是了,干嘛要绕弯弯呢?这样绕弯弯,不就是为了显示自己阔绰大方吗?

鲁迅先生专有一篇文章《说"面子"》。他说:"面子"这东西,不想还好,一想可觉得糊涂。它像是有好几种的,每一种身份,就有一种"面子",也就是所谓的"脸"。这"脸"有一条界线,如果落到这线的下面去了,即失了面子,也叫作"丢脸"。但倘使做了超出这线以上的事,就"有面子",或曰"露脸"。而"丢脸"之道,则因人而不同,例如车夫坐在路边赤膊捉虱子,并不算什么。富家姑爷坐在路边赤膊捉虱子,才成为"丢脸"。

鲁迅说,中国人要"面子",是好的,可惜的是这"面子"是"圆机活法",善于变化,于是就和"不要脸"混起来了。

孔子一生与君王们打交道,从来是不卑不亢,决不迎合上流社会的浮华习气,去维持那虚伪的"面子"。

孔子周游列国 14 年,于 68 岁时返回鲁国。回国后,鲁哀公接见孔子,侍者进上黍与桃子,哀公请孔子吃。孔子便先吃黍,再吃桃子。"左右皆掩口而笑"。哀公便解释,这黍

贵黍贱桃

是用来擦拭桃子上的茸毛的。孔子这下子可说是丢面子了。他说，自己并非不知道宫廷有这番讲究。可在他看来，黍是五谷之长，而桃是六果之下，祭祀先王，桃是不能入庙的，显然黍贵桃贱。现在用"贵"擦"贱"，是"妨义也"，因此自己才先食黍，后吃桃。

我们做人行事，要堂堂正正，光明坦荡，有实力，有本事，人家高看你，自然有面子。没实力，没本事，再怎么装面子，也是唬不住人的。

隋炀帝是一个喜欢夸耀讲排场的人。607年（隋大业三年），隋炀帝率甲士50万人，北巡塞外。609年，又西巡张掖。隋炀帝的西巡队伍到达燕支山的时候，他命令"伯雅、吐屯设等及西域27国竭于道左"，还要欢迎的人群身佩金玉，焚香奏乐，载歌载舞。隋炀帝又命令武威、张掖的男男女女，穿上华丽的服装，头戴金玉饰物，坐上最好的马车，列队迎接。真是兴师动众，劳民伤财。

公元610年，西域各族使团和商旅仰慕中原的富庶，纷纷来到东都洛阳。隋炀帝为了夸耀自己，于2月13日（正月十五日）下令举行盛大的欢迎会。在皇城端门外大街，圈围戏场5000步，搭起了百座戏楼，招来18000名乐师，日夜演戏，歌声乐声，声闻几十里。夜幕降临后，张灯结彩，继续演唱。这次耗资巨万的百场戏，整整演了半个月方才收场。

在这期间,各族商旅要到丰都市(即东市)进行贸易。隋炀帝下令整顿市容,各店铺都要粉刷墙垣,彩绘门窗,陈列新货,店员要穿锦衣丽服,连卖蔬菜的小商贩也要用精美的龙须席铺地。西域各族商人路经酒食店,店主要热情招待,吃喝免费,醉饱出门,以显示隋朝的富庶。但客人们看出这是假象,有的人指着街市间树木上缠的彩绢质问说:"中国亦有贫者,衣不盖形,何不以此物与之,缠树何为?"

为了使异族畏服,隋炀帝不断向他们

隋炀帝

耀武扬威,并对其酋长慷慨赏赐。公元 607 年,隋炀帝到榆林巡幸,令宇文恺做遮天大帐,帐下能坐几千人,还摆满各种珍贵的器皿,设盛大宴会招待突厥、契丹、奚等部落的酋长,看到游牧民族头目们又惊又喜的表情,隋炀帝心满意足,并送给突厥启民可汗锦缎 2000 万段。在榆林寨外,隋炀帝命令宇文恺制作观风行殿和行军城,一夜之间平地竖起了一座宫殿与一座大城,游牧人以为是神功,望而生畏,10 里之外即跪伏叩头。隋炀帝利用未开化民族经济技术不发达的弱点,借以满足自己的虚荣心,可谓不惜工本。

隋炀帝的虚荣浮夸非但不能赢得各族的信任,反而招致了战争。615 年秋,当他再次出巡塞外时,突然遭到几十万突厥骑兵的袭击,雁门(今山西代县)一带的 41 座城市竟然丢了 39 座。隋炀帝逃之不及,被围困在雁门城里。突厥急攻雁门,弓箭射到隋炀帝脚下。这位不可一世的暴君被吓得六神无主,抱着小儿子号啕大哭。幸亏将士们奋力固守,才转危为安。

隋炀帝的愚蠢在于,他以为那些豪华的铺排仪式,既能显示出自己统治的国家殷实富强，又能让"宾客们"感到莫大的满足。但在实际上却收到了完全相反的效果，因为他所表现出的一切，既华而不实，又盛气凌人，难免会让人从内心里感到不快和厌恶。"前车之覆，后车之鉴。"历史上有许多这样的事例值得后人警醒。

虚荣心是一个人借用外在的、表面的或他人的荣光来弥补自己内在的、实质的不足，以赢得别人和社会的注意与尊重。它是一种很复杂的心理现象。像微生高、隋炀帝这种表现，就是俗话说的"打肿脸充胖子"，也就是所谓的"好面子"。为了"面子"，人就会自欺欺人，就会装腔作势，就会不懂装懂，就会没钱也摆阔，就会做出许多自己事后也懊悔的事，正是"哑巴吃黄连，有苦说不出"。

现代社会中也不乏爱慕虚荣者。大家生活在激烈竞争和贪图占有中，在外表上是富有的，心灵深处却是苍白的；物质生活看似是安稳的，而精神生活却显得动荡不安。在我们生活中，有些人因为虚荣心太强，看不得别人有什么东西而自己没有，就想尽一切办法把这些东西弄到手，这种行为非常不好。有些人看不了别人的工资比自己高，看不了别人的职位比自己高，就用各种各样的办法去整别人，绝不容忍别人比自己强。这是一种自私行为。整治比自己出众的人，最终还是害人害己。

由于虚荣而引发的竞争惨剧，是最不幸、最恶劣的事。人们因虚荣的竞争而送掉性命的惨例是举不胜举的，而虚荣的人能够永远维持他的虚荣的例子却是屈指可数！凡虚荣的人，总有一天，会和他的邻人、同事、妻子、儿女，甚至不知虚荣为何物的自然界发起冲突，最后一败涂地。

总而言之，一个人必须管住自己的虚荣心。只有把它用到对人类社会有利的路上去，它才不但无害而且有益。

成就人生使命

【原文】

子曰：志士仁人，无求生以害仁，有杀身以成仁。

人们经常说"杀身成仁,舍生取义"。"杀身成仁"就来自孔子说的这句原文,而"舍生取义"见《孟子·告子上》:"生,我所欲也;义,亦我所欲也。二者不可兼得,舍生而取义者也。"

司马迁说:"人固有一死,或重于泰山,或轻于鸿毛。"文天祥作诗:"人生自古谁无死,留取丹心照汗青。"毛主席为刘胡兰题词:"生的伟大,死的光荣。"人生中,生死问题总是无法逃避的——"自古艰难唯一死"。一个人如果认识到这一步,那他也就获得了一种对于生活本身的超越性理解,也就算是真正想开了,变得从容而不是患得患失了。他会坦然面对生活中的种种遭遇,细细体会生活的乐趣。这是一种打开的贯通了的人生智慧和人生境界。

孔子始终认为,人生的意义就在于按照自己的方式去生活,去实现仁者的境界,即爱人、爱物。人性就在这个过程

孟子

中体现出来。当一个人真正能够理解、尊重、诚爱他人,善待万物的时候,他就真正实现了一个人的人性,承担了他的人生使命。这是人之所以为人的意义、价值和责任。

孔子反复强调人要有仁德、有人性,才好做人。就人而言,人的意义就在于人的活法——人生使命的完成,道德修养的成就,而不是他的寿命长短、饭量大小、收入多少、服装新潮与否。为人即便是死,也要成就自己的人生使命,维护仁道,这就叫:杀身成仁,舍生取义。

历史上,有许多名臣名将、仁人志士都是为了维护这个仁道而不畏生死!就他们自身而言,虽然结局各有不同,却都完成了人生使命,成就了仁道。这是他们作为人的意义

所在。

岳飞幼年丧父，由母亲养育成人。传说其母曾在他的背上刺"精忠报国"4个字，让他铭记国仇家恨。

1124年，21岁的岳飞从军，为宗泽部下，屡建战功，曾经以寡敌众，以800岳家军大破15000金兵，声名大噪。

1126年，发生靖康之变，金兵攻破开封，北宋灭亡。1134年，岳飞首次伐金，收复襄阳、信阳等6郡。1136年岳飞率军再次北伐，占伊阳、洛阳，后因孤军作战而被迫撤回鄂州。岳飞在这次北伐中壮志未酬，写下千古名篇《满江红》。

1140年春，金兀术南侵，岳飞出兵大破金兵，收复郑州、洛阳，兵临朱仙镇（今河南开封南20公里），直迫金国首府汴京。岳家军士气高昂，高喊"直捣黄龙"。主和派秦桧向宋高宗献计，连发12道金牌召回岳飞。岳飞退兵前，长叹："十年之功，毁于一旦！所得州郡，一朝全休！社稷江山，难以中兴！乾坤世界，无由再复！"

结果，岳飞的北伐因为政治原因而失败。之后，岳飞父子被秦桧以谋反罪名予以逮捕审讯。由于找不到证据，最终秦桧以"莫须有"的罪名，于1142年除夕之夜，在杭州大理寺风波亭杀害了岳飞。

岳飞虽然被杀害了，但他精忠报国的业绩是不可磨灭的。正是他，表达了被压迫民族的要求，坚持崇高的民族气节，在处境危难的条件下，坚持了抗金的正义斗争，并指导爱护人民的抗金力量，联合抗金军民一道，保住了南宋半壁河山，使南中国人民免遭金统治者的蹂躏，从而保住了高度发展的中国封建经济和文化，并使之得以继续向前发展，不愧是千古流芳的民族英雄。

在现代社会，自然不用像古代，动不动就得用自己宝贵的性命，来捍卫真理。但当出现危险的时候，你能不能依据你平常的素质修养，见义勇为呢？

真正的志士仁人，为了"仁义之道"，会有"虽千万矣，我独往"的勇气和决心。他们所维护的，是天地之正气、人间之正道，他们才是真正无怨无悔的"英雄"。

人总是要生活的,生命的意义不在于活得怎么样,而在于怎样活着。学会做人,是人生的第一堂必修课。做人得仁,仁者爱人。人生在世,总要有所收获才会安然离世吧。唯有这样做,你的人生才是最值得回味的人生,永远如春日般美妙的人生。

人能弘道,非道弘人

【原文】

子曰:人能弘道,非道弘人。

"人能弘道、非道弘人",这是中国传统道德思想中的一个人本主义命题,也是中国传统文化中的一大特色。它指的是在天、地、人之间,以人为中心。这个命题不但肯定了人

人能弘道,非道弘人

的主观能动性,而且高扬了人的主观能动性,对于人的精神的开发和自我道德的建立,有着十分重要的意义。

孔子认为,个人的努力很重要,才大者道随大,才小者道随小。他强调了人在发现道、弘扬道上不能消极无为,而必须积极作为,自作主宰。"人能弘道,非道弘人"这句警世格言,包含着国学中的"自力更生""自强不息"的人文精神,奠定了儒家人文主义的

基础。

743年，鉴真第一次东渡，正准备从扬州扬帆出海时，不料被人诬告与海盗串通，东渡未能实现。同年年底，鉴真第二次东渡。刚一出海，就遇到了狂风恶浪，船只被击破，船上水没腰，这次东渡又告失败。

鉴真修好船后，到了浙江沿海，又遇到狂风恶浪，船只触礁沉没，人虽上岸，但水、米皆无，他们忍饥挨饿好几天，才被搭救出来，第三次东渡又遇挫折。第四次东渡因人阻拦，也未成功。

遭受挫折最为惨重的是第五次东渡。公元748年，鉴真一行又从扬州乘船东渡，船入深海不久，就遇上特大台风，船只受风吹浪涌漂到浙江舟山群岛附近。停泊3个星期后，鉴真再度入海，不料又误入海流。这时，风急浪高，水黑如墨，船只犹如一片竹叶，忽而被抛上小山高的浪尖，忽而陷入几丈深的波谷。

鉴真

这样漂了七八天，船上的淡水用完了，鉴真一行人每天只靠嚼点干粮充饥，在饥渴难忍时就喝点海水，这样苦熬了半个多月，最后漂到了海南岛最南端崖县，才侥幸上了岸。他们跋涉千里，历尽千辛万苦才又回到了扬州。在路上几经磨难，63岁的鉴真身染重病，以致双目失明。即使是在这样的情况之下，鉴真东渡日本的决心丝毫未动，仍为第六次的东渡做准备，后来终于获得了成功。

一个人不畏艰辛劳顿，可谓是能弘道的人了。假若不是如此，纵使他心比天高，智比海深，又能有什么作为呢？人生中挫折是在所难免的，重要的不是绝对避免挫折，而是在挫折面前采取积极进取的态度。这是一种积极心态，更是人生必修课。

人最大的毛病就是没有长远不退之志。不论在各种比赛中，还是在升学求职上，不论在事业上，还是在日常生活中，都应该在采取积极的态度。只有奋力拼搏，战胜挫折，才能获得成功。

成功人士中几乎没有谁能解释得清为什么自己会执着地追求事业，把全部的精力只集中于一点。好像有一股看不见的神秘力量在指引着他们，而所作所为不过是顺应内心深处的启示而已。他不是靠高挂在天空的星星引路，而是靠手上的火炬照亮脚下的路，这样可以使他信心百倍，毫不畏惧，一直跑下去。尽管远方的路笼罩在暮霭之中，但永不熄灭的火炬会让他看清眼前的路。

人能去追求"道"，那么"道"对人的修养以及其他都有促进作用，它们不是隔离的，而是互补的，但前提就是人对"道"先要逐渐地修行，而后"道"才会对人有促进作用。人不断加强自身修养，从而由浅入深地认识"道"提高自己，必须经历一个苦闷、挣扎、思考，并不断欣喜的过程，这个过程有如噩梦惊醒，有苦，云开雾散，阳光普照，内心升腾出无以言表的畅然之气，有甜，继而倍增前进的动力，直至达到觉解的地步，获得永无穷尽的人生快乐，进而胸装天地众生，仁者爱人，大济苍生，此所谓"人能弘道"者也。

弘道是一件惠己惠人的事情，人必须首先修养自身、扩充自己、提高自己，才可以把道发扬光大。反过来，以道弘人，用来装点门面，哗众取宠，那就不是真正的君子之所为。这两者的关系是不可以颠倒的。

一个人要是仅仅将"道"作为装点门面、哗众取宠的工具，并非真的去顿悟天地，领悟人生之真谛，并非真心诚意地做仁者之事，那么就是名副其实的道貌岸然，非但无法畅然人生之正气，获得人生的快乐与真谛，而且必将在混沌的人生困境中，在"人生是苦难"的低级层次中，苦苦挣扎，必将与生命、人性的美好、伟大无缘。

"人能弘道，非道弘人"，归根结底只有一点，就是"道"不是目的，只有"人"才是目的，只有现实中的"人"才是目的，一切以打着虚无缥缈的所谓"道"为目的，以现实的"人"为手段的所谓"闻、见、学、行""圣人之道"，都是与《论语》背道而驰的。

人能弘道，但必须弘扬正道。真正的道，使人高尚，甚至使人崇高，使人在精神上和品格上升华了自己。反之那种虚伪的道，不过是某种披着道的外衣的"术"而已。术是工具性的，本没有什么好与坏之分；但是，明明是术，偏要给自己披上道的外衣，这究竟"是何居心"呢？

始终如一保持好品德

【原文】

子曰："圣人吾不得而见之矣！得见君子者，斯可矣。"子曰：善人吾不得而见之矣！得见君子者，斯可矣。亡而为有，虚而为盈，约而为泰，难乎有恒矣。

对于春秋末期社会"礼崩乐坏"的状况，孔子似乎感到一种绝望，因为他认为在那样的社会背景下，难以找到他观念中的"圣人""善人"，而那些"虚而为盈，约而为泰"的人却比比皆是，在这样的情况下，能看到"君子""有恒者"，也就心满意足了。

蛆蛀地狱

《孔子家语·礼运》说："昔大道之行，与三代之英，吾未之逮也，而有记焉。"这句话可以翻译成：大道实行的时代，说的是夏商周几位贤明之人当政的时代，我都没能赶上，但有相关的记载可以看到。孔子认为，自己所处的春秋末年已经是"大道既隐"的时代。

在孔子的心目中,社会的理想状态是三代圣王之世,他没有赶上这样的时代。

人生非时,政治主张不为时代所用,但孔子仍然不能忘记修道立德,这是君子人格境界的要求。

1993年出土的《郭店楚墓竹简》中有《穷达以时》一篇,里面有一段话:"动非为达也,故穷而不怨;隐非为名也,故莫之知而不吝。芝兰生于幽谷,非以无人嗅而不芳。无茗堇,愈宝山,石不为开,非以其善负己也。穷达以时,德行一也。誉毁在旁,听之弋母。缁白不釐,穷达以时。幽明不再,故君子敦于反己。"古人把道义德行放在人生价值取向的第一位,人生穷达由"时"决定,但真正的君子应当德行始终如一。君子追求显达,是为了兼济天下。有时生不逢时,仍不应当忘记修道立德,应当做到独善其身。

《孔子家语·在厄》篇的记载也是如此:"芝兰生于深林,不以无人而不芳;君子修道立德,不谓困厄而改节。为之者人也,生死者命也。是以晋重耳之有霸心,生于曹、卫;越王勾践之有霸心,生于会稽。故居下而无忧者,则思不远;处身而常逸者,则志不广。庸知其终始乎?"

对于君子,其基本的要求就是独善其身,即"修道立德"和"德行一也"。所谓"德行一",就是不论人生显达还是身处困厄,都应不改其节,即"不谓困厄而改节"。之所以如此,乃是因为君子思远志广。

人人向往富贵显达,但由于时运不济,并非人人都能够达到这样的理想或愿望。如果是这样,人就应当"知天命",人所要做的,是正确思考如何按照君子人格律己,如何按照君子要求处世。无论"天""命"还是"时""世",作为一种外在的、不以人的意志为转移的、不可抗拒的力量,人在其面前无能为力,但却不应无所作为,不应只听从天命的摆布。那么,人应该怎样,或者说人应该采取怎样的应对态度,在孔子那里,答案是十分明确的,用《穷达以时》的话说,就是"君子敦于反己",用《论语·卫灵公》中孔子的说法便是"君子求诸己"。

既然穷达取决于时运,毁誉在于他人,这些都属于天,是自身无法决定的,那么人就应当求于自己，因为人的德行如何只能取决于自己，与"天"无关。正因如此，人不应该停顿在现实的"不遇"中不能自拔，应当"尽人事以待天命"，努力完善德行，并以之作为追求的目标。

做人是要坚持一种东西的，而仁德节操既是一种良心底线，更需要我们从生活中的小事上不断地将它升华，这不是一种自咏自唱的高调，更不能把它作为一种"秀"来给自己的分量加上不实在的砝码。

修身难在始终如一，贵在一生一世。做一个道德高尚的人是需要毅力的，需要长期坚持。

四书之一《大学》以人的修身为核心，提出"自天子以至于庶人，壹是皆以修身为本"。一个人无论从事什么职业，专攻什么领域，都不能不学修身这门功课，并且需要用一生时间来学习，永远不能废弃。

不迁怒，不贰过

【原文】

哀公问：弟子孰为好学？孔子对曰：有颜回者好学，不迁怒，不贰过，不幸短命死矣。今也则亡，未闻好学者也。

颜回是孔子最得意的弟子，他品学兼优，勤奋好问，谦虚谨慎，异常尊重老师，对孔子无事不从、无言不说。即使身处穷困之境，也能安贫乐道，"知足常乐"，以德行著称，经常得到孔子的夸赞。但不幸的是，他短命而亡。颜回死时，孔子悲恸欲绝，说"天亡我"。

颜回有很多优点。在这里，孔子称赞了其中的两个，就是"不迁怒，不贰过"。所谓不迁怒，就是：自己有什么不顺心的事，有什么烦恼和愤怒，不发泄到别人身上去。说得通俗一点，就是不拿别人做自己的出气筒。

一位经理早上起床，发现上班时间快到了，便急急忙忙开车去公司。他急于赶时间，结果闯了红灯，被警察开了罚单。这样，他不想迟到也不可能了，他非常生气。到了办公室,刚好看到桌上有一封信,原来是他昨天下班时交代秘书寄出的,而秘书居然还没寄。他便把秘书叫来,劈头盖脸一顿臭骂。

秘书受了气,把手下一名员工叫来,叫他赶快去寄信。员工动作稍慢了一些,秘书就一顿狠批。这名员工被骂的心情恶劣,恰好见到清洁工在楼道干活,就借题发挥,骂清洁工挡他的道。清洁工憋了一肚子闷气,下班回到家,见儿子不做功课而在玩游戏,便把儿子狠训了一顿。

颜回

儿子回屋去做功课,看见家里养的猫,便没好气地踢了猫一脚。猫委屈地跑远了。

你看,这个故事里,从经理到小孩,都不能做到"不迁怒",都拿比自己弱的对象出气。这样做,自己可能心里稍稍好受一些,可却伤害了别人。别人慑于他们的权势身份,当面可能不会反抗,但心里对他们肯定不会有好看法。

迁怒是一个人缺乏修养的表现。我们不能做这样的无修养的人。孔子提醒我们:"忿思难。"(《论语·季氏篇》)当你要发怒时,一定要先想想它会带来什么祸患。既"不迁怒",又"忿思难"。常记着孔子的这两句话,我们就能控制自己的情绪,冷静地处理好各种复杂的人际纠葛和麻烦的事情。这不但有助于我们事业的成功,也有益于我们身心的健康。

"不迁怒"说完了,再说说"不贰过"。

同样的错误一犯再犯,就是"贰过"。比如酗酒的人,酒醒后赌咒发誓再也不酗酒了。可下次见到酒,又是酩酊大醉。再如抽烟的人,一再说戒烟,可就是戒不了。就像美国作家马克·吐温自嘲的:"戒烟有什么难?我都戒了一千次了。"

有个人脾气非常暴躁、易怒,经常爱与人争执,很多人都不喜欢他。有一天,这人到大德寺游玩,碰巧听到一位禅师正在说法。听完后,他受益匪浅,愿痛改前非。于是,他对禅师说:"师父!我以后再也不跟人打架、发生口角了,免得人见人厌,就算是受人唾面,我也只会忍耐地拭去,默默地承受!"

禅师说:"何必呢,就让唾沫自干吧,不要去拂拭。"

"那怎么可能?为什么要这样忍受?"

"没有什么不能忍受的,你就把它当作蚊虫之类停在脸上,不值得与它打架或者骂它。虽受唾沫,但并不是什么侮辱,微笑地接受吧!"禅师说。

"如果对方不是吐唾沫,而是用拳头打过来时,那怎么办?"

"一样呀!不要太在意,这只不过是一拳而已。"

这人听了,觉得禅师说得太没道理,终于忍耐不住,忽然举起拳头向其头上打去,并问:"和尚,现在怎么样?"

禅师非常关切地说:"我的头硬得像石头,没什么感觉;倒是你的手,大概打痛了吧?"这人哑然,无话可说。

事实上,一个人要能做到"不贰过",的确不容易,尤其是习惯成自然后。所以,孔子特别赞扬颜回"不贰过"的修养。为什么一般人难以做到"不贰过"呢?分析起来,大概有这么几个原因:

第一是并没有真正认识到错误。我们常常口头上承认自己某事做错了,或有某种毛病,但心里并不以为自己错,或认为自己的过失并不像别人指出的那么严重。

第二是我们的确认识到了自己的过失,也试图不再重犯。但我们没有深刻地总结教训,没有查找我们会犯错的原因。

第三是我们缺乏改正的勇气和毅力。过失的产生,源于我们自身的弱点,例如怯懦、贪婪、骄傲、褊狭、好逸恶劳、虚荣等。我们要纠正自己的过失,就是向自己开战。这不但困难,也会有痛苦。这时,特别需要的就是勇气和毅力,要有"壮士断腕"的决心,非得把错误、毛病、坏习惯纠正过来不可。

"不迁怒,不贰过",需要你有优秀的道德修养,谦虚做人,有坚韧的勇气和毅力,勇于承认错误，面对错误，改正错误。只有这样，你的个人素质才能得到进一步的提高，才能"百尺竿头，更进一步"，得到别人的尊敬和爱戴。

一生三戒

【原文】

孔子曰：君子有三戒：少之时，血气未定，戒之在色；及其壮也，血气方刚，戒之在斗；及其老也，血气既衰，戒之在得。

孔子一生中备受冷遇，历经劫难，但却活到 73 岁。在古代，人类受医药诸方面的限制，无法战胜疾病，再加上物质条件落后，故"人生七十古来稀"。那么，孔子是怎样在逆境中得享古稀之龄的呢？

孔子非常注意心理上的健康，他说，君子有三戒——少年戒色、中年戒斗、老年戒贪。

在孔子看来，少年正是生机勃勃的时候，一切刚刚开始，离成熟还需要一段时间。外表虽然已经像大人，但肢体骨骼还未真正长成，血气轻浮，不够牢固。此时，正要注意加强营养、巩固身体。然而，这个时候的青年由于自制能力较差，意气用事，做事全凭冲动，容易受到外在的诱惑而伤害自己。

时下逐年上升的青少年犯罪率，其中很重要的原因就是：现代社会在为他们提供了前所未有的方便的同时，也制造了太多的诱惑，如各种仿真的游戏玩具、随处可见的三级网站、赌博娱乐、色情加暴力的影视轰炸。这些即便是成年人都难以抵挡，更何况自控能力还比较弱的青少年了！

一个 14 岁的少年，从小性格比较内向，尤其是上初中后学习成绩不是很好。他平时喜欢上网，看黄色录像，经常浏览色情网站，不知不觉沉溺其中。

2007 年 5 月 14 日中午 11 点多钟，少年看过色情网站之后，便产生了想与异性亲密的冲动。他骑自行车路过油菜地，正好遇见往学校去的 10 岁小女孩。此时正值中午时分，田野上已经没有劳作的人。少年顿时产生了一种邪恶的冲动，便上前用双手扼住小女孩的颈部,将她摔倒在地。小女孩吓得叫起来。少年心里一阵紧张,不顾小女孩的反抗,用力卡她的脖子,直到她失去反应。

一起不该发生的悲剧就这样发生了。面对庄严的法庭、悲痛欲绝的被害人家属,少年低下了头,流下了悔恨的泪水。但此时此刻,悔之晚矣,一条鲜活的生命已经太早地离开了这个美丽的世界,而同样正值青春年华的少年也为此付出巨大的代价! 如果早早地戒绝色欲,或者家长起到监护人的责任,想必结局也不会如此悲惨。

青年戒色,不仅仅是说"不要因为禁不住色诱而犯罪",也有"节欲"的含义。现在的青少年生理成熟远远早于心理成熟,很多人都有难以把握的事情,令他们无法理智地思考和控制。越是父母应该监督的事,越背着父母——父母知道了,肯定完蛋了。古时"医圣"孙思邈就曾经说过:少时纵欲虽获得一时快意,但因为精髓竭绝,终会成短命鬼。

事实也证明,这些告诫与现代医学的观点基本相同,并非危言耸听。人在少年时期,身体正处于迅速生长发育的阶段且刚刚具备生殖能力,此时,机体中的各个系统尚未完全发育成熟,并缺乏自控能力。在此时期过早地介入性生活,非但不利于身体的生长发育,而且对一生的健康都会产生严重的影响。

据史料记载,明朝皇帝朱载因少时纵情施欲,36岁就死了。清代皇帝同治,年纪轻轻之时就对众多宫室贵嫔感到不满足,竟微服私下与妓女行乐,也过早去世了。男女之间如果过分地贪欲,很多人只到三四十岁,身体就毁掉了。有许多中老年人的病,就因为少年时的不知自控,没有"戒之在色"而种下病因。所以,少时纵欲有悖于养生法则,无疑是应该戒绝的。

孔子认为,人到中年要戒斗,就是不要逞强好胜、好勇斗狠。人到中年,身强体健,精力充沛,总想着大有作为,大干一场,及早建立一番功业。但是,孔子告诫中年人,身体好固然可以想着去建功立业,但不要一味地好勇斗狠。这话很有深意。人在身体健壮的时候,通常对自己都很有信心,遇到不顺的事情不愿低头,往往容易与人争执,甚至因小失大,更有甚者送了性命。

据报载,有个姓解的人,一直靠在北京协和医院倒号为生,每个仅14元的号转手就卖出几百元,有时甚至高达两三千元。由于他经常加塞,引起一个同行的不满,他便对那同行拳打脚踢。另一个姓冷的号贩子出来打抱不平,他的火一下蹿了出来,拿出事先藏在水泥板下的尖刀,按住冷某猛刺其背部和胳膊。被刺几刀后,冷某跪在地上求饶。解某仍觉得不解气,又疯狂地扎了下去,被扎11刀的冷某当晚因抢救无效死亡。

真是人为财死,鸟为食亡。为了这无谓的意气之争,搭进去两条人命。冷某无辜惨死固然可悲,造成这一悲剧的解某也逃不过法律的严惩。

人到中年对钱财的需要是最多的。同时,人到中年的精力和智力也是最充沛的,争斗最激烈,也最容易出问题。千万别"不蒸馒头争口气",所以,孔子让中年人戒"斗"。

人进入老年时期,开始气血两亏,身体不济,死亡的临近使他们对生命充满依恋。在这种内心恐慌的促使下,往往会拼命地试图抓住所能拥有的一切。对生命的贪恋造成了行为上的南辕北辙——精力和体力都被这种贪恋消耗掉,更快地走向死亡的不归路。所以,孔子强调老人要戒贪。许多大半生都很成功的老人晚节不保,原因就在于此。

有的老人贪钱,而有的老人贪的是权。晚清的李宝嘉写了一本小说《官场现形记》,其中描写一个做官的人做上了瘾,临死时躺在家里床上,已经进入弥留状态。这时,他的心里只有一个意念:还做官,还要过官瘾。于是,两个副官站在房门口,拿出旧名册,一个副官念道:"某某大员驾到。"另一个副官念道:"老爷欠安,挡驾!"

现实生活中,的确有许多像《官场现形记》中描写的这一类官迷。他们离了官位,就活不下去了。在位的时候,下属前呼后拥,百般奉迎,自己威风凛凛,生龙活虎。退休下来以后,"人走茶凉",门前冷落车马稀,大家也不再把他高看一等,在家就闲得发愁、发烦、发慌,甚至因此憋出了病、憋没了命。

还有些人,已经很有钱了,却还是拼了老命去赚更多的钱。别人想不通,问他为什么这么"要钱不要命"。他回答:"正因为年纪大了,才拼命赚钱。如果再不赚,就没多少机会了,我要给儿孙留够1000万。"

这些老年人,不管是贪钱、贪权、贪名……都是太过看重自己曾经或者已经得到的东西。舍不掉,放不下,忘不了,不懂得"知足常乐"的道理。看了这些人的表现,越发觉得"老年戒贪"的修养太重要了,岂止是为名为利而已。人生能把这些道理看得开,自己能够体会得到,就自在舒服。否则,到了晚景,辛苦一生,却连自己的后事都没安排好,也太痛苦了。

孔子讲的"三戒"如同人生三个关隘,闯过去便是踏平坎坷成大道,闯不过去便是拿到了一张不合格的人生答卷,轻则半生虚度,重则一生荒废。无论人处于什么阶段,这"三戒"的内容都应当牢记心中,以"礼"约束,用理性的缰绳去约束情感和欲望的野马,达到中和调适,便能顺利闯过人生的这几个关口。

培养良好职业道德

【原文】

子曰:事君,敬其事而后其食。

工作与薪水,是人世间一个永恒而又十分现实的话题。工作与薪水,是服务与报酬的关系。工作是薪水的前提和基础,薪水是工作后所应得的回报,物质或精神的。人人都希望拥有优厚的待遇,但我们应该以什么样的态度对待工作呢?

很多人找工作时,能力还没有丝毫显露,就谈高薪水;我们工作时会常抱怨薪水低,付出与报酬不对等;是先有高薪后有努力,还是先有努力后有高薪?

孔子说:"认真做好自己的工作,把拿工资的事情暂时放在后面。"这才是对待工作的正确态度,也是真正的对待"老板"之道。孔子这种强调敬业的观念,对于任何时代的人都是必备的人生格言。

敬业,无论在东方还是在西方都有着久远的传统。"敬业"早就在我国古代《礼记·学记》中以"敬业乐群"明确提出来了。宋朝朱熹说,"敬业"就是"专心致志以事其业"。在西方,企业管理者也非常重视员工敬业度。

所以,人首先要想着如何尽力把自己的分内之事干好,不能总想着报酬高低,否则不仅工作干不好,还会让老板心生反感。一个人的价值是在工作当中体现出来的,成绩还没有做出来就谈待遇,孔子是瞧不起这种人的。

能不能以满怀激情投入工作,能否以平常心对待工作后的报酬,决定了一个人对工作的态度。生活中,常有人为月工资的低廉而整天抱怨、谩骂、批评,甚至牢骚满腹,对自己目前的工作没有丝毫感情,这是十分危险的。工作对他们来说,仅仅是为了解决自身温饱和家庭生活,仅仅为薪水而已,他们没有看到工资背后的成长机会。

一个人如果总是为自己到底能拿多少工资而大伤脑筋的话,他又怎么能看到工资背后的成长机会呢? 他又怎么能理会到从工作中获得的技能和经验,对自己的未来将会产生多么大的影响呢?

有一位小和尚在寺院担任撞钟之职。按照寺院的规定,他每天必须在早上和黄昏各撞一次钟。开始时,小和尚撞钟还比较认真。但半年之后,小和尚觉得撞钟的工作太单调,很无聊。于是,他就"做一天和尚撞一天钟"了。

一天,寺院的住持忽然宣布要将他调到后院劈柴挑水,不用他再撞钟了。小和尚觉得奇怪,就问住持:"难道我撞的钟不准时、不响亮?"住持告诉他:"你的钟撞得很响,但钟声空泛、疲软,因为你心中没有理解撞钟的意义。钟声不仅仅是寺里作息的准绳,更为重要的是唤醒沉迷众生。因此,钟声不仅要洪亮,还要圆润、浑厚、深沉、悠远。一个人心中无钟,即是无佛;如果不虔诚,怎能担当撞钟之职?"

小和尚听后,非常惭愧,此后,他潜心修炼,终成一代名僧。

小和尚为什么要被主持免除撞钟之职? 因为他对工作没有高度负责的精神。因为没有这种高度负责的精神,所以他撞出的钟声空泛、疲软。我们的生活中,真有许多这样不负责任的人,甚至还有一些连钟都不撞的和尚,这样的人是早晚会被"免除撞钟之职"的。

当今时代,竞争异常激烈。生活的第一需要也许只有先谈工作,把工作摆在第一位,才能为自己今后的进取积累足够厚的资本。每一个人都想有个好的工作岗位，都想有个称心如意的薪水报酬，但是，我们务必懂得，必须具备与工作岗位相适应的水平和技能，否则，我们永远都解不开工作与薪水这个结，永远无法适应这种残酷的竞争。

所以，我们在工作中要有敬业心，心存畏惧，这个畏惧不是害怕，而是一种态度，就是我能否将事情办好，时刻提醒自己。反观现代商业社会，信用缺失，员工先要求待遇再来讲发挥才能，做贡献，比较一下，我们比古人差太远了。今天，我们的企业上下要求绩效考核、监督、跟踪，实际上是由于社会信用的缺失而不得已而为之。

日本东芝集团创始人土光敏夫对他的员工说："为了事业的人请留下，为了工资的人请走开。"任何人，如果只是为了获得薪水，而不去考虑自己的工作是否对得起那份薪水，这样的人永远都不会赢得同事的尊重和上司的赏识。

日本的一位女大学生野田圣子，利用假期到东京帝国饭店打工。她在这个五星级饭店里所分配到的工作是清洗厕所。当她第一天伸手进马桶刷洗时，差点当场呕吐。勉强撑过几日后，实在难以为继，遂决定辞职。但就在此关键时刻，野田圣子发现，和她一起工作的一位老清洁工，居然在清洗工作完成后，从马桶里舀了一杯水喝下去。

野田圣子看得目瞪口呆，但老清洁工却自豪自在地表示，经他清理过的马桶，是干净得连里面的水都可以喝下去的！

这个举动带给野田圣子很大的启发，令她了解到所谓敬业精神，就是任何工作不论性质如何，都有理想、境界，有更高的质量可以追寻；而工作的意义和价值，不在其高低贵贱如何，却在从事工作的人，能否把重点放在工作本身，去挖掘或创造其中的乐趣和积极性。

于是，此后，再进入厕所时，野田圣子不再引以为苦，却视为自我磨炼与提升的道场，每清洗完马桶，也总扪心自问："我可以从这里面舀一杯水喝下去吗？"

假期结束，当经理验收考核成果，野田圣子在所有人面前，从她清洗过的马桶里舀了一杯水喝下去！这个举动同样震惊了在场所有人，尤让经理认为这名工读生是绝对必需

毕业后,野田圣子果然顺利进入帝国饭店工作。而凭着这简直匪夷所思的敬业精神,37岁以前,她是日本帝国饭店最出色的员工和晋升最快的人。

37岁以后,野田圣子步入政坛,得到小泉首相赏识,成为日本内阁邮政大臣!

一个人如果抛开得失的计较,踏踏实实做好本职工作,加薪和升迁自然会到来。如果再进一步,会成为一个老板不可缺少的人才,必能受到重用,哪用得着担心吃饭问题呢? 所以,忠诚敬业的人,能够主动承担责任而无须上司监督,这种人让老板十分放心,永远没有饭碗之忧。

不论是东方儒家文化,还是西方价值观,若有自信,并且真有能力,是不会先谈薪资的,因为他知道不要多长时间老板就会主动加薪,他需要人才呀!

薪资和努力是互为因果的,努力的主动权在自己手里,薪资却操控在老板手里。所以要用好主动权,让老板不得不加薪,那是何等的潇洒!

第三节 《论语》的学习智慧

人生需要规划

【原文】

子曰:吾十有五而志于学,三十而立,四十而不惑,五十而知天命,六十而耳顺,七十而从心所欲,不逾矩。

每个人都有自己的追求,都希望自己的人生更精彩。很多人认为,机遇非常重要,个人努力是起不了决定作用的。其实,人生可以设计,成功需要规划。

当今,许多青少年依赖父母,只知道去麦当劳、网吧,不知自己一生的目标是什么。

他们或沉迷于物质享受追逐时髦，或迷茫空虚找不到人生的坐标，让大好的青春时光白白流逝……你准备怎么渡过这漫长而又短暂的一生呢？你的人生规划又是什么呢？

孔子用简单的几句话勾勒了自己的一生，从中也大体显示了一个成功者在人生的各个阶段所要达到的目标：少年时代发奋学习；三十岁左右成家立业；四十岁前后应该有坚定的信念；五十岁上下要明白世上的人情世故和必然趋势；六十岁时要对各种意见都能正确地理解和对待；七十岁时对社会的规则运用自如，精神焕发地进入自由王国。

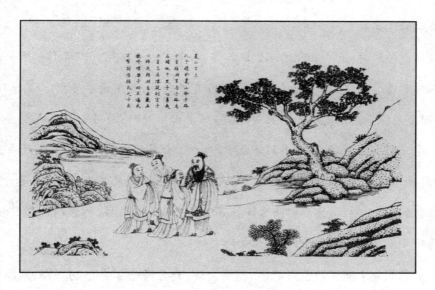

农山言志

人生规划，对每一个人的成长和发展都至关重要。从国家领袖到平民百姓，从百岁老人到青年少年，都离不开人生规划。有无人生规划对于一个人一生事业的发展和生活质量的提高都极为重要。在生活中，成功者一般都有很好的人生规划。每个人都应该抓紧时间，早早建立自己的人生规划并付诸实践，免得"少壮不努力，老大徒伤悲"。

某著名公司的董事长林伟洲，在中学毕业时便立志要成为一名优秀的企业家。抱着这样的梦想，林伟洲开始制定自己的职业生涯规划。他为自己描绘出了职业生涯的蓝图，即大学去读企业管理专业，然后运用这些知识进入企业界。

蓝图是绘好了，但经过其父亲和老师的分析之后，林伟洲认为，要成为一名真正优秀的企业家,应该进入工科班学习。这是因为,在创办企业过程中,更需要的是技术基础,而且工科学习不仅是知识技能的培育,还能帮助建立一套严谨务实的思维体系,训练逻辑推理能力,养成一种严谨踏实的工作习惯。在学习工科的同时,还可以选择学习企业管理的知识,这样能使知识结构达到最优化。

在大学期间,林伟洲在学习工科知识的同时,大量积累了企业管理、经济方面的知识,并参加了大量的实践,使自己各方面的素质都得到培养。在毕业之后,他已经具备了成为企业家的知识和素质。

但林伟洲毕业时,没有立即进入企业工作,而是进入一家研究院工作。于是,林伟洲开始了科学创造。在这一时期,林伟洲的努力有了成果,并申请了专利。但作为职务发明,林伟洲是不能带走该发明的。此时,林伟洲提出了辞职,与另一合伙人创办了公司。他又有几个发明申请专利,并运用到商业中,为自己公司的发展提供了拳头产品。

这时,林伟洲发现自己的管理水平和知识已经有点与现实不大适合,于是,他边工作边考取在职的 MBA 学位,为其职业生涯打下坚实基础。就这样,林伟洲使自己的职业生涯与公司同步发展,成为一位出色而优秀的企业家。

林伟洲的职业生涯规划思路清晰、步骤合理,充分考虑了自己的兴趣、素质、能力和职业技能的培养。在父亲和老师的指导下,经过不断的努力,实现了自己的梦想。

有的人活得很盲目,从来没有一个长远的规划,这种弱点使他们被永远地拒绝在成功的大门外。一个人只有先有计划和目标,才有前进的方向,才有成功的希望,才能感受到成功的喜悦。

像孔子这样,从十五岁到三十岁,直到七十岁,能够从小就有成功的人生规划,并且一步步达到理想中的目标,毕竟是少数。但如果起始或者过程中,因为种种原因,没有这么顺利,存在各方面的难度,或者是时间已经迟了许多,是不是就能自暴自弃呢?

每个人的生活环境不同,起点当然不一样,发展也不尽相同。人生下来没有完全平等的,机会也不公平。但只要你持之以恒地规划自己的人生,只要你拥有坚韧不拔的意

二十弱冠,三十而立,四十不惑,五十知命,六十花甲,七十古稀,八十耄耋,这些常用来指代年龄。

志,即使在时间上有所耽搁,即使困难重重,成功也终将属于你。俗话说:"有志不在年高,无志空活百岁。"孔子也说过:早晨明白了大道,哪怕晚上去死,也是值得的。(朝闻道,夕死可矣。《论语·里仁篇》)

成功的人生离不开规划及在正确规划指导下的持续奋斗。人生如大海航行,人生规划就是人生的基本航线。有了航线,我们就不会偏离目标,更不会迷失方向,就能更加顺利和快速地驶向成功的彼岸。

每个人都是自己命运的设计师,越早规划,越早成功。谁成为生活的迟到者,生活就会惩罚谁。

不学不足以成大器

【原文】

子贡问曰:"孔文子何以谓之'文'也?"子曰:"敏而好学,不耻下问,是以谓之'文'也。"

这个世界是个竞争的世界,有人的地方就有竞争。你要问别人:"竞争靠什么?"十个人有九个会告诉你:"靠实力。"邓小平同志的那句"不管白猫黑猫,抓住老鼠才是好猫"说的就是这个道理。但实力不是凭空而来的,也不会自己生长,它就像是一棵树、一盆花,需要你不断地给它浇水,给它施肥,不断地为它补充成长所需的养分。这个过程,对于我们而言,就是学习。

古往今来,成功的人无不重视学习,也大都勤于学习、善于学习。

晋平公是春秋末期晋国的君主。他晚年的时候想学一些知识,可是总觉得自己已经老了。有一天,他向乐师师旷求教说:"我现在已经七十多岁了,很想学些知识,恐怕太晚了吧?"师旷回答:"晚了,为什么不点蜡烛呢?"晋平公没有听懂他的话,生气地说:"哪有为臣的这样戏弄君王的!"师旷说:"我怎么敢跟您开玩笑!我记得古人说过:少年时爱好学习,就像日出的光芒;壮年时爱好学习,就像太阳升到天空时那样明亮;到老年还能爱好学习,就像点燃蜡烛发出的亮点。蜡烛的亮光虽然微弱,但同没有烛光在昏暗中愚昧地行动相比较,哪一个更好一些呢?"晋平公点了点头说:"你说得真好!我已经明白了。"

李嘉诚在香港十大财团的排行中位居榜首,是一位名扬四海的超级豪富,在香港经济界占有举足轻重的地位。有一位外商曾经问他:"李先生,您成功靠什么呢?"李嘉诚答道:"靠学习,不断地学习!"

我们不可能比晋平公还老,也不可能比李嘉诚实力还强,他们都如此热爱学习,我们为什么不趁年轻赶快抓紧时间学习呢?

古时候有位高人在给慕名前来求学的人第一次讲道理时,先拿了一满杯黑颜色的水,然后再往这杯子里倒清水。杯子里的水不断外溢,而杯中的水仍然有黑颜色混在其中。这时,高人对求学者说:"要想得到一杯清水,必须先倒掉脏水,洗净杯子,学习也是如此。"法国生理学家贝尔纳说:"构成我们学习上最大障碍的是已知的东西,而不是未知的东西。"确实,有些时候,不是我们学不懂,而是我们脑袋里固有的东西在排斥那些新的知识。很多人看书,喜欢划重点,但实际上,划来划去划的都是早就懂的东西,不懂的东西不会觉得有道理,感觉它没有道理也绝对不会去划。其实,划重点没有错,就怕你反过来再看的时候还看这些划过的东西。这样看来看去,很难学到什么新东西,因为忽略了真正不懂的东西。学习要从放弃开始,这样说可能多少有一点玄乎的味道,但不是没有道理。

上古时代,黄帝带领六位随从到贝茨山见大傀,在半途上迷路了,他们巧遇一位放牛的牧童。黄帝上前问道:"小童,贝茨山要往哪个方向去,你知道吗?"牧童说:"知道呀!"于是便指点他们。黄帝又问:"你知道大傀往哪里吗?"他说:"知道啊!"黄帝吃了一惊,便随口问道:"看你年纪小小,好像知道的事还不少啊!"接着又问道:"你知道如何治国平天下吗?"牧童说:"知道,就像我放牧一样,只要把牛的劣性去除了,那一切就平定了呀!治天下不也是一样吗?"黄帝听后,非常佩服。

拿破仑·希尔在成功之前,曾利用20年的时间帮助钢铁大王卡耐基工作,这期间他一分钱的报酬也没有,在帮助卡耐基的同时,也帮助了他自己,他本人在成功学研究上获得了巨大的成功。台湾成功大师陈安之在成功之前,也长期在美国帮助世界成功学大师安东尼工作,在帮助安东尼的同时,他也学到了成功学的真传,最后终于获得巨大成功。其实,不论是成功者还是失败的人,不论是比你强的人,还是比你差的人,每个人都有值得我们学习的地方。要成功,必须要学习成功者的经验,同时你也必须了解失败者做了哪些事情,让自己不要犯那些错误,只有这样,你才能更快地走向成功。

俗话说:工欲善其事,必先利其器。学习也必须要把握一定的原则,掌握一定的方法。否则乱学一通,不仅没有效果,学错了可能还有害。

勤于学习、善于学习,不但是一个现代人立足于社会的基础,也是一个人成大器的必由之路。

志向决定人生

【原文】

子曰:三军可夺帅也,匹夫不可夺志也。

人要有志向,志向决定着一个人努力和判断的方向,志向的大小决定人生的高度。文天祥有一句名言:"男儿千年志,吾生未有涯。"志向,是成就这一切的关键!

秦始皇

南宋词人辛弃疾曾经感慨:"天下英雄谁敌手? 曹、刘。生子当如孙仲谋。"这里的孙仲谋就是孙权。孙权少年时期即有大志,终于成就了一番霸业。

孙权未满20岁即继承父兄基业争雄江东,但他并不满足于占有东南半壁江山。尽管他对阵的是拥有"卧龙"诸葛孔明、五虎上将的刘备,麾下猛将如云、谋士如雨的曹操,他也敢于去拼、敢于去夺。他始终牢记少年时的志向:"须知少日拿云志,曾许人间第一流。"这就是他贯彻一生的"志",他追求的是"剑在手,问天下谁是英雄"。最终使得一代枭雄曹操也不能不赞叹道:"生子当如孙仲谋!"

诸葛亮也说:"志当存高远。"成大事者需先立大志,因为人的行动总是被意志、理想所决定和支配。意志一旦树立,就会变成行动的方向和动力。

战国末期,李斯从一介布衣崛起为大秦决定性人物,助秦王间六国、削重臣、夺军权、震宗室,何其辉煌。但改变了李斯一生,改变了中国历史进程的,却是一件偶然的小事,或者说应该是李斯不甘平庸的志向。

李斯青年时曾为郡中小吏，主管乡中文书事宜。常常在厕所中见到老鼠辛辛苦苦地觅食，但得到的仍是污秽不堪的可怜的一点点食物，饥寒交迫，且又常受人和狗的惊扰，惶惶不可终日。再看粮仓中的老鼠，吃的是人囤积的好粮谷，住的是"高屋大厦"，而且没有人和狗的干扰，饱食终日，无忧无虑。于是，李斯感叹说："一个人有无出息就像这老鼠，在于能不能给自己找到一个优越的环境。"李斯由此觉悟，这对他的一生取向具有决定性的意义。

诸葛亮

后来，他投到当时大儒家荀卿名下，学习帝王之术。学成之后，他看到楚王胸无大志，不足与之为谋；又看到六国日渐衰弱，无从建立号令天下之奇功。只有秦国，经历了秦孝公以来的六世，特别是秦昭王以后，已经奠定了雄踞七国之首、可对诸侯国颐指气使、发号施令的政治、军事、经济基础，可望代替已名存实亡的周室而一统天下。于是，李斯对荀卿说："秦王想吞并诸侯，一统天下，成就帝王大业，这是智谋之士奔走效力、建功成名的大好时机。处于卑贱的地位而不思有所作为去改变这种境遇的人与禽兽无异，人的耻辱莫大于卑贱，悲哀莫甚于穷困。我将西行入秦，为秦王出谋划策，建功立业。"

公元前250年，秦孝文王去世，太子子楚继位，就是秦庄襄王。吕不韦当上丞相，被封为文信侯。秦王继位时年龄尚小，大权握在太后赵姬与丞相吕不韦手中。李斯投到吕不韦门下，一直勤勉谨慎，殚精竭虑，终于得到吕的青睐，被任为郎，从此参与政事。

后来，李斯有机会与秦王会面，得到秦王的赏识。他软硬兼施，远交近攻，以武力为后盾，用金钱开路、执"连横"妙计，劝诱六国中止同别国的"合纵"。不消几年，战果累累,李斯也被秦王称为"客卿",进入秦国领导集团的核心。

一个人的志向决定了他个人的发展方向,他会沿着志向指定的方向做出自己的努力。志向是成功的向导,是生命奇迹的源泉,志向远大的人最容易成功。

当年,秦始皇南巡,仪仗万千威风凛凛。年轻的刘邦和项羽见到后,分别发出了"大丈夫生当如此"和"彼可取而代之"的慨叹。刘、项二人后来果然成就了楚汉霸业。秦末,陈胜在田间歇息的时候怅然叹息:"苟富贵,勿相忘。"此话遭到了同伴的讥笑,陈胜却说:"燕雀安知鸿鹄之志哉?"后来,陈胜成为抗击秦二世暴政的农民起义军的领袖。年轻的诸葛亮躬耕于南阳时,曾自比于管仲、乐毅,后来出山辅助刘氏,最终实现了三分天下匡复汉室的理想。

时势造英雄固然不假,但英雄年轻时肯定有超越常人的宏伟志向。伟大的目标造就伟大的人物,志向渺小的人注定会走平庸的人生之路。胸无大志,焉能铸造辉煌的人生?

孔子说:"三军可夺帅也,匹夫不可夺志也。"这句话强调的正是立志和守志的重要性。守志就是必须坚持对所立之志的一贯性和持久性,不可朝三暮四,一日三志,要持之以恒。守志虽然重要,但立志是守志的前提,是守志的基础。立下大志,不一定可以成大事,但成大事的人,肯定都立过大志。

人要有志向,不能庸庸碌碌、浑浑噩噩,让青春年华在琐屑而繁忙的生活中渐渐逝去,让意志在平淡无奇的日子里悄悄消磨。在这方面,让我们谨遵先贤们的警言:欲成大事,先立大志,立志守志,方能成大事!

三人行必有我师

【原文】

子曰:"三人行,必有我师焉。择其善者而从之,其不善者而改之。"

俗话说:学无止境。一个人无论他的学问有多大,他也不可读遍所有的书,穷遍所有的学问,他永远有他不知不懂的东西。因此,真正的有学问的人总是非常谦虚,不耻下问,善于向人学习的。下边的两个事例就可以充分说明这一点。

李相,唐代的大将军,曾担任大居守(高级武官)。他博览群书,勤学好问,学识渊博,受到当朝和后世的赞扬。

李相最喜欢读《春秋》。无论公务怎样繁忙,他每天必须读一卷,终年不懈。读书时,李相误把《春秋》中鲁国大夫叔孙婼(chuò)的婼读成"若"。他手下有个小吏站在他旁边侍读。每当他把"婼"读成"若"时,小吏的脸上就有异样表情,不大好看,次数多了,李相发现这个情况,很奇怪,他问小吏:"你常读《春秋》吗?"小吏恭敬地回答:"是的。"李相严肃地问道:"为什么每当我读到'叔孙婼'时,你就表现出不以为然的样子呢?"

小吏见长官那么严肃,以为是责怪自己,连忙躬身跪倒,然后恭谨地回答:"小人过去曾蒙老师教过《春秋》,今日听将军把'婼'读成'若',方才明白过去照老师所教把它读成'绰'是大错了。"李相见小吏说是老师读错,不由暗自生疑。便说:"恐怕不是你老师的错吧?我没拜过师,这个字是照本朝陆德明的《经典释文》中的释文注音读的,一定是我读错了,而不是你读错了。"说完,从书架上取出《经典释文》,让小吏看。

小吏一看,才明白李相把字形看错了,他委婉地说明正确的读音是"绰"而不是"若"。

李相听了,顿时脸发烧,觉得自己身为大官,日读《春秋》,多次读错字而不自知,十分惭愧。这让我们想起历史上"指鹿为马"的故事,因为权势,错的也是对的。李相却不是这样,尽管他脸上发烧,却仍能放下架子,走下座位,把太师椅放在北墙边,请小吏坐。

小吏不敢坐:"这是将军的金座,小人岂敢越礼坐!"李相把小吏按在坐椅上:"不许动,不然我要生气了!"小吏不敢违背,坐也不是,不坐也不是,局促不安,十分尴尬。李相站在南面,整了整衣冠,然后脸朝北,向着坐在太师椅上的小吏躬身下拜。小吏又要离座,李相喊道:"不许动!"小吏只好坐在椅子上接受他的大礼参拜。

李相行过礼后,诚恳地说:"我身居高位,却常常读错字,实在惭愧。从今以后,你就是我的'一字师',我要再读错字,请你一定要给我指出来,千万不要客气啊!"小吏见李相身为大官,如此虚怀若谷,不耻下问,深受感动,从此,小吏与李相亲如手足,共同研讨

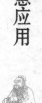

学问。

官位不是学问大小的标志，更不能衡量一个人的学识才干。学问和才干来自学习和实践，不管一个人的职务多高，年龄多大，凡是没有学习和实践过的东西，都是他人的学生，因为知者为师。李相虽居高位，他懂得这个道理，所以他能胸怀开阔，不耻下问，拜小吏为"一字师"。无独有偶，京剧大师梅兰芳虽享誉世界，却仍虚心学习，不耻下问，他也有个"一字师"的故事。

梅兰芳与沙市京剧团原艺委主任郭叔鹏有一段交往。那是 1950 年 4 月 20 日，梅先生率团到汉口演《苏三起解》之时。这出戏，对于从小就和京剧结缘的郭叔鹏来说，不知看了多少遍了，但亲睹梅先生的演出还是第一次，因而他显得特别认真。戏中苏三有一段"反二黄"唱段，头一句崇老伯说他是"冤枉难辩"，一个"难"字，让郭叔鹏微微皱起了眉头。不对呀，这个"难"字似乎与整个剧情相悖！初生牛犊不怕虎，当年 33 岁的无名小辈郭叔鹏看完戏径直走进后台，向正在卸装的梅先生大胆提出自己的见解："梅先生，您看崇公德的念白里面，哪儿有苏三所唱的冤枉难辩的意思呢？相反，倒是说他的官司，可能有出头的希望了。"

"对！对！对！"梅先生认真地听着，不时地点头："您的意见对，提的很有道理，依你之见，应该怎么做才好呢？"

原来郭叔鹏只想提提自己的见解而已，万万没有料到梅先生不耻下问，请教他这个毛头小伙子，故而一下子不知怎么回答才好，沉吟片刻，郭叔鹏忐忑不安地说："梅先生，您看能不能只动一个字，即将难辩的'难'字，改为'能'字。"

"嗯……"梅先生脸上露出了笑容："太好了，改词不改腔，这样跟头里的念白就比较连贯了，观众听了也容易接受。"从那次后，《苏三起解》中这句词便都唱"冤枉能辩"了。6 月 8 日，梅先生在后台又碰到郭叔鹏，便拍着他的肩膀笑着称为"一字师"，并询问对昨日自己所演的戏的看法。这一问正中下怀，原来郭叔鹏心里确实有一个小小的疑问："梅先生，你演的赵女是真疯还是假疯？"梅先生看了看郭叔鹏反问道："你看是真的还是假的呢?"郭叔鹏回答说:"我看,赵女应该是装疯,是假的,装出来的疯相是为了欺骗他父亲的。你听:我只得把官人一声来唤,我的夫呀,随儿到红罗帐,倒凤颠鸾。把父亲当丈夫,还要拉他入罗帐,这在赵高看来,女儿是真的疯了,但随儿到红罗帐中的一个儿字,却露出破绽。赵女自称是'儿',显然她还知道对方是'父'了。这是神态清醒的表现,赵高不傻,凭此很容易识破女儿是假疯。"

梅先生听到这里,插了一句说:"你提的这一段,也有人给我指出。赵高就是那个指鹿为马的人;他为人十分奸诈狡猾,这样骗过他是不容易的。你提的'儿'字确实是一个漏洞。"于是梅先生又像上一次一样虚心地征求郭叔鹏的意见。这一回郭叔鹏早有心理准备,便脱口而出:"只要把'儿'字改为'奴'字就行了。'奴'是古代妇女的谦称,对谁都可以这样称呼。"梅先生满意地说:"明天,我就将这一句改过来。"说着梅兰芳拿出一个笔记本,亲笔题词,盖上自己的印章送给郭叔鹏。孔子说:"三人行,必有我师。"像梅兰芳这样的京剧大师也有疏漏之处,像郭叔鹏这样无名小辈也不乏知识渊博之人。梅兰芳不以名人自居,躬身向无名小辈请教。郭叔鹏初生牛犊不怕虎,敢对名师、名人"施教",终于得到梅兰芳的赞赏。郭、梅二人的精神都是难能可贵的,令人敬佩。

孔子的学生曾子说过这样的话:"以能问于无能,以多问于寡;有若无,实若虚。"意思是说:"自己有才能却向没有才能的人请教,自己知识多却向知识少的请教;有学问就像没有学问的人一样,知识充实就像很空虚的人一样。"这才是一个有学问的人的真正态度。

有学有识,方成大器

【原文】

子曰:"君子博学于文,约之以礼,亦可以弗畔矣夫!"

做学问,要将博学而来的知识,用一种文化精神、理论原则来统率、规范,并以此为标准、尺度来分析、研究,"一以贯之",加以系统化、理论化,真正变成自己的东西。做人也

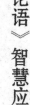

同样如此。有的人空活一把岁数,在做人做事上仍没有达到一定的水平,原因就在于他们并没有把自己宝贵的人生经验加以总结、归纳和升华,而仅仅当成了一种过程,经过之后就吃掉了。这样,无论如何是不能"越活越明白"的。纵观孔子一生的求学、治学之道,可以看到他不仅如此说,而且身体力行,努力实践之。正是他严格地遵循这个"先求渊博,后取精约"的治学原则,才成为集古文化之大成的学者。

孔子年轻时,为了求学,足迹遍布鲁、周、卫、杞、宋诸国,分别向师襄子、齐太师、郯子、苌弘、老子等名人求教,又向太庙管理人员等社会底层人物学习。后来又周游列国访名人,游大川,博览群书,广征博集,成了"博于诗书,察于礼乐,详于万物"的学者,其知识渊博的程度,令人赞叹不已。

孔子生活的年代,我们的祖先已给后人留下了极其丰富的历史文化典籍。但由于年代久远,这些典籍在流传过程中极易损坏。到孔子生活的春秋晚期已经有很多古代的文化典籍破损散失、残缺不全了。孔子一方面出于教学的需要,一方面作为知识渊博的学者,他感到自己有责任将这些珍贵的遗产进行整理编纂,以便于系统地研究,他开始向专精方面发展,着力构建儒家思想体系,创立儒家学派。

《诗》《书》《礼》《乐》等典籍是西周以来官府之学共修之课,但这些典籍的内容、体例却很芜杂。孔子将它们进行加以整理,成为他三千学生共同使用的教科书,同时也为中华民族留下了一份珍贵的遗产——"六经",即《诗经》《书经》《礼经》《乐经》《易经》《春秋》。"六经"虽然不是孔子创作,但经过他筛选、整理,"约之以礼",不仅使之体系更加系统、完整,而且主旨愈加鲜明突出。

《史记·儒林列传》中说:"孔子闵王路废而邪道兴,于是论次《诗》《书》,修起《礼》、《乐》"。所谓"论"就是内容的讨论去取,所谓"次"就是篇目的编排调整。而"修起"则是起而修之,以免沦亡泯灭。司马迁说:"古代留传下来的《诗》原有三千多篇,到了孔子,把重复的去掉,先取可以用来配合礼仪教化的部分,成诗三百零五篇;孔子都逐一配曲入乐,以求合乎古代韶乐(虞舜乐)、武乐(武王乐)以及朝廷雅乐、庙堂颂乐的声情精神。"

孔子对六经中的《书》，主要在于论次。孔子所看到的先代史料虽不一定如《纬书》所说有三千二百四十章之多，但估计也不会很少。孔子所编定的《书经》原来有多少篇，由于中经秦火，已不可确知。纵令是百篇亦当是经过精心挑选的。《史记·五帝本纪》说："学者多称五帝，尚矣。然《尚书》独载尧以来。而百家言黄帝，其不雅驯，荐绅先生难言之。孔子所传《宰予问五帝德》及《帝系姓》，儒者或不传。"由此可以看出，孔子序《书》，何等谨慎。

对于《礼》与《乐》二经，孔子则重点是"修改"，即起而修之，以免沦亡泯灭。在孔子的时代，周朝王室已经衰微，而礼乐制度教化也废弛了。于是孔子探循夏、商、周三代以来的礼制遗规，厘定礼制、礼仪。他上起唐尧虞舜之间，下到秦穆公止，依照事类秩序加以编排。孔子考察了殷夏以来礼制增损的情形后说道："以后就是经过百代，那变革的情形亦是可以推知的。因袭不移的是礼的精神本体，增损改变的是礼的文采仪节。周礼是参照了夏殷两代而制定的，它的内容文采是怎么样的盛美啊！我是遵行周礼的。"于是整理出《礼》和《乐》。

《周易》和《春秋》是孔子晚年着力最勤的两部典籍。《周易》是古代的占卜之书，但这部书中蕴含着深刻的哲学思想。孔子亲自为《周易》作《传》，后人称之为《易传》。《易传》主要是阐述《周易》哲学思想。《周易》原是一部深奥难读之书，经孔子作《传》，后人才得以窥见其中的奥秘。

《春秋》是孔子依据鲁国史官所记的《鲁春秋》而写成。《春秋》一书上起鲁隐公元年下至鲁哀公十四年，前后一共包括了十二位国君，以鲁国为记述的中心，孔子的编纂不是简单汇集，而是有原则的，即是尊奉周王为正统，参酌了殷朝的旧制，推而上承三代的法统。凡符合遵从法统者大力颂扬，凡违反法统者则进行贬抑责备。以"春秋笔法"约之，《春秋》文辞精简而旨意深广。如当时的吴、楚两地诸侯，按周制，只不过是册封的"子爵"，但他们后来自称为"王"，为遵从法统，孔子编写的《春秋》中，仍依据当初周王册封的等级降称他们为"子爵"。

还有晋文公召集的践上会盟，周襄王竟以普通盟友身份应召前去与会，《春秋》以为这事不合法统而避开它，改写成"周天子巡狩到了河阳。"孔子所以这样做，并不是篡改历史，而是意在维护周朝正统，以使那些窃位盗名为非做歹的人有所警惕惧怕。作罢《春秋》之后，孔子深有感触地说："知我者其惟《春秋》乎！罪我者其惟《春秋》乎！"

尽管"六经"是历史上遗留下来的文化遗产，多不是孔子的原创，但都经过孔子不同程度的加工，加入了孔子的思想。孔子加工后的"六经"，各自意蕴深刻，作用巨大，庄子曾经指出："《诗》以道志，《书》以道事，《礼》以道行，《乐》以道和，《易》以道阴阳，《春秋》以道名分。"孔子正是遵循"先求渊博，后取精约"的原则，才有"六经"的问世，才创立了儒家学派，建构起了自己的思想体系。

在这里，孔子讲的虽是学与行的道理，但深究一下，就可以发现它告诉我们的是做学问、做人的道理和方法。

博闻多识，择善取之

【原文】

子曰："盖有不知而作之者，我无是也。多闻，择其善者而从之；多见而识之；知之次也。"

一个问题或一门知识，往往与外界事物有着千丝万缕的联系，表里可能一致也可能不一致，现象与本质可能相符也可能相悖，要掌握一门知识，要懂得一个道理，如果不博闻、不多见，就难以纵横比较、全面思考，就难以准确地选择并把握"善者"。

医学家李时珍能编纂成《本草纲目》这本医学巨著，在于他能"遍尝百草，去伪补缺"；而从其治学态度、方法而言，正得力于博闻多见，择善而从。

李时珍出生在湖北蕲州瓦硝坝一个世代行医的家庭，时珍承祖业，很小就随父亲一起行医。

一天，李时珍出诊回来，一个姓庞的打鱼人焦急地赶来把他请去。老庞说他的妻子得了急症，让一位江湖医生给开个方子，不料药服下去，病势却变得更重了。老庞望着昏迷的妻子，急得直流眼泪。

问题出在哪里呢？李时珍摊开江湖医生开的药方，看了两三遍，又给老庞的妻子号了脉，觉得方子并没有开错什么药。他立刻想到，应该检查一下药渣。李时珍发现药渣中有"虎掌"，方子上却没有这个药。再看方子上有"漏篮子"，药渣里却没有，这肯定是药铺里发错了药，错把"虎掌"当成了"漏篮子"。他知道虎掌有大毒，立即取出救急的药，叫老庞给妻子服下去，病人总算脱离了危险。

回到家里，李时珍老是放不下药店配错药这桩事。他想，闹出这个乱子不能全怪药店，还要怪旧的《日华本草》，书中说"漏篮子"又名"虎学"。

《日华本草》是专门记载药物的书，我国最早的"本草"书是汉代的《神农本草经》，李时珍很佩服古代药物学的成就，同时也发现了不少问题。今天的"漏篮子"事件，使他联想起过去因"本草"错误而发生的几件事。

"本草"书上说，巴豆是泻药，可是他有一次给患者服用少量的巴豆，反而止住了腹泻。后来继续使用，成功病例已近百人。

有个绅士按"本草"书所说，把"草乌头"当作"川乌头"服用，结果一命呜呼！老"本草"已经好几百年没有修过，应该赶快修一部新的，把我见识到的东西都添进去，把古人讲错了的都给改过来。李时珍这样想。但重新修订"本草"，谈何容易！过去修本草是朝廷组织力量进行的，个人的力量无疑显得太小。

但李时珍下决心要尽自己的微薄之力完成这件功德无量的工程。从此，李时珍在行医读书当中，更加留心一切和"本草"有关的材料、古籍和文献。《黄帝素问》《华佗方》

陆陇其书法七言联

为了修改好旧"本草",他坚持书本知识和调查实践相结合,穿草鞋,背上药筐,拿起药锄,带上必要的药书和笔记本,投身到大自然中去实地采访。凡是需要调查研究的药物,事先都写在他的本子上,先寻找当地产的,再解决不易寻到的。自己不认识的草药,便向当地人请教。蕲州周围百十里内广阔的原野、偏僻的山谷,都有他的足迹。

广大的劳苦群众,不论是种地的、捕鱼的、砍柴的、打猎的,都热情地留他在家住,积极地帮助他了解各种各样的药物,他也虚心求教。

李时珍整整花了十年的心血,还是有不少药没有收集到实物。于是,在他47岁时,决定做长途旅行。他收了一个徒弟叫庞宪,师徒结伴而行,先后到过湖北北部的武当山、江西的庐山,还到过江苏、安徽等地。

正是由于李时珍多走、多学、多见、多闻,他的那个药物名单中的空白点不断减少,而药包中的经验单方却逐渐增多,老乡们告诉他:箭头草烧出烟来,可以熏疮;大蒜液杀虫和防痨非常有效;益母草是治疗妇女病的良药;患夜盲症,吃羊肝和胡核可以治愈……这些千百年来流传在民间的单方、偏方,既经济实用,又是十分珍贵的医药遗产,李时珍都把它们记录下来。

功夫不负有心人,凭着这种百折不挠的决心,李时珍药包里的资料已经多得不胜枚举,有关于矿物的,有关于植物的,有关于动物的,还有不少珍贵的民间单方和书籍文献。三年后,李时珍回到家中,动员全家人参加编写工作。除了庞宪这个重要助手之外,他的三个儿子、四个孙子,有的帮助抄写,有的帮助绘图。1578年,李时珍60岁的时候,这部辉煌巨著终于完成了。全书记载了药物1892种,插图1160幅,附方11016则,共100多万字,订成52卷,堆在案头有好几尺高。

李时珍之所以能取得巨大的成就,正是得益于博闻多识、择善而取之的治学之道!我们在敬佩他不畏艰辛、持之以恒的精神的同时,更应该领悟到博闻多识、择善而取之在成就事业中的重要性,从而在自己的学习和工作中采取这种正确的方法,以真正有效地不断提高自己的素养和水平。

从主观方面来说，人在理解一个问题时，或是掌握一门知识时，很可能受自身学识、心理、情感等因素的影响，如果不是在博闻、多见的基础上甄别、取舍后得来的，就很可能由于自身的限制和局限而认识得不全面、不准确。

从客观方面来说，一个道理、一门知识，与外界事物有着丰富的、多样的联系，有着表面现象和内里本质区分，要真正懂得一个道理把握一门知识，如果不博闻、不多见，就难从事物之间丰富的、多样的联系中找到规律，就难以透过现象看本质，就难以准确选择并把握那些对我们自身有利的知识和技能。

所以，无论从主观上讲，还是从客观上讲，求知离不开、少不了"博闻""多见"，但更要注意"择善而从"。谁能坚持这样做，谁就能求得真知。

学以致用为本

【原文】

子曰："诵《诗》三百，授之以政，不达；使于四方，不能专对；虽多，亦奚以为？"

论语中孔子讲过这样一段话："熟读了《诗经》三百篇，叫他去处理政务，却行不通；派他出使外国，却不能独立应对；读得虽多，又有什么用处呢？"这段话说出一个道理，学必须致用，如果学得再多，却不管用的话，读了也是白读。而真正有学问的人，都是能够将理论与实际相联系，学习致用的人。陆陇其即是一例。

陆陇其是清初讲授程、朱理学和王阳明心学的有名的学者，曾经当过知县、御史一类的小官。他像其他理学家一样认为天下万事万物之中都包含着同样的"理"，现实中的人之所以不同，就是因为没有领悟到其中的"理"，人们只要懂得了这些"理"，就能使自己的言行符合规矩，遵守国家的法制。陆陇其不仅善于讲学，还善于将他的理论应用到实践中，因此，他无论是行政还是断案都有一个特点，就是除了按法律办事以外，还十分重视道德教化。所以，他无论是履行公务，还是审讯犯人，总要深入浅出地讲一些道理，帮助人们发现自己的良知。

在催交赋税的问题上，陆陇其表现得很典型。催交赋税是朝廷赋予各级官员的一项极其重要的政务，也是一项很不容易完成的任务，每年都有乡民拖欠赋税，并因此发生命案。一般的县令在催交赋税时，总是指挥大批衙役下乡督促，用武力相胁迫，稍有缓慢，要么罚粮罚款，要么实行体罚，往往搞得官民对立，怨声载道，稍有不慎，还会激起民变。

陆陇其却能十分平稳地处理这些事。他在当嘉定县令时，每当将要缴粮纳赋的时候，他通常先把乡亲父老召集起来，不是下达缴纳赋税的命令，而是对大家讲一番按时纳赋的道理。他说："向大家征缴钱粮，全是朝廷的国课，不是县官的私蓄。如果大家能急朝廷之所急，按时上缴钱粮，不仅自己心安理得，不用担心，而且给官员减去了很多麻烦，这样，官员就有更多的工夫为民办事。我与大家没有任何私怨，不想为收钱粮而责罚任何人。更何况你们一旦受到杖责，不仅要花许多钱，还要落个欠粮受责的名声。倒不如及早缴齐粮款，我们大家都相安无事。"乡民听了这番话，觉得很有道理，因此去除了心理障碍，乐于接受。所以陆陇其在任时，几乎没有发生过欠粮受责的事。

对于囚禁在监狱中的犯人，他也并不是简单地依法办事，而是好言相劝，进行开导。他曾经写过一篇《劝盗文》，派人给犯人们反复宣讲。文章的大意是："人的本性原本都是善的，你们这些犯了罪的人也都一样，没有人例外。只是由于阴差阳错，一念之差，才导致了不安分守己，做出犯法的事来，关在这里接受惩罚。所以发生这样的情况，都是由于人心中的杂念蒙蔽了善性造成的。然而人心是可以改变的，只要你们能够反思往日的不是，真心悔过，去掉心中的杂念，就能重新做好人，依旧可以成家立业。"读到这里，在场的犯人们都感动地哭了起来。因此，教化的效果很好，罪犯也逐渐地减少了。

陆陇其不仅善于言传，还善于身教。陆陇其在担任灵寿县知县的时候，更注意对乡民进行言传身教的教化，效果很好。有一天，一位老妇人来到县衙指控儿子忤逆家长。父母告儿子的事在当时并不多，陆陇其对这件事十分慎重。他先派人把老妇人的儿子找来，经过盘问得知，这位少年不到 20 岁，自幼丧父，依靠母亲把他拉扯大，但管教不严，因和乡里的一些地痞无赖在一起鬼混，沾染了不务正业的坏毛病，在家不仅不照顾多病的母亲，反而经常干一些不孝顺的事。老妇人没有办法，才告到县衙，请陆知县为自己做主。陆陇其弄清情况后，知道这种情况仅靠惩罚不仅没有用，还可能使这个家庭更不和睦。于是，他对老妇人说："我的衙署里现在需要一位馆僮，如果你同意的话，我想让你的儿子暂时来这里服役，等我找到合适的人选后，再把他替换下来。"老妇人虽不解其意，但觉得给自己的儿子找了一份差使，总是好事，当即同意了。陆陇其只给那位少年提出一个要求，就是要他当自己的随从，一天到晚跟随在自己的身边，一时也不许离开片刻。

陆陇其是有名的孝子，在家极守孝道。他的母亲住在县衙的后院，每天早晨，陆陇其起床后就来到母亲寝室门外，恭敬地站着，等候母亲起床。母亲起床后，陆陇其立即进去问安，并端进热水让她洗漱。吃午饭时，陆陇其把老母扶到座中，自己侧立一旁，服侍进餐。有时，他还装做小孩子一样做游戏逗老人发笑。等母亲吃完离座后，他才开始吃饭。有时尽管吃的是母亲剩下的饭菜，他也从不计较。晚饭时，陆陇其对母亲也是这样。办完公事回到家中，陆陇其总是先到母亲的房中，侍候母亲，有时，陆陇其讲一些古代的故事，也谈一些民间的逸事趣闻，使老人家听得津津有味，眉开眼笑。如果遇到老母得病，陆陇其更是显得心急如焚，十分忙碌，又是请医，又是熬药，还彻夜不眠地守在母亲身边。俗话说："床前百日无孝子"。但陆陇其始终如一，一直不懈怠。

陆陇其就是这样忙着办公事，孝敬老母，一有空闲还要读一读书，似乎忘记了自己的身边还有一位不知孝敬老人的少年犯人，陆陇其除了每天督促他跟随在自己的左右，指示人帮助自己干点什么外，什么话也没有对他讲过。几个月就这样过去了，终于有一天，那位少年突然跪在陆陇其的面前，请求放他回家。陆陇其故意说："你母亲告你忤逆不孝，这件案子还没有审理，你怎能回家呢？"这时，那位少年已经觉悟，泪流满面地跪在地上，泣不成声地说："以前小人糊涂透顶，都是小人的过错。是我不懂礼仪孝道，得罪了母亲。自从跟随大人以后，我完全明白了尽孝的道理。请大人让我回家，好好孝敬母亲，也好弥补从前的过失。"陆陇其本来就是这个意思，听了这些话，十分高兴，又给他讲了一番道理,说了些勉励的话,让他回家了。后来,那位少年果然痛改前非,努力上进,取得了功名,成为远近闻名的孝子。

康熙三十一年,陆陇其逝世。第二年冬,朝廷需要委派两名文臣管理直隶、江南两处书院。朝廷中的大臣都主张应该从翰林院中物色人选。康熙不同意,发出特旨说:直隶派李光地去管理,江南派陆陇其去管理。大学士王熙急忙奏报说:"陆陇其已于去年病故了。"康熙十分惋惜地说:"为什么不早启奏?"王熙回答说:"按照启奏的条例,七品官在籍身亡的官员不在向朝廷奏报之列。"康熙沉默了许久,十分感叹地说:"陆陇其是本朝不可多得的人才啊!"

理论不联系实际就会失之于空,学问只有致用就不失之为虚。

学习更要思考

【原文】

子曰:学而不思则罔,思而不学则殆。

谚语说:"读书不知义,等于嚼树皮。读书不想,隔靴搔痒。"一个人只知道读书,从来不动脑子,不思考问题,也不发问,就会成为书呆子。

孔子说:"学而不思则罔,思而不学则殆。"他提倡多读书、多思考,两者相辅相成,缺一不可。既不希望大家只学习而不会思考,或者不想思考,做个书呆子,也不希望大家只会思考、只想思考,而不会学习,或者说是懒于学习,做个空想家。学是入书,思是出书;出入有道,学业可成。

戴震是清代著名思想家、文学家、哲学家、考据学家,"乾嘉学派"的代表人物,乾隆年间为《四库全书》纂修官。他出生于贫寒之家,幼读私塾,以过目不忘和善思好问著称。

有一次,老师教授《大学章句》。戴震愈听愈觉得可疑,于是向老师发问:"这话凭什么知道是孔子的话而由曾子记述? 又怎么知道是曾子的意思而由学生记下来的呢?"

老师难以回答这个问题,便抬出朱熹这一权威:"这是朱文公说的。"

戴震马上问："朱文公是什么时候的人？"

老师回答他说："宋朝人。"

戴震追问："孔子、曾子是什么时候的人？"

老师回答："周朝人。"

戴震又问："周朝和宋朝相隔多少年？"

老师说："差不多两千年了。"

戴震问："既然这样，朱文公怎么知道这些？"

老师无法回答，说："你是一个不寻常的孩子。"

戴震不仅好问，而且能在提问中提出自己的看法和见解，敢于怀疑先贤，怀疑课本，而不是一味地听从权威的解释，最终成长为清代有名的文学家、哲学家。这也说明了"学而不思则罔"的重要性。

戴震

我国的一些学生到美国去念大学或研究生，学习总是格外地用功，上课认真记笔记，下课认真对笔记，考试前认真背笔记。考试的时候，老师讲了六个方面，我们的学生绝不会写五个或七个,保证将老师讲的内容全部还给老师。在中国,这样的卷子表明老师讲的内容学生全都掌握了,自然是满分。可在美国,最多只能得个 B 等,通常只能得 C 等。而一些学生只答了一两个方面,但有创见,是他自己思考出来的,是从其他资料获取的,这样的卷子都能得 A 等。我们有些学生不理解,去询问老师:"我们六个方面都答出来了,为什么只能得 C 等,而他们只答了一两个方面,却得 A 等?"老师的回答也是值得回味的:"你们答了六个方面不错,可是这六点我都已经讲过了,你还说它干什么呢?我讲了六点,那是我思考的,是已有的六种可能性,或解决问题的六种方法。他们只讲了一点或两点,但那是他们自己的。我讲课的目的,就在于启发大家,通过我讲的六点,形成你们自己的思考,得到你们自己的答案。"这也说明,无论是美国还是中国,都提倡"学而思",反对"学而不思"。

中国的孩子放学回家后,家长们通常问孩子的第一句话就是:"今天的作业做完了吗?"家长们关心的是学校既定的任务完成了没有。在以色列,当孩子们放学回家后,家长们问他们的第一句话就是:"你今天在学校向老师提问题了吗?"如果孩子得意地说:"我今天向老师提了一个问题,老师没有回答出来!"那家长会像孩子一样喜形于色。可是,如果中国孩子对家长说他提了一个问题把老师难住了,绝大多数家长会感到尴尬和为难,甚至会斥责孩子:"你逞什么能!"这就打击了孩子们"学而思"的积极性,从而扼杀了孩子们的灵性。

我们已经从各个方面证实了"学而不思则罔",那"思而不学则殆"又告诉我们什么道理呢?它告诉我们,无论读书,还是做事,只一味地冒进急进,思考得不对,或者说是胡思乱想,成了"满脑子不切实际"的空想家,结果往往会使人疑惑甚至危害一生。

读书学习,一不能读死书,二不能死读书。学思结合,方有成效。书是前人经验的总结,读书是汲取前人经验的过程,但不能囫囵吞枣。书籍和经验也是前人智慧的结晶,不能置之不理,也不能一味蛮干。

只读书而不思考是读死书的书呆子,只空想而不读书是陷入玄虚的空想家。书呆子迂腐而无所作为,空想家浮躁不安而脱离实际,都是很危险的。我们不能做书呆子,但也不能做空想家。只要按照孔子所提倡的,多学习,多思考,脚踏实地,草根也是可以长成大树的。

业精于勤而荒于嬉

【原文】

叶公问孔子于子路,子路不对。子曰:"女奚不曰:其为人也,发愤忘食,乐以忘忧,不知老之将至云尔。"

古语云:"君子之学贵一,一则明,明则有功。"意谓君子做学问贵在专心致志,"发愤忘食,持之以恒。如此就能谙于事理,谙于事理就能够取得成效。魏晋时的学者皇甫谧,不求高官厚禄,毕生精思苦学,竟至废寝忘食,终于学业有成,著述繁富,成为一代经学大师和医学专家。正是"业精于勤,荒于嬉;行成于思,毁于随。"

孟子

皇甫谧是魏晋期间著名的经学大师、医学家。他的一生著述甚多,有《礼乐》《圣真》诸论、《帝王世纪》《玄晏春秋》《年历》《高士》《列女》《逸士》《论寒食散方》《针灸甲乙经》等。其中《针灸甲乙经》是中国医学史上第一部针灸学专著,为后世学习针灸必读的经典,在国内外有深远影响。但是皇甫谧年轻时却是个浪荡子。他出生后就过继给叔父为子,从小游手好闲,不肯读书。

一天,皇甫谧得到了一些瓜果,就高高兴兴地拿回家,孝敬他的叔母任氏。任氏却不为他孝敬的瓜果高兴,看到他成天玩耍、无忧无虑的样子,不由得叹了口长气,说:"你拿这些瓜果给我,难道就是孝顺吗?《孝经》上说:'虽然每天用牛、羊、猪三牲来奉养父母,仍然是个不孝之子。'何况这些瓜果呢? 你现在快二十岁了,眼睛却从来没有看过书本,心里不懂一点道理,你将来能干些什么事呢? 又有什么可安慰我的呢?"说到这儿,任氏想起皇甫谧将来的前途不知道怎么样,泪如泉涌。她一边抽泣,一边接着说:"从前,孟子的母亲三次迁居,终于使孟子成为仁德之人;曾子的父亲为信守诺言而杀猪,留下了教育子女的榜样。难道是我没有像孟母那样选择好邻居、没有像曾父那样运用良好的教育方法吗? 你怎么会愚蠢、鲁莽到这等地步呢? 唉,教你修身立德,勤奋好学,是为了你好,你自己可以有所得,对我又有什么用呢!"说完这番话,任氏更加伤心,对着皇甫谧涕泪不止。

皇甫谧没想到给叔母孝敬一些瓜果,会引起叔母如此伤心。叔母的话深深地刺激了他原先麻木不仁的头脑。想想自己已经是个 20 岁的男子汉了,应该有所作为了,却还啥事不懂,实在羞愧。看着叔母的泪脸,他暗下决心,再也不能浪荡下去了,一定要像叔母教训的那样勤奋学习,做个有修养的人。

皇甫谧家里很穷,没有钱到京城求学,同乡有个名叫席坦的学者,皇甫谧就拜他为师,在席坦的指点下勤学不倦。皇甫谧平时还要干农活,否则无以谋生,他就总是带着经书到田里,干活累了在田头休息的时候,便拿出书来诵读。经过几年的学习,皇甫谧博览了国家的重要文献和诸子百家学说,性格变得沉静好思,有了崇高的志向,很少有个人的欲念。他觉得书籍能给人以知识,教给人道理,流传后世,造福子孙。所以决定以写作为自己一生的事业。

功夫不负有心人。不久,皇甫谧写出了《礼乐》《圣真》等著作。甘露年间(公元 256 ~260 年),他不幸得了风痹症,行动不便,却仍然不断地阅读和写作。疾病的痛苦,又促使他发愤学习医书,习览经方,采集和整理古代的医学文献资料,并且写出了《针灸甲乙经》等医学著作。有些人看到皇甫谧学问很好,就劝他多和达官贵人交往,来赢得名声,好去做官。皇甫谧听了不以为然。他写了《玄守论》来回答那些人的劝说。他宣称,只有圣人才能出仕做官得到好名声，自己不是圣人，不必结交达官贵人，为公事忙碌，然后得到好名声。他不去做官，依然沉浸于经典书籍之中，废寝忘食地读书和写作，被人称为"书淫"。他的朋友见他学习如此专一，怕他损耗精神，影响身体，劝他注意休息，不要用功过度。皇甫谧回答说："早晨学到了道理，到傍晚死了也是值得的；何况人的寿命并不是完全由自己决定的呢。"

　　皇甫谧一心只在写作事业上，对功名看得很淡薄。他的堂姑的儿子梁柳要去阳城任太守了。在梁柳即将赴任时，有人劝皇甫谧为梁柳饯行。皇甫谧说："梁柳没有做官的时候，他来探望我，我都不出门迎送，请他吃饭，也不拿酒、肉来招待。现在他当了太守，我却去用酒宴来饯行，这不成了看重阳城太守的官职，而看轻了梁柳本人吗？这哪里符合古人的为人之道呢？如果那样做，我心里会很不安的。"后来地方官和朝廷曾多次征召他当官，但他都一一谢绝，概不赴任。他的朋友和乡亲们又都来劝他应召。他便写了《释劝论》来表达自己的潜心学问、不愿为官的志向。晋武帝司马炎为了表示自己求贤若渴，又屡屡下诏敦促、逼迫皇甫谧出来做官，皇甫谧仍不为所动。他上书自称草野之臣，说明自己重病在身，只能待罪床席；自己是个平庸的人，如果穿上显贵的锦缎绸衣是很不相称的；希望陛下宽待久病之人，请出真正的奇才异能之士，不使泥滓混杂于清流之中。由于他的言辞恳切，终于获得了皇帝的恩准。过了一年多，他又被举荐为贤良方正，他还是不去，却上书给皇帝要求借书。皇帝便送给他一车书。他虽然患有重病，但仍勤读不已，笔耕不辍。

　　咸宁初年（公元 275 年），晋武帝又下诏说："皇甫谧沉静朴实，坚持学习，喜好古籍，与世俗之人的志趣完全不同。所以特任命皇甫谧为太子中庶事。"皇甫谧以病重为由坚决推辞。皇帝起初虽然并不勉强他改变志向，但不久又发出诏书，征辟他为议郎，接着又补任命他为著作郎；司隶教尉刘毅还请任命皇甫谧为功曹，但皇甫谧统统不应允。一直到死，皇甫谧也没有去做官。

　　皇甫谧之所以能够著述繁多，多才多艺，善写诗、赋、颂等各种文体，以疾病之身而成

为一代医学、经学大家，就在于他能够有志于学，好学深思，持之以恒，淡泊平生，不务虚名，不趋炎附势，不图高官厚禄。如果志趣不远，为人浮躁，追逐名利，决不能在学业上有所建树。皇甫谧的治学精神及治学道路，于今天还是有一定的借鉴意义的。

"锲而舍之，朽木不折；锲而不舍，金石可镂。"业精于勤，学问之道更是如此。一个人只要有志于学，好学深思，持之以恒，就肯定会有所建树。

启发式的教育方法

【原文】

子曰："不愤不启，不悱不发。举一隅不以三隅反，则不复也。"

孔子提倡一种启发式的教育方法和原则。所谓"愤"，就是激愤的心情。对于不知道的事，非知道不可。比如有一件事，老师对学生说："你不行！"而他听了这个话，则认为一定要弄明白不可，这就是有意刺激他，把他激起来。"启"，就是发，在"发"之前，先使他发愤，然后再进一步启发他。"不悱不发"，就是要善于引起学生的怀疑。告诉学生，这种说法值得考虑、商榷，或者多问几个"为什么"，要培养学生有一种"当仁不让于师"的精神，不是光靠服从而被动接受知识。如果总是呆板地接受，学习会越来越差。多怀疑然后才会去研究，"发"就是研究。

引导、提倡学生要多方面看、多方面思考，由老师讲的一可以推知二、推知三才行。"举一隅而不以三隅反，则不复也。"如果一个人的领悟力低，或者干脆不愿动脑筋，老师讲一点，他就只知道死记硬背下这一点。比如说一张桌子四条腿，老师讲了一条腿，他领会不到另外三条腿的样子，"则不复也"，即是不能算真正的领会，再教下去意思也不大。有些人读书学习很用功，但是领悟力不够，不能举一反三，只能成为一个书呆子。譬如拿研究历史来说，最低限度，也是为了"前事不忘，后事之师"。了解前代的许多事情和现代的事情原则差不多，道理是一样的，只是发生的年代不同，地区不同，现象两样而已。所以多读历史能够举一反三，就可以前知过去，后知未来。倘若读了许多历史书，不能举一反三,只记得一堆大事年表、一堆历史故事,则只能做个教书匠,而且还不是一个称职的教书匠,书橱而已。

孔子搞教学,除坚持因材施教、循循善诱外,又如此重视启发式教育,他对于教育过程的深刻认识、熟练把握、灵活运用,确实令人佩服之至。我们知道,读书学习是老师和学生双向交流的过程,老师固然起主导作用,但学生是主体。作为学生掌握知识的过程,老师只是外因,学生自己的主观能动性才是内因。学生自己不主动学、主动思考,单凭老师"灌"是学不好的。孔子讲"不愤不启,不悱不发"就是看到了这一点,重视这一点。不但是看到、重视,而且还能想方设法去引导学生发挥主观能动性,即想办法刺激他,"刺"出"激愤"的心情;想法设疑、设问,引起学生"怀疑",进而做深入的思考。由此可见孔子对于如何引导学生主动学习、创造性地学习的见解确实精辟,认识深刻。

古人说:"学起于思,思源于疑。"求知欲往往是疑问引起的。大文豪巴尔扎克说:"打开一切科学的钥匙都是问号……而生活的智慧大概就在于逢事都问个'为什么'。"郑板桥说的好:有学而无问,虽读书万卷,只是一条钝汉耳。我国著名教育家陶行知也曾在一首诗中说:"发明千千万,起点在于问。""人力胜天工,只在每事问。"这些观点与孔子的"不愤不启,不悱不发"的启发式教育,精神实质是一致的。

孔子的"不愤不启,不悱不发",不是随意说出来的,而是从其自身的教学实践中总结概括提炼出来的经验之谈。

《论语·雍也》记载:"仲弓问子桑伯子。子曰:'可也简'。仲弓曰:'居敬而行简,以临其民,不亦可乎? 居简而行简,无乃大简乎?'子曰:'雍之言然。'"

意思是说:有一天学生冉雍(字仲弓)提出一个问题来问孔子,讨论到子桑伯子这个人。孔子说,子桑伯子从简,一切都是简化,而且简单得好。冉雍听了孔子的回答后,有些不同意见,他大胆地讲出自己的想法:作为领导人,如果态度严肃认真,对一件事、对一个人(即待人处事),都有一种敬重的心理,事情自然就可以简化(抓大体,不繁琐)。这样治理百姓当然对。倘若其没有尊重这件事情,没有重视行政组织,没有"敬业"的心理,只是满不在乎,仅仅以简化为目的来实行简化,这不仅失之草率,而且将简化变成一种权术、一种手段,这就不合政治道德。这不是简化过分了吗?还能称得上好吗?

孔子听了冉雍的表白,明白有否定自己答案的意思,但他不但不生气,不争辩,反而心悦诚服地说:"你的话对,我一时说错了。"孔子这种不摆架子、不要权威,平等讨论的精神,不仅表现了他本人高尚的道德修养,同时也是在以一种和蔼、亲切、民主、平等的态度鼓励、激发学生思考问题、发表见解。

孔子曾称赞冉雍有帝王之才,但他出身贫寒,家境不好,因而潜意识里有一种自卑感。孔子害怕这种自卑感压抑他的上进心,曾用形象的比喻,劝导他克服自卑,激发自信心。孔子对他说:"犁牛之子,骍且角,虽欲勿用,山川其舍诸?""犁牛"是一种杂毛牛的名称。在古代,这种杂色的牛,除了耕种,没有什么其他的用途。尤其在祭祖宗、祭天地等庄严隆重的典礼中,一定要选用色泽光亮纯净的牛为牺牲。但这条杂毛牛却生了一个赤黄发亮、峥嵘俊美的头。虽然杂毛牛的品种不好,但是只要这头小牛本身条件好,即使在祭扫大典中不想用它,山川神灵也不会舍弃它的。这是告诉冉雍,你不要有自卑感,不要介意自己的身世如何,只要自己真有学问,真有才能,真站得起来,别人想不用你,天地鬼神都不会答应的。孔子在这里,不仅以形象的比喻有效地打消冉雍的自卑感,本身就是启发式教学,同时打消自卑感又更能激发冉雍学习的动力,这才是更重要更有力的启发。

又一次,冉求说:"非不说子之道,力不足也。"子曰:"力不足者,中道而废。今女画。"

这段话的意思是:冉求有一次对孔子说,老师,你不要老是说我们不努力。我们对于你的学问非常景仰,只是我们做不到,力不能及。孔子说,你这话错了。做了一半,无法完成其功,这是力量不足的缘故。可是你根本还没有开始做,怎么知道无法做成呢?今天自己把自己画在一个界限内,还没开步走就先认为过不去,这不是自甘堕落吗?从这个故事可以看到孔子教育学生既有殷切的希望,又有善意的批评,目的正在于启发学生立志上进,决不可畏难却步、半途而废。

有一天，那位"行行如也"的子路学习鼓瑟。子路正在鼓瑟，孔子看见后，觉得很好玩，于是讲了句笑话，"由之瑟，奚为于丘之门?"意思是说，你子路对于鼓瑟还没有入门呢！同学们听到孔子对子路的评语，就取笑子路，孔子见自己一批评子路，学生们就盲从，就取笑，觉得这种风气不好，于是接着说："由也升堂矣，未入室也！"意思是说，你们这般小子也真是太看轻人，我说子路，是勉励激发他的话，实际上，子路鼓瑟的成就已经进入了厅堂里，不过没有更进一层，进入内室去而已。"升堂入室"的典故，就是从这里来的。孔子在这里，既勉励子路必须继续努力，又启发引导学生们凡事要真正头脑冷静，用自己真正的智慧、眼光来看一件事、看一个人，不要盲目地跟着别人转变。孔子启发教育人可谓语重心长，情真意切。

樊迟请教"仁"的道理，孔子简单地答"爱人"；请教什么叫"智慧"，孔子又是简单两个字"知人"。樊迟听了之后，不明所以，孔子又向他解释了一番。看来樊迟这个人反应比较迟钝，还是不大明白个中道理，可孔子没有训斥、讽刺，没有泼樊迟的冷水。倘若泼一盆冷水，很可能浇灭了求知的欲望，这肯定是失败的教育。可是孔子又没有照直往下讲解，而是在这里打住，不往下说。这就是"引而不发"，启发你自己去思考，去举一反三，实在想不出来，你或者看书，或者向别人再请教。樊迟最后还是向学友请教，终于明白了。"引而不发"，正是孔子倡导的刺激、诱导的教育方法。

注意保护学生提问题的积极性，即使是过于幼稚或离题甚远的问题，也不要简单地顶回去，尽量发现其中的合理部分或积极因素，设法诱导，使其思维走上正确的轨道，而这正是启发的大好时机。

鲁迅先生给大学生讲《中国小说史略》中的《红楼梦》专题时，问学生："你们爱林黛玉吗?"当时许多学生不假思索乱答。其中却有一个学生反问道："周先生您爱不爱?"鲁迅先生并不以为有失师道尊严，而是毫不迟疑地回答："我不爱。"那个学生又追问一句："为什么不爱?"鲁迅说："我嫌她哭哭啼啼。"在这里，学生有问，教师有答；既不计较提什么问题，又不计较提问时的态度。鲁迅先生就是这样积极鼓励学生多提问题的。可见鲁迅先生非常重视启发式的教学法。也正因为启发式教学法是教学的通律,古今中外的教育家、教育者都十分推崇。

做通才还是专才

【原文】

达巷党人曰:"大哉孔子,博学而无所成名。"子闻之,谓门弟子曰:"吾何执? 执御乎? 执射乎? 吾执御矣。"

通才与专才,哪一个好? 这种辩论在社会上从来没有间断过。事实上,通才也好,专才也罢,都是社会不可或缺的人才。

目前,社会出现"一专多能"型人才更利于发展的局面。所谓"一专多能人才",是指具有一两门专业知识而又知识广博、基础扎实的人才。这种人才,在就业、创业方面拥有更多的优势。美国曾针对1311位科学家的论文、成果、晋级等方面作了5年调查,发现其中大多数人多是以"博学专才"取胜的。

在《论语·为政篇》里,孔子曾经说过"君子不器"的话。孔子这句话到底是什么意思呢? 君子不像器具那样,只有某一方面的用途。"为政"要通才,通才就要样样懂。"不器"就是不成为某一个定型的人。一个为政的人,应当博学多识,具有多方面的才干,不能只局限于某个方面。所以,"君子不器"被放在《论语·为政》篇中。

孔子的话曾经引发后人广泛的争论。这里牵涉到博与专的问题,这个问题仔细考究起来并不那么简单。实际上,博与专不可能清楚地割裂开而让人选择。尤其是进入现代社会后,一方面是分工越来越细,因而更加需要专门的人才;另一方面是专业人才越来越需要具备各个方面的知识和技能才能"专"得起来。所以,一方面的确如孔子所说,不要像一个器皿一样,只能派一种用场,装酱油就装酱油,装醋就装醋;或者如孔子听到达巷人的话后所说的那样,驾车就驾车,射箭就射箭,而是除了驾车射箭,还要使自己成为一个博学而多才多艺的人。但是,另一方面,如果没有哪一方面的专长,或者说没有一技之长，在今天的社会里也是寸步难行。弄不好，就会成为人们所挖苦的"样样懂，门门瘟"，恐怕连一个称心如意的工作都找不到，那就只有失业了。

相传有一种鼯鼠，具有五种本领，但会飞而飞不过屋顶，会攀而不能攀顶，会游而不能渡河，会挖穴而不能掩身，会走而不能比人快。这些本领有什么实用价值？

所以，更为理想的追求，实际上不是"博学而无所成名"，而是要既博学又要有所成名。用今天的话来说，就是"一专多能"型人才。"由博返约"，精修一门，一专多能，这才是人生的真谛。

一切学科都应该知道一些，但有些学科应该知道其中的一切。正如鲁迅所指出的："读书'浏览'是重要的，但光'浏览'不行，那会成为'杂耍'，是不会有成就的。应该在'浏览'的基础上，抉择而人于自己所爱的较快增长的一门或几门。"

在这方面，列宁、竺可桢是极好的范例。

列宁从小就有广泛的读书兴趣和爱好，对社会科学、自然科学都有研究。但当他投身革命以后，便在博学的基础上，重点研究社会科学。由于列宁的刻苦学习和钻研，积极参加革命实践，终于成为伟大的马克思主义者。

气象学家竺可桢的治学方法就是在主攻气象学的同时，跨越多门学科。他喜欢涉猎古代文化宝库，博览经、史、子、集，以及古人的游记、笔记、方志、日记、诗词等等，从浩如烟海的古代文献中探寻气象史的线索。正因为他有广泛的兴趣、渊博的知识、丰富的想象，所以能取得独创性的成就，在83岁时还发表论文《中国近五千年来气候变迁的初步研究》，博得国内外气象界的高度评价。

列宁、竺可桢等人的成功证明：世界上卓有贡献的巨人，大多是遵循一定的专业目标，博收兼蓄，才会有重大突破的。所以，成为一专多能的人才，是人生的必由之路，也只有一专多能的人才，才能受到命运的青睐，才能更加接近成功之门。

先修学业后做官

【原文】

子曰:先进于礼乐,野人也;后进于礼乐,君子也。如用之,吾从先进。

在古代,贵族士大夫是有特权的,他们可以选择先做官,一边做官一边提高自己的修养。平民百姓,必须先提高自身的修养,才有做官的可能。那么,"先进"与"后进",孔子更赞同哪种观点呢?

孔子的学生子夏说:"做官的事情做好了,就更广泛地去学习以求更好;学习学好了,就可以去做官以便更好地推行仁道。"这实际上就是"先进"与"后进"的区别。孔子的主张是先学习,提高修养后再去做官,而不大赞成先得了官位然后再去学习。

以我们今天的情形比拟,孔子的主张是先读书,从小学、中学、大学一直做到研究生,拿了高等文凭后才参加工作,分配到政府中去做公务员,然后慢慢升迁而坐上官位,担任领导人,而不大赞成先工作,提拔成干部,然后才去夜大或干部培训班进修学习拿文凭。

那时的孔子注重修养礼乐的实际内容,要求修身宜早不宜迟,倒不是看重文凭。只不过,文凭是你拥有修身经历的证明,外在的形式与内在的实际也是有所挂钩的。所以,我们今天的干部制度把文凭作为提升的一道硬性指标,是不是也与圣人的思想渊源有关系呢?

礼乐是孔子时代一个人的必修课,是一个人文化知识水平高低的象征。先学习礼而后做官的人,犹如今天在某种专门学校学习结业后,具有某一级学业学历的文凭,或资格证书,再担任某种领导职务。先做官而后学习礼乐的人,则如现代社会的现象:让没有读书学习过的人担负一定的领导工作,找机会再进修提高。这两者的结局,显然是大相径庭的。

直到现在,孔子"学而优则仕"的主张仍然是科学的。难道不学无术者能够当好领导干部、国家公务员吗?所以,"读书做官论"在当今社会也仍然具有较大的合理性。我们

子夏

不能武断地批评读书为做官就是"官本位"思想，读书做官没有什么不对，关键是看你想要做官的目的是什么、怎么去做官。

因此，我们今天选用领导干部，除了看一个人良好的心理素质、政治思想和品德作风外，还要有知识、有文化、懂管理、会经营、具备经济头脑。试问，不读书学习的人，能达到这样的标准吗？能做好领导工作吗？

时代在前进，科学技术在发展，对领导干部的要求自然也就"水涨船高"了。举个简单的例子，过去的二等兵可以当营长，今天未经军事学院培训的人，就连排长也当不上。这就是为什么军事学院出来的高才生，在部队里升迁比较快的原因。他们所欠缺的，无非是实战的经验，最难搞定的理论知识他们早已滚瓜烂熟了。一个不具备现代军事科学知识的指挥官，能带领用先进军事武器武装起来的现代化部队，在未来的反侵略战争中取得胜利吗？所以，还是直接用从军事学院出来的高才生比较好。

正在学习的青少年们，必须把自身的修养和学历提高到一个比较高的层次，学业有成，才能获得成为公务员的资格，才有机会做一名领导者。国家之所以提倡"公务员考试"，就是要为政府机关选拔优秀的人员，不能"任人唯亲"，而要"任人唯贤"。

有志于走仕途的学子和正在当官的人，别忘了学习啊！人生就是不断学习、不断奉献、不断进取的过程！

善于取长补短

【原文】

子曰：三人行，必有我师焉。择其善者而从之，其不善者而改之。

俗话说："学海无涯。"即使是大学问家，掌握的知识恐怕也只能是沧海之一粟、九牛之一毛。人更应该勇于向他人学习，取人之长补己之短。

"三人行，必有我师"这句话，表现出孔子自觉修养、虚心好学的精神。它包含了两个方面：一方面，择其善者而从之，见人之善就学，是虚心好学的精神；另一方面，其不善者而改之，见人之不善就引以为戒，反省自己，是自觉修养的精神。这样一来，无论同行相处的人善或不善，都可以为师。学习长处，学习有益经验；避免短处，避免走弯路。

《三字经》中有这样一句话："昔仲尼，师项橐。""仲尼"大家都知道是孔子的别称，而"项橐"是燕国的一个普通少年。这里有一个故事。

有一天，项橐见到孔子时说："听说孔先生很有学问，特来求教。"

孔子笑着说："请讲。"

项橐朝孔子拱拱手问："什么水没有鱼？什么火没有烟？什么树没有叶？什么花没有枝？"

孔子听后说："你真是问得怪，江河湖海，什么水都有鱼；不管柴草灯烛，什么火都有烟;至于植物,没有叶不能成树;没有枝也难以开花。"

项橐一听咯咯直笑,晃着脑袋说:"不对。井水没有鱼,萤火没有烟,枯树没有叶,雪花没有枝。"

孔子叹道:"后生可畏啊!老夫愿拜你为师。"

不知道这是不是中国最早的一道脑筋急转弯的题。

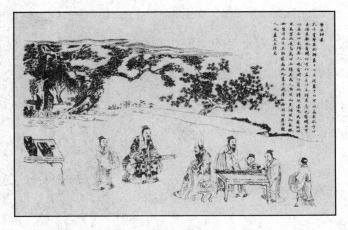

学琴师襄

北宋名相晏殊一次出巡,途经江南,听说扬州大明寺有许多好诗,决定前往欣赏一番。他来到大明寺,叫随从依次给他念诵寺壁上的题诗。晏殊免却俗套,只凭诗论人。诗写得好,才进一步询问作者的姓名、籍贯、地位。结果,当地一个叫王淇的主簿小官脱颖而出。晏殊并不因为王淇的地位低而鄙弃他,他让人找来王淇,与之促膝而谈。晏殊之前曾无意中吟出"无可奈何花落去",一直不曾对上好句子,此时王淇听闻,随口续曰"似曾相识燕归来",让晏殊刮目相看,惊叹不已。

一次,卫国公孙朝问子贡,孔子的学问是从哪里学的?子贡回答说,古代圣人讲的道理,就留在人们中间,贤人认识了它的大处,不贤的人认识它的小处,他们每个人都学习了古代圣人的道理。

孔子随时随地向一切人学习,谁都可以是他的老师,所以说"何常师之有"——没有固定的老师。

唐代文学家、哲学家韩愈说过如何向人学习的道理：出生在我之前，他懂得的道理，本来比我早，我当然要跟着他学；出生在我之后，如果他懂得道理，也比我早，我也应该跟着他学。我是学道理啊，何必将他的年纪来与我比大小呢？因此，无论高贵还是卑贱，无论年长还是年少的，道理在哪里，老师就在哪里。

与人相处，发现别人的长处而能从内心真正发出行善、学习的意念，是很难做到的。真正的有识之士常把自己比作"沧海一粟"。当有人在牛顿面前赞誉他比前辈们更有远见时，牛顿却非常谦虚地回答："那是因为我站在巨人的肩膀上。"大海之所以烟波连天、浩瀚壮阔，就在于广纳百川之细流，不拒山泉之涓滴。

曾子

一般来讲，在现实生活中，只要仔细观察身旁的人，你就会发现，无论多么出色的人都会有这样那样的缺点，而看上去再乏味的人也必定会有一些长处。其实，我们的上司、同事、下属、客户、市场竞争对手都可以成为我们学习的对象。学习知识光明正大，没有什么可害臊、不好意思的。相反，那些不懂装懂、滥竽充数以及从不向他人求教而沾沾自喜的人，才是真正应该无地汗颜，内心惭愧的人。

孔子曾经说过："见贤思齐焉，见不贤而内自省也。""吾日三省吾身"这就是说：看到别人的优点，就要设法使自己也具有同样的优点；看到别人的缺点，就要反省自己，看自己是否也存在类似的缺点。这些都和"其不善者而改之"是同样的道理。

看到别人的问题，总比看到自己的问题容易，把过错怪罪在别人身上也比检讨自己容易。如果一味地用抱怨他人来代替反省，那就是对自己进步的最大耽误。能够反躬自省的人，一定不是庸俗的人。一个人之所以能够不断地进步，就在于他能够经常反省自己的不足，能够找到自己的缺点或者做得不好的地方，然后不断改正，自觉地加以克服，从反省中获取前进的力量，以追求完美的态度去做事，从而取得一个又一个的成功。

夏朝时候，一个背叛的诸侯有扈氏率兵入侵，夏禹派他的儿子伯启抵抗，结果被打败了。他的部下很不服气，要求继续进攻，但伯启说："不必了，我的兵比他多，地也比他大，却被他打败了，这一定是我的德行不如他，带兵方法不如他的缘故。从今天起，我一定要努力改正过来才是。"从此以后，伯启每天很早便起床工作，粗茶淡饭，照顾百姓，任用有才干的人，尊敬有品德的人。过了一年，有扈氏知道了，不但不敢再来侵犯，反而自动投降了。

这就是反省的力量。

不自负、不自满、不武断、不固执，看到他人的长处，虚心学习，注意倾听别人的意见，乐于接受别人的帮助，虚心地检讨反省自己，马上改正有缺失的地方，这是一个人能够成才、成功的重要条件。

不要不懂装懂

【原文】

子曰：由，诲汝知之乎！知之为知之，不知为不知，是知也。

做人切忌不懂装懂，自欺欺人。仲由，字子路，是孔子的学生，长期追随孔子，算是孔子的得意门生。孔子告诉子路：知道就是知道，不知道就是不知道，不能自欺欺人。总之，人应该有实事求是的态度。孔子把"知之为知之，不知为不知"列为人生最高的智慧。

林语堂的《苏东坡传》里讲了苏东坡批评程颐不懂装懂的故事。

那天朝廷百官在太庙中的大典完毕之后，苏东坡正要带领翰林院及中书省同仁前往已故相国司马光府去吊祭，程颐却不赞同，因为那天早晨大家曾在太庙唱过歌，至少听过奏乐，怎么同一天还能去吊丧哭泣呢？大家到了司马府门前，程颐就想拦阻大家，于是大

苏轼

家争得面红耳赤。

程颐说:"你们没念过《论语》吗?'子于是日哭,则不歌。'"

苏东坡立刻回答道:"《论语》上并没说'子于是日歌,则不哭'。"

苏东坡十分气恼,不顾程颐的反对,率领大家进了门。每个人都站在灵柩前面行礼,在离去之前都依照习俗以袖拭目。苏东坡一看司马光的儿子没出来接待客人,问过别人,才知道程颐禁止,说是于古无征。于是,苏东坡当着全体官员的面说道:"伊川可谓糟糠鄙俚叔孙通。"大家哄堂大笑,程颐满面通红。

求知最忌自欺欺人,不懂装懂。越有学问的人,见的世面越广,越认为自己懂得太少。而越无知的人,层次水平越低,越要炫耀自己的"学问"。

世界著名物理学家、获诺贝尔物理学奖的美籍华人丁肇中在接受中央电视台《东方之子》采访时,曾对很多问题都表示"不知道"。后来,他在为南航师生做学术报告时,面对同学们的提问又是三问三不知：

"您觉得人类在太空能找到暗物质和反物质吗？"

"不知道。"

"您觉得您从事的科学实验有什么经济价值吗？"

"不知道。"

"您能不能谈谈物理学未来20年的发展方向？"

"不知道。"

三问三不知！这让在场的所有同学感到震惊，但随即就赢得全场热烈的掌声。

也许，一些人在说"不知道"时往往被看成是孤陋寡闻和无知肤浅的表现，但丁先生的"不知道"却体现着一种做人的谦逊和科学家治学的严谨态度，不禁令人肃然起敬。

"知之为知之，不知为不知，是知也。"这则语录讲的是孔子教育大家对学习所持的态度，当然也是对待其他事物的态度。对待任何事物都要有谦虚、诚恳、老实的态度。如果一个人对自己不明白的问题加以隐瞒，不去向别人请教，在别人面前仍然不懂装懂，那他就是"大无知"，太虚伪了。

人不懂不可怕，可怕的是不懂装懂。在这个世界上，没有一生下来就上通天文、下知地理、晓古通今的人，都必须在学习探索中不断充实自己。只有虚心向别人学习，不耻下问，才能不断进步。

只有实事求是，才能正确地认识自我；只有实事求是，才能注意学习、加强学习，从不知到知，由知之甚少到知之较多。否则，不懂装懂、自欺欺人、自以为是，就会堵塞自己前进的道路，最终贻害无穷。

不懂就问不为耻

【原文】

子贡问曰：孔文子何以谓之"文"也？子曰：敏而好学，不耻下问，是以谓之"文"也。

孔文子是卫国的一名大夫,去世之后得到"文"的谥号。这在当时是非常荣耀的,说明这个人很有才德。但《左传》上记载,他"私德有秽",大概意思是说个人行为方面有所

观器论道

亏欠。子贡就有疑问了,孔文子为什么会得到"文"这么崇高的谥号啊?孔子着重从大义方面解释,聪慧好学,不耻下问,这就是他得到"文"的谥号的理由。

孔子提倡热爱学习,不耻下问,这是中华民族的传统美德。不懂不要紧,向人请教不就行了吗?可在向谁请教上,有些人也好"面子"。如果让他向比自己地位低的人请教问题,如领导向下属请教、教授向学生请教、城里人向乡下人请教,他就会觉得羞耻。但在孔子看来,不耻下问不仅不丢面子,而且还能体现君子的美德。

《荀子》里记载过这么一件事:

孔子带弟子到鲁昭公庙参观,见了一个青铜器皿。这物件尖底、小口、大腹,腹侧有耳,放在一木案子上,竟是倾斜欲倒的样子。孔子不知道这东西叫什么,便问弟子们,弟子们也都摇头。孔子便向守庙人请教。守庙人说:"这是宥坐之器,又称欹器,是先王置于座位之右,表示警戒自勉的。"

这一说,孔子恍然大悟,知道了这就是自己曾听说过的欹器。当它空着的时候,就如现在这样向一边倾斜,如果将水灌满它,它就会翻倒。只有既不空又不满时,它才能端端

正正地立在那里。君王就是用它提醒自己记住"虚则欹，满则覆，中则正"的道理。于是，孔子请守庙人拿来水，当场演示，给弟子们上了生动的一课……

孔子正是由于不耻下问，才成就了他大学问家的美誉。

俗话说："学问，学问，勤学好问。"其实，好的问题就是学问的一半。所以，中国人在学习过程中强调提倡"不耻下问"。有经验的教师都有这样的体会：能不能提出问题来，反映学生是不是认真学了；提出问题的难易程度，可以判断学生学得是深是浅。

我国科学家茅以升在唐山工业专科学校教书时，一反中外教育史上传统的"教师出题，学生解答"的考试方法，别出心裁地采用"学生出题，由老师回答"的考试方法。实践证明，这种以考查学生提问题的能力来判断学生学习好坏的方法，是符合科学道理的。

只有善于学习，才能不断发现问题；只有不断发现问题，才能推动学习的深入。凡事多问必有益处，因为提出问题是解决问题、揭示事物真相的开始。如果连问题都提不出来，问题也就无从解决了。我们无论处理什么疑难问题，都应该这样。世事复杂，对任何事都得多留几个心眼。凡事多问必多益，因为任何疑难问题都招架不住三个以上问号的敲打。只要打破砂锅问到底，问题的症结必定会水落石出，也许解决问题的方法简单得令人难以想象，就像下面这个真实的故事：

某国首都的一座大厦年久，建筑物表面斑驳陆离，后来竟然出现裂痕。虽然政府采取了很多措施，但仍无法遏制。后来，专家调查发现：冲刷墙壁所含的清洁剂对建筑物有酸蚀作用，而该大厦墙壁每日被冲洗的次数，大大多于其他建筑，受酸蚀损害严重。

但是，为什么要每天冲洗呢？因为大厦每天被大量鸟粪弄脏。

为什么这栋大厦有那么多鸟粪？因为大厦周围聚集了特别多的燕子。

为什么燕子要聚在那里？因为大厦上有很多燕子爱吃的蜘蛛。

为什么这里的蜘蛛多？因为这里有很多蜘蛛爱吃的飞虫。

为什么这里飞虫多？因为飞虫在这里繁殖得特别快。

为什么？因为这里的尘埃最适宜飞虫繁殖。

为什么？尘埃本无特别，只是配合了从窗子照射进来的过于充足的阳光，形成了特别适宜飞虫繁殖的温床。

大量飞虫聚集在此，以超常的速度繁殖，于是给蜘蛛提供了大量的美餐，于是燕子飞来了……解决问题的方法非常简单：拉上窗帘，挡住过分充足的阳光。

总而言之，我们不仅要"不耻下问"，向不如自己的人提问而不觉得羞耻，还要上问，向比自己优秀的人请教，还要多问、善问，问出技巧、问出水平、问出真理。只有这样，才能更好、更快地吸收别人的优点，汲取知识，"取其精华、弃其糟粕"，提高自己的文化素质，为今后的成功奠定坚实的基础。

第四节 《论语》的生活智慧

乐以忘忧，舒心自在

【原文】

子之燕居，申申如也，夭夭如也。

一肩挑尽古今愁，忧国忧民忧天下的孔子在家闲居时却仪态舒展自如，神色和乐喜悦，过着无忧无虑的个人生活，完全不是我们所想象的那样一副愁眉苦脸，严肃庄重的样子。这是因为他虽然忧国忧民忧天下，但却在个人生活上抱着以平淡为乐的旷达态度，所以始终能保持爽朗的胸襟，舒展自如的心情。

孔子是一个十分勤奋而机敏的人，他反对"饱食终日，无所用心。"认为一个人总要有所作为。孔子的心态，用他的话来说，叫"君子坦荡荡"，他不忧不惧，因为他没有做亏心事。他感到人生是勤奋而快乐的，是乐以忘忧的。孔子生活在春秋末年这样一个动荡的年代，应该说是复杂的社会环境，但他处处谦虚、恭敬、诚实、礼让，"内省不疚"，"躬自厚而薄责于人"。

我们今天常常有人发出这样的感叹:生活太累! 快乐离我们太远!

其实,不是快乐离我们太远,而是我们根本不知道自己和快乐之间的距离;不是寻找快乐太难,而是我们活得不够简单。

有这么一个故事:有一个富翁,背着许多金银珠宝到远方去寻找快乐,可是走遍了千山万水也没有找到。

一天,一位衣衫褴褛的农夫唱着山歌走过来。富人见农夫这么快乐,便向他讨教快乐的秘诀。农夫笑着说:"哪里有什么秘诀,只要你把背负的东西放下就可以了。"

富翁恍然大悟,原来自己背着这么沉重的金银珠宝,腰都快被压弯了,而且一路上还提心吊胆,生怕被土匪抢劫,整天惊魂不定,忧心忡忡,哪里还快乐得起来呢?

如果富人放下行囊,把金银珠宝分发给过路的穷人,不仅肩上的负担没有了,还能够看到一张张感恩的笑脸,这不是他想要寻找的快乐吗? 为什么要整天背负着沉重的负担而让自己不快乐?

其实,快乐的种子埋藏在我们心中。当我们能够真诚地热爱生活和热爱他人时,我们的内心就能够感到逍遥自在,从而快乐起来。

在物质世界里,我们仍然拥有精神世界。如果我们想要完整地表达精神世界的好品质,就必须先领会以下要点:第一,我们必须接受自己拥有精神世界的事实;第二,思想的延伸和发展,将会成为我们的人生态度;第三,这些想法和态度能经由人类彼此的交流而发出能量和光辉,从而影响自己和他人。

以喜乐这种精神品质为例,实际上,生活中的喜乐和幸福来自自己的内心感受,它是看不见摸不着的。所以,最重要的还是要从心中去寻找和体会喜乐、幸福的感觉,而且我们还要让这种信仰成为自己的人生态度,这样才能使我们在面对任何人、事、物时,都能保持喜乐。

另外,我们也应该与身边的每个人分享这样的态度,因为在为别人带来快乐的过程中，我们也将获得更多的快乐。有人说，当我们把快乐和别人分享时，我们便得到双倍的快乐。

说到底，快乐就是要会调整自己的心态和精神。并不是拥有财富和名利地位才能给我们带来快乐。

相传有一个财主，生意做得很大，每日操心、算计，要么担心长工不给他好好干活，要么担心家里的钱财被小偷偷走，要么担心路上的货物遭遇劫匪，有时甚至还担心自己百年后万一财产分配不均子女们闹不和怎么办……总之，他每天茶饭不思，没有一天快乐过。挨着他家的高墙外面，住了一户很穷的人家，夫妻俩以卖茶水为生，老两口无儿无女，家徒四壁，却整天有说有笑，日子过得快快乐乐。财主太太说："我们还不如隔壁卖茶水的两口子，他们尽管穷，却活得很快乐。"财主听了，便说："这有什么难，我叫他们明天就高兴不起来。"于是他拿了一锭 50 两重的金元宝，从墙上扔了过去。那夫妻俩发现这从天而降的金元宝，喜出望外，夫妻俩于是茶水也不卖了，先是讨论院子里的金元宝是从哪里来的，紧接着就开始商议拿这金元宝该干点什么，之后又想万一这金元宝被别人误认为是偷来的怎么办，随后又想万一有人知道他们家有金元宝前来打劫怎么办……总之，他们讨论了三天三夜也没有得出结果，于是茶不思，饭不香，觉也睡不好，当然再也听不到以往的欢声笑语了。财主对他太太说："你看，他们不笑了吧，办法就这么简单。"

这个故事告诉我们：金钱未必能够带来快乐，假如人们一味追逐财富、名利，成年累月心劳力竭，神经紧张，疲惫不堪，尽管锦衣玉食，满屋金银珠宝，也不能拥有快乐。

人生的诱惑太多，如果在各种诱惑面前分不清、看不明，只是盲目地追逐潮流，身不由己地为名利而像陀螺一样不停地旋转，为功名利禄、锦衣玉食不停地追求，等喧嚣过后，一切归于寂静，才发现自己的情感被销蚀得千疮百孔，连自己原本拥有的快乐都已经丢失掉了。

快乐源自自己的心底，是一种与财富、名利、地位无关的精神境界。

现代人为了名利、财富、金钱而疲于奔命，有时候甚至置亲情、个人的健康于不顾，最

终丢失了亲情、透支了身体,生怕失去了任何一个可以利用的机会,却又逢人便感叹:"唉,活得真累!"累什么呢?不外乎是累财累名累地位,累一己之得失、累个人的利益,其结果是连"燕居"的时间都没有了,更不用说什么"申申如也,夭夭如也"。与其如此,倒不如向圣人学习,甩开个人名利之累,一切顺其自然,保持舒展和乐的心态,平平淡淡、轻轻松松、快快乐乐过一生。

莫让人生虚度过

【原文】

子曰:"吾十有五而志于学,三十而立,四十而不惑,五十而知天命,六十而耳顺,七十而从心所欲不逾矩。"

孔子用简单的话勾勒了自己的一生。从中也大体显示了一个成功的人在人生的各个阶段所要达到的目标:少年时代要发奋学习;30 岁左右成家立业;40 岁左右应该树立坚定的信念;50 岁上下应该明白世上的一些当然之故和必然趋势;60 岁时要达到声入心通的境地,对各种意见都能正确地理解和对待;70 岁时对社会的法则运用自如,精神进入自由王国。

儒家把实践仁、义、礼、智的价值观念视为顺"天命",即看成自己必须承担而决不能推卸的做人的责任。能知天命,就找到了"安身立命"之处,就不会有失落感、忧愁感,不会因一时一事的得失成败而烦恼,也不会因社会的动乱、生活的甘苦、个人的荣辱、生命的安危而扰乱自己的人生追求,孔子的一生都在朝这个目标奋斗。

孔子的一生,都在寻求政治主张的实现,并积极从事教育。孔子是我国第一个开办私学者。他从而立之年起就开始从事教育。他 35 岁去了齐国,见到了齐景公。由于受大臣晏婴的阻止,没有得到齐景公的重用,37 岁返鲁。他从 51 岁起,先是做了鲁国的县官,最后官至鲁国的最高法官,并代理丞相。55 岁到 68 岁这 14 年间,奔走于卫、宋、陈、

灵公郊迎

蔡、楚等国,宣传自己的学说和政治主张。之后,退而继续从事教育。直到73岁去世。

孔子15岁时,即已立定人生志向,以学问立身,人当少年,便已设立了人生的远大目标。孔子30岁立足于社会;40岁时,对前途充满信心,开始超越一切迷惑,达到了一种新的境界。孔子并非天生的圣人,亦非早年开悟,而是先设定人生目标,然后为之奋斗,百折不挠,勇敢突破,以致有成。孔子73岁的生命,可说是由一连串的不顺遂所构成,但他对生命的珍惜,对生活的热爱,使其始终保持有乐观的心态,坚强的意念,即使面对重重的阻碍、挫折、打击、刺激,乃至生死关头,也不能使他放弃初衷,无法阻止他勇往直前。

孔子说"三十而立",就是说30岁要能够在社会上立身处世。这不由得使人想起张爱玲说的"成名要早"。人生短暂,要依志向和兴趣尽早确定一个有益于社会进步、思想文化进步、科技进步的职业,心怀进取自强,有所规划,倾力而为。要努力做到向长者学经验,向年轻人学新知,不断锤炼和完善自己,当人到40岁时,才能做到"不惑",40岁是对自己的言谈行为都坚定不移的年龄。睿智超常的孔子说"五十而知天命",人到50岁,也就到了顺应事态发展的年龄了。

孔子说"六十而耳顺",人到60岁以后,就会变得完全通情达理,年轻时对别人说自己的坏话常会感到刺耳;自己也常意气用事,对别人的意见,什么也听不进去;常抱有成见,主观地偏听偏信,只能听进一个方面的话。孔子一生听到的逆耳之言是很多的,子路给他挡驾了不少,子路死后,孔子说:从我得子路以后,"恶言不闻于耳"。耳顺是一种很高的境界。孔子"七十从心所欲不逾矩"表明了一种欲望的消退。也就是说,人到了70岁,还有什么呢? 即使随心所欲,无论如何也不会有什么非分之想,更不要说什么超越法度和越轨的行为了。这是一种在经过之后的洒脱,放弃之后的快乐。

这段语录是孔子一生治学的深切感受。而不同的人根据自身不同的人生经历和体验来品味孔子的这段微言大义,必然会有各自不同的感受。生活的艺术就在于何时应该把握,何时应该放弃。对于生命的每一个阶段我们都应该珍惜。我们应该虔诚地对待生命的每一天,珍惜每一个小时,抓住每一分钟,但又不能抓得太紧,有时候,也要学会放弃。在生命的每一个阶段,我们都会受到挫折,但也从中得到了锻炼。

生命是有限的,但生命绝不仅仅只是一种存在。它是一个不断变化发展的进程。我们的父母通过我们延续他们的生命,我们又将通过下一代来延续自己的生命。我们创造的价值,我们塑造的美好形象将会永远流传。不要让你的生命白白浪费,不要像追求物质那样追求思想,因为思想将赋予生活以意义,它具有永恒的价值,它同物质是完全不一样的。

放弃那些不适合自己去充当的社会角色,放弃束缚你的人情世故,放弃伪装你的功名利禄,放弃徒有虚名的奉承夸奖,放弃患得患失的心态。静下心来,用足够的精力和智慧来发掘自己的潜力,做好自己应该做的事,明确自己应该追求的目标,坚定不移地走自己的路,充分实现自己的人生价值。

生命对于每个人来说只有一次。把人生划为几个阶段,每个阶段都有不同的追求目标和心境。在努力达到人生目标的同时去体悟人生,不要让太多的无关的人事功名来消耗我们的光阴和智能,不要过分去追逐名利。

华罗庚说:"时间是由分秒组成的,善于利用零星时间的人,才会做出更大的成就来。"是否珍惜时间对一个人的发展和成功有非常密切的关系。一个人不懂得珍惜生命,不充分利用时间来发展自己，在时间面前他永远是个弱者，它不懂得珍惜生命，成功也就抛弃了他。宋代文学家欧阳修说："余平生所作的文章，多在三上：马上、枕上、厕上。"而鲁迅先生，则把别人用来喝咖啡的时间都用在了写作上。

现代著名国画大师齐白石，每天勤于作画，没有特殊情况从不间断。在他作画的60多年中，据说只有两次间断，10天没有动过笔。一次是他63岁时生了一场大病，几次不省人事，另一次是64岁时母亲病故，他因过度悲伤，没有作画。85岁那年，有一天他连画4张条幅，已经很累了，可他仍然坚持再画一张。画毕，他在条幅上题写这样的话："昨日大风雨，心绪不宁不曾作画，今朝制此一张补充之，不叫一日空闲过也。"齐白石在艺术的道路上十分珍惜时间，珍惜生命。他不停地辛勤耕耘，不为功名利禄所累，放弃了一些该放弃的东西，一心扑在绘画上，一心追求自己的事业，乐在其中，最终取得了令人瞩目的绘画成就。齐白石的一生应该说是快乐的一生。

放得下才担得起

【原文】

哀公问社于宰我。宰我对曰："夏后氏以松，殷人以柏，周人以栗。曰，使民以栗。"子闻之，曰"成事不说，遂事不谏，既往不咎。"

孔子不满意宰我关于"使民战栗"的解释，因为它不符合德政爱民的思想。但周代又确实是用栗木做的土神牌位，所以孔子不好正面批评宰我，而是从思想方法上来说，既然已经过去了的事，就不要去追究它了。

不管这件事本身的是非曲直，孔子这里所表现的，是一种弃而不咎的宽大胸怀。有些东西，我们尽管很不愿意放弃，但为了取得一个圆满的结果，该放弃时还得放弃。

放弃过去一些不愉快的事情，放弃心中积攒下来的烦恼和负担，放弃失恋的痛楚，放弃对权力的角逐和对虚名的争夺，放弃考场上的失误，放弃职场竞争中的败落，你就可以轻装上阵，让整个身心沉浸在轻松悠闲的宁静中。放弃会使你显得更精明、更能干、更有

力量。放弃会使你变得乐观、豁达、充满智慧。有时候我们需要来一次心灵大扫除，该丢弃的丢弃，不要让心灵背负沉重的负担，这样才能轻松赶路，快乐做事。

普希金在一首诗中写道："一切都是瞬息，一切都会过去，而那过去了的，将会成为亲切的怀念。"有时候，失去的不一定是忧伤，反而是一种美丽，失去的不一定是损失，反倒是一种奉献。

1964 年盛夏，又一枚中国火箭在一个大漠中准备发射升空。关键时刻，火箭出现了故障，被迫推迟了点火时间。这时，年轻的中国上尉军官王永志找到了设计师，提出："卸出 600 公斤推进剂，也许就行了。"设计师想，这想法太幼稚了，哪有动力越少，火箭飞得越高的道理的？于是他断然拒绝了王永志的建议。

后来，王永志向著名的科学家钱学森反映：箭体的重最直接影响到射程，卸出一些推进剂，不就等于减轻了箭体的自重吗？这样一来，火箭不就可以飞得高了吗？钱学森认真听取了他的意见，当即拍板："我看这个办法行！"

不久，大漠一声巨响，中国火箭又一次成功发射。

多年以后，王永志成为中国载人航天工程的总设计师。

什么方法使火箭飞得更高？卸下包袱，同样，什么方法让人走得更远？丢掉包袱。

就像当年的王永志那样，丢掉包袱，大胆设想，大胆建议，只有如此，才能脱颖而出，抢占先机，从而走得更远。

我们每个人的心态何尝不是这样呢？当你背负沉重时，有多少空间去做你应该做的事呢？

人生中有很多大的目标，在实现的过程中，我们通常感觉难度较大，确切地说，实现起来比较困难，但每天进步一点点，生活的喜悦与新鲜，才会一点点渗透到生命中，以便拥有一路最佳的行走状态，实现更大的辉煌。

尽管我们对自己现在的状况还不满意，但回过头去看我们已经取得了很大的进步，尽管我们对未来的美好景致充满着憧憬，但要获得它还必须舍弃许多"过去"。人人都有

搬新家的体验，很多时候，我们对旧家具依然爱不释手，舍不得丢弃，但实际上当搬到新家后，却发现它们会显得碍眼，与新环境格格不入。

有时候，回过头审视一下自己，却发现自己已经发生了改变，原来是在不知不觉中，做了很多舍弃。

一知心朋友被人问道："家庭和事业之间做一个选择，你要选择哪一个？"朋友总是毫不犹豫地回答说："除了家庭之外，什么都可以舍弃。"

对于朋友而言，家庭就是最合适进行心灵大扫除的场所。外人看朋友，总是显得神清气爽，生活井然有序，这得归功于她每天所做的"心灵清扫，"不良情绪每天总是能够在家里得到调整，不断将自己的"灰色心理""小我"排除掉，自然会感到精神舒爽，乐观自信。

非洲土人抓狒狒有一绝招：将狒狒爱吃的食物放进一个口小腹大的洞中，并故意让狒狒看见。等人走远后，狒狒就会欢蹦乱跳地跑到洞口边，然后将爪子伸进洞里，紧紧抓住食物。但由于洞口很小，它的爪子抓住食物后就很难从洞中抽出来，明知是不可能得到的东西却还是舍不得舍弃。这时，猎人只管不慌不忙地走来抓获猎物就行，根本不用担心它会逃跑掉，因为狒狒舍不得已经到手的可口食物。面临危险，狒狒会显得惊慌失措，会把食物抓得更紧，但无论如何，爪子就是不会从洞口里拔出来。

这有些类似于人，或者说人有些类似于狒狒，狒狒只要舍得撒手就完全可以逃生的，但是它却偏偏不，明明看到危险在即，也明明没有办法把拿着食物的爪子从洞口拔出来，但伸进洞里已经抓住食物的手，无论如何是舍不得松开的。而人如果也像狒狒一样只见其利而不见其害地一味不知道放弃，当包袱过重时结果也是可想而知的。

人活着，会有很多责任、很多欲望，这些东西没有不行，没有会使人生变得轻飘，毫无意义，但如果太多了，背在背上会很沉重，会成为累赘，会把自己压垮，会使自己变得不快乐。

学会放弃，是一种人生哲学；敢于放弃，是一种生存魄力，更是一种良好心态。有所舍弃,才能有所获取;有所不为,才能有所作为。把曾经遭受的困难和挫折内化成前进的动力,把曾经犯过的错误内化成获取成功的经验教训,随时保持一个全新的自我,一个没有思想负担的自我,一个快乐的自我。正如一句箴言:"如果能够做到一天新,就应该保持天天新,新了还要更新。"

学会运用自己的长处

【原文】

人无远虑,必有近忧。

《论语正义》引解:"虑之不远,其忧即至,故曰近忧。"而人宜远虑历为儒家所重。孔子的这句话说得既深切,又肯定,提出了远和近的辩证关系。孔子认为,人应该有长远的眼光,才能减少眼前的灾祸。对于治理国家来说是这样,对于个人的人生规划也是这样。

每个人都有自己生存的价值观,但这种价值观因为个人的家庭背景、文化素养、思想抱负、性格特征及其生存的环境等因素的不同而有很大的差异。认识自己就是要找出自己真正的个性、特质和需求,以便尽早确定自己的人生目标,选择个人的奋斗方向,实现自己的人生价值。人一旦找到适合自己的职业,就会发掘出独特的生存价值,就会义无反顾地全身心投入,忘记在工作、生活以及人际关系方面的烦恼与挫折。假如年轻时没有替自己做个人生规划,职场设计,在许多关键的时刻要么人云亦云、不明所以;要么见风使舵、是非不清,以至于把握不住自我而卷入难以自拔的心灵黑洞,到年老之时追悔莫及。

在某一段时间里,你可能会失去自己,不知道该做什么好,也许你会不得不做一些不喜欢做的事情,并且为此而苦恼,但是,你要尽早使自己从这种状态下解脱出来。英国散文家托马斯·卡莱尔说:"世界上最不幸的人要数那些说不清自己究竟想做什么的人。他们在这个社会上找不到适合他们干的事,简直无处容身。"一个人要善于发现自己的特长并且会经营这些特长。经营自己的特长会给你的事业增值,不知道自己的特长,不懂得经营自己特长的人只会使事业遭受损失。

美国作家马克·吐温曾经经商，第一次他进行打字机的投资，因受人欺骗赔进去19万美元；第二次办出版公司，因为是外行，不懂得经营，又赔了10万元。这使他不仅把自己多年心血换来的稿费赔个精光，而且还欠了债。马克·吐温的妻子奥莉姬深知丈夫没有经商的才能，却有文学上的天赋，便帮助他鼓起勇气，振作精神，重新走回创作的道路。终于使马克·吐温摆脱了失败的痛苦，在文学创作上取得了举世瞩目的成就。

假如马克·吐温没有及时发现自己的兴趣和特长所在，从近处来说，他还会继续遭受经济上的损失，从长远来说，他的一生很难取得骄人的成绩。

美国著名诗人洛威尔说："做我们的天赋所不擅长的事情往往是徒劳无益的，在人类历史上因为做自己不擅长的事情而导致理想破灭、一事无成的例子举不胜举。"一个人竭尽全力去做一件事情而没有成功，并不意味着他做任何事情都不能成功。他可能选择了不适合自己天性的职业，但假如调整不过来，这就注定了他很难出人头地。

发现自己的天赋，明确自己的人生定位，意味着找准了事业发展的方向，从而会有无穷的动力。这样的人生不会因为突如其来的名利所诱惑，也不会因为遭受别人的讥讽和打击而举棋不定，更不会因为遭受一时的失败而徘徊不前。这样的人生是自信的，是坚定的，因而是快乐的。英国著名散文家和历史学家卡莱尔说："发现自己天赋所在的人是幸运的，他不再需要其他的福佑。他有了自己命定的职业，也就有了一生的归宿；他找到自己的目标，并将执着地追寻这一目标，奋力向前。"

爱因斯坦在20世纪50年代曾收到一封邀请信，邀请他去当以色列的总统。出人意料的是，爱因斯坦竟然拒绝了，他说："我整个一生都在同客观物质世界打交道，因而既缺乏天生的才智，也缺乏经验来处理行政事务并公正地对待别人，所以，本人不适合如此高官重任。"

爱因斯坦的明智之处就在于他对自己的性格特长有清醒的认识，在同物质世界打交道的过程中，充分发挥自己的特长，使自己的兴趣爱好和自己的奋斗目标保持一致，在工作中自得其乐，最终做出突出贡献。假如他违背自己的爱好一味哗众取宠，违心地做自己不愿意做的事情，会使自己陷入痛苦之中。

规划自己的人生，寻找适合自己做的工作，首先要找到自己的兴趣所在："我喜欢做什么？我最擅长做什么？"一个人如果能够根据自己的爱好去选择事业的目标，他的主动性就会得到充分的发挥。即使十分疲倦和辛劳，他也总是兴致勃勃，乐此不疲，即使遇到困难他也不会灰心丧气，即使遭受挫折他也不会从此裹足不前，而是想尽办法，百折不挠地去克服它。

爱迪生几乎每天要在实验室里辛苦工作18个小时，在里面吃饭、睡觉，可他一点都不觉得辛苦。"我一生中从未做过一天工作，"他宣称，"我每天其乐无穷。"乐在其中，难怪他会取得这么大的成就。

很多人往往会一时难以弄清楚自己的兴趣和特长，常常会迷失自己，失去方向感。但即使如此，你还是要一直不停地找寻，直到发现目标为止，千万不要放弃。

作家斯贝克一开始并没有意识到自己会成为作家，曾几次改行。开始因为身高优势他爱上了篮球运动，成了市男子篮球队队员。因为球技一般，年龄逐渐增大，他又改行当了专业画家。但他的画技也没有什么过人之处，他在给报刊绘画时，偶尔也写点小短文，终于有一天，他发现了自己惊人的写作才能，于是他放弃了其他方面的爱好，把自己的整个身心投入到写作中，最终走上了文学创作的道路。

发现自己的优势，掌握自己的优势，并加倍强化这种优势，将整个身心完全投入到自己所喜欢的项目中，将这种富有特长的兴趣爱好发挥到极致，这样的人生是快乐的人生。相反，不擅长发现自己的优势，规划自己的人生，这样的人生必将碌碌无为，一事无成，到头来会后悔莫及。

做人要有一颗宽容心

【原文】

子曰:"伯夷、叔齐不念旧恶,怨是用希。"

孔子周游列国到卫国的时候,受到了卫国的国君卫灵公的尊敬。卫灵公对孔子不但以礼相待,还专门到都城的郊外去迎候孔子,孔子觉得卫君很尊重贤人,于是就在卫国住了下来。

不久,卫灵公要出行,但出行的时候卫灵公和夫人南子同车出游,宫廷宦者雍渠在右边陪侍,要孔子坐第二辆车跟随,招摇过市。这是在作弄孔子,要他当众出丑。南子在卫国是个道德败坏,臭名昭著的人,妇孺皆知。于是,孔子感到羞愧、愤怒和失望。再加上孔子在卫国已经住了很久,卫灵公却一直没有重用他的意思,于是孔子就离开了卫国。

后来卫国发生了叛乱,孔子的弟子在一起议论此事。冉求问子贡说:"你认为夫子会帮助卫君吗?"

子贡说:"我也不知道。不过让我去问问他吧。"于是,子贡就走进孔子的屋子,问孔子说:"伯夷和叔齐是什么样的人?"

孔子回答说:"伯夷、叔齐是殷朝末年孤竹君的两个儿子。他们的父亲本来打算传王位给叔齐,父亲死后,叔齐自认为才德不如伯夷,就要求让伯夷来继位。伯夷觉得父命不可违,王位理应归属叔齐。两人就互相谦让,谁也不肯继承王位。他们听说文王最敬养老人,就先后逃到周文王那里。当时正值文王去世,武王继位。武王将东伐殷纣,伯夷、叔齐认为在父亲刚死尚未安葬时竟动兵讨伐别国是一种不孝的行为,便加以阻拦。武王平定殷商之乱后,天下都归附于周朝,但是伯夷、叔齐却认为这样做可耻,他们坚持节操,不吃周朝的粮食,隐居到首阳山采集野草充饥。最终饿死在首阳山。他们是古代的贤人啊!"

子贡接着又问:"那他们有怨恨吗?"孔子说:"他们追求仁,也得到了仁,又怨恨什么呢?"

听完之后,子贡出来对冉求说:"夫子应该会帮助卫国的。他并没有因为卫灵公不重用他而怀恨在心。"

宽以待人,就是对他人的过失和对自己的亏欠不要太过在意,在原则的范围内,不要挑剔别人的短处。宽容是对那些在意见、习惯和信仰方面与你不同的人,表现出耐心和光明正大的一种气质。一个拥有宽容美德的人,能够对那些反对者表示友好。宽容最能够表现出一个人的耐心、明智与深谋远虑。懂得宽容的人,是品格高尚、能力强的人。

在生活中利用宽容可以减少很多人与人之间的隔阂,可以让大家更好地沟通,彼此多一些体贴和关怀。同时,宽容也可以解决许多棘手的问题。

人生在世,不如意事常八九。能淡然处之,正是超脱的高手,宽容待人,能化腐朽为神奇,化烦恼为乐趣,是一种新的超越,是一种善待自己的方式。如果一个人因为别人的一点点错就心生怨恨,耿耿于怀,甚至想伺机打击报复,并整日处心积虑地算计别人,这种人怎么能够开心快乐呢?

保持一颗宽容的心不仅有利于身体健康,也有利于事业发展。相反,待人苛刻,容易发怒,小肚鸡肠的人往往会使自己陷于一种被动的境地。容易动怒,没有宽容心表现出的恰恰是一种无能和软弱。以宽容的态度待人,并非软弱无能,而是自信而有能力的表现,是一种正义的行为。

有一个叫曹阴的人,他邻居家喂养的一头猪同他喂养的猪的长相相似。一天,邻居家的猪跑丢了,他便到曹家来认,说曹家这头猪就是他家丢的那头猪,曹阴心里知道他弄错了,却没有同他争辩,二话没说,就让他把猪牵走了。后来邻家的猪又自己跑回来了,邻居知道自己搞错了,心中很惭愧,连忙把猪还曹家。这时曹阴二话没说,只是微笑接受了。曹阴的态度和气量,使邻居感到自愧不如。

古人讲:"泰山不避细壤,故能成其大;江海不择细流,故能成其深。"

宽容可以体现你高贵的品格，而批评就像危险的火星，足可引爆人们心中浮夸的虚荣与自尊，甚至足可置人于死地。天下再笨的人，也懂得批评、咒骂、抱怨他人，但这样做的人，却是气量狭小的人，是不容易接近的人。懂得宽容的人能够广交朋友，容易获得他人的理解和帮助。

宽容犹如春天，可使万物复苏，茂盛生长，成就一番繁荣景象。不计过失是宽容，不计前嫌是宽容，不计较个人名利得失也是一种宽容。宽容能使你赢得人心，宽容能使你始终保持积极进取的力量，可使你不受一时得失的影响，对事情的发展方向做出正确判断。宽容还可以使你保持健康的身心，宽容是一种善待自己的表现。

当你遇到与你不一致的做法和观点时，首先要想想别人合理的地方，然后再把你的做法和别人的进行比较。你还可以试着与不同背景的人、不同思想的人做朋友，多观察他们的做法，善于采纳和借鉴新观点，始终保持一颗谦虚的心、能容纳和接受别人的意见，这样你才能学会宽容。

真正有本事的人是谦虚的人，是能够接纳不同观点和意见的人，是能够容纳别人错误的人，因而是有肚量的人，是能够有所作为、能够成就一番事业的人。相反，心胸狭窄的人，常常牢骚满腹、怒气冲冲、处心积虑，总是感到别人在亏欠自己，有时候甚至为了报复别人而机关算尽，这样的人容易身心疲惫，容易患心悸、头昏、溃疡、高血压等疾病，这种人，是一种病态的人，这样的人生，是一种病态的人生。

看淡荣辱得失

【原文】

子曰："饭疏食饮水，曲肱而枕之，乐亦在其中矣。不义而富且贵，于我如浮云。"

孔子做鲁国大司寇时，他的弟子原宪做了他家的总管。孔子给他每年九百斗谷子的俸禄，他坚决推辞不肯接受。直到孔子对他说："不要推辞了，你如用不了，可以分给你家乡的穷人。"他这才勉强接受。

有一次，原宪问孔子："老师，您说什么是耻辱呢？"孔子回答说："如果一个国家被君主治理得很好，百姓安居乐业，有学问的人做官拿俸禄，是值得赞扬的。如果一个国家的君主，把国家弄得兵荒马乱，民不聊生，这时候有学问的人去当官拿俸禄，就是可耻的了。"

孔子生活的时代，诸侯纷争，战争不断，社会动荡不安，阶级矛盾日益激化。孔子去世后，周王室更加衰落，各诸侯国连年征战。大国称霸，弱国受欺，国君昏庸无道，老百姓苦不堪言。原宪想起老师关于耻辱的教诲，于是辞官去卫国乡下隐居。

原宪在乡下过着清苦的生活，夫妻俩住两间草屋，外面下大雨屋子就会漏雨。但原宪依然生活得很快乐，每天读书吟唱。

孔子的另一个弟子子贡在卫国做宰相，当他得知他自己的同学原宪也住在卫国后，就穿着华贵的官服，带上大批随从，坐着四匹马拉的豪华车子，前去拜访原宪。

看着面黄肌瘦的原宪，子贡关心地问道："你是不是生病了？"

原宪说："我听说没有金银财宝的人叫穷，没有学到治国本领的人才叫作病。我没有病，只是穷一点而已。"

子贡又问："那你为什么不出去做官拿俸禄，生活得富裕一些呢？"

原宪说："政治这样黑暗，当政者如此愚昧，如果我出去参与政事，不是等于与他们同流合污了吗？我现在的生活虽是粗衣疏食，但也是可以过得去的。我所忧虑的是，世道这样混乱，老百姓的苦难什么时候才能结束啊！"

子贡听了，想起老师的教诲，不免有些尴尬，于是告辞。

孔子主张让老百姓富裕起来，而且独富不如众富。在周游列国第一站到达卫国时，不由大声赞赏："好多人啊！"随行的冉有问道："一个国家的人已经这么多了，下一步该怎么办？"孔子说："让他富起来。"冉有接着问："已经富裕起来了呢？"孔子说："教好它的人民！让它的文化和经济更发达。"孔子认为富裕是大道本身的必然结果。富裕就是丰富。

大道生万物,大道生生不息,必然要有无穷的东西赠给爱道的人。大道生生不息,不富则不足为道。因此,他希望人们真诚地生活,做到心灵自在、心灵单纯、灵魂富足,他希望人们的物质生活丰富些,再丰富些。

由于孔子的政治主张始终得不到各诸侯国君的认可,即使才华横溢、德高望重,却四处碰壁,时常处于无官可做的贫困和尴尬境地。面对这样的情况,孔子采取的对策是,假如得到任用,我就为你施政,出力办事;假如得不到重用,也不会为了拥有富贵而不择手段。我会隐藏起来,安贫乐道,但不管怎样,我的儒家主张、政治理想不会放弃,立身处世的一切规则不会改变,追求也不会停止。

君子坚持一种操守,他就会在任何一种情况下都不会改变。君子坚持一种德性,就不会轻言放弃。君子实行一种主义,即使在艰难困苦、颠沛流离之际也会根据这种主义去做。

抗日战争结束后,美国政府一方面支持蒋介石发动内战,一方面又利用签订条约的办法在中国获取了许多特权,还加紧武装战败国日本,对中国重新造成威胁。当时社会上物价飞涨,物品奇缺,很多人在饥饿和死亡线上挣扎。老百姓对美国和国民党政府十分不满,反抗的呼声越来越高。美国为了支持蒋介石,就运来一些面粉,说要"救济"中国人,好让中国人"感谢"美国,不反对它。

朱自清看透了美国的用心,认为美国的救济是对中国人的侮辱。他和一些学者一起,在一份宣言上庄重地签上了自己的名字。那份宣言表示,坚决拒绝美国的"援助",不领美国的面粉。当时,朱自清正患严重的胃病,身体非常瘦弱,体重还不到40公斤,经常呕吐,甚至整夜不能入睡。拒领救济面粉意味着每月生活费要减少600万法币,生活更加困难。可是为了维护中国人的尊严,他坚决拒绝那些别有用心的"赏赐"。他在日记中写道:"坚信我的签名之举是正确的。因为反对美国武装日本的政策,要采取直接的行动,就不应逃避自己的责任。"两个月后,朱自清因贫病交加,不幸去世。他宁肯挨饿而死,也不肯领带侮辱性的"救济",表现了一个中国人应有的尊严。

诗人臧克家写下这样的诗句:"有的人活着,他已经死了;有的人死了,他还活着。"说明人生境界、人格和尊严很重要,有的人虽然肉体死了,但精神永存,人格永生;而有的人碌碌无为一生,平庸一生,毫无理想和追求,这样的人即使活着,他的人生也毫无价值、毫无意义。

有一个富人,害怕自己死后财产将会对他毫无作用。他的朋友建议他做一些善事,这样在他有罪的时候就会得到原谅。他采纳了朋友的意见,但他有一个条件,就是只帮助对生活完全失去希望的人。

一天,富人走在街上,他看见一个衣衫褴褛的人正坐在垃圾上。富人想,"他一定是一个对生活丧失信心的人。"于是便丢了100金币给那个人。

富人的举动让穷人很吃惊,他问富人为什么要送给他那么多钱,全城有很多穷人为什么又会偏偏选中了他?

富人告诉穷人说自己曾发誓要帮助对生活完全失去信心的人。听了富人的话,穷人抓起那100枚金币,狠狠地扔给了富人,弄得富人狼狈不堪。富人埋怨穷人不知好歹,不但不知道感激,反而还侮辱了他。

穷人回答说,因为富人给予的礼物不是出于善意,恰恰相反,这个礼物太恶毒了,只有死了的人才会没有希望,才会对生活失去信心,富人的礼物简直就是死亡。

这个故事说明,有时候,财富并不等于希望,我们的希望有时候并不是来自财富,而是来自我们丰富的内心世界。财富是身外之物,失去了可以再拥有,没有了可以再创造,而如果我们一旦失去理想和追求,失去了内心的道德操守,身体便会如同躯壳,生命犹如行尸走肉,生命之花就会枯萎,生命之树也难以常青。

人生苦短当珍重

【原文】

子在川上曰:"逝者如斯夫! 不舍昼夜。"

孔子观赏东流的河水，子贡问道："君子只要看见大水都要观赏，原因是什么？"

孔子答道："因为大水流动永不停息，而且滋润世间万物却不自认为有功，就像人的德行一样。水有时在低处流动，有时在高处流动，这都有其遵循的规律，就像人的仁义一样。大水浩浩荡荡，永不枯竭，这就像人的道德一样。水流向百仞高的大山中的溪流而不惧怕，这就像人的勇猛一样。装满了却用不着用盖子来削平，这就像人的正直一样。水的柔弱无所不至，就像人的明察一样。水从源头必定流向东方，就像人的志向一样。水可进可出，世间万物却靠它来洁净，就像人的善于教化一样。水的品德就是这样，所以君子看见了必定要观赏它。"

孔子用滔滔的江水比作人的德行，同时又用滔滔东流的水比作一去不复返的时光，勉励我们进德修业，应该像奔流不止息的河水一样，昼夜不舍，永不停息。

无独有偶，哲人伏尔泰问："世界上，什么东西是最长而又最短的；最快而又是最慢的；最能分割的又是最广大的；最不受重视的又是最受惋惜的；没有它，什么事情都做不成；它使一切渺小的东西归于消灭，使一切伟大的东西生命不绝？"

智者查弟格回答说："世界上最长的东西莫过于时间，因为它永无止境；最短的东西也莫过于时间，因为人们所有的计划都来不及完成，在等待着的人看来，时间是最慢的；在作乐的人看来，时间是最快的；时间可以扩展到无穷大，也可以分割到无穷小；当时谁都不重视，过后谁都表示惋惜；没有时间，什么事都做不成；不值得后世纪念的，时间会把它冲走，而凡属伟大的，时间则把它们凝固起来，永垂不朽。"

这两位法国哲人，用猜谜的方式，把时间的特性描述得淋漓尽致。

人生短暂，如何规划自己的时间，如何管理好自己的时间，使自己在有限的时间内作出不朽的业绩？我们说，没有利用不了的时间，只有自己不利用的时间，争取时间的唯一办法是善用时间。

教授在桌子上放了一个玻璃罐，然后拿出一袋鹅卵石放进罐子里，他问学生："这个罐子满了吗？"学生们异口同声地回答："是。""真的吗？"教授接着拿出一袋碎石子倒进罐里,再问学生:"这个罐子装满了吗?"这次学生们犹疑地回答:"可能没满。"

接着,教授再拿出一袋沙子,慢慢地倒进罐子里,倒完后他问学生:"这个罐子是满的呢,还是没有满?"学生们学乖了,都回答:"没有满。"

最后,教授拿出一大瓶水,倒进看起来已经被鹅卵石、小碎石、沙子填满的罐子里,然后问学生:"我们从这件事上学到的最重要的是什么?"班上一片沉默后,一位学生回答说:"无论我们多忙,行程排得多满,总是可以再挤点时间做更多的事。"

教授听完后,点了点头,微笑道:"答案不错,但不是我要告诉你们的重点。我想告诉大家的是,如果你不先将大石子放进罐子里,也许以后就没有机会放进去。"

每个顶尖成功者无一例外都是管理时间的高手。时间可以管理,但并不是简单的节约或充分利用。如何合理利用时间,使时间的利用率达到最大化?

有个小男孩练琴时每天坚持4个小时。他的老师知道后,对他说:"你不能这样练,马上停止。因为长大以后根本没有更多的时间来练琴,你应该养成习惯,一有空就练,即使几分钟也行。"这个小男孩听了老师的劝告,后来成为美国著名的诗人、小说家和极其出色的钢琴家。他之所以在各个领域都取得辉煌的成就,原因在于他能分解自己的爱好,即使只有5分钟的空闲也会利用起来,写几句诗,弹一首曲子。几分钟的时间并不长,但如果能利用好它并能养成一种习惯,这些短短的时间就有可能成就一个人,因为再大的事业和成就所需要的数年和数十年的时间都是由短短的几分钟积累起来的。当然这些应该是毫不拖延并加以充分利用的几分钟。

不要小看这些零碎的时间段,利用这些时间能够处理很多事。一位名叫安妮·索思的总裁助理就是这样的人。她的车里总是放着很多待处理的信,当红灯亮时她便拆开信来读。她说,大约有一半的信是无用的。所以,当她到办公室时,垃圾信件已经被她处理掉了。

琳达·迈尔斯是一家顾问公司的老板,她平均每年要接下130个案子,而且她的大部分时间是在飞机上度过的。她认为和客户保持良好的关系是非常重要的。所以在飞机上时她就给她的客户写短签,她说:"我已经习惯如此了,这有什么坏处呢?"一位旅客对她说:"在 2 小时 48 分钟的时间里,我注意到你一直在写短签,你的老板对你一定非常满意。"迈尔斯说:"我就是老板。"

事实上,我们有很多等候的时候,等候公共汽车、地铁、火车、飞机,或者是上医院排队看医生时,你都可以带上一本书,在空档时间阅读,省得东张西望无所适从。善于利用时间的人绝对不会白白浪费几个小时甚至几十分钟,他们会在空档时间里看书、写报告、给客户打电话等。

简单算一下账,上下班所花费的时间是一笔不可忽视的数目。如果你每天上班时间需要花费 30 分钟,一周上 5 天班,那么一年内你需要花费 250 个小时的时间在路上,按一天工作 8 小时计算,相当于一年中你有超过 6 个星期的时间在上班的路上。假如你一天上班单程需要花 1 小时,那么一年中你将会有超过 3 个月的时间耗费在路上。

杰瑞每天都以与时间比赛的心态来尽量减少浪费时间,他记住了那家餐厅的动作最快,哪些楼中的电梯快,哪些航空公司的时间比较准时,哪些地方处理行李快捷。乔治·桑德拉成功的秘诀是:每天一到办公室,要做的第一件事就是打开收件箱,将文件分类处理好,在心中规定完成任务的时间。每天工作的心态就像运动员一样,不仅和对手竞争,还要和自己比赛,尽可能地超出平常的水平。

快乐人生,和谐相伴

【原文】

子钓而不纲,弋不射宿。

《论语·乡党》中记载,孔子与其弟子在山中行走,偶然遇到一群野鸡从山梁飞起,在上空盘旋少顷,又停落在一起。孔子便很有兴致地说:"山梁雌雉,时哉时哉!"子路向它们拱手而望,野鸡长叫了一声飞走了。孔子很肯定地辨别出是"山梁雌雉",大呼"时哉时哉"而称快,子路拱手而望,展现了孔子师徒一行与飞鸟友好相处的和谐场景。

山梁叹雉

孔子说:"仁者乐山,智者乐水。"仁者何以乐山?智者何以乐水?山水是天地自然的象征,是一切生命的源泉和万物栖息之所;是仁者对生命的寄托,智者对自然的依恋。这是孔子这位仁智的哲人对天人相合境界的最高体验。

天地人之间实际上是矛盾的统一。如何处理天人矛盾,儒家所赞赏和提倡的是,女娲炼石以"补天"之法,大禹治水用"疏导"之道;敬天不唯天,重人不轻天;切忌与天地拼杀去"违天""斗天"以至"毁天";以人不违天之举,实现天不违人之合。

欧洲文艺复兴时期,英国哲学家培根,以"知识就是力量"发起的"征服自然""统治自然"的模式,法国哲学家笛卡尔,把灵魂(即精神)和物质二元分开的"天人二分"哲学,把人类推向了征服自然的历史阶段。在创造灿烂文明的同时,也付出了沉重的代价。恩格斯对此早已提出警告:"我们不要过分陶醉于我们人类对自然界的胜利。对于每一次这样的胜利,自然界都对我们进行报复。"而沉痛的历史也告诉我们,征服自然的"胜利"越大,自然对人类的"报复"也就愈烈:森林面积缩小,沙漠扩大,水土流失,牧场退化,臭氧层耗减,沙尘暴增加,二氧化碳水平上升,地下水位严重下降,征服自然的后果是受到了自然的强烈反抗,人类的生存环境遭到急剧破坏,人类的生存受到威胁。人们越来越清醒地认识到,征服自然的天人对立是一把双刃剑,它在给人类造福的同时也在毁灭人类。诺贝尔奖得主阿尔文发出惊世之论:"人类要生存下去,就必须回到25世纪以前,去汲取孔子的智慧。"

一位科学家讲述了他在去考察的时候遇到的一件事。一个处于最基层的植树造林队的队长提了一种"退耕还沙"的思想。这个观点似乎很奇怪,但经过实践已经得到了证明。有一片沙地经过改造后种上了庄稼,可是后来没有水了,土地自然沙化了,想引黄河的水来浇灌,成本会抬高,无法实现,而还林也是不可能,因为种树根本无法成活,如果改种草,也不容易成功。但是,如果根本不管它,让它自然而然地还原为沙地,结果那片沙地上反而零星长出了一些植被,从而巩固了沙土。无独有偶,有一个公司,为了改造不毛之地,将一大片沙化农田进行改造,他们把沙化的土地整个翻了个遍,结果什么也没有种出来,只好放弃不管。这片被翻整过的土地真的成了一片不毛之地。而没有被翻整过的土地,反而零星的长出一些植被,而且还地表结皮,其实这是大自然送给我们用来阻挡沙尘暴的处于沙漠和绿洲的"过渡带",人为的改造反而破坏了这条稳定绿洲的天然过渡带。

时近三伏,道观前的草地依然一片枯黄,没有半分绿意。

小道士对师父说:"咱们快撒点草籽儿吧,您看现在这黄秃秃的多难看呀。"

师父淡淡一笑,说:"好啊!等天凉了,随时吧。"

中秋后师父买了一包草籽儿让小道士去种。

在阵阵秋风中,草籽儿被吹得满地飘零。小道士慌了。

师父不动声色地说:"没关系,吹走的多半是空的,撒下去也发不了芽。随性吧。"

撒完种子,引来一群麻雀。小道士急得直跺脚。"师父,草籽儿要让麻雀给吃光了。"

师父依然和颜悦色:"没关系,吃不完。随遇吧。"

当天夜里,忽然下了一场暴雨。清晨,小道士到道观前一看,就慌慌张张地跑进禅房:"师父,不好了,草籽儿全让暴雨给冲走了。"

师父仍旧是一幅不介意的样子："冲到哪儿就会在哪儿发芽，随缘吧。"

几天后，枯黄的草地上居然长出了一片青翠可人的绿苗。更令人惊喜的是，原先没有播种的很多地方，也泛出了绿意。

小道士高兴得跳起来："太好了，真是太好了！"

师父也只是在脸上露出淡淡的一丝笑意，点点头说："随喜，随喜！"

随时、随性、随遇、随缘、随喜，一切顺其自然，不要强求凡事都能整齐划一。一味苛求自己、苛求他人、苛求生活，与生活较劲，会起到适得其反的效果。人应该在坚强中随遇而安，在平凡中感受快乐，在和谐中求得发展。凡事逆势而动，违背自然规律，必然会遭受惩罚。

一只小金鱼在鲤鱼跳龙门后，还不满足，决心向远处的高原冲刺。于是它开始逆流而上。它的游技很精湛，让人眼花缭乱：一会儿冲过浅滩，一会儿划过激流，它穿过湖泊中的层层渔网，也躲过无数水鸟的追逐。它不停地游，最后穿过山涧、挤过石隙、游上了高原。就在它做最后冲刺的一刹那，它还没有来得及发出一声欢呼，刚摆出漂亮的造型，瞬间却被冻成了冰块。

若干年后，一群登山者在高原的冰块中发现了它，它还保持着那漂亮的造型。有人认出这是渤海口的鱼。一个年轻人感叹道：这是一条勇敢的鱼，它逆行了那么远那么久，它的勇气值得佩服。另一个年轻人也为之唏嘘，说，这的确是一只勇敢的鱼，但它虽然精神可嘉，但却方向不明，它做了自己力所不能及的事情，极端的逆向追求导致了它的最后死亡。勇敢固然重要，但要遵循规律，量力而行。

凡事不求妄想，但求实力，不能走极端，而需要量力而行。任何人都想办不平凡的事，成为不平凡的人，都希望拥有名誉、地位、财富，但如果操之过急，好高骛远，结果会适得其反。凡事需要努力去做，但不要苛求结果，一切顺其自然，保持良好的心态，反而会取得成功。

千万不要患得患失

【原文】

子曰:"鄙夫! 可与事君也与哉! 其未得之也,患得之;既得之,患失之;苟患失之,无所不至矣!"

患得患失的人什么都做得出来。为了得到自己的一己之利,或者为了保住自己的既得利益,打击同事,排挤异己,不择手段,无所不用其极。

其实,患得患失的人自己也很痛苦,很无聊,活得并不自在,并不轻松。那可真是"熙熙攘攘为名利,时时刻刻忙算计"。结果,还多半会"算来算去算自己"。对这种人来说,人生就正如哲学家叔本华所指出,是在痛苦与无聊、欲望与失望之间摇晃的钟摆,永远没有真正满足、真正幸福的一天。

从前,晋国有位并不富裕的农夫不慎丢失了一头牛,可他仍像从未丢失过什么值钱的东西似的,整天乐呵呵的。旁人不解,问他为何不去寻找丢失的那头牛? 农夫笑笑说:"牛是在晋国丢失的,肯定被晋国人拾到了。牛还在晋国,我何必费心去找它呢?"

孔子听说这件事后说,如把"晋国"两字去掉不是很好吗? 老子感慨道,要是再把"人"字去掉就更好了!

晋国农夫没有因为自己家中丢失了一头牛而沮丧,更没有因为自家有所损失而悲伤,而是超越物之主人为谁之羁绊,从容而又洒脱地把自己之物推及为晋人之物,从而得出一国之内物之没有得与失。此乃人生之第一境界。

孔子认为,此人的境界还有个局限,应该把自己之物推及到世人之物,突破有限的国界,其境界更为宽广。此乃人生之第二境界。

老子更高一筹,他把一头牛放进大自然中,挣脱了人之束缚,让其往来无牵挂,真正回归自然。此乃人生之第三境界,也是最高境界。

人生得失是常事，有些东西失去了就永远不能再得到。面对得失，能够达到像晋国农夫那样坦然的心胸，心空会少些阴郁的云朵，透进更多的阳光。如若能像孔子所言，人世间的种种得失便随风而去，红尘中的你还能不轻装上阵？更甚者，如老子，人生无所谓得与失，让心灵像云一样飘逸，让思绪无边际地驰骋，定会看到风光无限。

人生如白驹过隙，面对种种挫折与失败，怀什么样的心态，就会有什么样的人生。

麻烦的是，进入所谓现代社会以后，生活节奏加快，竞争加剧，患得患失的人们越来越多，而从容不迫，悠哉悠哉，保持平静心态的却似乎是越来越少了。

北宋的政治家、文学家范仲淹在《岳阳楼记》中写有八个字，可为得失之谈的经典。这八个字是："不以物喜，不以己悲"。字虽少，透出的意思却流传千古。

凡人皆有七情六欲，面临得失，很少有人能泰然处之，患得患失的心情搅得本来平静的生活乱成一团糟，就像疑邻偷斧的古人，几千年来成为笑柄。

所以当面对别人的"得"，有嫉妒得红了眼的，有羡慕得上了火的，当临到自己"得"时，又有洋洋得意，及至尾巴翘上了天的人；面对别人的"失"，有幸灾乐祸的、有冷眼旁观的、有悲天悯人的。自己"失"时，又有捶胸顿足的、呼天抢地、怨天尤人的，甚至有些不择手段的人，把自己的"失"转嫁到别人身上，把自己的"得"建立在别人的"失"之上，这样的人就更加恶毒了。

但也有如范仲淹一样的人，并不因外物的好坏与自己的得失而或喜或悲。他们把心思放到了更为远大的事项上，所以眼前的小"得"小"失"就不在他们的心事中了。这样的人才是真正懂得驾驭自己人生的人。

得失就像人体内的血，缺少了就会贫血、眩晕乃至危及生存，而太多了反而会引发血稠、血脂升高，同样会危及生命。

由此可见，保持一份平常心，才是面临得失的处事之道。别人得再多也是别人的，与我丝毫不相干，别人失再多也是别人的，我能帮则帮，帮不上也没必要长吁短叹。同样，我得再多也是凭能力得到的，付出自有回报，也不必因此而沾沾自喜，我失再多也只能从自身上找原因，客观情况本来就是千变万化，怨不得别人。这样看来，问题岂不简单得多了！

事实上，得失问题归根结底是一个不断总结经验，不断发展进步的过程，"得"就总结好的经验，发掘不足，以利再战；"失"则深刻检查原因，找出解决问题的办法，把失去的夺回来，别人的"得"正是自己需要加强和改进的地方，别人的"失"正是自己需要改正和防范的地方，如果一切得失都从这个角度去应对，又何愁大事不成？

心理学所说的"自我协调和自在"法，基本功夫就在于"看懂自己"。正确看待得失，不遇事紧张，不为小事抓狂，不莫名其妙生气哀伤，不悲天悯人，主动适应变化。

患得患失就是一味地担心得失，斤斤计较个人的得失。患得患失是人生的精神枷锁，是附在人身上的阴影，是浮躁的一个重要表现形式。生活中出现阴影是因为我们挡住了人生的太阳。

生活中往往有这样一些人，做什么事情之前都要反复考虑，做完之后又放心不下，对方方面面都考虑得尽量周到，如有不妥，就很担心把事情办砸并担心别人对自己的看法，并且极其注重个人的得失，他们被笼罩在患得患失的阴影之中，心房被得失纷扰得没有一分安宁。这些人整天神经兮兮，心中布满疑虑、惴惴不安，生活中当然不会有轻松与愉快。

孔子说：仁和的人不忧虑，智慧的人不迷惑，勇敢的人不畏惧。有人解释说：人的才智性格各异，在修养自己的时候，哪些地方需要特别用力也互不相同，但有三个方面是人人都需下功夫的，即如何做到不忧、不惑、不惧。

仁者不忧，智者不惑，勇者不惧，这是儒家人格要求的三个基本要素。康有为解释这三个方面说："人之生世，忧患、迷惑、恐惧，乃共苦者。极乐、大明、无畏，乃神明之至，人道之极。孔子深得极乐之道，随人何地，皆欢喜自得，而永解苦恼者也；备极大明，随人黑暗，皆光明四照，而永无迷失者也；浩气独立，随人危险，皆安定从容，而绝无畏惧者也。故仁智勇三者，乃度世之宝筏也。"

这三个方面是彼此关联的,但最基础的基础,第一原动力是仁。仁就是以爱心对待世界、对待众人、对待万物,这是向外交接的方面;而在向内修养方面,则是要心性和谐,不被那些自己努力达不到的东西、那些为时运所制约的东西、那些人皆不可抗拒的东西所骚扰。两者合起来,就是和心和物,就是不忧不烦。人只有有这样的气度和德性,才能客观地认识万物,不断增进知识和智慧;同样也只有有了这样的德性和气度,又有了对事物的必然规律的正确认识,才能够对各种逆来之事无所畏惧。

对于一个 21 世纪的现代人来说,仁、智、勇三者,仁的方面更为难得,因而也更有意义。现代物质生活高度发达,物欲对人的刺激百倍强烈;现代人际交往全面开放,社会关系对每个人都是严峻挑战;现代生活节奏快速,谋生的奔忙使人失去了精神的闲和;现代社会技术化渗透到一切领域,人也成了技术运转中的一个环节……人人在竞争中生存,时时有朝不保夕的紧迫感,处处有喧嚣有矛盾,忧烦充满人生。孔子那种只问耕耘,不问收获,坚定执着地努力,成败听诸天命,把一种崇高的信念安放在日常具体的行为中,因而就结果看虽似一无所获,但就过程看人生的每个环节、每个举措却都是那样充实、丰厚、自足,因而坚忍紧迫而不惶惑忧惧,因而对外来的刺激,对世人的跳梁皆受而不惊……这样伟大的仁者品格,怕已成为举世绝响了。我们只能于静中侧耳聆听,希望它有一两个音符在我们的生命中响起,与我们的人生相伴。

或者,可以不得已而求其次,只要日子过得充实,内省无所愧疚,不为不相干的白操心、干着急,也可达到不忧不惧吧。人能不忧者,中实故耳。"中实"这两个字,是人人都可下功夫做得到的!

简单生活的快乐

【原文】

子曰:"贤哉,回也! 一箪食,一瓢饮,在陋巷,人不堪其忧,回也不改其乐。贤哉,

《孟子·离娄》篇曾提出"禹、稷、颜回同道"的观点,说:"禹、稷当平世,三过其门而不入,孔子贤之。颜子当乱世,居于陋巷,一箪食,一瓢饮,人不堪其忧,颜子不改其乐,孔子贤之。"在孔子所称为"贤"的两种人中,包含了他的两大理想:立功与立德。立功就是推行仁道,造福天下,实现大同世界;立德则是建立一种乐道自足的强大的精神境界,富贵贫贱,始终如一。

所谓"孔颜乐处",就是指立德。人生的一切欲望,归纳起来是两种:精神欲望和物质欲望。为了满足这两种欲望,相应就产生了两大追求:精神追求和物质追求。庸人、小人把物质欲望当作人生的全部,所以没有多少精神的追求。

君子、贤人精神的欲望特别强烈,但是却也不能没有物质的欲望,所以他们得承受这两种欲望的激烈冲突,他们比庸人、小人多承受一份根本的人生痛苦。只是他们最终能以精神欲望居于主导地位,达到一种有伟大包涵力的崭新的心理和谐。这种有伟大包涵力的崭新和谐,就是"安贫乐道"。

安贫乐道是激烈的内心冲突的产物,同时又是精神力量强大的表现。它是"安于贫",而不是"乐于贫";之所以"安贫",是为了"乐道"。所以程颐说:"颜子之乐,非乐箪瓢陋巷也,不以贫窭(空乏)累其心而改其乐也。"

为什么付"安贫"这样大的代价来"乐道"呢?我们且看下面两则故事:孔子见齐景公,齐景公要把廪丘送给孔子作为他的养生之资,孔子推辞没有接受。他回来对学生说:君子应当先立功,后受禄。我今天给景公提了很多建议,他都不采纳,而却要把廪丘送给我,他太不了解我。于是孔子就驾着车离开了齐国(《吕氏春秋·离俗览·高义》)。

这是第一个故事。

第二个故事是:子问颜回:回呀,你家里贫穷,住得那样窄小简陋,为什么不去做官呢?颜回回答道:"城外有块土地,可以供我吃饭喝粥;城内有块土地,可以供我穿衣;家里有一张琴,可以用来自娱,老师您教的大道,足以给我无上乐趣,所以我不愿去当官"

（《庄子·让王》）。

这两个故事从两方面回答了上述问题。一、所为和所得不相称，无功受禄，靠不正当的手段获取富贵，这些都是不合理的，因而不仅不能给人带来快乐，反而会令人心怀不安；二、精神的快乐是最高的快乐，它值得人们忍受物质生活的贫穷来获取。

扬雄《法言·学行》篇中说，有人认为"穿朱红色衣服（即做大官），怀里揣着黄金，那种快乐真无法计算！"但也有人说："穿朱红色衣服，怀揣黄金的快乐，远不如颜回那样的快乐！孔颜乐处是只有那些无法以一己的物质舒适来满足心灵的人才愿意、才能够享受的！"

孔子赞美颜回的简单生活，显然在说：简单就是美，简单就能快乐。简单的生活节约能量与时间，从而使人有更多精力去侍奉心灵，当然会活得明白一些，快乐一些。

有人问古希腊智者爱比克特德："智者的标志是什么？"爱比克特德说："不为自己没有的东西伤悲，而为自己拥有的东西喜悦，这才是智者。"

爱比克特德说的没错，人的痛苦缘于欲望太多，如果能满足于既有收获，当可享受无限快乐。

智者是知足的，所以是快乐的。

先前我们已经讲了，"道不行，乘桴浮于海"，就是说无论道行与不行，我们的理想能不能实现，都应该是快乐的。

理想应该为现实服务，当理想阻碍了我们，就抛弃它。

孔子原来想做大官，周游列国满世界跑，没有做成，只好铩羽而归，在家乡当了个教书匠。没想到一做就其乐无穷，他终于明白：做小比做大更大；该做什么做什么，不要强迫自己。

孔子把自己的这两条智慧传给了弟子们，师生们全都受用无穷，每个人都快乐得不得了，一下子就把儒家的名气搞大了。

"儒"原来是主持祭祀的小礼官，在人们眼中是那种木呆呆的呆子，没想到现在这呆子一下变得这么活泼，并把祭祀搞得堂堂皇皇，热闹非凡，没法不让人刮目相看，投入他的怀抱。

在孔子之时，道家不求闻达、墨家生活太苦、法家太严厉，让人不喜欢。孔子一下子把儒家搞得大家都高兴一片，又读书明礼，又好玩，当然会吸引众多信徒，成为当世第一显学。

孔子的首席大弟子为颜回。颜回可能是孔子的亲戚，因为孔子的母亲就是颜氏。不过不管那么多，反正颜回是孔子的大弟子，最受孔子欣赏。

颜回是个什么样的人呢？圣人。

孔子说："回也非助我者也，于吾言无所不说。"孔子认为颜回已经不再是自己的助手，而是同道。孔子经常虚心学习颜回的美德。不幸颜回早死，孔子大哭："天丧予、天丧予。"师生情深，让人感动。

颜回把这个世界留给了孔子，就像约翰把这个世界留给了耶稣，使他们身上的担子更重了。同时也因为先知数量的减少而激发了先知的智慧，从而以各种手段传道天下，最终以肉身而成仁，引领世界。

圣人就是"剩人"，是挑选之后剩下来的人。别的人因为本事都大得不得了，飞了，走了，他还老老实实留下来，所以叫"剩人"。

"剩人"自有好处。正因为他是剩下来的，所以没人与他争，这就太好了，做人做到没人争的地步，当然自由自在，自得其乐。

颜回家在哪里？陋巷子里。

颜回吃什么？当然也吃饭。但他不吃山珍海味，大鱼大肉，只吃蔬菜面条，大葱夹大饼，简简单单，在他就是无上美食。

颜回喝什么？当然喝水。但他不用喝高级饮料，白开水、凉井水就很爽了，何必又花钱又麻烦？

人们都担心：这人怎么过呀？没想到颜回一天到晚都很快乐，别人完全不必担心，而且他还能帮助人呢。

你看，这不是圣人是什么？

圣人就是"胜人"，就是胜利者。他没有多少钱，也没什么所谓的身份地位，但他快快乐乐，比有钱有势的人快乐，所以别人都比不过他，他是胜利者。

从前有个人向他的师父诉苦："哎呀，我好苦，我好累。"

师父问他："你为什么会这样？"

他说："我吃饭都累。吃少了怕饿，吃多了怕不消化。吃肉怕胖，吃菜怕瘦，不吃又不行。"

师父笑了："我明白了。你就饿自己一天试试看。""行吗？"

"试试看吧。"

于是这人饿了自己一天，饿坏了，第二天一开饭大吃一顿，好美呀，拍着肚子来见师父，"师父啊，我明白了。"

"你明白什么了？"

"吃饭就吃饭，原本很简单。"

"哈哈，你明白了。"

现代人已渐渐到了不会吃饭、不敢吃饭的程度了，想必也到该饿一下的地步了。

人活得越简单越好，这样才会见本心，才不会失去生存的基本技能。

孔子说："君子居之，何陋之有？"就是说君子不以住得简陋为丑，而以简陋为便。孔子在另一处说得更彻底，他说："君子固穷。""穷"指不得志。综述孔子之意，是在肯定一种越困难越乐观，并且任何时候不失品位的生活。

孔子赞美颜回"在陋巷"，好像与他主张"富而好礼"的生活相冲突，其实没有。君子无论富与穷，显与达，都能把自己做好。颜回的陋巷就是颜回的天堂，颜回的天堂就是孔子的圣堂。

饮食得法，养生有道

【原文】

食不厌精，脍不厌细。食饐而餲，鱼馁而肉败，不食。色恶，不食。臭恶，不食。失饪，不食。不时，不食。割不正，不食。不得其酱，不食。肉虽多，不使胜食气。惟酒无量，不及乱。沽酒市脯不食。不撤姜食，不多食。祭于公，不宿肉。祭肉不出三日。出三日，不食之矣。食不语，寝不言。虽疏食菜羹，必祭，必齐如也。

关于饮食和养生的关系，古人论述得很多。饮食文化在中国算得上博大精深。但俗常之人往往把饮食仅仅当成"吃喝"，放纵口腹之欲。孔子在这里不仅论述了饮食的方法和规矩，以及食品的卫生和营养学问，而且把饮食上升到人的养生修性的高度上，饮食的学问并不局限在吃喝，这或许正是孔子这段专门讲"吃喝"的文字的意义所在。

古人认为，"医食同源"。这就表明，我国古代的学者，早就对饮食与医药二者之间的相辅相成、对立统一的辩证关系，有着明确而科学的认识。因此，保健养生之道与食疗之术，既是中国古代饮食文化中一个不可或缺的组成部分，同时，它也是祖国医学宝库中一笔宝贵的财富。

清代康熙皇帝知识渊博，他一生中对天文、历法、数学、地理、生物、美术、音乐、医学、养生学等，均有研究，且有一定的造诣。

对于饮食与养生之道二者的关系，康熙帝曾经说过："节饮食，谨起居，实却病之良方也。"他不仅这样主张，而且自己也身体力行。因此，他认为主要不是靠医药，靠服什么长生不老的灵丹妙药，而是靠饮食起居有序、有节、有度，来保持自己的身心健康，延年益寿。这也是他"养生之道"思想中的一个核心部分。对此，康熙帝还有一系列的主张和论述：

其一，康熙帝认为，"凡人饮食之类，当各择其宜于身者。所好之物不可多食。"就是说，人们理当养成良好、合理而科学的饮食卫生习惯，决不要贪食和多食。所谓"择其宜于身者"，是指对身体有营养补益价值的东西，而不是指某些个人嗜好的食物。所以他特别告诫人们对"所好之物不可多食"。因为，多则生变，轻则腹胀肚痛，重则诱发病变。在同一次谈话中，康熙帝还指出，"各人所不宜之物知之即当永戒，"因为"人自有生以来，肠胃自各有分别处也。"实践表明，生活中确实存在有"各人所不宜之物"。因为每个人的体质千差万别，肠胃吸收功能强弱不一。例如，有人对虾、蟹过敏，有人对香椿、香菜（芫荽）过敏；有人胃热能吃冷食，有人胃寒不宜吃冷食，等等；这些均需自己时刻记住，加以控制，有的甚至要平日严加防戒。

其二，康熙帝主张高龄人饮食宜淡薄，不宜厚味。他每次外出巡幸，沿途官吏总要向他贡献本地所产菜蔬，他很喜欢吃。他认为："老年人饮食宜淡薄，每兼菜蔬食之则少病，于身有益。所以农夫身体强壮，至老犹健者，皆此故也。"康熙帝提出的老年人饮食以淡薄为主的主张，从现代医学角度来考察，是十分科学的，当然，农民中那些"至老犹健者"，并非完全靠饮食，还有一个更重要的因素，即劳动，他们岁岁劳作，终岁勤劳，加之日光、新鲜空气、活鲜的食物等，才养成了强健的身骨和体魄。

其三，康熙帝提出，凡果实最好在成熟时吃，而不要在未成熟时过早地摘吃。他说："诸样可食果品，于正当成熟之时食之，气味甘美，亦且宜人。如我为大君，一人各欲尽其微诚，故争进所得初出鲜果及菜蔬等类。朕只略尝而已，未尝食一次也。必待其成熟之时始食之，此亦养身之要也。"实践表明，果实未成熟时，食之不仅酸涩难咽，且不利于脾胃和身体，可见，康熙帝的这段告诫是颇为符合饮食卫生和养生之道的。

其四，康熙帝还主张平日每餐饭后，应造成一个有着愉快谐美气氛的环境。他说："朕用膳后必谈好事，或寓目于所好珍玩器皿，如是则饮食易消，于身大有益也。"从生理学的角度来看，他的话是很有道理的。

其五，康熙帝力主注意饮水的卫生。他说："人之养身饮食为要，故所用之水最切。"他曾将各地的水加以区别和比较，其方法是"称（秤）其轻重"。他认为"水最佳者，其分量甚重。如果遇不到好的水,就把水加热煮沸,取其蒸馏水,烹茶饮之。"他的这个经验是从西藏活佛泽不尊旦巴胡突克图那里得来的。他还提到了山区饮用河水的注意事项。他指出:"平时不妨,但夏日山水初发,深当戒慎。此时饮之易生疾病。必须大雨一两次后,山中诸物尽被涤荡,然后洁清可饮。"这恐怕也是从山区乡民那里得来的感性经验之谈,因为山洪暴发时,把腐烂的动物尸骸、粪便、枯枝败叶,以及浮在地表的有害矿物质统统冲刷下来,流入河中。这时的河水当然是不干净的,经过几次冲刷之后,再流下来的水就比较干净了,也只有到这时,人才能饮用,并可能避免生病,从而有利于健康。

康熙帝热爱科学,注重饮食卫生与养生之术,这较之那些深居宫中、贪图奢侈享受的帝王而言,其可贵与高明之处,又何止百倍! 一个热爱生命的人,总会懂得健康的珍贵。在饮食文化越来越发达的今天,您是否也做到了善待自己? 是否也为自己和家人制定了一份科学健康的饮食规划呢?

志不物移,宁静淡泊

【原文】

子曰:"士志于道,而耻恶衣恶食者,未足与议也。"

在人生的浩瀚海洋中始终漂荡着一叶扁舟,它坚毅自信,果敢不疑,不随波逐流,不轻信盲从,不见异思迁。面对死亡,它敢于以卵击石,这就是真理。人应该立志追求真理、服务社会,并以此作为人生目标。在实现这个目标的过程中,不可能一帆风顺,而经常面临的是艰苦环境,想舒舒服服地实现人生目标是不可能的。在这个尖锐的矛盾面前怎么办? 孔子认为真正忠于道者必须不顾及条件的艰苦,坚持不懈地奋斗。倘若又想奋斗又害怕艰苦,那就免谈了。

"士志于道,而耻恶衣恶食者,未足与议也。"孔子这句话是说一个人的意志,有可能被物质环境引诱、转移,真要是如此,那也就不用和这种人谈学问、说道了。换句话说,孔子强调实现人生目标必须与艰苦奋斗紧密相连,成功永远属于那些不怕艰苦、不耻恶衣恶食者。因为孔子敏锐地看到了这样一种鲜明的景象:那些衣食精美、富贵荣华的达官显贵们常不能像家世寒微者那样坚持节操,为国尽忠;那些朝廷高堂上的春风得意者,常不能像那些在山野上辛勤劳作的躬耕者那样料事如神,深明道理。同时,那些以野菜之类来充饥的贫困者,常常多有清爽如水、纯洁似玉的高洁人品;而那些惯于华衣美食的富贵者,反而极易为了保持那些锦衣玉食而显出甘做奴隶的软弱性格和嘴脸。为什么会这样呢? 合理的解释只能是:那些家世寒微的劳动者倘处得好清贫的生活,他就能因淡泊而明志,因明志而对人对事应对得当;而那些高官厚禄者倘过分地依赖于富贵,他就有可能过分地沉湎于富贵温柔乡之中,逐渐消磨了自己的斗志,在关键时刻,甚至会因保持眼前的那些锦衣玉食的富贵生活而丧失了气节与志向。孔子的这个见解哲理深邃,人生体味丰富。

三国时期蜀国的名相诸葛亮,心怀济世救民的高尚志向,有自比管仲、乐毅的自信心。而他这种志向、自信,并不是在刘备"三顾茅庐"请他出山担任军师、丞相之职后才建立的。恰恰相反,他的志向与自信都是在他隐居隆中,过着山野村夫的生活时就形成的。那时,他过着结庐耕学的生活,即使在自己结砌的茅庐中,以耕耘种田为生,在学习方面也绝不松怠。生活虽清苦,他还是十分关注世事局势的变迁,不时与知心朋友一道谈古论今,逐渐形成了自己的一套看法与主张。这种举止又与他的高尚志向合在一起,使他赢得了时人的敬重,被视为卧虎藏龙式的人物。所以,当刘备慕名恭请他出山时,年仅二十七岁的他才能了如指掌地纵论天下的形势,才有那名传千古的《隆中对》。可以说,没有淡泊明志的青年诸葛亮,就不会有日后被视为中华民族智慧化身的诸葛亮。他自己也最懂得淡泊与明志的关系,所以,日后他还在《诫子书》中告诫儿子:

夫君子之行,静以修身,俭以养德,非淡泊无以明志,非宁静无以致远。夫学须静也,才须学也,非学无以广才,非志无以成学。淫慢则不能励精,险躁则不能治性。年与时驰,意与日去,遂成枯落,多不接世,悲守穷庐,将复何及!

"非淡泊无以明志,非宁静无以致远。"这两句传诵至今的名言,是他深刻的人生体验，也是他一生叱咤风云的底蕴。

与堪称淡泊明志楷模的诸葛亮形成鲜明对照的，是诸葛亮受托辅佐的蜀国后主刘禅。这位"阿斗"则可称为因浓艳而损志，从肥甘而丧节的典型。刘禅不同于其父刘备，虽也经历过战乱，却多是生活在娇生惯养的环境中。父辈出生入死，九死一生，为他打下一片江山，留下一点基业。但当时形势不容乐观，北面魏国虎踞龙盘，东面孙权据险而守，西面少数民族也未必永远臣服，要巩固基业，向外拓展，没有宏图大志，是难以立足的。但是，刘禅却无大本事，更可悲的是他成天混迹于后宫，与嫔妃寻欢作乐，早把"进取"二字丢在九霄云外，更谈不上建树起高远的志向。有诸葛亮凭着一股鞠躬尽瘁的劲头，蜀国还能出兵伐魏，刘禅还能背靠大树好乘凉。诸葛亮死后，刘禅就一筹莫展了，到了魏兵大军压境之时，他就只有乖乖投降的份了。当他被魏兵押到洛阳时，在司马昭举行的一次宴会上，刘禅看到了蜀地歌舞，非但未勾起亡国之恨，还笑个不停，当司马昭问他："你不想念蜀地吗？"他脱口而出的回答竟是："这里很好，所以我不想念蜀地。"从而留下了一个"乐不思蜀"的笑柄，历史上称他为"扶不起的阿斗"。

这不仅是蜀国的悲剧，更是诸葛亮的悲剧。读一读杜甫的《蜀相》怎不令人感叹！

丞相祠堂何处寻？锦官城外柏森森。映阶碧草自春色，隔叶黄鹂空好音。三顾频烦天下计，两朝开济老臣心。出师未捷身先死，长使英雄泪满襟。

无深刻的人生体验者，是不知淡泊之难能可贵，不知淡泊有助于明志的。只有那些有丰富的社会阅历、通晓人情世故而又尽尝人世的浓浓滋味者，才会知道淡泊有助于坚守远大志向，才会拒绝那纷乱而又华而不实的生活，甘于淡泊的人生，从而在天地间留下一个清雅的名声。

那么，说"非淡泊无以名志"，是否太绝对了呢？不是的。因为淡泊能使人清心寡欲，使人不至于过分地执着于财富、权势和名誉，能够体察到名誉、权势等并不是最重要的东西，从而超越那种短浅的功名目标，建树起追求更高人生价值的志向。淡泊也能使人不至于被过分繁杂的生活头绪所迷惑，使人得以纯洁自己的身心，从而培植出超凡脱俗的心灵。心静气定，无疑有助于实现自己的高远志向。总的来说，淡泊是明志的基础，明志则是淡泊生活的升华。

明末清初文学家李笠翁说，人生就是戏台，历史也不过是戏台，而且只有两个人唱戏，没有第三个人。哪两个人？"一个男人，一个女人。"这句话又引起另一则有名的故事。相传清朝的乾隆皇帝游江南，站在江苏的金山寺，看滚滚长江上有许多船来来往往，他问一个老和尚："你在这里住了多少年？"老和尚当然不知道这个问话的人就是当今皇上，他说："住了几十年。"又问"几十年来看见每天来往的有多少船？"老和尚说："只看到两只船。"乾隆惊奇地问："这是什么意思？为何几十年来只看到两只船？"老和尚说："人生只有两只船，一只为名，一只为利。"乾隆听了很高兴，认为这个老和尚很了不起。李笠翁和那位老和尚，为什么对人情世事看得如此透彻，就在于他们在淡泊中培植出一种超尘脱俗的心灵，才不会被世上纷乱而又华而不实的生活所迷惑、所羁绊。

当然，要真正地过并且过好淡泊的生活，是说来容易做起来难。人生总是有许多追求、许多奢望，比如功名、富贵、金钱、美色等等，好东西谁不喜欢呢？孔子自己也说过："饮食男女，人之大欲存焉。"但是，对于一个想要有所作为的人，如果不能抵御外界声色犬马的诱惑，玩物丧志，轻则荒废学业、事业，重则身败名裂。

学点自得其乐的本领

【原文】

子曰："饭疏食饮水，曲肱而枕之，乐亦在其中矣。不义而富且贵，于我如浮云。"

的确，其实我们每一个人的人生自有大乐，自己应有自己的乐趣，并不需要靠多么丰富的物质，能满足生存就可以了，更不需要虚伪的荣耀。"饭疏食饮水，曲肱而枕之，乐亦在其中矣。"

这句话是说孔子对这样的生活——吃粗糙的饭，喝凉水，累了弯着胳膊当枕头睡的日子,也觉得充满乐趣。不合理的、非法的、不择手段地做到了又富又贵是非常可怕的事。在实行科举制度后,古代许多家庭(包括农民之家)都竭力供子孙上学读书,力图通过科举,进入上层社会。如果能做官,有了权,就可以以权谋私,贪污受贿,敲诈勒索,"三年清知府,十万雪花银"。但是,宦海浮沉,难以预料。

孔子时代的家庭管理,由于局限于当时的生产水准(如工具等等),以至于物质文明和精神文明的程度都不高,因此,家庭管理的成绩只表现在基本的双重关系上,亦即家业管理和家庭成员的管理。

《论语·子路篇》里有这么一段记载:子谓卫公子荆,"善居室,始有,曰:'苟合矣。'少有,曰:'苟完矣。'富有,曰:'苟美矣。'"这段话说的是孔子评论卫国公子荆最会治理家业的事。孔子说卫国公子荆初有财货器用时,他便说:"差不多够了。"稍有时,他便说:"差不多完备了。"富有时,他便说:"差不多称得上完美了。"

公子荆是对于自己所拥有的家财能够知足的人,孔子逢人便称赞卫公子荆。孔子之所以如此,是因为当时的卿大夫不是贪污谋利,便是沉溺于奢侈的生活。

最难得的是,当时孔子担任了不小的官职,他不以权谋私,而是提倡节约,并以身作则。

在《论语·里仁篇》里,孔子又说道:"以约失之者鲜矣。"这个"约"并不只限于对财物俭约、不浪费。凡事能够自我节制约束的人,他若有足以成就大事的才能,再加上有一颗对事情敬畏的心,便能好好运用他的长处;一个能够自我节制和约束的人,尽管没有什么足堪大任的能力,只要有颗慎重于事的心,便可以补其所短。宋朝的儒者范浚曾经说过:"守约是俭德;听能俭,可以养虚;视能俭,可以养神;言能俭,可以养气。大凡俭,皆以悠久无穷。"

孔子提倡节约的原则,勤俭节约已经成为中华民族的家族管理中的优良传统。中国人重视自己辛勤努力而得的成果,同时也重视勤俭节约、家庭消费的经济效果和利益。更重要的是,中国人也因此而驰名全球。在这方面,孔子的功绩是永久不灭的。

伏波将军马援是东汉王朝的开国功臣。他有两个侄子，马严和马敦。两人喜欢讥议别人，结交侠客。马援为此很是担忧。当时，他正领兵征战，尽管征途遥远，戎马倥偬，他还是修书告诫两侄：

吾欲汝曹闻人过失，如闻父母之名，耳可得闻，口不可得言也。好论议人长短，妄是非正法，此吾所大恶也，宁死不愿子孙有此行也。汝曹知吾恶之甚矣，所以复言者，施衿结褵，申父母之戒，欲使汝曹不忘之耳。

马援在信里举了龙伯高和杜季良为例。龙伯高即龙述，京兆任山都长，为人敦厚周慎，谦约节俭，廉公有威。杜季良名保，也是京兆人，时任越骑司马，豪侠好义，忧人之忧，乐人之乐，清浊无所失。两人均为马援所看重，但马援却希望侄子效法伯高，而不要学杜季良的为人。因为效伯高不得，犹为谨俭之士，所谓刻鹄不成尚类鹜者也；效季良不得，陷为天下轻薄子，所谓画虎不成反类犬也。

马援对侄子的教导，从他对兄子王磐的态度上也可以看出。

王磐字子石，是王莽从兄平阿侯王仁之子，新莽败亡后，拥富赀居故国。他为人尚气节而爱士好施，在江湖间很有名气。后来游历京师洛阳，又与卫尉阴兴、大司空朱浮、齐王亲共相友善。马援对此很不以为然，于是对其姊子曹训说："王氏，废姓也。子石当屏居自守，而反游京师长者，用气自行，多所凌折，其败为也。"一年以后，王磐果然被司隶校尉苏邺和丁鸿的案件牵连，坐死洛阳狱。他的儿子王肃不接受教训，复出入北宫及王侯邸第。

及郭后死，有人告发，以为王肃受诛之家，客因事生乱，虑致贯高、任章之变。光武帝见书大怒，于是命令郡县收捕诸王宾客，转相牵引，死者以千数。以致有的被株连的人临死叹息说："马将军诚神人也"。

由此可知，马援所提倡的敦厚周慎、谦约节俭不失为儒家治家处世的准则之一。

疏广，字仲翁，西汉东海兰陵（今山东枣庄东南）人。他博览多通，尤精《春秋》，先在家乡开馆授课。由于学问渊深，四方学者不远千里而至。朝廷得知后，征调他去都城长安,任以博士太中大夫。地节三年(前71年),宣帝拜请他充当东宫皇太子的老师,为太子少傅,不久转迁为太子太傅。他的侄儿疏受,也以才华过人被征为太子家令,旋又升为太子少傅。从此,叔侄二人名显当朝,极受荣宠。

疏广是一位识大体、知进退的人。他对太子的辅导极其认真,教之以《论语》《孝经》,晓之以礼义廉耻,希望太子日后担当起治国平天下的重任。当太子十二岁时,他以年老体衰为由,奏请朝廷辞官回家。临行前,宣帝赏赐黄金二十斤,皇太子赠以黄金五十斤。其他公卿大臣,也分别馈送财物,并特意在京城的东郭门外设宴为他钱行。站在大道两旁观看的人们,见送行的车子便有数百辆,都感叹地称他为"贤大夫"。疏广真可谓是家私丰足、荣归故里。

但是,说也奇怪,疏广回到家乡后,竟绝口不提购置良田美宅,而是将所得财物赈济乡党宗族,宴请过去的故旧亲朋。不仅如此,他还几次询问余剩钱财的数目,意思是要把这些财物都花得一文不剩。疏广的儿孙们很着急,可又不敢言语,只好私下请了几个平时与疏广要好的老人,希望他们能劝说疏广,及时建造房舍和购买田地,使子孙后代也有个依靠。几位老人觉得这些意见是对的,便在相聚时规劝疏广,要他多为儿孙们着想,置办家产。疏广笑着说:"你们以为我是个老糊涂,不把子孙后代的事情惦挂在心吗?我的想法是:家里本来还有房舍和土地,只要子孙们勤劳节俭,努力经营,精打细算,维持普通人家的穿衣吃饭是不成问题的。"老人们还是疑惑不解。疏广接着说:"如果现在忙于为子孙后代买地盖房,子孙们饭来张口,衣来伸手,不愁吃,不愁穿,反而会使儿孙们懒惰懈怠,不求上进。一个人要是腰缠万贯,家中富足,贤能的容易丧失志向,愚笨的则变得更加蠢陋。再说,钱多了还容易招人怨恨。我过去忙于国事,对子孙的教育不够,如今不为儿孙们置办产业,正是希望他们能够自力更生,克勤克俭,这也是爱护和教育儿孙的一个办法啊!"老人们被说服,再也不为他的子孙们去说情了。

疏广对待子孙后代,务在劳其筋骨,苦其心志,以免使他们成为好逸恶劳的纨绔子弟,表面看来似乎不近情理,但其用心是何其良苦,又何其明智!物质生活和精神生活都是人的生命之需,但若是过分地追求物质生活,沉湎于物质享受之中,而忽视了精神生活的完善,那么,人就会丧失精神家园,成为精神上的流浪者,不能真正自得其乐。

健康生活,宁俭不奢

【原文】

子曰:"奢则不孙,俭则固。与其不孙也。宁固。"

宋儒汪信民曾说:"得常咬菜根,即做百事成。"节制而俭朴的生活能磨炼意志,锻炼吃苦耐劳、坚忍顽强的精神,使人们在通往理想的道路上,披荆斩棘,奋勇向前。如果在个人生活上,迷恋于吃喝玩乐,既消磨人的意志,又会分散工作精力,这样的人必将难成大器,甚至会在生活中迷失方向。

春秋时期鲁国大夫御孙说:"俭,德之共也。"俭朴的生活,可以使人精神愉快,可以培养人的高尚品质。生活俭朴的人具有顽强的意志,能经受得住艰苦的磨炼,胸怀开阔。无心于考虑物质生活,更不会受钱财的诱惑。物质生活条件的好坏,对他们来说,没有丝毫的影响。因此,这种人住在竹篱盖的茅屋里,也有清新的生活情趣。

晏婴是春秋末期齐国的宰相,有一次晏婴正在家中吃饭,突然景公派人到晏婴家来了,他得知这位大臣还没吃饭,便将自己的饭分出一半请客人吃,结果客人和他都没吃饱。使臣回府后,便把这件事告诉了齐景公。景公听后,十分感叹地说:"晏婴家里这样穷,我却一点都不知道。这是我的过错啊!"他便派人送一大笔钱给晏婴,让他作为招待宾客的费用。但是晏婴坚决不收。景公见他既不要封地,也不要钱,心中实在过意不去,就命令手下人一定要想办法说服晏婴,让他把这钱收下。他一次又一次地向来者陈说,自己的地位高,更应注意生活俭朴,这样才能给朝中的官员做出榜样,使朝政更加清廉。来者见他不肯收,就说这是景公的命令,不然要受到景公的怪罪。为此,晏婴亲自找到景公,对他拜谢说:"大王,我家并不穷。因为您的恩赐,我的亲族、朋友都得到不少好处,我们很是感激,千万不要再给我钱财,您不如用这些钱财去拯救百姓吧!"

晏婴沮封

后来,景公要给他造新的住宅,换上的漂亮车子和好马都被他退了回去。晏婴一生过着俭朴的生活,为齐国在厉行廉洁、反对奢侈浪费方面做出了榜样。

唐太宗在位期间,不但注意节制自己的奢欲,对皇亲国戚、达官贵族的奢侈之风也能注意有所限制。

公元 1627 年,他下令限制王公以下贵族住房过于奢华,并对贵族生活用车马、衣着服饰的具体标准等做了规定。贵族婚丧费用是国家一项不小的开支,有些贵族,为了显示身份,大摆排场,有的人也想趁机大捞一笔。因此,唐太宗对各级贵族婚嫁丧葬的费用也做了一定规定,并强调:不符合规定的奢侈之举,一律禁止。严重者,要依刑法处罚。

太宗节制奢华,还表现在对子女的教育方面。他见到桌子上有山珍海味,就对他们说:"你们知道耕种的艰难吗?"当听到他们满意的回答后,就一再嘱咐他们:"要懂得节约,懂得百姓的艰难……"

在他临死的前一年,还多次告诫太子说:"要是为君的不注意节俭,骄奢淫逸,不要说政权保不住,恐怕连自己的性命也保不住。"

司马光是北宋的宰相、历史学家,名重一时。可是,他却从不摆阔。他给儿子司马康的信中说:"许多人都以奢侈浪费为荣,我却认为节俭朴素才算美。

尽管别人笑我顽固，我却不认为这是我的缺点，孔子说：'奢侈豪华容易骄傲，节俭朴素容易固陋。与其骄傲，宁可固陋。'"他又说："一个人因为俭约犯过失的事是很少见的。读书人有志于追求真理，却又以吃粗粮穿破衣为耻辱，这种人是不值得和他讲学问的。可见，古人是以俭约为美德的。现在的人却讥笑、指责朴素节约的人，这真是奇怪的事！"

司马光在信中批评了当时奢侈淫靡之风，并引述了几位以俭朴著称的人的故事。

张知白当了宰相之后，其生活水平仍然像当年布衣时一样。有人说他："你收入不少，生活却是这样简朴，外面人说你是'公孙布衣'呢！"公孙指汉武帝的宰相公孙弘，当时汲黯批评他："位在三公，俸禄甚多，然为布被，此诈也。"张知白听了这位好心人的话后说："以我的收入，全家锦衣玉食都可以做到。但是由俭入奢易，由奢入俭难。像我这样的收入，不可能永远维持，一旦收入不如今天了，家人又已过惯了奢侈生活，那怎么得了呢？无论我在不在职，生前死后，我们都保持这个标准，不受影响，这不是很好吗？"

张知白确实是深谋远虑的，他看到了别人平时想不到、看不到的地方。

鲁国的大夫季孙行父，曾经在鲁宣公、鲁成公、鲁襄公在位时连续执政。然而，他的妻妾没有穿过绸衣服，他家里的马没有用粮食喂过。别人知道后，都说他是忠于王室的。

晋武帝时的太尉何曾，生活十分奢侈豪华，每天吃饭就要用一万钱，还说没有下筷子的地方。他的子孙也极其奢侈，结果都一个个破了家。到了晋怀帝的时候，"何氏灭亡无遗焉。"

司马光说，这样的事例是举不胜举的。他希望司马康不但记住这些事例和道理，身体力行，而且还要向子孙后代进行这样的教育。

是俭是奢，这不仅是一个人的自我修养或品德问题，更是一种对生活的态度问题，真正的智者总能宁俭不奢，因为他们懂得，"由俭入奢易，由奢入俭难"。有了象牙筷子就想要有象牙碗来相配，自己在生活上奢侈浪费，子孙也习惯过奢侈的生活。合理消费、科学生活的人不仅一生平安快乐，而且还留下令人景仰的美名。纵观古今，那些追求奢华、生活糜烂的人，到头来总落得身败名裂，走向肉体和灵魂的双重深渊。

孝顺，顺为先

【原文】

子曰：事父母几谏，见志不从，又敬不违，劳而不怨。

生活中，我们常会和父母意见不一致，这是很正常的。每个人对同一个问题的理解都会出现差异，因为每个人的思维方式不同。于是，矛盾产生了，代沟也就产生了。那么，在这个时候，在这种情况下，怎么孝顺父母呢？

孔子认为，当我们与父母意见不同时，可以陈述自己的见解，但不要固执己见。父母听你的劝告最好，不听也不必较真。父母说让你干什么你能干就去干，不能干也别直接就推辞，免得伤了老人家的心。

作为为人之本，孝贯穿于人类生活中，而理解与宽容则是尽孝的一贯精神。一个不能理解父母，只是固执己见的人，是难以真正对父母尽孝的。他和父母生活在两个相互隔绝的心灵世界中，这是很尴尬、很悲哀的一件事。要想真正理解父母，还在于善于接受父母的意见，实现他们的心愿。至于这么做是否经济，已是次要的了，别忘了，孝的根本就在于取悦父母。我们在父母身心愉悦的过程中，自己也获得一种人生价值的实现和心灵的满足。孝的意义由此得以体现出来。

其实，家庭中的许多争吵以及由此带来的成员之间的冷漠，都是由缺乏相互间的理解、固执自我所造成的，其最终结果必然是相互伤害。所以，孝顺父母一定要走进父母的内心世界，学会理解他们的想法。

孝顺，孝顺，顺从有时便是孝。所以，孔子讲"又敬不违，劳而不怨"。当然，前提在于不违背"仁"与"礼"的标准——盲目顺从有时会让子女的生活蒙上阴影，这也肯定不是父母所期望的。即便是父母有错，为人子女也只能在一定程度上同父母适当争辩，而不应与父母斗气。

卧冰求鲤

燕文跟母亲吵架了,她一气之下,冲出家门,走进茫茫的夜色中。漫无目的地走了一段路后,她发现走得匆忙,竟然一分钱都没带,连打电话的钱都没有! 夜色渐深,燕文饥肠辘辘。忽然,她看到一个小小的馄饨摊,一位老婆婆在摊前忙碌着。

馄饨的香气扑鼻而来。老婆婆早已注意到这个一脸忧伤的女孩子,她热情地招呼:"小姑娘,吃碗馄饨吧!"燕文转过身,尴尬地摇摇头,说:"我忘记带钱了……"老婆婆笑了笑:"没关系,我请你吃。"

片刻之后,老婆婆端来一碗馄饨和一碟小菜。燕文吃了几口,忍不住掉下了眼泪。"小姑娘,怎么了?"老婆婆关切地问。燕文心头感到一股暖流,边哭边把她的委屈讲了一遍,言辞之中有许多责怪母亲的话。

老婆婆听了,摇摇头说:"你怎么会这样想呢! 我只是煮了一碗馄饨给你吃,你就这么感激我,你妈给你煮了十多年的馄饨,从小到大照顾你,你怎么不感激她呢? 为什么还要跟她吵架呢?"燕文听了这话愣住了,脑海中浮现出许多儿时母亲疼爱自己的画面。馄饨吃完,她谢别老人,朝家走去。走到自家胡同口时,她看到妈妈正焦急地左右张望……

《康熙大帝》里有一个情节:皇十四子顶撞了父亲,老康熙气得急火攻心,拔剑要砍杀这个忤逆的儿子。这时候,大臣张廷玉抱住了康熙,对皇十四子喊道:"你还不快跑?"皇十四子听了,一溜烟赶紧跑了……

"跑",在这个时候就是儒家所提倡的至孝。在这样的非常环境下,还有别的选择比

"跑"更具有智慧、更符合人情的吗？在父亲失去理智的时候，"跑"能够让父亲避免犯更大的错误，也显示出一种退让之道的大智慧，更是"孝"的真谛。

有一次，曾参的父亲觉得他有过失，就拿着手上的杖打他的头。结果一打，大概是打中要害，曾参就昏迷了。

孔子针对这一件事情说，这是曾子的错。为什么不跑呢？你昏迷了，万一你死了，你不是害父亲背上杀人罪名吗？

现在，一些在"糖罐"中成长的孩子，却忘了自己"糖罐"是从何而来，更忘了父母也会有年迈需要照顾的一天，似乎自己得到一切都天经地义，一切都应让父母来照料。

孝是中国的传统美德，是其他美德的基础，所谓"百善孝为先"，"乌鸦反哺，羔羊跪乳，不孝父母，禽兽不如"。在赡养父母这个问题上，多想想当初父母是如何含辛茹苦地把你拉扯成人的，再想想你希望你的孩子以后怎么对待你。要牢记孔子说的话："事父母几谏，见志不从，又敬不违，劳而不怨。"

感谢父母给了我们生命

【原文】

子曰：父母之年，不可不知也。一则以喜，一则以惧。

在《论语》里面，有很多关于亲情的具体而入微的论述，因为孔子本身就是一个非常重亲情、讲孝道的人。

孔子3岁丧父，因其母非明媒正娶，族人葬其父时，不让孔子母亲参加。孔子后随母迁居曲阜。孔子20多岁时，母亲逝世。依照当时的礼俗，夫妇死后应葬在一起。但孔子不知父亲葬在何处，便将母亲棺枢有意停放在"五父"这个地方的交叉路口，以引起人们注意，自己好打听父亲的葬处。后来，从一位拉车人母亲的口中知道了父亲的葬处，才将母亲棺枢移过去，将父母合葬一起。

按古时的风俗，葬人不能堆土起坟。孔子却破例在父母合葬处堆了高坟。他说："我孔丘命运不定，是四处漂泊之人，不可以不在父母葬处做个标志。"合葬后，孔子回到家中，听后来的家仆说，暴雨倾盆，坟塌了。孔子不禁泪流满面，叹道："我听说，古代是不修坟的啊！"……

孔子说："父母之年，不可不知也。一则以喜，一则以惧。"对于父母的年龄，子女不能不知道。父母又增了一岁，子女应当既感到喜悦又心怀惧怕。还有一层意义，就是让大家反省一下：你是否还记得父母的生日呢？你尽到孝了吗？

《韩诗外传》记载了一个劝人及时尽孝的故事。

孔子到齐国去，途中听到有人哭泣，那声音非常悲哀。孔子对他的家仆说：这哭声悲哀是悲哀，但却不是丧亲的人的悲哀。驱车上前，刚走了一段，看到一个和常人不一样的人，那人抱着镰刀，带着生绢（表示守孝），哭的声音并不悲哀。

孔子下车，追上他问："您是什么人？"回答说："我是丘吾子。"孔子问："你现在不是为了丧亲的原因，为什么哭得这么悲伤呢？"丘吾子说："我失去了三样东西，自己发现得太晚了，后悔哪里还来得及。"

孔子说："您失去的三样东西，可以告诉我吗？希望您能告诉我，不要隐瞒。"

丘吾子说："我年轻的时候很爱学习，周游天下。后来回来了，失去了我的双亲，这是第一失。我长期辅佐齐君，但他骄傲奢侈，失去了很多人才。我为臣的节气没有实现，这是第二失。我平生的至交好友，现在都分离而且断绝了联络，这是第三失。树想要停下来但风却不停，儿子想服侍父母但父母却已去世。不再回来的是时间，不可再见的是双亲。请让我现在和您告别，就去投水而死吧。"于是，站立不动，枯槁而死。

孔子说："大家记住此事，这足以作为戒律。"从那以后，孔子的弟子中辞学回家服侍父母的人达到三成。

每个人都熟记自己的生日。除了自己的以外，日常生活中，肯定还记着朋友、同学、老师、上司等其他人的生日，以便我们能够提醒自己去及时地为他们送去祝福。可见，过生日已渐渐成为一个人生活中不可或缺的内容。但是,我们中有许多人却不大能说得清或记得住自己父母的年龄与生日。有人说:人是一种习惯于忘恩负义的动物。这话虽然有些刻薄,却也算得上是有感而发了。

亲尝汤药

比尔·盖茨一次在飞机上接受意大利《机会》杂志记者的采访,记者提了三个问题请他回答。其中有一个是:"最不能等待的事情是什么?"令记者吃惊的是,比尔·盖茨说,"天下最不能等待的事情是孝敬"。

其实,我们的许多遗憾与悔恨往往就源于自己对已有生活的冷漠。相反,我们对自己未曾得到的东西则总是充满渴望和关注,并且孜孜以求。"得到太容易,所以不知道珍惜。得不到的东西,才是最好的。"这是一种很矛盾的心理。它使我们在不断追求外在新事物的同时,又不断失去自身所拥有的更宝贵的东西。试想一下,这世上可有比父母之爱更无私伟大的情感吗?

也许,只有在遇到亲人突然变故时,比如生了重病、故去,我们才突然感觉到亲情的弥足珍贵,对我们曾经因忙碌淡忘的亲情而深深地自责。

有一个成功人士,正当他功成名就时,她的母亲却去世了。母亲临终时,他因为一笔生意在外地,未能见上母亲最后一面。这个成功人士的悲痛心情,我们不难想象。自己的事业是成功了,可最亲爱的母亲却不能与自己分享成功的喜悦。自己每天忙于事业,从一地到另一地，飞来飞去，可极少有时间陪陪孤独的母亲，同她唠唠家常，也为她梳梳头……这时，再多的财富，也无法弥补这亲情的失落了……

父母每年都给你过生日，但你知道父母的生日吗？现在认识到自己以前的不足之处，幡然醒悟，还是来得及的。记住：对谁不好，也不能对自己的父母不好；谁跟你再亲，也不如父母跟你亲。父母的年纪越来越大了，不抓紧时间尽孝，留给你的，除了悔恨和自责，还能有什么呢？

金钱不能替代孝心

【原文】

子游问孝，子曰：今之孝者，是谓能养。至于犬马，皆能有养，不敬，何以别乎？

在《论语》中有许多话，今天看起来仍然回味悠长，意韵深远。孔子与子游的这番对话，对许多现代家庭而言，具有相当的警醒作用。

对于尽孝而言，为父母提供基本的经济保障，以使父母衣食无忧，这是很必要的。但是，真正做到这一点也并不容易。中国历史上的无数次战乱、动荡曾经导致老百姓衣不蔽体，流离失所，甚至易子而食。在基本生存都成问题的前提下，哪里还谈得上奉养老人呢？当然，也有孝心迫切，乃至采取非常手段的。

唐代一个官员在审理一起盗窃案的时候，罪犯供认因自身能力有限，又年关将近，只好偷点东西，以表孝心。那位官员深受感动，就把这名罪犯放了。即使在现代社会中，由于就业困难而导致物质贫乏，进而难以奉养老人的情况也是屡见不鲜的。由此可见，成人立业、尽心行孝并不容易。

那么，尽孝是否就只是向父母提供衣食呢？当然不是。当年孔子生活的春秋时期，社会上就曾经流行过这种观点。孔子对此很不满，并由此说了以上这段发人深省的话。孔子认为，如果尽孝只是向父母提供一些衣食，仅保证他们不挨饿受冻的话，那么，这种赡养与养牛养马、养猫养狗没有什么本质上的区别。

扇枕温衾

由此看出，孔子所说的尽孝并不仅仅是满足父母衣食等物质方面的需求，还要有一颗切实"恭敬"的心。孝顺父母，最基本的在于衣食，而最重要的则在于恭敬之心。二者的区别又是什么呢？我们可以从曾子父子两代人的不同行孝做法中获得一些启示。

曾子的父亲是曾晳，父子二人皆是孔子的弟子。曾晳年纪大了，曾子便奉养他，每顿饭都是有酒有肉。将要撤桌时，曾子一定会询问父亲剩下的饭菜如何处理。如果父亲问是否还有剩余的酒肉，则曾子一定回答说"有"，以免父亲失望。由此可见，曾子侍奉父亲是尽心又尽力。

不过，轮到曾子的儿子曾元来侍奉曾子的时候，情形又有了变化。曾元侍奉曾子也是每餐必定提供酒肉，不过曾元不再询问曾子每餐剩余的东西如何处理。曾子问是否有剩余酒肉时，曾元则不理会老父感受如何而直接回答说"没有"。其目的在于留下以后慢慢享用。曾元侍奉父亲仅仅是满足衣食方面的需求，却不真正具有恭敬关爱之心。

从孔子的角度来看，曾元的做法算不上是尽孝。从这个意义上讲，单纯的物质、金钱是买不来真正的孝心的。

现代社会生活在一定程度上愈来愈崇尚金钱与物质,有些人甚至以为它们无所不能。殊不知,金钱和物质是换不来一个人的亲情与孝心的。孝不仅仅是形式,而是一种发自内心的真挚情感,是一种爱的心情。

曾有一则公益广告将此意抒发得淋漓尽致:一位年迈的母亲在中秋佳节之时满心欢喜,精心准备了饭菜,最终却只等来儿女们的电话,顿时神情落寞。充裕的物质生活只是表面的形式,老人甘愿每天粗茶淡饭,只盼望着儿女能够常回家陪伴。这让人不由得想起多年前的一首歌《常回家看看》,怕是所有父母的心声吧。

儿子回乡办完父亲的丧事,要母亲随他进城,母亲执意不肯离开清静的乡下,说过不惯都市的生活。儿子没有勉强母亲,说好以后每个月寄300元生活费。这个村子十分偏僻,邮递员一个月才来一两次。近年来,村子里外出打工的人多了,邮递员在村里出现的日子便是留守老人的节日。每次邮递员一进村就被一群大妈、大婶和老奶奶围住,争先恐后地问有没有自家的信件,然后又三五人聚在一起或传递自己的喜悦或分享他人的快乐。这天,邮递员交给母亲一张汇款单,母亲脸上洋溢着喜悦,说是儿子寄来的。这张3600元的高额汇款单在大妈大婶们手里传来传去,每个人都是一脸的羡慕。

过了几个月,儿子收到了母亲的来信,只短短几句,说他不该把一年的生活费一次寄回来,明年寄钱一定要按月寄,一月寄一次。很快,一年就过去了,儿子由于工作缠身,回老家看望母亲的想法不能实现,本想按照母亲的嘱咐每月寄一次生活费,又担心因为忙而忘了误事,便又到邮局一次性给母亲汇去3600元。

几天后,儿子收到一张3300元的汇款单,是母亲汇来的。儿子百思不得其解之际,收到了母亲的来信,母亲又一次在信中嘱咐说,要寄就按月给她寄,否则她一分也不要,反正自己的钱够花了。儿子对母亲的固执十分不理解,但还是按她的叮嘱做了。后来,他无意间遇到一个来城市打工的老乡,顺便问起了母亲的近况。老乡说,你母亲虽然一个人生活,但很快乐,尤其是邮递员进村的日子,你母亲像过节一样欢天喜地。收到你的汇款,她要高兴好几天哩。儿子听着听着已泪流满面,他此刻才明白,母亲坚持要他每个月给她寄一次钱,就是为了一年能享受 12 次快乐。母亲的心不在钱上,而在儿子身上。

孝不仅仅在于提供父母衣食,更重要的是出自内心的"爱"和"敬"。空巢老人缺的不仅仅是钱,他们更希望得到女子的关心。

不要成为啃老族

【原文】

孟武伯问孝,子曰:父母唯其疾之忧。

作为父母,当他们决定养育一个孩子时,就已经下了做出重大牺牲的决心,无论孩子有什么先天疾病,或者是后天缺陷,都可以包容,因为孩子是他们的责任,是他们的血脉。但当孩子已经长大成人,已经到了应该自谋出路的年龄,是不是还应该再赖在家里,再由父母养活呢?

找工作,独立生活,计划开支,甚至交朋友,买房子成家,这都应该是成年子女完全自理的事情。如果还让老人家操心,替你张罗,替你出钱、出力的话,就太过分了。为人子女,应该心里明白,哪些事可以让父母为你操操心,哪些事应该独立解决,不能再给父母添麻烦了。

孔子和孟武伯之间关于孝道的对话也涉及这一点。子女生病了,父母免不了要担忧,但在其他方面就不要让他们操心了。能做到这一点,就是孝。但当今社会,往往有人做不到这一点。不仅不以此为耻,反而是无动于衷,漠然视之。

有一谜语打一类人群,谜面是"一直无业,二老啃光,三餐饱食,四肢无力,五官端正,六亲不亲,七分任性,八方逍遥,九(久)坐不动,十分无用"。谜底是:啃老族。

"啃老族"在我国是个新名词,却是个舶来品。它的前身叫"袋鼠族"。最早见于法国的《快报》,是指大学或其他学历毕业后,到了就业年龄,却以薪水少等为理由,仍依赖父母的那些年轻人。

在中国，"啃老族"是个新群体，且不断壮大增加，由此带来很多不和谐的社会问题。根据老龄科研中心的调查，中国有高达65%以上的家庭存在"老养小"现象，有30%左右的成年人基本靠父母供养。这些早该自立却因种种原因依然"吃定"父母的人被媒体称为"啃老族"。

25岁的北京青年李晓斌是独生子女，5年前从部队退役后当起了保安。但他很快就觉得这份工作收入低、没有前途，于是就辞职回家。李晓斌后来又找过几份工作，也都不满意，便逐渐对找工作失去信心，甚至产生恐惧。如今，他已经在家闲了2年，无论父母如何相劝，都不愿再找工作。整天在外闲逛、玩电子游戏，没钱就找父母要。

李晓斌的父母虽然都有工作，养活儿子问题不大。但眼看着老两口离退休已经不远，儿子却不愿工作，也没有工作技能，老两口担心：他们退休后，家庭收入将大幅减少，而儿子还要娶妻生子，老夫妻的晚年生活会是什么光景？

这样的"啃老族"，这样的孩子，带给父母，除了忧虑、担心和经济、精神压力外，还能有什么呢？本来父母们领的工资或者退休金仅够他们自己生活，你不仅不向家里交生活费，反而伸手向父母要，他们的生活质量能不下降吗？他们心里能不为你担忧吗？如果这都不算不孝，那到底怎样才算不孝呢？

从前，有一棵巨大的苹果树。一个小男孩每天都在树下玩耍。

一天，男孩来到树下，注视着树说："我不再是孩子了，我再也不会在树下玩了。"男孩说完就离开了，很久都没有回来。树很伤心。

一天，男孩回来了，树很激动。树说："来和我玩吧！""我没有时间玩，我得工作养家糊口。我们需要一幢房子，你能帮助我吗？""对不起，我没有房子，但是你可以砍下我的树枝，拿去盖你的房子。"男孩把所有的树枝都砍下来，高兴地离开了。看到男孩那么高兴，树非常欣慰。但是，男孩从此很久都没回来。树再一次孤独、伤心起来。

一个炎热的夏日，男孩终于回来了，树很欣喜。树说："来和我玩吧！""我过得不快乐，我也一天天变老了，我想去航海放松一下。你能给我一条船吗？""用我的树干造你的船吧,你就能快乐地航行到遥远的地方。"男孩把树干砍下来,做成了一条船。他去航海了,很长时间都没有露面。

最后,过了很多年,男孩终于回来了。"对不起,孩子,我再也没什么东西可以给你了……除了我正在死去的树根。"树含着泪说。

"我现在不再需要什么了,只想找个地方休息。过了这么些年,我累了。"男孩回答道。"太好了,老树根正是休息时最好的倚靠。来吧,坐在我身边,休息一下吧。"男孩坐下了,树很高兴,含着泪微笑着……

这是每个人的故事,树就是我们的父母。父母却从未有所抱怨,给予子女的都是一种完整、无私的爱。相信"啃老族"看完这个故事,一定都会有所感触,反省自己的所作所为吧!

孝要发自内心

【原文】

子夏问孝,子曰:色难。有事,弟子服其劳;有酒食,先生馔,曾是以为孝乎?

孔子对人情冷暖有着很深刻的认识。他与子夏谈论孝道时,告诫子夏不要以为替父母做点事或者弄点美味就算尽孝了。用现代话讲,就是别以为我们每个月给点生活费,或者花钱雇个保姆来照顾老人,或者节假日送给老人一堆东西就算孝敬了。尽孝远不是那么回事。

那么,怎样才算是真正孝敬老人呢?孔子说的"色难"又是什么意思呢?孔子的意思是说,能够一贯真诚地、和颜悦色地侍奉老人是最重要的,可也是最难做到的。

为什么真诚、和颜悦色地侍奉老人最重要呢?因为对人来说,其生活幸福与否往往最终取决于他的精神感受,而不取决于他的物质感受。我们细心体会一下就可以发现,一些没钱的人往往会憧憬好的物质享受,而一些有钱的人对于物质刺激往往渐趋麻痹。

他们一个共同的特征便是都因为局限于物质享受而普遍缺乏幸福感。物质享受带给我们的感官刺激犹如黄粱一梦，总是使人不由自主地陷入患得患失的两难困境。而在我们身边，只要我们善于观察，我们又总可以看到，一些人无论物质贫穷与富足，整天都是乐呵呵地在享受生活。

由此可见，精神问题是关乎人生幸福的一个大问题。只有那些精神富足的人才会始终保持快乐的心情。俗话说"好言一句三冬暖"，和颜悦色地待人自然能够使人心情舒畅、精神愉悦。这远比那些物质刺激有效、持久得多。对父母尽孝尤其应该如此。孔子甚至认为，这比为父母干活或提供美食更重要，因为它带给父母的是心灵上的巨大安慰与舒畅。

涤亲溺器

陈毅投身革命后，虽然长年战乱、远离家乡，但总是千方百计寄回家书，让父母知道自己的近况，向父母请安问好。新中国成立后，父母没有同陈毅一起居住。陈毅除了每月给父母寄上足够的生活费外，仍在百忙中挤出时间亲笔给父母写信，聊叙家事，宽慰老人。

1962 年，身居要职的陈毅已 62 岁。这年春天，他途经成都。当时，他的老母亲已年过八旬，重病在身，住在成都陈毅的弟弟家中。陈毅与妻子张茜前去看望。老人病重，有时小便失禁。陈毅刚到母亲房中，恰遇母亲换下一条被尿濡湿的裤子。母亲担心儿子见到污浊之物，便不停挥手、使眼色，要身边照顾她的保姆将裤子藏起来。

保姆慌忙中将裤子扔到了床下。陈毅拉住母亲的手，关切地问道："娘，您把啥子东西扔到床下了？"母亲连连摇头说："没啥子，不关你的事。快坐下，跟娘聊聊天！"陈毅笑了笑，对母亲说："娘，您怎么对我也保起密来了？"说着，弯下身去，要看个究竟。母亲见瞒不住，只好坦白真相。

陈毅听罢，眼圈红了，动情地说："娘！您久病在身，我没能在您身边侍候，心里有说不出的难受。这裤子应该马上拿去洗了，还藏着干什么？"说着，他一手拿过裤子，并对保姆说："我母亲的病如此沉重，平时不知给你们添了多少麻烦。今天，就让我去洗吧！"

保姆怎么也不让，母亲也赶紧阻拦。陈毅诚恳地说："娘，我不是说着玩的，您就允了吧。小时候，您不知给我洗过多少尿裤屎裤啊，儿子再怎么做也难报答养育之恩。"接着，他又对妻子笑道："我们家乡有句俗话叫'婆媳亲，全家和'，你这个长年不能照顾婆婆的媳妇也该尽点孝道。今天，我们俩一起来洗这条裤子好不好？"

和颜悦色地对待父母虽然重要，但真正做到也是很不容易的。有句古话叫"久病床前无孝子"，说的就是这个意思。一天两天还好说，一月两月忍忍也过了，如果是一年两年呢？想想就觉得困难重重了吧。如果父母长期卧病在床，生活不能自理，即便儿女心中再孝顺，有时也难免流露厌烦的神色。此时，父母心中的滋味恐怕难以陈述：一方面，因为给儿女的生活和事业带来极大的拖累而心中难过；另一方面，便是对儿女隐隐的失望。

一些现代人在社会和自身生活的双重压力下往往疲惫不堪，且充满种种铜臭的味道。他们的情感世界逐渐变得功利和麻木，结果往往把别人作为实现自己目的的工具。于是，亲情往往被物质与金钱取缔，善良与真爱的笑容被埋没。由此来看，孔子说和颜悦色难实在是很有道理的。和颜悦色对待父母，心中孝，态度敬，不要对父母感到厌烦。很多人虽然表面上做得还不错，但容易不自觉地抱着一种"我做得已经不错了"的心理，无形中给父母以不好看的脸色，以"孝"来折磨老人的心灵，增添老人的负疚感。这种做法，往轻了说是一种不纯的孝，往重了说也是一种"恶"。

有人问王阳明:孝,是不是一定要讲求冬则温、夏则凉?他回答:一个人只要有颗诚孝的心,冬天自然思量父母的寒,夏时自然思量父母的热,自然就会去想办法。一个人最重要的是要有发自内心的诚孝之心。至于如何做,要看具体的家庭、具体的社会时代,这个就不能要求一致了。所以,古人说"论心不论事,论事无孝子",就是这个道理。

爱,不能溺爱

【原文】

子曰:爱之,能勿劳乎? 忠焉,能勿诲乎?

孔子这句话——"爱之,能勿劳乎? 忠焉,能勿诲乎?"是有关于教育,也有关于个人修养的。以自己的孩子为例,要爱护,却不能溺爱,太宠爱就会害了他,要使他知道人生的艰难困苦。

《兰州晚报》载:兰州的周女士在北京读大学的儿子,每月准时把穿脏的衣服打包寄回来,要母亲洗干净了再寄回去。周女士这位宝贝儿子连衣服都不能洗,还要千里迢迢将脏衣服寄回家,让母亲代劳,这样的书读下去还有什么意义?

有位农场主让自己的孩子利用闲暇时间在农场干活,播种、除草、施肥、捉虫。一位朋友看到这一场景,就对农场主说:"何必让孩子这么辛苦呢? 不必如此精细,庄稼一样会长得很好的。"农场主笑了笑:"我不是在培植庄稼,我是在培养我的孩子。"

舐犊情深是为人父母的本性。怎么才能给孩子真正的爱呢? 这个看似简单的问题,却有许多家长看不透、看不穿,反而陷入"溺爱"的深渊而不能自拔,只是"当局者迷,旁观者清"吗? 看看孔子说的话,就晓得正确答案了。

培养孩子得让他吃点苦头。一分一厘,当思来之不易;只有懂得做人做事的艰辛,才会认真对待自己的人生。

一个人小时候依赖父母,但早晚要去独立生活。如果没有一定的技能,就难以迈开自立的第一步。美国许多大富豪也是鼓励自己的孩子要自立,而不是依靠遗产生活。美国有一个深入人心的广告:父母举着装有铁锤、锯子、螺丝刀的工具箱说:"给孩子工具箱,而不是百万遗产。"

中国的名人一样对自己的孩子严格要求,毫不溺爱姑息。清朝著名画家郑板桥,虽是晚年得子,却不溺爱,事事从严要求。临终前,他提出要吃儿子亲手做的馒头。当儿子做好馒头端到桌上,他却已咽气。

冯玉祥将军对子女说:"作为你们,要紧的是学本事、学能耐。要先自己能站立得定,然后才能尽力去帮助别人。"他要求男孩也必须学会织毛衣、简单学裁剪和踏缝纫机。寒暑假时,他把孩子们送到林场去学伐木,或送到奶牛场去学挤牛奶。

很多年前,看过日本的一部电影叫作《狐狸的故事》。当那些小狐狸还在老狐狸身边撒娇的时候,那些身为父母的老狐狸却无情地把它们从家中赶走。据说它们的这种习性,叫作"清窝"。那些被老狐狸咬伤并被赶走的小狐狸眼中充满着忧伤和委屈,而老狐狸则是义无反顾般地坚决和果断。

后来,我才慢慢懂得:这就是自然界的生存法则。作为一只小狐狸,如果你在幼年跨向成年的转折关头没被清过窝,也就没经历过被驱逐出家的痛苦,也就没有浪迹天涯的冒险,也就不会有用生命做抵押的开拓,也就不具备独立生活的生存能力。没被清过窝的狐狸,就像没淬过火的刀、没开过口的剑,永远也长不大,永远是个废物。

据说小鹰们长到一定程度以后,父母会选择一天让那些小鹰们在悬崖峭壁上一字排开,然后一个个地推下去。会飞的适者生存,不会飞的物竞天择,纵然摔向谷底粉身碎骨,威严的老鹰父母也不会有一丝一毫的动摇。这就是自然界的生存法则。

狐狸和鹰的教子方式,是靠本能中的天性来实现它对下一代的爱的。尽管有些残酷,但这就是动物为了族类持续生存的天然法则。就像达尔文所说的那样:物竞天择,适者生存。

"溺爱"和"爱"虽然只是一字之差,但"失之毫厘,差之千里"。真正的爱,是磨炼,是放手,是给予孩子更多的空间。如果孩子不知道如何去生存,你就将被社会无情地淘汰。如果孩子在父母身边永远有所依靠,有朝一日独立去面对这个世界的时候,就将无所适从。教育孩子应该注重培养他们独立的意志品格,不能娇生惯养,因为溺爱会生害。孩子只有依靠自己的努力掌握今后立足于社会的本领,才能在离开父母的庇护后成为独立的个体,展翅高飞。

溺爱对孩子的成长极为不利,会造成孩子孤傲而脆弱的不良性格,造成贪图物质追求的不满足感,造成对人缺乏爱心、唯独只有自己的自私冷漠心理,造成对事情缺乏是非观念、单凭个人好恶行事的处世原则,造成对生活缺乏自强、自立、自信的思想意识。

李嘉诚在他的两个儿子李泽钜和李泽楷只有八九岁时,就让他们参加董事会,让孩子们列席旁听,就某些问题发表自己的见解。两人耳濡目染,慢慢领会了父亲以诚信取胜的生意经,分析解决问题的能力也得到提高,为他们此后在事业上的成功奠定了坚实的基础。当两人都以优异的成绩从美国斯坦福大学毕业后,他们向父亲表示想要在他的公司里任职,干一番事业。

不料,李嘉诚断然拒绝了他们的请求。他对兄弟俩说:"我的公司不需要你们!江山要靠自己打拼得来,要以实践证明你们是否适合到我公司来任职。"于是,兄弟俩去了加拿大,一个搞地产开发,一个搞投资银行。他们凭着从小养成的坚忍不拔的毅力,克服了难以想象的困难,把公司和银行办得有声有色,成为加拿大商界出类拔萃的人物。

爱他,要让他懂得生活的辛劳,已经能够忠诚对事,也需要对其进行教诲。忧劳举国,逸豫亡身。根基不稳的植物在外界的压力下不易存活,而夹缝中的小树却能傲立风霜而不倒。

第五节　《论语》的处世智慧

谨慎做人,保全自身

【原文】

子曰:"邦有道,危言危行;邦无道,危行言孙。"

孔子反对"巧言"和"道听途说",但并不主张不言,更不认为一切言辞、口才都是不好的。他主张慎言,认为说话和做事都要考虑国家政治是不是清明。

孔子周游列国到达卫国时,开头的几个月,卫灵公还经常召见孔子,但慢慢地就不再见他了,原因是卫国政治动乱,内部斗争一直非常激烈。卫灵公良莠不分,重用了不肖之臣弥子瑕,更加剧了卫国的政治混乱。弥子瑕见孔子闲居卫国且与卫灵公相处融洽,怕卫灵公采纳孔子的政见,妨害自己,就千方百计在卫灵公面前挑拨灵公与孔子的关系,他累次向卫灵公进谗言,说孔子的政治观点只是空谈,不适应卫国的实际情况,还旁敲侧击,说孔子一行来到卫国,没有多久就发生了一系列的动乱事件,暗示与孔子的插手有关。卫灵公渐渐对孔子怀有戒备之心,最后甚至派公孙余暇带兵监视孔子的出入。面对如此险境,孔子和弟子们商议,决定迅速离开卫国。

为人处世时时刻刻都要牢记"谨慎"二字,尤其是刚到一个新的环境,更要能够把持住自己,不要被一团和气所迷惑,而忘记了逢人只说三分话的古训。与他人保持一定距离是一种自我保护的方法,保持一种含蓄而深沉的姿态,让他人摸不清你的底细从而不敢对你有不利的举动。探听他人的秘密以及与他人分享自己的秘密都会使自己变得不安全。

清朝雍正时期,按察使王士俊被派到河东做官,正要离开京城时,大学士张廷玉把一个很强壮的佣人推荐给他。到任后,此人办事很老练,又谨慎,时间一长,王士俊很看重他,把他当心腹用。

王士俊期满了准备回京城去。这个佣人突然提出要告辞先回去。王士俊非常奇怪,问他为什么要这样。这个佣人回答道:"我其实是皇上的侍卫某某。皇上派我跟着你,主要是看你这几年做官有没有什么差错。我先行一步回去禀告皇上,替你先说几句好话。"王士俊听后吓出一身冷汗,心想,幸亏自己平时办事谨慎,没有说什么出格的话,也没有办出格的事,更没有亏待过这个人,好险哪!要是平时说话办事头脑发热,稍有闪失,不要说官没有了,连命都会丢了。

有的人以为与人交往需要对人交心、以诚相待，甘愿打开自己家的窗户以换取他人的诚心，殊不知，与人交往假如没有城府，心中没有一丝芥蒂，授人以柄，反而会让人看轻，使自己难以立身。

唐朝著名开国将领李靖性情就非常稳重，在生活中是一个说话办事非常稳健的人，他遇事总是三思而行，与他在战场上尚奇、尚速、尚险的风格完全相反。他有好静善思的习惯，别人高谈阔论，谈笑风生的时候，他从不参与，不置一词。

每次上朝，他也总是听得多，说得少。每闻人言，他也总是先在心中掂量一下，如果认为对，自己也就不再说话。如果认为有失偏颇，他也就用言简意赅的话语指出。

李靖不好与人争斗，但也很讲原则，他这种风格，在朝廷上树敌很少，同时也深得皇帝的赏识。但也有少数人对李靖不满。

征讨突厥时，李靖得罪了御史大夫温彦博。李靖大军横扫漠北、击破突厥之后，班师回朝，以为会得到表彰和封赏，没想到反遭温彦博弹劾："李靖的军队没有纪律，如同乌合之众，缴获突厥的珍宝，都已散失到乱军中了。"

唐太宗李世民闻此言后怒斥李靖于朝堂。李靖并不知情，无力自辩，也不做过多解释，唯有叩首谢罪。因为他知道，在天子盛怒之时的任何辩驳都会对自己不利，只有等皇上平息了心中的怒火之后，再作打算。

果然，几天后，李世民对李靖加以封赏，说："隋将史万岁破突厥有功，不但没得奖赏反而因犯法被杀，我不能学隋朝，李靖的功劳照赏，过错就赦免了。"于是封李靖为左光禄大夫，赐绢千匹，增封食邑共五百户。过了不久，李世民又向李靖道歉说："从前有人害你，现在朕已明白，你不要介意。"

正是由于李靖少言寡语，谨慎从事，使得他的后半生基本上平安稳定。贞观八年，李靖64岁，他因患足疾而上表请求辞官养老。因言辞恳切动人，于是皇上准奏。

与人相处，要懂得收敛个性，明察是非，既不要人云亦云，采取和稀泥、随大流的处事原则，也不要图一己之快，想说什么就说什么，想做什么就做什么。人都是生活在社会上的人，都具有社会性，做任何事之前都应该站在别人的角度考虑一下，看别人将会怎么说，会怎么想，能不能接受。假如因为非要去办一件事而树敌过多、积怨过多，导致自己失去办第二件事的机会，那岂不是一种悲哀？所谓"出头的椽子先烂"，过于显露自己的才能智慧以及与众不同，必然会招来对自己的损害。忍耐住自我显示的心情，学会保全自己，反而有利于自己的聪明才智的发挥。

成人之美，广结人缘

【原文】

子曰："不愤不启，不悱不发。举一隅不以三隅反，则不复也。"

孔子教导学生，主张因材施教，即针对学生的具体情况采用不同的方法去教导他，这样才能取得良好的教学效果。把这一原则用在交友上，用在建立自己的人脉上同样适用。

孔子说过："独学而无友，则孤陋而寡闻。"同样，在社会生活中，尽可能多交朋友，便于我们接触多方面的信息，掌握和了解更多的知识，乃至于顺利办事，在关键时候获得别人的帮助。尤其是在当今这个多元化的社会，人与人的之间的联系与交往更加密切，需要解决的问题越来越复杂，单凭个人的力量是办不成大事的，需要借助与他人的合作，得到他人的帮助，而这种合作或者帮助的力量的强弱又决定了你能办成多大的事，能成就多大的事业。好人缘，是事业成功的基础，是事业成功的阶梯。

如何能广结人缘，使自己在关键的时刻获得帮助，假如你能成人之美，在别人最需要的时候给予别人帮助，定会获得意想不到的效果。

著名青年企业家周一波很注意人情投资，一次，他接待一位从英国来的客人，不想，刚下飞机时下起了大雨，大雨湿透了客人的衣裳。回到宾馆后，周一波立即让人把客人的衣服拿去洗净、熨平，并于 10 分钟内送到。结果不言而喻，周一波与这位客人的生意谈得非常顺利，从此成为很好的合作伙伴。

还有一次，一位美国朋友告诉周一波说，最近一段时期工作太紧张，老在脱发，周一波一听，立即给客人买了20瓶毛发再生精送过去，这位美国朋友非常感动，从此不仅成为周一波生意上的合作伙伴，而且还建立了良好的私人感情。在与日本朋友打交道的过程中，一次，他送给一位日本企业家一件中国瓷器，并在瓷器上刻上这位朋友的照片，因此而获得这位日本朋友的好感。周一波正是这样通过超越公务关系方面的往来，与世界各国客商建立了广泛的联系，奠定了事业成功的基础。

良好人缘的建立不是靠阳奉阴违的周旋获得，而是靠与人相处的真心相待建立的，与人建立友好关系，用心、用情比斗智斗勇更有效。

钱钟书先生在创作小说《围城》的一段时间生活比较窘困，当时他的夫人杨绛女士每日操持家务，为养家糊口而勉强度日。恰好就在钱先生这段生活窘迫的时间里，黄佐临导演拍摄了杨绛的四幕喜剧《称心如意》和五幕喜剧《弄假成真》，并及时支付了酬金。这就像是一场及时雨，帮助钱家渡过了难关。时隔多年后，黄佐临导演的女儿黄蜀芹将钱先生的小说《围城》拍摄成电视剧，并一炮走红。她之所以获得钱钟书的信任及许可，实际上是得之于她爸爸的一封亲笔信。

钱钟书先生很重情义，别人做事帮助他，他一辈子都不会忘记，并在关键时刻给予了回报。尽管黄佐临导演在当时并没有寻求回报的目的，但在许多年后他作为好施之人确得了不小的回报。

时时刻刻都存有乐善好施，成人之美的心思，就能够给自己储存一些人情债，这就如同储蓄一样，不仅能使自己得到好处，也能使自己的子孙获得好处。

这是一则刊载在外国报刊上的故事。有一对老夫妻，孤苦伶仃，生活窘困。迫于生计，他们利用家靠路边的便利，腾出半间屋子开了一个杂货店。由于店小货少不起眼，生意冷冷清清。老夫妻并不后悔，开店只是为了够生活。相反，他们目睹南来北往的行人因焦渴而嘴唇干裂，便在店前竖了一块"免费供应茶水"的牌子，无论白天黑夜随叫随到，从不间断。没有子女的他们把过往行人当成了自己的孩子。老夫妻的名声沿着公路传扬开来，人们总爱在这里停一下，歇歇脚，顺带买些东西，小店的生意渐渐好了起来，几年后，小店竟成了拥有数十万资产的百货店。

很多同行对此难以理解，其实道理很简单。人们口渴难耐之时获得的这不过几分钱一杯的免费开水，如同久旱不雨的天上降下的甘霖。这对老夫妻以自己朴实善良的名声赢得了顾客。

还有一个故事。1982 年，美国印第安纳州阿历山德亚市的比尔先生喜得贵子，几天后却又愁眉不展。原来比尔和妻子葛莉亚都是教师，住的是租来的一间小阁楼，以前尚能维持，现在有了孩子再也不能凑合了。比尔决定自己盖房子，可哪来的地呢？再说买地也需要一大笔钱啊！

经过寻访，比尔看中了城南的一块放牧地。地是属于 92 岁的退休银行家尤先生的，他在那里还有许多土地，但从不出售。每次有人想向他买地时，他总是回答说，我答应那些农夫让他们来这里放牛。比尔知道要买这地很难，但还是决定碰碰运气。比尔来到尤先生的办公室，一切如想象中的一样，尤先生非常固执。但尤先生听到比尔姓盖瑟后，睁大了双眼，突然问了一句：你跟格罗弗·盖瑟可有联系？比尔说，他是我祖父。

尤先生让比尔第二天再去他的办公室。

第二天，事情出现了戏剧性的变化：尤先生不但态度非常和善，而且把城南 6 公顷土地全卖给了比尔，并且只卖 7500 美元，仅仅是市价的三分之一。原因只有一个，比尔的祖父老盖瑟，在当地是一个人所共知的乐于助人、待人和善、正直不阿的农夫。

人们常常处心积虑地去巴结达官贵人，希望能给自己的成功带来捷径，其实在现实生活中，我们常常忽略储蓄人情这一基本道理。假如我们平时在不经意间给予了别人最需要的帮助，储蓄下来的人情也许在将来的某个时候会给你带来财富。

把握角色意识，做好角色定位

【原文】

齐景公问政于孔子。孔子对曰："君君，臣臣，父父，子子。"公曰："善哉！信如君不君，臣不臣，父不父，子不子，虽有粟，吾得而食诸？"

齐景公向孔子询问政事，孔子以臣礼相见。

景公说："寡人在位多年，爱惜贤臣，礼遇下士，可仍然不能振兴齐国，继承先君的霸业。请问，一个国君应该如何施行国家政事呢？"

孔子回答道：国君在施行国家政事时，首要的是"三纲"：做国君的要像个国君；做臣子的要像个臣子；做父亲的要像个父亲，做儿子的要像个儿子。

景公回答说："好极了，假如国君不像个国君，臣子不像臣子，父亲不像父亲，儿子不像儿子，天下伦常无序，混乱不堪，即使有很多粮食，我怎么能吃得着呢？"

景公又问："那施政的原则呢？"

孔子回答说："施政的原则主要是控制支出，节省财力。"

孔子之言很合齐景公的意，因此，景公经常和孔子一起谈论政事。

国家要兴盛，家庭要和睦都离不开个人的角色定位，如果发生角色错位，对于国家而言，会造成国家混乱，国将不国，齐国就是一个很好的例子。对于家庭来说，则会破坏家庭的温馨和谐的氛围。

英国著名的维多利亚女王与其丈夫相亲相爱，感情和谐。但是维多利亚女王乃是一国之王，成天忙于公务，出入于社交场合，而她的丈夫阿尔波特却与她相反，对政治不关心，对社交活动也没有多大兴趣，因此两人有时也闹些别扭。有一天，维多利亚女王去参加社交活动，而阿尔波特却没有去。已是夜深了，女王才回到寝宫，只见门房紧闭着。女王走上前去敲门：

景公问政

房内，阿尔波特问："谁?"

女王回答："我是女王。"

房内阿尔波特又问："谁呀?"

女王回答："维多利亚。"

门还是没有开。女王徘徊了半晌，又上前敲门。

房内的阿尔波特仍然问："谁呀?"

女王温柔地回答："你的妻子。"

这时，门开了，丈夫阿尔波特伸出热情的双手把女王拉了进去。

阿尔波特其实从一开始就知道是自己的妻子在敲门，他的两次发问实际上是明知故问。为什么维多利亚前两次敲门都遭到拒绝呢？而最后一次丈夫开了门并热情有加呢？这是由于女王的心理状态没有随着交际的环境、对象的变化而加以调整，她的语言和她在此时所扮演的角色发生了严重的冲突而造成的失误。

　　第一次女王上前敲门回答说"我是女王"，她这种自称是在维护自己的尊严，这样的态度应该在宫殿上运用才合适，这表明交际双方的关系是君臣关系，是上下级关系。而现在是在寝宫中，面对的是丈夫，所以她这样回答显得态度高傲，咄咄逼人，有些伤害了作为丈夫的阿尔波特的自尊心。第二次敲门女王的回答是"维多利亚"，这是个中性的称谓，虽然在语调上比第一次有了变化，但这只是一个冷冰冰的称谓，没有体现出作为妻子这一角色的感情色彩，让丈夫感觉到似乎有些距离，没有亲切感，因而也没有开门。第三次敲门时女王回答说"我是你的妻子"，体现了作为"妻子"的角色意识，传达出妻子特有的温柔和浓烈的感情色彩，她的心态于是适应了具体的场合和对象，把交际双方的角色做了明显的定位，极大地满足了阿尔伯特的自尊心理，于是先前的不愉快一扫而光，效果极佳，不仅敲开了房门，也敲开了阿尔伯特的心扉。

　　在婚姻生活中，男女双方扮演着不同角色。这就要求说话和做事都要符合角色规范。夫妻双方有时不能容忍对方，常常会发生争吵，实际上就是指他们中的某一方说话超出了角色范围，有悖于另一方所期待的角色规范。这样自然不会是夫妻关系和谐。著名科学家爱因斯坦的两次婚姻就对婚姻生活中如何扮好自己的角色做出了最好的诠释。

　　爱因斯坦的前妻米列娃因不能容忍丈夫极少的关心和体贴，而只是一味地与原子、分子、空间、时间为伴，便时常与他发生摩擦和争吵，而他们两个人的个性都很强，互相不能容忍，在婚姻生活中彼此间都失去了自己的角色意识：丈夫失去了对妻子的关心和体贴，妻子也没有了对丈夫的温柔、理解和支持，整个家庭没有了温馨和谐，在这种情况下，他们不得不分手。而爱因斯坦的第二任妻子爱丽莎却是一个体贴入微、懂得尊敬与忍让的人，她深知爱因斯坦的性格，从不干扰丈夫的工作，并尽力帮助爱因斯坦争取每一分钟,让他安心工作,潜心投入自己的事业。妻子的关心和支持使爱因斯坦也非常感动,于是他也常常在百忙中抽出时间来陪妻子,他们常常在一起度过最美好的时光。在记者招待会上,爱因斯坦坦言说:"爱丽莎不懂得相对论,但相对论却有她的一分心血。"

有人说婚姻是一条船,这条船上承载的不仅是一男一女,还有他们共同追求的爱情和幸福。假如夫妻双方不善于经营爱情,不懂得维系彼此的感情,不愿意承担婚姻生活赋予自己的责任,那么这条船随时会有颠覆的可能。俄国作家冈察洛夫说:"爱情就等于生活,而生活是一种责任、义务,因此,爱情就是一种责任。"所谓角色意识其实就是一种责任,是一种婚姻生活赋予彼此的一种责任。这种责任,作为男人来说,要懂得疼爱自己的妻儿。而作为女人来说,也要懂得关心、体贴和支持自己的丈夫。

有人将家庭比作避风的港湾,有人把家庭比作温暖的火炉,也有人将家庭比作温馨的摇篮。人人都渴望拥有一个和谐幸福的家庭,就看你如何去经营。

做事要有分寸

【原文】

子贡问:师与商也孰贤?子曰:师也过,商也不及。曰:然则师愈与?子曰:过犹不及。

人生当中最难把握的两个字就是"分寸"。分寸就是尺度,就是规矩。孔子说,他到70岁才能达到随心所欲,想怎么做便怎么做,也不会超出规矩。这说明恪守分寸的境界一般人很难达到,把握好办事的尺度非常重要。

不吃得太多,是一种把握;不运动过量,是一种自知;不得意忘形,是一种稳重;不执迷不悟,是一种理性。这些都是有分寸的表现。做人做到恰如其分,是一种高境界;做事做到恰到好处,是一门大学问。

分寸是一种力量。生活中对分寸操持得很好的人,从某种意义上说,他们首先是一

曾国藩

个征服并升华了自己的人，是一个悟性高与定力好的人，这并不容易。能够练好这种"自发功"的人是最有力量的，十之八九，他们都能战胜自己的贪婪、浅薄、盲动或狂妄。

清末曾国藩回湖南组建湘军，先后征战攻克众多重要城池，曾国藩因此被授封一等侯爵。可就在这时，曾国藩发现他的湘军总数已达 30 万之众，是一支谁也调不动、只听命令于曾国藩的私人武装。曾国藩感觉到了功高震主的问题，于是开始自削兵权，从而解除了清廷的顾虑，使自己依然得到信任和重用。

历史上有不可尽数的人立下绝世功勋，却没能逃脱"狡兔死，走狗烹"的命运。曾国藩由于及时地把握好了自己作为一个将军大臣的分寸，故能全身而退。曾国藩能在功高震主的情况下全身而退，千古以来，唯有汉代张良能与其并驾齐驱。

漫漫人生，既是目的，更是过程。人生的成败兴衰、浓淡缓急，无不在把握分寸之中见分晓。把握好了人生的分寸，就等于掌握了自己的命运。

事物的变化有质变和量变两种，超过了度就会从正确走向错误。超出分寸一步，没准就会跌入错误之谷。

报载，某市旅游区一家商场在公告牌上贴有一张奖惩通报，白纸黑字地公布两名员工违反请假制度的具体情况，以及给予惩处的相关决定。无独有偶，还是这个市的另一个景点，有家商场前不久抓到一个妇人小偷，便强迫她挂上"我是小偷"的牌子，在商场门口示众半个多小时。

这都是丧失分寸的出格事。该内部处理的，就不能把人家的"隐私"公之于社会；该交给警方处理的，就不能超出企业管理范畴对他人挂牌示众。否则，从人情上说不过去，在法理上也站不住脚。事实上，这已经打击了他人的自尊心，损害了他人的人格，侵犯了他人的名誉权。

人生漫漫，时空迢迢。现实生活中，分寸不易把握，但需要把握的分寸又很多，许多人感慨：做事易，做人难；学做事一时，学做人一世。孔子说"过犹不及"，也是这么一个道理：人们说话办事如果达不到一定要求，那是不够标准；如果做过了头，则是超过了标准。超过标准与不够标准一样，都是偏差，都是毛病，一定要掌握好分寸的艺术。

过犹不及，中庸处世

在现实生活中，我们既要善待他人，也要善待自己，双方的权利和尊严都是平等的。要想把自我的权利和尊严都照顾到，就必须说话有分寸，做事讲尺寸，言行进退有度。一个有分寸感的人，就是一个做事得体、说话微妙的人，在张弛之间透出一种力量感和智慧感。这样的人，在成功的路上必定会走得顺风顺水。

在生活中，我们可以经常看到：一个老是被人欺侮的软弱者，也会有发怒的一天，将那个比他厉害、比他强壮的人打得鼻青脸肿。一个患有严重"妻管严"的丈夫，在妻子的监视下不敢对自己的父母表示一点点孝心。可忍耐到了极限以后，有一天，他也会站起来反抗，对妻子咆哮一通。结果把妻子吓得不知所措。

由此我们得出一个观点：凡事都不可做得太过分，否则就会招致不利于自己的结果。在与人交往中，凡事不要把人逼得太紧而不留下一点回旋的余地，应尽量保持相对自由的空间，为日后的交往埋下伏笔。

所以，做事要掌握分寸，把持尺度，杜绝不顾分寸盲目乱干的行为。人生变故犹如流水，事盛则衰，物极必反，恰到好处则是不偏不倚的中和。

圆满的人生境界，要像击剑选手一样，有进有退。怎样进攻？何时退让？其中大有学问。我们必须不断提升自己的智能，才能真正体会"进退有道"的奥妙所在和无穷妙用。

己所不欲，勿施于人

【原文】

子贡问曰：有一言而可以终身行之者乎？子曰：其恕乎！己所不欲，勿施于人。

在《论语》二十篇中，《颜渊》《卫灵公》主要讲述了孔子对"仁"和"恕"的解释。在《论语·颜渊》里，当仲弓问孔子什么是仁时，孔子把"己所不欲，勿施于人"作为仁的一个重要组成部分向仲弓推荐。而"己所不欲，勿施于人"的"恕道"，孔子作为终身奉行的座右铭，推荐给他的高才生子贡。

人们遇事常说"将心比心"，又说"人心都是肉长的"。这实际上正是在推行"己所不欲，勿施于人"的恕道。问题在于，世道人心，每每是反其道而行之。一般人恰好是自己不想做的事就想让别人去做，自己不想要的东西就巴不得卖给别人。相反，自己想做的事，自己钟爱的东西，就不那么愿意与别人分享了。所以，不是"己所不欲，勿施于人"，而是"己所不欲,千方百计施于人""己所欲,勿施于人"。之所以会如此,基本原因在于凡事都很少为他人着想,而是处处为自己着想,说到底还是一个私字在作怪。

其实,我们还看到,在《论语·公冶长》篇里,子贡自己曾经说过:"我不欲人之加诸我也,吾亦欲无加诸人。"意思是:我不把自己的意愿强加给别人,也不希望别人把他的意愿强加给自己。这正是"己所不欲,勿施于人"的意思。孔子就说:"子贡啊,这不是你做得了的。"可这里又要子贡终身这样做。这一方面说明"己所不欲,勿施于人"很重要,另一方面又说明它的确很难做到,就连孔子的高足之一子贡也如此。

下面来看两个小故事,试着从中体悟点道理。

三国时,吕布当初同刘备很要好,后来发生了矛盾。吕布就让名士袁涣写信去骂刘备,袁涣不屑于干这种差事。吕布几次要求他都没有用,便用刀架在袁涣的脖子上说,再不写就杀了他。袁涣坦然而笑道:"我只听说以德羞人的,没有听说以辱骂折磨人的。如果说刘备是君子,就不会由于将军的辱骂而感到羞耻;如果他是小人,就一定会用同样的办法来回报你,辱骂就会落到你头上。而且,我说不准哪一天也会为刘备效力,也会像今天给将军效力一样。假若我一离开将军,就来辱骂你,行不行呢?"吕布听了这一通话后,想想就罢休了。

连环计

以上说的是吕布不懂"己所不欲,勿施于人"的道理而碰壁。下面说的故事的主角虽然只是一个县令,却是深深领悟这8字真言,活学活用。

战国时,梁国与楚国交界,在边境上各设界亭,亭卒们也都在各自的地界里种了西瓜。梁亭的亭卒勤劳,锄草浇水,瓜秧长势极好。楚亭的亭卒懒惰,对瓜事很少过问,瓜秧又瘦又弱,与对面瓜田的长势简直不能相比。楚人死要面子,在一个无月之夜,偷跑过去把梁亭的瓜秧全给扯断了。梁亭的人第二天发现后,气愤难平,报告县令宋就说,我们也过去把他们的瓜秧扯断好了。宋就听了以后,对梁亭的人说:"楚亭的人这样做当然是很卑鄙的。可是,我们明明不愿他们扯断我们的瓜秧,为什么再反过去扯断人家的瓜秧?别人不对,我们再跟着学,那就太狭隘了。你们听我的话,从今天起,每天晚上去给他们的瓜秧浇水,让他们的瓜秧长得好,而且,你们这样做,一定不可以让他们知道。"

梁亭的人听了宋就的话后觉得有道理,于是就照办了。楚亭的人发现自己的瓜秧长势一天好似一天,仔细观察,发现每天早上地都被人浇过了,而且是梁亭的人在黑夜里悄悄为他们浇的。楚国的边县县令听到亭卒们的报告后,感到非常惭愧又非常敬佩,于是把这事报告给楚王。楚王听说后,也感于梁国人修睦边邻的诚心,特备重礼送梁王,既以示自责,也以示酬谢。结果,这一对敌国成了友邻。

吕布虽然勇猛善战,号称"三国武将第一人",但他的个人修养和道德水平甚至还不如一个小小的县令,最后落得个身首异处的结果。这就是不能做到"己所不欲,勿施于人"的惨痛教训。

现实的情况告诉我们,"己所不欲,勿施于人"是一个基本态度,它讲的是一个普遍的价值观。我们都不喜欢朋友利用我们,那我们也不要去利用朋友;我们都讨厌别人说谎,那我们也不要说谎;我们不喜欢别人批评我们,我们也不要妄自批评人家;我们不喜欢朋友看轻我们,我们也不要看轻朋友……

可是,在这样一个普遍价值观之后,还有许许多多的细节才是造成人与人产生摩擦的真正原因。"己所不欲,勿施于人"以仁恕之道推及他人,与人方便,自己方便,可以使人拥有宽广的胸怀,容忍别人的过失。同时,也可以不因别人合理的指责自己而迁怒别

人，达到人际关系的和谐。

坚持"己所不欲，勿施于人"，才能与人和睦相处，才不致在不对的时间、不对的场合，表错情、会错意，用心对待每个人，用心了解每位朋友的想法和喜好，才能避免犯错，赢得真诚友谊。

有原则还要灵活

【原文】

阳货欲见孔子，孔子不见，归孔子豚。孔子时其亡也，而往拜之，遇诸涂。谓孔子曰：来！予与尔言。曰：怀其宝而迷其邦，可谓仁乎？曰：不可。好从事而亟失时，可谓知乎？曰：不可。日月逝矣，岁不我与。孔子曰：诺，吾将仕矣。

读《论语》不能不体味孔子的通权达变思想，这一思想体现在求仕、官禄、事君主、奉父母、待友朋诸方面，以及政治制度改良、历史人物之评判等领域。研究孔子的通权达变思想，对于正确把握孔子思想具有重要意义。

阳货是鲁国权臣季氏的家臣，能左右季氏的决定，是当时炙手可热的人物。公元前535年，孔子17岁，季氏大摆筵席宴请士人。刚办完母亲丧事、腰上还系着孝麻的孔子，为了证明自己士人的身份，戴孝前往参加季氏的宴会。令人很不愉快的是，当时阳货把守住宴会大门，看到孔子竟然也想参加宴会，便哼一声，阴阳怪气地说："季氏宴请的是士人，可没宴请你呀！"孔子吃了个闭门羹，非常郁闷，但也没办法，只好回家去了。回家之后，孔子更加发奋学习，很快就成了学识渊博、闻名遐迩的名人。在大家都开始敬重他的时候，阳货又厚着脸皮跑过来巴结。

孔子根本就不理他这一套。于是，阳货送给孔子一只烤乳猪。根据当时的礼节，大夫送东西给士人，如果士人没有亲自在家领受，就得回拜还礼。孔子也很聪明，想趁着阳货不在家的时候回拜，这样既守了"礼"，也没得罪阳货。可惜计划赶不上变化，他们俩不巧在路上碰到了。阳货自问自答，要孔子出来做官，其实就是想要利用孔子的名望。孔子如果当面拒绝了，肯定是给阳货难堪，或许还要面临杀身之祸。于是，孔子就敷衍了他一句："好吧，我准备做官了。"但后来的事实证明，孔子并没有做阳货的官，而是早早离开鲁国了。

拜胙遇途

在这件事上，孔子给我们一个启发：有原则，还要灵活，这正是变通之术。同时，也反映了孔子"毋必毋固"，通权达变的思想。原则是必须坚持的，但不知变通，刻板地死守原则，就会把原则变成僵化的教条。正如孟子对孔子的赞美："可以仕则仕，可以止则止，可以久则久，可从速则速。"只有"义"是唯一的标准。所以，孔子被称为"圣之时"，是识时务的圣人。

孔子曾经说过："君子对于天下的事，没规定怎么干，也没规定不要怎么干。只要合理恰当，就可以干。"说得通俗一点，也就是凡事要采取一种灵活洒脱的态度。只要不违背大原则，过去一点过来一点，先一点后一点，左一点右一点，无关宏旨，不伤大雅，也就无可无不可了。这也是"有原则，还要灵活"变通之术的具体表现。

孔子一生遭遇险境与侮辱，却每次都能死里逃生，并化解侮辱为动力。归根到底，还在于他不死要面子、不死板，是一个极懂得变通的人。

有一次,孔子被围困在陈国与蔡国之间,整整 10 天没有饭吃,有时连野菜汤也喝不上。学生子路偷来了一只煮熟的小猪,孔子不管肉的来路不明,拿起来就吃;子路又抢了别人的衣服来换了酒,孔子也不问酒是怎么搞来的,端起来就喝。可是,等到鲁哀公迎接他时,孔子却显出正人君子的风度,席子摆不正不坐,肉类割不正不吃。子路便问:"先生为啥现在与陈、蔡受困时不一样了呀?"孔子答道:"以前我那样做是为了偷生,今天我这样做是为了讲义呀!"

还有一次,孔子与弟子云游于郑,被反对儒学的一个权贵抓住,要求他们立刻离开郑地,并且保证再也不传授儒学,不然就杀头。弟子都很为难,只见孔子毫不含糊地当场保证,而后立刻上路。但当他们一离开郑,就马上着手进行讲学事宜。弟子很不了解地问老师:"老师不是教我们讲诚实信用吗?既然已经保证了不再讲,为什么学还——"孔子哑然笑了:"请问儒学有没有错?没有,那么郑人的要求就是无理的,对无理之人就应该用无理的办法,那与无理之人约定就不必认真了。"

孔子讲授儒家学说,不是拘囿于死板的说教,而是灵活运用,孔子学说的核心是仁,孔子以诚信为本,讲究君子之风。但是,不该讲、无条件讲的时候他绝不死要面子活受罪,可谓达到了高度民主的原则性和灵活性的绝佳统一。所以,他是闪耀两千多年的圣人。

自古以来,人们就很重视变通,并运用变通智慧摆脱了各种不利局面,取得了种种成功。事实上,我们每个人在生活中都会遇到各种各样的人,处理各种各样的事。如果一味地刚直,一味地守信,一味地疾恶如仇,不仅待不好人、处不好事,自己也将受到伤害。所以,有时候来一点虚与周旋,应付应付也未必就是老于世故、圆滑取巧。关键是要看你对什么人,处什么事。如果毫无原则地一律虚与周旋,那当然就是另外一回事了。如果我们运用虚与周旋的智谋去对付邪恶者,并保全自己,那可就是令人赞赏的事了。

变通之法就像古语所云:"兵无常势,水无常形。"处理各种事物时都要能够做到随机应变,因势利导,因地制宜,不墨守成规,不拘泥于一格,甚至逢大势不践小诺,处大事不拘小礼,从而达到"变则通通则灵,灵则达,达则成"的理想效果。

现实世界是一个变化莫测的社会。如果一个人不能随着形势的变化而变化,势必会落伍,甚而处处碰壁。反之,一个人能够识时务,当随就随,遇事善于灵活变通,择势而为,他必能在社会中游刃有余。只有善于变通、勇于择势而为,才能更好地适应于当今这个竞争异常激烈,对人们智商要求越来越高的伟大变革时代的社会需要。

装傻是一种智慧

【原文】

子曰:宁武子邦有道则知,邦无道则愚,其知可及也,其愚不可及也。

孔子年轻时曾经受教于老子,当时老子曾对他讲:"善于做生意的商人,总是隐藏其宝货,不令人轻易见之。君子品德高尚,而容貌却显得愚笨。"其深意是告诫他,过分炫耀自己的能力,将欲望或精力不加节制地滥用,是毫无益处的。这是中国人的法则,我们应该学会运用。

春秋时代卫国的大夫宁俞,谥号武,尊称为宁武子。宁武子历经卫文公、卫成公两朝,两个朝代一个政治清明、一个政治混乱,而宁武子都能安然地做卫国大臣。孔子说宁武子在国家太平时节,便显得很聪明;在国家昏暗时节,便表现得很愚笨。孔子叹道,宁武子的聪明,别人赶得上;宁武子的愚笨,别人就赶不上了。

我们常用"愚不可及"来批评、挖苦蠢人蠢事,可读了《论语》这段话,才知"愚不可及"其实是语带褒义的。孔子这里说的宁武子的"愚",其实是一种真正的聪明,是大智若愚。个人聪明能干,在环境好的情况下,可以尽力发挥。可在环境恶劣时,如果聪明过分显露,就可能招来嫉恨、打击。这时,把聪明掩藏起来,表现得碌碌无能,就能有效地保护自己,从而减少外界的阻力,不露声色地做些踏踏实实的事。这是智者的处世策略,没有一定的修养是难以做到的。

身处不利环境，以"愚"处之，不失为明智之举。但也有许多人不懂得这一处世方法，不看自己所处的环境如何，一味要弄聪明，结果惹祸上身。

曹操手下的秘书杨修非常聪明，但不懂得该收敛时须收敛。特别是在曹操这样一个嫉妒心、猜疑心极强的上司手下做事，更需要"守之以愚"。但杨修却恃才放旷，"数犯曹操之忌"。

有一次，有人送来一盒酥，也就是奶酪。曹操接下后，便在盒盖上写下"一盒酥"3个字，放在桌上。杨修见了，便取过勺子，自己吃了一

杨修

口，又让别人吃。曹操问杨修，怎么敢动我的奶酪？杨修说："盒子上明明写着'一人一口酥'，我们岂敢违背丞相的命令？"曹操夸杨修聪明，心里却添了几分厌恶。

又有一次，曹操视察一个新建的花园，什么也没说，提笔在花园门上写了一"活"字，就走了。旁人都不晓得曹操是什么意思，也许有人晓得，却装傻不说。杨修却卖开聪明，说："门内添'活'字，是'阔'字。丞相是嫌园门太宽了。"于是，重造花园门。曹操再去，见门改了，便问是谁猜出了自己的字谜。左右说，是杨修。曹操嘴上夸了几句，心底里却很不舒服。

这样的事后来发生多了，使得曹操越来越不能容忍。有一次在外征战，形势不利，曹操想退兵，又心不甘，硬挺着。这时，执勤官来请示今晚军中口令是什么。曹操正在吃鸡，便随口说道："就定鸡肋。"口令传下去，杨修便开始整理行装。旁边的人很奇怪，说，又没下达撤退的命令，你为何收拾行装？杨修说："鸡肋，食之无味，弃之可惜。曹公正在犹豫，我看是要撤退了。早做准备，免得到时慌乱。"杨修这一说，其他人也开始做准备了。这事让曹操知道了，便再也不能容忍小小主簿竟比自己还聪明，便以惑乱军心罪，将

杨修杀了。

杨修实在是表现得聪明过头了。他在妒忌心极强的曹操面前显示自己的高明,结果把命也送了。孔子说,宁武子"其愚不可及也",杨修类的聪明人也应当学学宁武子的"愚"了。

这里需要指出的是,在恶劣的环境里表现"愚",不是向环境屈服,不是真的浑浑噩噩噩,更不是改变自己的信念和操守,而是以退为进、以愚守智,不去做无谓的牺牲,不去授敌以柄,是麻痹敌手,养精蓄锐,等待时机。如果想着自己反正是完了,从此混日子,苟且偷生,那就真是太愚了! 没有信念和操守的支撑,就可能真愚下去。没有大智慧,也就不会韬光养晦,就可能因不能忍辱负重而遭到恶劣环境的重压,直至被摧垮。

在恶劣环境里,在面对比自己强大的恶势力时,"愚"可以作为一种保护自己、与敌斗争的有效手段。这时的"愚",其实是装愚,是聪明的表现。还有一种情况,就是在平日处世做人时,也不妨"愚"一点。这个"愚",是相对于为名利而工于心计、动歪脑子占小便宜以及好炫耀卖弄一类的"聪明"而言的。

为人处世,难得糊涂。人的弱点,就是在为个人的谋划上太聪明,结果常常是"聪明反被聪明误"。不如"愚"一点,糊涂一点,不斤斤计较个人得失,不去总想走歪门邪道,不为名利地位操心劳神,吃点亏也无妨。如能做到这一点,我们就能减少许多烦恼,拥有一个踏实快乐的人生。

"其知可及也,其愚不可及也。"孔子的话,的确是意味深长的。

不居功,不逞能

【原文】

子曰:孟之反不伐,奔而殿,将入门,策其马,曰:非敢后也,马不进也。

公元前484年,鲁国与齐国打仗。鲁国右翼军败退的时候,孟之反在最后掩护败退的鲁军。对此,孔子给予了高度评价,宣扬他提出的"功不独居,过不推诿"的学说,认为这是人的美德之一。

在战场上打了败仗,哪一个敢走在最后面?就是平常走夜路,胆小的也先跑了,怕后面有鬼。打败仗比这还可怕。孟之反则不同,叫前方败下来的人先撤退,他自己一个人挡在后面。孟之反由前方撤退,快要进到自己的城门时,他才赶紧用鞭子,抽在马屁股上,超到队伍的前面去,然后,告诉大家说:不是我胆子大,敢在你们背后挡住敌人,实在是这匹马跑不动,真要命啊!其实,如此低调,绝对不会抵消孟之反的英雄形象。

孔子认为,像孟之反修养到这种程度,真是了不起。历史上每一战役下来,争功争得很厉害,同事往往因此变成仇人、冤家。太平天国的失败,就是由诸将争功所致,刚刚有了点成就,就迫不及待地开始争功夺利,今天你杀我,明天我杀你。多少有才有识、有勇有谋的太平军将士官员,不是死在与清兵的战斗中,却是死在昔日战友的屠刀之下。当时,鲁国国内的人事问题太复杂。但孟之反的修养非常高,怕引起同事之间的摩擦,不但不自己表功,而且还自谦以免除同事之间彼此的嫉妒。

《论语》把这一段编入其中,是借孟之反的不居功,反映出春秋时代人事纷争之乱的可怕。实际上,人事纷争在任何时代都是一样的。很坦白地说,在一个地方做事,成绩表现好一点,就会引起各方面的嫉妒、排挤;成绩不好,又太窝囊,遭人贬斥。当时,鲁国人事上也是同样情形。孟之反善于立身自处,孔子就称赞他"功不独居,过不推诿"。

同时,以另一个观点来看,孟之反更了不起,不但自己不居功,而且免除了同事间无谓的妒忌,以免损及国家。古人说:"能受天磨真铁汉,不遭人忌是庸才。"这种人即使为国家君王立下大功,也不自居其成,不居功是一种不平凡的智慧。

除了孟之反的故事,我们再来看一个故事。

从前,楚国将军子发率军攻打下蔡。他得胜归来,楚宣王亲自到郊外迎接,并赏赐给他土地百顷和最高的爵位。子发却坚决不接受。

楚宣王十分奇怪,问道:"将军为什么不接受寡人的赏赐,难道是嫌寡人的赏赐太轻了吗?"

子发说:"大王,您的赏赐太厚重了。"

楚宣王问:"难道你的功劳不值得这样的赏赐吗?"

子发说:"臣自知功劳太小,不足以接受如此赏赐。"

楚宣王说:"将军连年率军东征西战,屡战屡胜,为我们楚国立下了汗马功劳。这样的功劳还不够高吗?"

子发说:"治理国家,树立国威,让各诸侯不得不重视我国,这是君主您的功劳;行军打仗,发号施令,我们军队还没有到达,敌人就望风而逃,这都是将领们的功劳;在战场上,奋勇杀敌,战胜敌人,这是士兵们的功劳。楚国军队屡战屡胜,这都是大家的功劳。没有大家的支持,我又怎么能率领军队屡战屡胜呢?利用大家的功劳为我个人谋取功名富贵,这不是仁人之道。"

楚宣王说:"好啊!"

后来,庄子的弟子听说了这件事,问:"楚宣王用最高的爵位赏赐子发,子发为何不接受呢?"

庄子说:"大功告成而不居,正是因为不居功,才能确保功业永存。这才是为臣之道,你们一定要记住。"

这个故事给我们人生的启示:

正因为一个人不居功,所以,那个功劳才无法从他身上拿走。如果你居功,那么,你的功就可以被驳倒。如果你不居功,你的功劳根本没有提出过,怎么可能被驳倒呢?如果你想成为世界上的重要人物,你就可能被证明为无足轻重的人物。肯定要这样证明的,因为每一个人都在试图成为重要人物,每一个人都是那个功劳的竞争者。但是,如果你不居功,保持一个无足轻重的人,在你的无足轻重里面,你就变成了重要人物,没有人能够驳倒你,没有人能够跟你竞争。

但是,我们还会看到,一个没有要求过任何东西、没有试图以任何方式获得成功、没有为实现任何野心而奋斗的人,会突然发现一切都被实现了。这是因为,一个没有什么要求的人的内心是空的,命运之神会不断地往这个空里倾注它的秘密和财富。如果你真正保持没有任何要求的话,不要求任何荣誉、声望、名分、成功,多找找自己的责任,作为一个结果,自然会有成功、会有胜利,整个存在都倒进你的空里。这是一个结果,不是一个效果。效果是在你欲望的时候产生的,结果是在你想也没有想过它、没有欲望的时候产生的。

因此,我们说,一个人不居功,那个功劳无法从他的身边拿去,并且他还能得到更多的东西,至少他不会损失什么。

抓住机遇,表现自己

【原文】

子曰:"当仁,不让于师。"

孔子主张施行仁政,他说仁就是"爱人"。这种爱是一种胸怀宽广的博大的爱。孔子认为仁就存在于每个人的心里,并不是什么高不可攀的东西,我们如果真要仁,那么仁就会召之即来。仁在心中,只要心中有仁,就无所谓远近了。人生在世,要做一个有仁德的君子,必须以"仁"为中心,而且尽力做到一顿饭那样短的时间也不违背仁。因而只要是施行仁政的事,就是在老师面前也不必谦让。

孔子生活的年代是一个诸侯瓦解、分崩离析的年代,社会各方面动荡不安,是一个用战争手段解决问题的年代。在这样的社会环境下施行"仁政",谈何容易。但孔子用毕生的精力去追求它,而且认为只要心中有"仁",仁就会在你的左右。这就启发我们,世上的事,只要不断努力去做,就能战胜一切,从而取得成功。如果知难而退,停滞不前,永远也不可能达到目的,永远也不可能实现自己心中的理想。

这实际上是一个浅显简单的道理,但在我们实际生活中,却常常忘记它,使得自己一

辈子平平庸庸,碌碌无为,有时候甚至造成在紧要关头功亏一篑的遗憾。成功就在我们的身边,只要自己积极争取,就会取得成功。

巴恩斯是一位很能做事却没有什么资源的人,他决定要和最伟大的智者爱迪生合作。但是当他来到爱迪生的办公室时,他不修边幅的仪表惹得职员们一阵窃笑,尤其是当他表明想成为爱迪生的合作人时,大家笑得更厉害了。

爱迪生从来就没有什么合伙人,但巴斯恩的坚持为他赢得了面试的机会,并在爱迪生那里得到一份打杂的工作。

爱迪生对他的动手能力有着深刻的印象,但这还不足以使爱迪生接受他为合伙人。巴恩斯在爱迪生那儿做了数年的设备清理和修理工,直到有一天他听到爱迪生的销售人员在嘲笑一件最新的发明——口授留声机。

他们认为这个东西根本就卖不出去,有秘书干吗还用机器? 这时候巴恩斯站出来说道:"我可以把它卖出去。"于是他得到了这份销售工作。

巴恩斯用他当杂工赚来的薪水,花了一个月时间跑遍了整个纽约城。一个月之后他卖了7部留声机。当他拿着留声机的全美销售计划来到爱迪生的办公室时,爱迪生正式接受他为口授留声机的合伙人,他也是爱迪生唯一的合伙人。

爱迪生有数千位员工为他工作,到底巴恩斯对爱迪生有多重要呢? 巴恩斯能够把自己的想法付诸行动,同时巴恩斯在完成任务的过程中,也没有要求过多的经费和高薪。

巴恩斯想做的事情已经超过他作为杂工的薪水的程度,也超过了他在此职位上应该做的事。在爱迪生的员工中有很多在才干和智慧上高于他的人,而他是这些员工中唯一敢于去想并按照自己的想法去实施的人,因而也是唯一从他自己的所作所为中获得利益的人,所以,他成了爱迪生唯一的合伙人,并借此取得了事业上的成功。

抓住一切可行的机会去做你认为正确的事情。正如鲁迅先生所说的"世间没有路,走的人多了也就成了路。"假如你不去想,不去做,不发挥自己的主观能动性和创造性,你永远把握不住成功的机会。

人们不去思考,不去努力地按照自己的想法行动在很多时候是源于不自信,源于优柔寡断,但是,每次当你做了某件你很不自信能够完成的事情而又真实地完成了,你的自信心会得到提高,每次当你勇敢地战胜了怯懦,你就会感觉到你是一个成功者,你可以切实地体验到成功的感觉并因此而自我陶醉。

劳伦斯现在是一家公司的老板,可他以前只是一名推销员。他奋起的原因是他在一本旧杂志上看到的一句话:"每个人都拥有超出自己想象十倍以上的力量。"在这句话的激励下,他反省自己的工作方式和态度,发现自己错过了许多可以和顾客成交的机会。于是他制定了严格的行动计划,并贯彻到每一天的工作当中。两个月后,他检查了自己的进展,发现自己的业绩较从前增加了两倍。数年以后,他拥有了自己的公司,并在更大的舞台上检验着这句话。

很多人只是在自己的工作岗位上应付自己的工作,不思进取,漫不经心,认为不是自己的公司,没有必要去为老板卖命。于是甘于沉沦,不追求卓越,也懒得提高自己的工作能力,于是该抓住的机会没有抓住,结果只能在原来的起点原地踏步。

在职场上,如果你渴望得到老板的重用,你必须从内心树立信心,并积极去努力,去创造,从而使老板觉得你是不可取代的人。也许你一开始只是一个小小的实习生,你可以慢慢成为公司的业务员,然后是业务主管,而这一切都需要你不断地追求才能得到,如果你真的具有这种品质,你甚至还可以做到经理,乃至自己当老板。

有很多员工自以为地位卑微,认为别人所拥有的成就,都是不属于他的,都是他不配享有的,都是他无法企及的,以为自己天生就是不能与伟大人物相提并论的,认为别人是做大事的,而自己永远只能做小事,成功的机会对于自己来说简直是太渺茫。

超越平庸,追求完美,这是一句值得每一个职场中人终身铭记的话。现存的东西并不完全都是合理的东西,也并不都是不可超越甚至取代的东西。假如你已经养成轻视工作、马马虎虎、对什么都不在乎、不认真对待、敷衍了事的习惯,你也就只能一生处于社会底层,不能出人头地。

广听良言与人合作

【原文】

子曰："法语之言,能无从乎? 改之为贵。巽与之言,能无说乎? 绎之为贵。说而不绎,从而不改,吾未如之何也已矣。"

孔子的学说,温和而充满情意。他和他的学生们的心是相通的,他了解和尊重他们每个人的个性,并按照他们各自不同的特点去教导他们,从严要求他们。

孔子所说的法语之言也就是忠言,严肃庄重的告诫,听起来虽然不顺耳,但却有利于行动,所谓"良药苦口利于病,忠言逆耳利于行。"听忠言的关键是要牢记在心,并落实到行动上,否则,不会有利于事态的发展。

当局者迷,旁观者清,一个人不可能凡事都能准确把握,有时候会置身危险中而自己却不知道,这时候旁人的提醒和帮助显得尤为重要。

这就涉及在职场中与人合作的问题。美国哈佛大学教授团曾于 1924 年在芝加哥某厂做"如何提高生产率"的实验,他们发现,人际关系是提高生产率的关键所在,"人际关系"一词由此产生。后来,人们继续发现,事业成功、家庭幸福、生活快乐都与人际关系密切相关。在影响一个人成功的因素中,专业技能仅占 15%,人际关系占 85%。也就是说,一个人的能力总是有限,一个人的能量总是有限,总是超不过集合别人的能量。

俗话说:"三个臭皮匠,顶个诸葛亮"。我们并不是说把三个臭皮匠放在一起,真的能够顶得上一个诸葛亮。但从这句俗语中,我们可以看到集体力量所产生的合力是巨大的,它远远超过单个力量的简单相加。

比尔·盖茨总是告诫他的员工说:"不要任何事情都想一手包揽。当你在思考一个难题或是苦思一个有特色的新点子时,不要忘记去征求一下你的同事的意见,也许会因此得到更好的结果。"比尔·盖茨自己也是这样做的。在他最初创业的时候,就充分认识到团队的力量,并运用团队的力量迅速占领了市场。比尔·盖茨与他的合作人保罗·艾伦的强项都在技术方面,对管理则没有多少经验。但是公司的发展和壮大无疑需要高级的管理人才。为此,比尔·盖茨想到了他的校友、交际高手史迪夫·鲍尔莫,盖茨多次邀请鲍尔莫到微软工作,并出让公司25%的股份。鲍尔莫到微软公司以后,他一方面承担了微软公司的全部日常管理工作,另一方面又不断给盖茨提出一些重要建议,以改变公司的形象和扩大公司的市场。盖茨听从了鲍尔莫的建议,实现了股份上市,股市的集资使得微软公司成为世界级的著名软件公司,并不断开拓众多的领域。从而使微软开始了一个新的转折点。此外,盖茨还请来很多优秀的人才,其中有许多都不是从事电脑软件开发专业的。而正是这些人的加盟,让微软公司的那些软件天才们如鱼得水,能够集中精力从事软件开发。

一个团队是由多种性格类型、各种专长的人才组成的。术业有专攻,不可能有面面俱到,什么都会的人才,所以团队的根本就是合力,而不是过分偏重个人。比尔·盖茨说:"单靠个人或者少数人的力量已经不行了,个人英雄主义的时代已经结束了。"团队合作是一个企业成功的保证,也是个人成功的前提。

有个年轻人应聘到一家知名的广告公司做策划。刚上班的第一天,经理就给了他一个做策划的选题,让他尽快完成。年轻人不敢怠慢,立刻着手进行策划。但这个选题太大了,中间涉的问题很多,远不是他一个人就能够驾驭的。规定的时间已经过去了,年轻人没有按照规定时间完成任务。当他垂头丧气地来到经理办公室时,经理似乎已经知道了结果。经理问他是如何从事这项工作的,他说:"我真的非常重视这项工作,甚至不吃饭不睡觉地用心策划,但方案太大了,涉及的方面太多了,我一个人真的顾不过来。"他显得很委屈。于是经理说:"既然你一个人觉得力不从心,为什么不尝试着和其他的同事一起完成呢?这就算你来公司的第一课吧。记住,一个人的力量总是有限的,学会与同事合作往往会取得事半功倍的效果。"

玻璃与金子相会,便有了宝石的光辉;愚人与善人接近,也同样会变得聪明。广交朋友,善于听取朋友的意见和建议,把众多人的智慧变成自己的智慧,会使自己得到很快的发展,并取得很大的成就。一个孤芳自赏、盲目自大、听不进别人意见的人最终会走向失败。

我们都知道失街亭的故事。马谡失败的原因就在于他自以为是、盲目自大、听不进别人的意见、擅自做主,结果造成军事重镇街亭的丢失。

古希腊人说:"仅凭一己智慧,谁都不够聪明。"我们可以做这样一个试验:在一个容器里放满大石块,有人会认为它已经满了。但是它还有很多余地,还能在里面填补一些小石块。如果再找到一碗沙子,还是可以再把整碗的沙子倒进去。你可能认为它已经满了,但它还能装进很多水……而过了一段时间,水又会蒸发掉,这个容器便又从满变成了不满。

我们的才华也同样。如果你认为自己的工作很简单,你的能力已经足够了,你已经把很多人都远远地甩在后面了,你完全可以凭单个的力量胜任一切工作了。这样你就完全错了。

人类的文明每天都在进步,在日新月异的今天,骄傲自满、自以为是、故步自封、不善与他人合作这正是落伍的开始。教条、武断、自以为是都充满了负面的力量。如果让这些作风潜伏在我们的工作之中,那么我们将会坐以待毙,失去很多好的机会!让我们在工作中学会虚心一些,再虚心一些!

不拘小节才能有突破

【原文】

子夏曰:"大德不踰闲,小德出入可也。"

普通的人都拘泥于小节小利来处理自己的事务,这常常使他们得小而失大,而真正有所作为的君子从来都是从大节大义着手来处理那些至关重要的事情,这虽然使他们常常遭到一些人的误解，但也正是这样，他们才能成就自己非凡的事业，做成利国惠民的事情来。管仲的故事就充分地说明了这一点，这也是伟大的教育家孔子把他当作仁者的缘故。

春秋时期，鲍叔牙和管仲是一对好朋友，一起打过仗，一起做过买卖。齐国发生内乱以后，公子纠和小白兄弟俩争夺王位。鲍叔牙辅佐小白，就是后来的齐桓公；管仲帮助哥哥纠。两个好友就这样各为其主，效力于两个势不两立的政坛。在这场争夺王位的斗争中，管仲曾射过公子小白一箭，差一点了结了他的性命。后来，公子小白夺得了王位，鲍叔牙也就成了齐国的有功之臣，而管仲和公子纠却逃到了鲁国。齐国便派大军进攻鲁国，要求鲁国杀死公子纠，交出管仲。当时是齐强鲁弱，鲁国只好答应。

鲁国有一个大臣叫施伯，鲁庄公因为以前未采纳他的意见，打了大败仗，从此凡有大事必跟他商量。施伯劝鲁庄公说："公子纠已经杀死了，要想办法和齐国商量一下，把管仲留下敬为上宾。如果事情不成，就杀了他。这个人是天下的奇才，他活着回去一定会受到重用，这对鲁国来说是一个大威胁，鲁国就会受到齐国的欺侮。"

齐国的一个名叫公孙隰朋的人，正在鲁国出使，便以使者的身份急急忙忙拜见鲁庄公，说："管仲差一点射死我们的国君，国君对他恨之入骨，准备亲手杀死他，以报仇雪恨。你们不必杀他，否则我回去就没法交差！"

鲁庄公听信了他的话，就把公子纠的头用盒子封好，把管仲装进了囚车，一起交给公孙隰朋。原来，公孙隰朋在齐临行时，鲍叔牙就嘱咐他："一定要把管仲活着接回来，我准备启用他；如果鲁国要杀他，你就提起管仲曾射大王一箭之事，鲁庄公一定会相信。"

管仲就这样坐着囚车向齐国走去，他知道这是鲍叔牙救他的计策，但是又非常恐慌，虽然鲁庄公放了我，施伯可是个厉害人物，他会劝鲁庄公反悔，一定会有追兵前来杀我。想到这里，尽管是暮春时节，管仲却满头大汗，心急如焚，连连央求士兵们快一点走。士兵们走得筋疲力尽，很不耐烦，越走越慢。管仲忽然大声说："来，我教诸位唱支歌！"随后便引吭高歌：

黄鹄啊,黄鹄啊,

关在笼里不飞不叫,

天高地阔不得自由,

引颈长号泪如雨飘!

黄鹄啊,黄鹄啊,

凌空展翅的天骄,

一朝破笼冲云霄,

劝君助力不会徒劳!

士兵们也随着边唱边走,精神振奋,不知不觉中加快了步伐。鲍叔牙见到管仲,如获至宝,立刻命令打开囚车,亲热地打招呼。

管仲感激地说:"不是你的计策,我就逃不了杀头之祸。今天是我的再生之曰!"

鲍叔牙哈哈大笑:"我还要向大王推荐你呢!"

管仲悲愤地说:"我不能帮助公子纠得到王位,又不能舍生取义,本来就很亏心,怎么能帮助公子纠的仇人? 公子纠在黄泉之下也会嘲笑我!"

鲍叔牙说:"成大事的人不计较小的耻辱,大英雄不拘小节。你有治理天下的才能,但是没有遇到好机会。我们的大王是个有大志、有远见的人,如果你能辅佐他,一定会成就霸业。那时,你会誉满天下、名扬诸侯,为什么却要守匹夫之节,做没有意义的事呢?"一席话把管仲说得无言可对。

鲍叔牙见到齐桓公,先吊丧后祝贺,把齐桓公搞糊涂了,问:"你为谁吊丧?"

鲍叔牙说:"公子纠是你的哥哥,大王为国灭亲,是不得已而为之,怎么能不吊丧?"

"有道理,你又为什么向我祝贺?"齐桓公问。

鲍叔牙说:"管仲博古通今,有惊世骇俗之才,济世匡正之略,是天下的奇才,今天我已把他请来,祝贺你得到一个贤明的相国。"

齐桓公怒气冲冲地嚷了起来:"管仲差点要了我的命,我怎么能重用他呢? 我恨不得吃他的肉,扒他的皮!"

鲍叔牙诚恳地说:"当大臣的各为其主,您无须为这件事责怪他。再说您如果能用这样的仇人,天下的贤能之士听说您尊敬贤士,不计私仇,都会来投奔的。"

齐桓公的气消了下去,但还是说:"我了解你,拜你为相国,管仲只能当副手。"

鲍叔牙说:"您如果只想治理齐国,不打算建立霸业,有我就能凑合;如果您打算建立霸业,就一定要重用管仲。他在许多方面比我强:他善于安抚老百姓,会取信于民;能治理好国家,妥善地制定各种法令;指挥军队,士兵没有人敢后退。"

齐桓公听完之后,神气十足地说:"好吧,我尊重你的意见,把管仲叫来,让我亲自考问考问他,看他有多大的本领!"

鲍叔牙气得涨红了脸,高声说:"国事重于私,难道大王就这样'礼贤下士'吗?对待一个相国之才,怎能像使唤仆人一样?轻视相国也就是轻视君王。大王一定要用隆重的礼节请管仲入朝!"

齐桓公采纳了鲍叔牙的建议,选择了吉日,亲自把管仲迎进王宫,赐座求教。他们谈了三天三夜,越谈越投机,毫无倦意。齐桓公恳切地说:"我决定拜你为相,你看怎样?"

管仲坚决推辞。齐桓公自省说:"我爱好打猎,还贪恋女色,这是影响建立霸业的。"管仲回答说:"这是小事,没有关系,君王不能成大业的主要毛病,一是不能识贤能;二是知贤不用;三是用贤而不信任;四是用贤又参之以小人。我知道,建立大厦不能只靠一根栋梁之材;浩瀚的大海不能只靠一条河流之水。大王如果要拜我为相国,请用五个杰出的人!"

齐桓公问:"这五个人是谁?"

管仲说:"公孙隰朋善于管理官吏,公平升迁;宁越善于管理农业;王子成父善于指挥军队作战;宾须无能够明察狱讼;东郭牙刚直不阿,能够犯君颜进谏。大王用这五个人,使之各居其位,我才服从你的命令,为齐国建立霸业出力。"

于是,齐桓公拜管仲为相国,将管仲所推荐的五个人一一拜官,各司其事。并尊管仲为仲父,通告百官:"国家有大事,先告诉仲父,然后再告诉寡人,重大的决定由仲父裁决。"

管仲被拜为相国,而鲍叔牙则甘心当了好朋友的副手。后来,管仲果然运用他的才智,帮助齐桓公成为"春秋五霸"的第一个霸主。

真正有所成就的人从来都是不拘于小节小利,而是着眼于大节大义这个方向来调整自己人生的路标的。因为这样才能真正做到利国利民,从而也有利于自己的宏图伟业!

过于拘小节,人的思维就会狭窄,就谈不上创新。虽然它不是一条真理,但在有些时候,确实有一定的道理。

一个负责销售的普通职员突然接到一个十万火急的信息,必须马上通知生产部门,否则会给公司带来巨大损失。按公司规定,这类通知必须由经理以书面形式下发。可经理在哪里呢? 他外出有事,并不在公司。于是这个职员在通知书上签下了经理的名字,交给了生产部门。

按该公司规定,他的这种行为应被辞退。于是他在通知发出后,将辞呈放在了经理的桌上,并说明原委。

经理了解情况后,给他的答复是"不同意",并告诉他,有两种职员是任何企业都不想雇用的,一种是从来不听从命令的人;另一种是只听从命令的人。他不属于这两种。

拘泥小节的人,人称之为"小职员型"的人。这种类型的人,只能反复从事自己熟知及经历过的事。一个人若真如此,虽生活舒适却不能从其中求取任何进步,也不能得到赏识的机会,三年如一日,过着虽安稳却枯燥无味的生活。

面对激烈的竞争,想成大事的人必须寻找新的突破口,独辟蹊径,才能在诸多竞争对手中脱颖而出,找到真正属于自己的世界。当一个人专注于求新求异求变时,他哪有心情顾及"小节"方面的事情呢?

一位《纽约时报》记者在追踪了比尔·盖茨和网景公司电脑神童马克·安德林等人的"暴发"历程后发现,盖茨之类的人物正是依仗他们的创造力,从而攀上世界富豪的群山之巅。但是,据我们所知,盖茨是一个着眼于大事、不拘泥小节的典型人物,尤其是在初创业时,他经常领着员工加班加点,头发蓬乱、两肩头皮屑、在地板上睡觉,对个人生活毫不在意。

分析人类的能力,显在的部分微乎其微,潜在的部分却大得出人意料,长久隐藏于内层深处,如同一只睡狮,不鸣则已,一鸣惊人。因此,不妨以大处着眼的魄力与远大的胸襟、宽阔的视界,向琐碎陈腐的日子告别吧!

要有虚怀若谷的气度

【原文】

或曰:"以德报怨,何如?"子曰:"何以报德? 以直报怨,以德报德。"

报怨以德就是以德报怨,用恩德回报怨恨。最典型最极端的说法是基督教《圣经》上所说的,你在我左脸上打了一记耳光,我不仅不还手,不躲避,反而再送上右脸让你打一记耳光。

《新唐书·娄师德传》记载,当娄师德的弟弟要到代州去做官时,他教导弟弟要学会忍耐。弟弟说:"这没问题,比如说有人向我脸上吐口水,我把它擦掉就是。"可娄师德却说:"擦掉也不对,因为这样还是会显露出你对他的做法不满,所以,应该让它自己在脸上干掉。"这样的修养功夫就是以德报怨,一般人真是很难做到。

同时,我们也看到,孔圣人并不赞成这样的做法。他虽然没有正面回答人们提出的这个问题,但却很艺术地说,以德报怨,那又用什么去报德呢? 所以他主张"以直报怨,以德报德"。要用正直的行为去回报别人的怨恨,用恩德去回报别人的恩德。所谓用正直的行为去回报别人的怨恨,那就并不排除对那些恶意怨恨的反击,善恶是非还是应当恩怨分明。

总而言之是"投桃报李"或"投我以木瓜,报之以琼瑶。"而不是一味地逆来顺受,不讲是非原则地以德报怨。

当然，圣人也并不主张以怨报怨。你不仁，我不义；你打我一拳，我踢你一脚。所谓"冤冤相报何时了"。无休无止地斗下去，也就没有意思了。

在日常人际交往的过程中，我们不免会遇到些许摩擦与不快，每当这个时候，我们面对问题的态度，就往往体现了一个人的心胸与度量：心胸狭窄的人选择斤斤计较，因而"失众友"；心胸宽阔的人，选择用宽容包容一切，因而"聚众朋"。

宽容与一个人的道德修养、人生抱负息息相关。纪伯伦曾说过："一个伟大的人有两颗心，一颗心流血，一颗心宽容。"一个道德修养高，有着远大抱负的人，一定是一个胸襟宽阔、懂得宽容与饶恕的人；相反，那些没有宽宏大量的气度，凡事只知斤斤计较的人，很难成就大事，成为真正的英雄。

事实上，人心往往不是靠武力征服，而是靠宽容大度征服。三国时期的著名军事家曹操就是这样一个不计私仇，宽以待人的人。张绣曾是曹操的死敌，曹操的儿子、侄子都死于张绣之手，但曹操觉得张绣有一定的军事才能，因此在官渡之战前，和他重归于好。陈琳曾为袁绍写檄文痛骂曹操，乃至平定河北，提到陈琳，曹操虽然当面责备他，却并没有处分他，反而任用他为自己掌管文书工作。正因为曹操的宽容与不计前嫌，才使张绣与陈琳心悦诚服，诚心归顺。

因为宽容，无数的干戈，瞬间都化成了片片的玉帛；因为宽容，一切仇恨与不愉快都变得淡然如水，好像微风吹过耳畔般，霎时即逝。

法国作家雨果曾说："世界上最宽阔的是海洋，比海洋更宽阔的是天空，比天空更宽阔的是人的胸怀。"让我们学会宽容，用宽容筑起爱的长城，用宽容撑起一方温暖的晴空，使一切仇恨的冰雪，在这里消融。

当我们与人发生矛盾，不妨用大海般广阔的胸怀包容一切；不妨做到"有容""无欲"；不妨"忍得一时怒，免得百日忧"；不妨"度尽劫波兄弟在，相逢一笑泯恩仇"。

毕竟，是非成败，转头成空，青山依旧，几度霞红！富贵荣华，霎时化作尘土；恩仇爱恨,瞬间过眼云烟。吾人焉能活在争执计较之中,作茧以自缚?

学会退让,是为了更好地攻取。退让并不意味着失败,攻取也不一定意味着成功。现在的退让是为了将来的攻取,这是成大事的一条原理。让出一片江山,赢得整个世界。

有的人只知道一味地去打江山、占江山,而不知让江山,很快就会失去更多。

古希腊智者毕达哥拉斯说:"人生有如一场奥林匹亚竞技,在这里,有一种人在参加竞赛,赢得光荣;有一种人在做生意获取财富;而第三种人只在观看,他们就是哲人。"

哲人并不只是看客,因为他已经过了参加竞赛与做生意这两个阶段,所以必然上升为观者。他必须与众人有一段距离,这样才能引领众人。

哲人把竞赛让给别人,把生意让给别人,这样,他才能腾出空间来参悟自身,为全体谋求更大的生存。正如老子所说:"当其无有,车之用也。"

孔子当初执政也好,周游列国也好,对很多事都志在必得,但他没做成,因此悟出自己并不适合做有些事。于是说:"不在其位,不谋其政。"

富人不会与穷人比富,圣人不与世俗争利。因此,一定要把空间让出来,一方面给别人,一方面给自己,这样才会轻松快乐。

儒家尊崇"让"的美德,不与人争,不居功,不以己为大。这种"让"的背后是"得"。"让"的同时就会得到,"让"的行为本身是一种"得"。"舍得舍得",就是越舍越得。因为已经得到,所以不会失去,因此不妨让出,与人同事天下。

孔子说:"以礼让为国。"同时,我们也要以宽容为心,以礼让为人。

知他人之所需

【原文】

子曰:"不患人之不己知,患不知人也。"

一场甘霖就可以使久旱的禾苗恢复生机。一盆清水就可以使落在干沟里的小鱼逃离厄运。对人的重视可以使受过不平等待遇的人感激涕零。人都有最需要帮助的时候，一旦这种需要得到满足，就会出现奇迹。因此孔子说，"不患人之不己知，患不知人也。"其中所含的意思就是说，为人处世需要对别人有充分的了解，对别人需要什么要有充分的认识。同时也要让他人充分地了解和信任自己。张松献图的典故充分说明了这一点的重要性。

兴平元年(公元 194 年)，益州牧刘焉重病去世，朝廷下诏书，任命刘璋为益州牧。刘璋这个人性格软弱，没有主见。驻守在川西(今四川绵阳)地区的张鲁便不肯顺从刘璋。刘璋就杀了张鲁的母亲和弟弟，从此与张鲁结下仇恨。刘璋几次派人攻打张鲁，但都被打败。刘璋内部又发生兵变。当时曹操正征伐荆州，定于汉中。刘璋就想借助曹操讨伐张鲁。一天，刘璋得到消息，说张鲁领兵准备夺取四川。刘璋心中忧虑，召集众谋臣商量对策。忽然有一人自荐说："主公放心。我有办法去求见曹操，请曹操出兵对付张鲁，定叫那张鲁不敢正眼来看西川。"说话的人原来是益州别驾张松。于是刘璋派张松为大使，带上金银珠宝、锦缎丝绸等贡物，去晋见曹操。张松私下又画了一张西川地理图，藏在身上，便带着随从赴许都。

张松到许都后，每天都到相府求见曹操，过了两天才被召见，到了堂上，张松拜见曹操。曹操问："刘璋为何好几年不来进贡？"张松说："路途艰险，贼寇猖狂，无法前来。"曹操训斥说："我已扫清中原，还有什么盗贼？"张松说："还有孙权、张鲁、刘备，每人都带兵十多万人，怎么能说已太平了呢？"曹操见张松长得尖头猴脑，龇牙咧嘴，身短五尺，很不讨人喜欢，再听到他那冲撞的话语，很是生气，一挥衣袖起身就进了后堂。左右的人责备张松说："你是使者，语言不恭，惹丞相生气，幸亏丞相看你远道而来，不给你加罪。还不赶快回去！"张松正要走，后堂出来一人传曹操的话，让张松第二天去西教场点军，见识见识曹兵的军容风貌。

第二天，张松来到西教场。曹操点雄兵五万，布置在教场中。果然衣袍灿烂，盔甲闪光，战鼓震天，旌旗飘扬。过了一会儿，曹操指着四面八方的队伍问张松："你们西川有这样的英雄吗?"张松说:"我蜀军中没有这样的兵和武器,但讲究仁义道德。"曹操一听变了脸色。张松并没有畏惧。曹操对着张松说:"我视天下无能的人像草芥一样,我的军队,攻无不克,战无不胜;顺我者昌,逆我者亡。你懂吗?"张松用轻蔑的口气回答说:"我一向知道丞相的军队所到之处,攻必克,战必胜。过去你们在赤壁遇到周郎,华容道与关羽相逢,在潼关割须丢袍,渭水夺船避箭……这都是无敌于天下啊!"曹操听了大怒道:"你竟敢揭我的短处!"命令手下人用棍棒把张松打了出去。张松回到旅馆,当晚就收拾行装准备回西川。一路上张松想:"我本来想把西川州郡献给曹操,谁料想他如此藐视我。我来时向刘璋夸过口,现在一事无成,回去岂不被人笑话。听说荆州刘备待人仁义,不如去那里看看这人会怎样待我?"于是朝荆州方向走去。

张松风尘仆仆,一路不停来到郢州(今湖北江陵县)地界边。前面奔来一队人马,为首一员大将,勒住马问张松:"你莫非就是张别驾?"张松答:"正是。"那人赶紧下马说:"赵云我等候半天了。"张松说:"莫非你就是赵子龙?"赵云答:"是啊,我奉主公的命令,前来迎接。"赵云将张松领到事先安排好的客店,酒筵招待。当晚住下。张松暗自欢喜:"人们都说刘备宽厚仁义,果然不假,我这趟可能不会白来!"

第二天早上,赵云陪同张松继续前进,上马行进刚有四五里路程,只见来了一队人马。原来是刘备带着诸葛亮等亲自前来迎接张松。刘备远远地就下马等候。张松急忙下马拜见。刘备说:"久闻大名,无法相见。听说您路过我处,如不嫌弃,请到荒州暂歇,叙叙仰慕之情,我会感到荣幸的。"张松喜形于色,随刘备进了荆州城。刘备设宴招待张松。宴席间张松问:"皇叔占守荆州,还有几个郡?"诸葛亮说:"荆州也是借东吴的,以往人家催讨归还,只因现在我主公已是东吴女婿,所以才在此安身。"张松说:"东吴占据六郡八十一州,国富民强,难道还不知足吗?"刘备说:"我才疏力薄,岂敢奢望。"张松说:"您是汉室宗族,仁义四海皆知。别说占据州郡,即便代替皇帝治国也非过分。"刘备说:"您太过奖了,我怎么敢当啊。"宴席间谈话气氛热闹,各抒己见。但刘备却一直不提西川的事情。就这样一连留张松住了三天,每天宴请一番,也并无人提西川的问题。

三天之后，张松准备回程，向刘备告辞。刘备在十里长亭又设宴送行。刘备举起酒杯敬张松，说道："承蒙您不把我看作外人，畅谈了三天，今天离别，不知什么时候再能听到您的教诲啊！"说罢，凄然泪下。张松感动万分，对刘备说："您如此宽宏仁义，我有一个想法，干脆对您说了吧。我看荆州：东面有孙权，常怀占据之心；北面有曹操，时刻想并吞。荆州不是久居之地啊！"刘备说："我也明白这个道理，但是没有别的安身之处啊。"张松说："益州是个险要的地方，土地辽阔，国富民强，有智有谋的人，很久就仰慕皇叔的为人。假若带领荆州军民，长驱直入西边，那么您就可以大业告成、重兴汉室了。"刘备说："我怎么敢这么做呢？刘璋也是帝王宗室，给予蜀地的恩惠已经很久了。别人怎么可能动摇他呢？"张松说："我并非卖主求荣。今天遇到您这样英明的人，我不得不说肺腑之言：刘璋虽拥有益州这方土地，但他禀性懦弱，不能任人唯贤；加上张鲁在北面，时刻梦想侵犯；所以益州人心离散，盼望能有开明的主公。我这次出行，本想专为曹操贡献计谋，谁知这贼傲慢奸诈，怠慢贤士，所以我特意来拜见明公。明公可先取西川作为基地，然后北伐汉中，收复中原，重振天朝，青史留名，天大的功绩啊！如果您果真有意夺取西川，我张松愿尽犬马之劳，不知您的意向如何？"刘备说："我感谢您对我的厚爱。但刘璋与我同一宗室，假若攻打他，恐旧天下人都要唾骂我啊！"张松说："大丈夫在世，应首先考虑建功立业之大事，你若不取，必为他人所夺，后悔就晚了。"刘备说："我听说蜀道艰险，车不易过，马不易行，虽想夺取，却没有良策啊！"张松从袖中取出地图，递给刘备说："我感谢明公对我的盛情，决心上此图。只要看这图，便知道蜀地的道路了。"刘备和诸葛亮展开地图粗略一看，上面详细写着行程路线，标明险要的山川狭谷，还有重要官府，仓库钱粮，——写得清楚明白。刘备拱手连连作谢说："青山绿水，长存不老。来日事成，定将厚报。"张松说："我遇到明主，愿意尽情出力帮助，哪里希望什么报答啊！"说完就告别起程了。

诸葛亮又让赵云等人护送几十里后才返回。夺取西川，是刘备早已定下的战略目标。但"蜀道难，难于上青天"。详细了解西川的复杂地形是进川的必要准备工作。正在此时,张松放弃曹操投靠刘备,献出宝图,这真是天赐良机。刘备迫切想得到西川地形图的心情,从他热情款待张松的态度上可以看得清楚。但是刘备外表却装出仁义厚道的样子,三天酒宴上只字不提西川之事;十里长亭张松被他的盛情感动得五体投地,决心献图时,刘备仍是一推再推,使张松似乎更相信刘备是"真人君子",越加鼓动刘备夺取西川。刘备这种礼贤下士、仁义宽厚的表现与曹操骄横蔑视的态度成了鲜明的对照,也更突出了刘备"智胜一筹"的军事外交才能。

双向选择并不是现代人的发明,古来如此。动荡年代,不但君择臣,臣亦择君,就是一种双向选择。战国时候,各国国君都在延揽人才,庞涓选择了魏国,孙膑却选择了齐国。楚汉相争时,韩信先投靠项羽,最终却选择了刘邦。三国时,张松也想为曹操效劳,最后却将西川地图献给了刘备。人与人选择关系的最终确立,取决于是否知道别人的需要,以及满足了对方的需要。

雪中送炭最珍贵,这是因为在关键时候满足了别人最迫切的需要。为人处世也是如此,明白了他人之所需并满足对方之所需,并且能够让他人相信和认可自己,我们就能使自己处于不败之地。

中庸处世,和谐人生

【原文】

子曰:"中庸之为德也,其至矣乎!民鲜久矣。"

宋朝的理学大师程颐说过:"做事,不偏不倚叫作中,不改变叫作庸。行中,这是天下的正道;用中道,这是天下的公理。中庸的基本要义,就是不偏不倚,恰到好处。"中庸的道理讲究不偏不倚,过与不及都是不好的。体现在做事上,则必须做到恰到好处。为人处世、持家治国等人生作为,无不体现了这个道理。

"中庸"强调的是做事守其"中",既不左冲右突,又戒参差不齐。其实这种人生哲理,从我们的日常生活中的许多细节中即可体察出来。商汤的开国大臣伊尹,不仅能把握做菜口味的"中庸"技巧,甚至于干脆就把它上升到"齐家治国"的高度上来了。

伊尹辅佐汤推翻了夏桀的残暴统治,建立了在我国历史上维系约600年之久的商朝。伊尹原来不过是汤身边的厨师,汤妻陪嫁的奴隶,他之所以被汤看中而委以重任,是因为他确实有一番才干,也善于从生活中发现人生智慧。他看到汤成天为与夏桀争夺天下而忙碌着,显得十分焦急,以致一日三餐都食不甘味。他就想出一个办法来引起汤的注意。他把上一顿饭的菜做得特别咸,下一顿饭的菜又故意不放盐,让汤吃得不对味而来责备自己。接着,他又把每顿饭的菜做得咸淡适中,美味可口,让汤吃得十分满意。伊尹已算计好了,汤准会表扬自己。果然,有一次饭后汤对伊尹说:"看来你做菜的本事确实不凡。"

伊尹已是成竹在胸,不等汤把话说完,就借题发挥说:"大王,这并不值得夸奖,菜不能太咸,也不能太淡,只要把佐料调配得当,吃起来自然适口有味。这和你治理国家是一个道理,既不能无所作为,也不能急于求成,只有掌握好分寸,才能把事情办好。"

孟子后来对伊尹的评价是:"治亦进,乱亦进,伊尹也。"意思是说伊尹在天下太平时入仕做官,在天下动乱时也入仕做官。伊尹之所以能够做到这点,关键是善于把握分寸,有所为有所不为,深悟中庸的为人处世哲理。

而下面这个"傻小子做客"的故事,也颇能发人深思。

有一个傻小子到朋友家去做客。主人殷勤地做了几道好菜招待他,但因一时匆忙,每道菜都忘记放盐了,所以每一道菜都淡而无味。

傻小子吃了后说:"你烧的菜怎么都淡而无味呢?"

主人立刻想起忘了放盐,赶紧在每道菜里加一点盐,并请他再食用。傻小子吃了之后,觉得菜都变得非常可口。

于是,他就自言自语地说:"菜之所以鲜美,就是因为放进盐的缘故。只加一点盐就那么鲜美,若加多一点,那一定更好吃了。"

接着,这个人菜也不吃了,就抓起大把盐往嘴里塞。结果,他被咸得哇哇大叫。

就常理而言,盐不能吃得太多,亦不可吃得太少,要恰到好处。同理,炒菜不可太生,亦不可太熟。生熟恰到好处,菜才好吃。此恰到好处,即是"中"。又如商人卖东西,要价太贵,则人不买;要价太少,又不能赚钱。必须要价不多不少,恰到好处,此恰到好处,即是其中。中庸学既讲恰到好处,又讲因时而中,做任何事情,都是这样。

一个人想做到中庸,必须加强品德修养,提高自我调控能力,使自己的言行、情感、欲望等要适度、恰当,避免"过"与"不及"。

子曰:"不有祝鮀之佞。而有宋朝之美,难乎免于今之世矣!"意思是说,如果既有宋公子朝那样的美貌,又有祝鮀那样的口才,是不是可以免祸于当时的社会呢?谋士陈轸的经历大抵可以为此做出回答,这个秦惠王的大臣曾经受到张仪的中伤,说他为楚国提供了国家机密,尤其糟糕的是,立即就要叛变而奔楚。秦王于是把陈轸叫来,要他对此事做出解释。言外之意已经很明白,说得清楚没啥事,说不清楚保不住脑袋。因为若叛国这样的事情成立,无论如何都是不能够原谅的。

陈轸不慌不忙地答道:"如果我向楚出卖情报。楚王难道真会用我吗?"他的反驳用的是讲故事的方式,故事说得别开生面:有个楚人有两个妻子,分别遇到了某个男人的勾引,当勾引者挑逗年龄大的妻子时,遭到对方痛骂;当他勾引年轻妻子时,却获得了成功。这个楚人死后,有人问勾引者娶哪个女人做妻子,勾引者说要娶年龄大的,因为娶她做妻子可靠。年轻的妻子既然可以背叛原来的丈夫,难道不能够同样背叛新丈夫吗?作为这个故事的结论,陈轸的说法很有味道:"如果我向楚国卖情报,不就如同年轻妻子吗?又怎么会得到楚王的信任呢?"秦王觉得他的说法很有道理,便没有因为张仪的刻意中伤而对其加以治罪,用口才免祸对于纵横家来说从来不是难事。能者"敏于事而慎于言",而"慎于言"不等于是言谈甚少。陈轸的故事讲完之后,秦王实实在在地听出了新意。

陈轸的最大特点在于精通中庸之道,这种折中的处世方式不是霸权之道也不是逃避之道,而是圆滑的明哲保身,是以最微弱代价取得极大成功的思考和操作方式。《孔子家语》载："孔子观于鲁桓公之庙,有欹器焉。夫子问于守庙者曰:'此谓何器?'对曰:'宥坐之器。'孔子曰:'吾闻宥坐之器,虚则欹,中则正,满则覆,名君以为至诚,故常置于坐侧。'顾谓弟子曰:'试注水焉,'乃注之水,中则正,满则覆。夫子喟然叹曰:'呜呼! 夫物恶有满而不覆者哉!'"

后来陈轸成了齐国的使节,面临着危急任务,当楚国打败魏国之后,即将攻打齐国,陈轸特意去祝贺楚军的成功,临走的时候问楚国大臣昭阳:"按照楚国规定,击溃敌军又杀死敌将,夺取对方的城池,该受到怎样的封赏呢?"昭阳的回答比较实在:"官为上柱国,爵是上执圭。"陈轸知道该怎么说了:"此外还有没有比这更高的官爵?"昭阳说那只有令尹了。令尹是当时国家最尊贵的领导,昭阳觉得不可能有什么职位有所超越。陈轸这时以"画蛇添足"打比方:"楚国有个负责祭祀的专职官员,曾赏给他左右一壶酒,部属见酒不多,便商量着以比赛谁画蛇最快来决定酒的归属,有个人画得非常快,他觉得别人画得太慢,可以用这段时间再为蛇添上两只脚,然后便认真画起'蛇足',其余的人很快画好了,抢过酒壶说道:蛇本来就是没有脚的,为何多此一举? 画蛇添足者遂未喝上酒。如今,楚国打败了魏国,已经挣得了无以复加的官爵,又何必画蛇添足再攻打齐国? 要是不慎战败于沙场,难道官爵不会被赐予他人吗?"这番话把昭阳说得目瞪口呆,楚王是极其嫉妒的人,贸然攻齐不如立即收兵回国。

孔子曾经说过,"过犹不及","执两端而用其中"。陈轸的纵横之道在于为他人讲明白中庸的道理,在乱世时能够把持中庸之道,弱国可以尽可能长期地保持存在,强国也可以获得更多的发展空间和增大成功的几率,双方都可能对他的这种纵横给予高度的评价,陈轸所理解的这种道理对于政治及其外交事情的处理都有极好的借鉴意义。在纵横说辩的过程中,不仅可以用精彩的话语吸引统治者,还可以深入浅出地拆解统治者可能遭遇的处境。因为任何人都不可能长久地存在于利害的正中,当偏离弊端的时候,利端又会自觉地生长出相对的某种新的弊端。因此,时势确实也需要这种纵横之士,他们不断地指出弊端和不断生成的弊端,让人们真正走出对于利弊的单纯迷恋。而在快乐的时候提及烦恼事,无论如何都要有轻巧的方式,陈轸的方式在于喻证。有时候我们总能在看似与自己毫无关联的例子中找到自己应该改进的地方,喻证的方式也不断完善着谈话者和倾听者的对话质量,他们都因为有了中庸而有了意义。

"中则正",偏执从来都是成功的大敌,而在不偏不倚的中庸态度中关注时局,保持的肯定是冷静和理智的目光。

要学会处变不惊

【原文】

司马牛问君子,子曰:"君子不忧不惧。"曰:"不忧不惧,斯谓之君子已乎?"子曰:"内省不疚,夫何忧何惧?"

孔子认为君子因为心胸宽广,意志坚强,明于事理,因此他们做任何事情都能够从容不迫,处变不惊,而不像小人那样心胸狭窄,意志漂浮不定,对事理认识不清,因此他们做起事来埋怨满天,一遇到变故就惊慌失措。晋朝的谢安就是这样的一位君子。

有一次,谢安和朋友们一起乘船在海上游玩,忽然,狂风骤起,巨浪滔天,船被颠簸得东倒西歪,船上的人都吓得面无人色,紧紧地抓着船舷,动也不敢动,只有谢安面不改色,依然如故,还迎着风浪吟唱。船夫倒是个有趣的人,以为谢安在这样的风浪中行船很高兴,就继续费劲地向前划。这时狂风恶浪越来越猛,船夫却只顾划船,别人都害怕得不行了,但又碍于面子,不好意思要求回去,这时谢安才不紧不慢地说道:"像这样的天气,还要把船划到哪儿去玩?"船夫这才掉过船头往回划。大家对谢安遇难不乱的气度非常钦佩,从此知道,将来治理国家是非谢安莫属了。

公元 373 年(东晋宁康元年),简文帝司马昱死,孝武帝司马曜刚刚即位,早就觊觎皇位的大司马桓温便调兵遣将,炫耀武力,想趁此机会夺取皇位。他率兵进驻到了新亭,而新亭就在京城建康的近郊,地近江滨,依山为城垒,是军事及交通重地。桓温大兵抵达此处，自然引起朝廷恐慌。

当时朝廷的众望所在，是吏部尚书谢安和侍中王坦之二人。而王坦之本来就对桓温心存胆怯，因为他曾经阻止过桓温篡权。简文帝在弥留之际曾命人起草遗诏，让大司马桓温依据周公摄政的先例来治理国家，还说："少子可辅最佳；如不可辅，卿可自取之。"王坦之读了草诏，当着简文帝的面就把它撕碎，愤怒地说："天下是宣帝（指司马懿）、元帝（指司马睿）的天下，陛下怎么能私相授受呢？"简文帝听了他的这一番话，觉得十分有道理，就让王坦之改诏为："家国事一禀大司马，可仿照当年诸葛亮、王导辅助幼主之故事。"这样一来，桓温才没有当上皇帝。现在，桓温带兵前来，京城朝野议论纷纷，认为桓温带兵前来，不是要废黜幼主，就是要诛戮王、谢。王坦之听了这些议论，当然不免心惊肉跳，坐立不安。

谢安则不同，他听了众人的议论，不以为忧，神色表情一如平常。实际上，谢安曾经应聘做过征西大将军桓温的司马，桓温十分明白谢安才是他篡权的最大障碍，因为自己很了解他的才干。果如所料，桓温此来确是想借机杀掉王坦之和谢安。

不久，他便派人传话，要王坦之和谢安二人去新亭见他。王坦之接到桓温的通知，不知如何是好，就去找谢安商量办法。谢安却神色不变，态度安详，和往常一样，好像没有什么杀身之祸等着他。

王坦之说："桓将军这次带兵前来，恐怕凶多吉少。现在又要我们两人去新亭见他，恐怕是有去无回，如何是好？"

谢安笑道："你我同受国家俸禄，当为国家效力。晋室江山的存亡，就看我们这一回的作为了！"说完，谢安牵着王坦之的手一起出门，径直去新亭，朝廷官员也许多人相随同去。

到了新亭，众人见桓温兵营阵容严密，队伍肃然，心情就更加紧张起来。刚走进桓温大营，几位稍有声望的官员，唯恐得罪桓温，马上远远地向桓温叩拜，战战兢兢，脸都变了色。王坦之也吓出了一身冷汗。他勉强移着脚步走到桓温面前，向他行礼，慌乱中竟然把手板都拿倒了。

只有谢安泰然自若,不拘形迹。他稳步走到桓温前,不卑不亢地对桓温说:"明公别来无恙?"

桓温虽然知道谢安是个不同寻常的人物,但未料到他居然能如此处变不惊,自己反倒有些吃惊了,连连说:"好,好,谢大人请坐,请坐。"

谢安从容就座。这时,王坦之等人惊魂未定,还在浑身哆嗦。谢安在席间,说东道西,谈笑自如,所言之事,左右逢源,桓温和他的谋士们找不到岔,无法下手。而谢安却在闲谈时观察左右,早已看到壁后埋伏着武士。他见已经到了应该说破的机会,便转身笑着对桓温说:"我听人讲:'诸侯有道,守在四邻(意思是说如果诸侯有道德的话,那么四邻都会帮你防守,是用不着自己到处设防的)。'明公又何须在壁后藏人呢?"

这是对桓温的绝大讽刺,桓温显得极为尴尬,急忙说:"在军中这已经成了习惯,恐怕有突然事变,不得不如此啊!谢大人这么说,就赶快撤走吧!"

谢安又和桓温谈笑了大半天,他那么风度翩翩,安详稳重,使桓温始终不能加害于他。而王坦之却一直呆若木鸡,一言不发,待到和谢安一同回建康时,冷汗已把里衣都湿透了。

王坦之与谢安本来在治国、为人等方面都是齐名的,但经过这次风波,两人的优劣便分出来了。

不久,桓温生了重病,却还想向朝廷要"九锡"(古代帝王赐给有大功或有权势的诸侯大臣的九种礼器,后世权臣篡位前,常先赐九锡),便托人向朝廷请求。因为他再三催促,谢安只好让吏部郎袁宏起草。袁宏文才很好,起笔立就,谁知谢安偏偏故意找茬,吹毛求疵,要他一改再改,改了一个月还没改成。袁宏虽然文才极好,但在"政治"上却是个糊涂人,他觉得十分奇怪,自己怎么连个诏书都写不好,便暗中问仆射王彪之,究竟应该怎么写。王彪之说:"像你这样的大才,何用修饰,这是谢尚书故意要你一改再改,他知道桓公病势一天天加重,料定长不了,所以借此来拖延时间。"袁宏这才大悟,懂得了谢安的用心。由于谢安不动声色地用了拖延策略，致使后来桓温的野心未能得逞便死去。

君子因为拥有豁达大度的气量，所以他才能不忧不惧，从容不迫，处变不惊。有了这种处变不惊的气度，成功也就有了保证。

处世要谨小慎微

【原文】

曾子有疾，召门弟子曰："启予足，启予手！《诗》云：'战战兢兢，如临深渊，如履薄冰'。而今而后，吾知免夫！小子！"

所谓立身，包括树立自己的名声，明确自己的做人原则，建立自己有代表性的业绩。这里的环节很多，而且有许多潜在的危机，所以必须谨慎，要"战战兢兢，如临深渊，如履薄冰"，才有可能避免一些不必要的祸害。下面的两个例子可以给我们这方面的启示。

吕僧珍字元瑜，是东平郡范县人，家世居广陵（今江苏扬州）。从南齐时起，吕僧珍便随从萧衍。萧衍为豫州刺史，他任典签；萧衍任领军，他补为主簿。建武二年（公元495年），萧衍率师援助义阳抗御北魏，吕僧珍随军前往。萧衍任雍州刺史，吕僧珍为萧衍手下中兵参军，被当作心腹之人。萧衍起兵，吕僧珍被任为前锋大将军，大破萧齐军队，为萧衍立下大功。

吕僧珍有大功于萧衍，被萧衍恩遇重用，其所受优待，无人可以相比。但其从未居功自傲，恃宠纵情，而是更加小心谨慎。当值宫禁之中，盛夏也不敢解衣。每次陪伴萧衍，总是屏气低声，不随意吃桌上的果实。有一次。他喝醉了酒，拿了桌上一个柑橘，萧衍笑着说："卿真是大有进步了。"拿一个柑橘被认为是大有进步，可见吕僧珍谨慎到什么程度。

吕僧珍因离乡日久，上表请求萧衍让他回乡祭扫先人之墓。萧衍为使其衣锦还乡，光宗耀祖，不但准其还乡，还给其使持节、平北将军、南兖州（今江苏扬州）刺史，即管理其家乡所在州的最高行政长官。然而，吕僧珍到任后，平心待下，不私亲戚，没有丝毫张狂之举。吕僧珍的从侄，是个卖葱的，听说自己的叔叔做了大官，便不再卖葱了，跑到吕僧珍处要求谋个官作。吕僧珍对他说："我深受国家重恩，还没有做出什么事情以为报效，怎敢以公济私。你们都有自己的事干，岂可妄求他职，快回葱市干你的本行吧！"

吕僧珍的旧宅在市北，前面有督邮的官府挡着。乡人都劝吕僧珍把督邮府迁走，把旧宅扩建。吕僧珍说："督邮官府自我家盖房以来一直在北地，怎能为扩建吾宅让其搬家呢？"遂不许。吕僧珍有个姐姐，嫁给当地的一个姓于的人，家就在市西。她家的房子低矮临街，左邻右舍都是开买卖的店铺货摊，一看就是下等人住的地方。但吕僧珍常到姐姐家中做客，丝毫不觉以出入这种地方为耻。

君子立身处世，贫贱不能移，威武不能屈，富贵不能淫。这是封建社会中理想的作人准则。然而，这并非常人可以做到。更有甚者，贵而忘贱，得志便猖狂，恣意妄为，最终身败名裂。吕僧珍可谓深知立身之道的智者，他功高不自居，身贵不自傲，从而使皇帝对他更加信任、放心。吕僧珍58岁时病死，梁武帝萧衍下诏说："大业初构，茂勋克举，及居禁卫，朝夕尽诚。方参任台槐，式隆朝寄；奄致丧逝，伤恸于怀。宜加优典，以隆宠命，可赠骠骑将军、开府仪同三司、常侍、鼓吹、侯如故。"不但如此，吕僧珍还被加谥为忠敬侯。吕僧珍善有其终，当和他立身谨慎是分不开的。

谨慎立身，是对立身的价值有了充分认识。有了功劳，不要经常说起；有了恩宠，注意不可张扬；有了权力，注意不要滥用；有了做高官的朋友，注意不要趋炎附势；有过去的不得志的朋友，要注意不嫌弃。志当高远，事当谨慎，这是历史指示的做人原则。

大树将军指东汉光武帝手下的大将冯异。他为人谦虚礼让，不自夸，不争功。他在随从光武帝刘秀打天下时立有很多战功。每当诸将会到一起时，众人总是争着夸耀自己的功劳，而冯异却一个人常坐大树下，不与别人争功，因此被称为"大树将军"。无独有偶，南朝梁武帝时也出了个大树将军，这个人就是冯道根。

冯道根字巨基，是广平郡人。南朝萧齐末年，萧衍起兵襄阳（今湖北襄樊），攻打首都建康(今江苏南京)时,冯道根勇猛无比,杀敌甚多。梁朝建立后,他率军平定陈伯之的反叛,击退北魏军的进攻,保住了阜陵城。与韦敏一起救援钟离,在邵阳洲大破北魏军。冯道根因战功卓著,先后任过骁骑将军、游击将军、辅国将军、云骑将军、领直阁将军、中权中司马、右游击将军、武旅将军等职。

冯道根虽然屡立战功,但对自己的功劳却很少讲。每次征伐过后,诸将们都寸功必争,寸赏不让。唯独冯道根沉默不语。他的部下们很不满,认为跟随冯道根冲锋陷阵出生入死,遇到论功时,全让别人争了去,岂不太吃亏了? 每次遇到这种情况,冯道根总是开导他们说:"主上(萧衍)对众人所建之功自有明鉴,何用我大争大吵?"萧衍对冯道根此举非常满意,曾指着他对尚书令沈约说:"这个人从来口不言功。"沈约说:"这真是陛下的大树将军啊!"

冯道根以清廉谦退立身。他做地方官,明理清静,为部下所怀念。萧衍也说:"冯道根所在,能使朝廷忘记了还有一州。"他作为中央官,虽贵显而性俭约,所居宅不营墙屋,无器服侍卫,入室则萧然如素士之贫贱者。他口不言功,却独得大树将军之誉,这是高于其他人的记功碑。冯道根是以清廉谦退立身的成功者。

俗话说:小心驶得万年船。人生危机四伏,风险紧随,谨慎方可不在阴沟里翻船!

要有宠辱不惊的气量

【原文】

子曰:君子泰而不骄,小人骄而不泰。

电视剧《三国演义》主题歌曲慷慨、激昂、悲壮。尤其是词中"是非成败转头空"这七个字颇能表达我们偶尔对人生所兴起的感触。三国中无论是足智多谋的诸葛亮、勇猛豪爽的张飞、义薄云天的关羽、还是雄姿英发的周瑜、雄才大略的曹操等无数英雄豪杰都随滚滚长江向东流去,纵横驰骋的战场早已硝烟散尽,空空如也。艺术家的彩笔为我们道尽人世的悲欢离合,但终如南柯一梦。人生无常,是非成败转头空。

人生无常,无物永驻。天下没有什么事物、对象、情势、局面是永远不变的。明月曾经照古人,古人不见今世月;好花不常开,好景不长在;年年岁岁花相似,岁岁年年人不同。人无百日好,花无千日红。物有生、死、毁、灭;人有生、老、病、死。盛极必衰、否极泰来;月有阴晴圆缺,人有悲欢离合;天下大势是分久必合,合久必分;官无常位,境遇常变;三十年河东三十年河西,风水轮流转。老子说:"金玉满堂,也无法永远守住。"人生聚散、浮沉、荣辱、福祸,这一切都在不断地转化,相辅相成。"百年随手过,万事转头空。"明白此理,你就会视一切变化为正常,就会对一切事情的发生有思想准备,就不会抢天呼地,不撞南墙不回头与天道(客观规律)死顶下去。做人,不能逆天道(客观规律)而行事。

人生无常还指事物变动的不可预见性、偶然性,事情的不期而遇。俗话说天有不测风云,人有旦夕祸福;福无双至,祸不单行;运去金成土,时来土做金;屋漏偏逢连夜雨,船迟又遇顶头风……人生之中不可预测的事太多太多。

人生无常,天道有常。人生无常,正是天道有常的表现。对于那些觊觎权势、玩弄阴谋的人来说,既有小人得志飞黄腾达之时,也有时运不济,栽跟头之日。秦桧玩弄诡计、陷害忠良,落得个无穷骂名;严嵩专横跋扈、不可一世,终落得满门抄斩。多行不义必自毙,逞一时之能称一世之雄又能存于几时?爬得越高跌得越惨。也许对爬得高的这个人来说,这是他人生际遇的无常,对于群体和社会来说则正是有常的表现。一个肆无忌惮、伤天害理的人早晚会受到客观规律的惩罚,一个霸主早晚有稀里哗啦那一日。这对于他本人是天道无常的表现,对于别人则恰恰证明了天道有常。正所谓天网恢恢,疏而不漏。

感叹人生之无常,并不完全出自无奈的悲愁,相反,它可能出自人心对幸福的追求与对永恒的向往。哲学家努力透视人生真谛,帮助人们建构精神家园。宗教家则超越于无常的罗网之上,打通生前死后之结,引人走向不朽的乐土。可惜的是,现代人对哲学存着怀疑的眼光,对宗教抱着利用的心态,因而陷于变幻不已的现实世界,无法解开内心深处的愁结。

聪明的人总是在变化无常中力争主动，在变化之前或之初看到变化的端倪，去把握有常，居安思危，未雨绸缪，处变不惊，临危不惧，从而在恶劣的处境下，能登高望远，看到转机，看到希望，有所准备，不失时机地转败为胜，扭转乾坤。

唐伯虎诗中说："钓月樵云共白头，也无荣辱也无忧；相逢话到投机处，山自青青水自流。"如果人人都能了然于山自青青水自流，就自然会宠辱不惊，物我两忘，也不会去徒自贬抑，自招屈辱。

唐朝宰相李泌就是一个这样的君子。

李泌处在安史之乱及其以后的混乱时代，为唐王朝的安定进言献策，立下了殊功，但他贵而不骄，急流勇退，恰当地把握住了一个宠臣、功臣的应有分寸，善始善终，圆满地走完了自己政治的一生。

李泌少时聪慧，被张九龄视为"小友"；成年后，精于《易》，天宝年间，玄宗命其为待诏翰林，供奉东宫，李泌不肯接受，玄宗只好让他与太子为布衣之交。当时李泌年长于太子，其才学又深为太子钦服，因此，太子常称之为"先生"，两人私交甚笃。这位太子就是后来的肃宗皇帝。后来，李泌因赋诗讥讽杨国忠、安禄山等人，无法容身，遂归隐颍阳。安史之乱爆发后，玄宗至蜀中，肃宗即位于灵武（今宁夏永宁西南），统领平乱大计，李泌也赶到灵武。对于他的到来，肃宗十分欢喜，史称："上大喜，出则联辔，寝则对榻，如为太子时。事无大小皆咨之，言无不从，至于进退将相亦与之议。"

这种宠遇实在是世人莫及，在这种情况下，李泌依然保持着清醒的头脑，平静如水。肃宗想任命他为右相时，他坚决辞让道："陛下待以宾友，则贵于宰相矣，何必屈其志！"肃宗只好作罢。此后，李泌一直参与军国要务，协助肃宗处理朝政，军中朝中，众望所归。肃宗总想找个机会给予李泌一个名号。

肃宗每次与李泌巡视军队时，军士们便悄悄指点道："衣黄者，圣人也；衣白者，山人也。"肃宗听到后，即对李泌道："艰难之际，不敢相屈以官，且衣紫袍以绝群疑。"李泌不得已，只好接受，当他身着紫袍上朝拜谢时，肃宗又笑道："既服此，岂可无名称！"马上从怀中取出拟好的诏敕，任命李泌为侍谋军国、元帅府行军长史。元帅府即天下兵马大元帅太子李之府署。李泌不肯，肃宗劝道："朕非敢相臣，以济艰难耳。俟贼平，任行高志。"这样，他才勉强接受下来。肃宗将李俶的元帅府设在宫中，李泌与李俶总有一人在元帅府坐镇。李泌又建议道："诸将畏惮天威，在陛下前敷陈军事，或不能尽所怀；万一小差，为害甚大。乞先令与臣及广干（即广平王李俶）熟议，臣与广平从容奏闻，可者行之，不可者已之。"肃宗采纳了这一建议，这实际上是赋予李泌朝政全权，其地位在诸位宰相之上。当时，军政繁忙，四方奏报自昏至晓接连不断，肃宗完全交付李泌，李泌开视后，分门别类，转呈肃宗。而且，宫禁钥匙，也完全委托李泌与李俶掌管。

面对如此殊遇，李泌并不志满气骄，而是竭心尽力，辅助肃宗，在平定乱军、收复两京以及朝纲建设上，都建有不可替代之功，实际上是两朝的开朝元勋。平定安史之乱，肃宗返回长安后，李泌不贪恋恩宠与富贵，向肃宗提出要退隐山林，他说："臣今报德足矣，复为闲人，何乐如之！"肃宗则言："朕与先生累年同忧患，今方相同娱乐，奈何遽欲去乎！"李泌陈述道："臣有五不可留，愿陛下听臣去，免臣于死。"肃宗问："何谓也？"李泌答道："臣遇陛下太早，陛下任臣太重，宠臣太深，臣功太高，迹太奇，此其所以不可留也。"可以说，李泌的这五不可留，还是十分深刻的，尤其是"任臣太重、宠臣太深、臣功太高"更是三项必去的理由。身受宠荣，能冷眼相对，不沉迷其中，这是难得的政治家气度。肃宗听后，有些不以为然，劝道："且眠矣，异日议之。"李泌则坚持道："陛下今就臣榻卧，犹不得请，况异日香案之前乎！陛下不听臣去，是杀臣也。"说到这儿，肃宗有些不高兴了，反问道："不意卿疑联如此，岂有如朕而办杀卿也！"李泌还是坚持道："陛下不办杀臣，故臣求归；若其既办，臣安敢复言！且杀臣者，非陛下也，乃'五不可'也。陛下昔日待臣如此，臣于事犹有不敢言者，况天下既安，臣敢言乎！"

肃宗无可奈何，只好听其归隐嵩山。代宗李俶即位后，又将他召至朝中。将他安置在蓬莱殿书阁中，依然恩宠有加。但此时，李泌却居安思危，感受到了他与代宗之间的微妙变化。当李俶为太子时，局势动荡，其皇储之位也不稳定，因此，他视李泌为师长，百般倚重,而李泌也尽心辅佐,几次救其于危颠。现在,他是一国之君,对于往昔的这位师长、功臣固然有道不尽的恩宠,但也有种种道不明的不安与不自如。

这时,朝中有一位专权的宰相元载,这位宰相大人,与李泌是截然相反的人物。他凭借代宗的宠信,专横骄逸,洋洋自得,自认为有文武才略,古今莫及。他专擅朝政,弄权舞弊,奢侈无度。曾有一位家乡远亲到元载这儿求取官职,元载见其人年老不堪,猥猥琐琐,便未许他官职,写了一封给河北道的信给他。老者走到河北境内后,将信拆开一看,上面一句话也没有,只是签了元载之名。老者十分不悦,但既已至此,只好持此信去拜谒节度使。僚属们一听有元载书信,大吃一惊,立即报告节度使。节度使派人将信恭恭敬敬地存到箱中,在上等馆舍招待老者,饮宴数日。临行时,又赠绢千匹。这可见元载的威权之重。就是这位元载,见李泌如此被信用,十分忌妒,与其同党不断攻击李泌。在李泌重回朝中的第三年,江西观察使魏少游到朝中寻求僚佑,代宗对李泌道:"元载不容卿,朕今匿卿于魏少游所,俟朕决意除载,当有信报卿,可束装来。"于是,代宗任命李泌为江西观察使的判官,这与李泌在朝中的地位可谓天上地下,太不相称,但李泌还是愉快地远赴江西。

客观地说,元载是不容李泌的,但元载虽为权臣,毕竟只是文人宰相,未握兵权,代宗若要除他,易如反掌,但值得玩味的是,在元载与李泌的天平上,代宗明显地偏向了前者,所以,要提出种种借口与许诺。

李泌到江西后七年,代宗方罢元载相,以图谋不轨诛元载及其全家。元载倚宠专权,下场可悲。一年以后,大历十三年年末,代宗方召李泌入朝。李泌到朝中后,君臣之间有一段很有意思的对话。代宗对李泌道:"与卿别八年,乃能诛此贼。赖太子发其阴谋,不然,几不见卿。"对这一解释,李泌似乎不能接受,他对答道:"臣昔日固尝言之,陛下知群臣有不善,则去之。含容太过,故至于此。"对此,代宗只好解释道:"事亦应十全,不可轻发。"

李泌到长安刚刚安顿下来,朝中新任宰相常衮即上言道:"陛下久欲用李泌,昔汉宣帝欲用人为公卿，必先试理人，请且以为刺史，使周知人间利病，俟报政而用之。"这一建议，可以说是十分荒唐。李泌自肃宗时即参与朝政机要，多次谢绝任相的旨意，而肃宗也实际上将他视为宰相。代宗即位，召其至朝中，也是要拜为宰相，但李泌又拒绝就任。如今常以代宗欲用李泌为由，要将他放为州刺史，应当是秉承了代宗的旨意。所以，第二年初，代宗便任命李泌为澧州刺史，澧州是偏远州郡，对于这一明显带有贬谪含义的任命，李泌未发一言，还是再次离开长安，走马上任。

以后，李泌又改任杭州刺史。就这样，这位多次拒任宰相的政治家，在疏远与排斥中，常年在外流连，远离朝政。但李泌从未心灰意冷，无论是在江西，还是在澧州、杭州，他都勤于政务，皆有政绩。

至德宗在奉天（今沈阳）被围，又将李泌召至，不久，任命宰相，但李泌还是平心待物，淡泊自然，真正体现了宠辱不惊的宰相气度。

坦荡为怀，人生宽广

【原文】

子曰："君子坦荡荡，小人长戚戚。"

一个人若是内心十分充实，即在道德、人格、知识、趣味、情感等方面，比较完善，有一定质量，达到一定境界，有一个广阔的胸襟，心里容量大，就能有正确的自足感，能够避免无节制地被外界事物刺激和骚扰，视名利、权势、情欲为身外之物，不会过于计较。内心保持这样的境界，无论得意的时候或是艰难困苦的时候，都会是很乐观的。当然也不是盲目的乐观，而是自然的胸襟开朗，对人也没有仇怨。为人处世能养成这种"坦荡荡"的境界，具备这种豁达胸怀，才使修身养性具有基本的保证，修身正己就有了一种自觉性，会产生一种满足感、愉悦感。俗话说，心底无私天地宽。古今中外的所谓"君子"，之所以能够品行正、修养好、境界高，原因即在于他们拥有一个坦荡的胸怀，因此，也能拥有一个宽广坦荡的人生。

坦山是日本明治时代的一个有道行的高僧。一天,天正下着雨,他和另一个和尚因事外出,途中见到一位漂亮的姑娘手足无措地站在一段泥泞的路前发呆,原来她因怕弄脏身穿的和服而无法跨过这段泥泞路。坦山见状,征得了她的同意,就将她抱过了那段泥泞路,然后继续上路。路上,与坦山同行的和尚半天都不说话,脸上总挂着困惑不解的表情,到夜晚投宿时,他终于按捺不住地问坦山:"依照戒律,我们出家人不能近女色。否则,将会危及我们的修行,我不明白,你白天为什么要那样做?"

坦山答道:"哦,那个女子吗?我早就把她放下了,你还抱着呢!"

坦山不因成文的戒律而对女子抱避嫌、敬而远之的态度,事过境迁之后,他既没有因自己的济世助人而沾沾自喜,也没有因想到什么戒律而心颤心悸,他依然是一个没有心理负担、磊磊落落、自由自在的人,因为他具有一种"坦荡荡"的胸襟,所以能以行云流水般的意念来持身涉世。

无独有偶,早在中国春秋时代,就有一个"坐怀不乱"的君子柳下惠。

一天,有一个因赶路而找不到住宿地的女子,来到鲁国柳下惠住处求宿。柳下惠收留了她。因怕晚上的寒风将她冻坏,柳下惠就解开外衣,让她坐在自己的怀里,并用外衣紧紧地裹着她,就这样,两人坐了一夜。由于柳下惠为人正派,没有人怀疑他对这个女子有什么非礼越轨的行为,后世人就依据此美谈,用"坐怀不乱"来形容那些坚持道德的正人君子。

柳下惠与那位日本和尚,为什么会有如此"坦荡荡"之胸怀?明末文人洪应明在他的《菜根谭》中对这种持身处世的行云流水般的意念,有一些很好因而也很著名的形容:

风来疏竹,风过而竹不留声;

雁度寒潭,雁度而潭不留影。

故君子事来而心始现,事去而心随空。

翻译成白话,这段活的意思是:

当轻风拂过竹林的时候,竹子会发出刷刷的声响,但轻风过后竹林变得寂静无声;当鸿雁飞渡清寒潭面时潭水中会倒映出鸿雁的英姿,但鸿雁过后潭面上便不再有任何鸿雁的影子。所以修养高深的君子只有在事情到来的时候才显露出他的本性,表白他的心迹,事情一过去,他的内心也就立即恢复了空灵平静。

一个人达到了如此的境界,就会自得其乐,不会因得失荣辱而耿耿于怀。反之,就难以体验到工作与人生的乐趣;更严重者,则会执着于贪念,使人生面临重重危机。

第六节 《论语》的语言智慧

口不妄言,远离麻烦

【原文】

子曰:"侍于君子有三愆:言未及之而言谓之躁,言及之而不言谓之隐,未见颜色而言谓之瞽。"

在我们的人生经验里,大概都听过、见过或亲身经历过因口无遮拦而惹祸上身的事情。

在古代,作为臣子侍奉君王,察言观色说话的本领十分重要,甚至到了于性命利益攸关的地步。但仍有一些人,因各种原因,放纵口舌,以致惹怒上司,引来祸端。他们的教训,让人深思。南北朝时,贺敦为晋的大将,自以为功高自大,不甘心居于同僚们之下,心中十分不服气,口中多有抱怨之辞。

不久,他奉调参加讨伐平湘洲战役,打了个胜仗之后,全军凯旋,这应该算是为国家又立了一大功吧,他自以为此次必然要受到封赏,不料由于种种原因,反而被撤掉了原来的职务，为此他大为不满，对传令使大发怨言。

晋公宇文护听了以后震怒，把他从中州刺史任上调回来，迫使他自杀。临死之前他对儿子贺若弼说："我有志平定江南，为国效力，而今未能实现，你一定要继承我的遗志。我是因为这舌头把命都丢了，这个教训你不能不记住！"说完了，便拿起锥子，狠狠地刺破了儿子的舌头，想让他记住这血的教训。

光阴似箭，斗转星移，转眼几十年过去了，贺若弼也做了隋朝的右领大将军，他没有记住父亲的教训，常常为自己的官位比他人低而怨声不断，自认为当个宰相也是应该的。不久，功绩不如他的杨素却做了尚书右仆射，而他仍为将军，未被提拔，他气不打一处来，不满情绪和怨言时常流露出来。

后来一些话传到了皇帝耳朵里，贺若弼被逮捕下狱。隋文帝杨坚责备他说："你这个人有三太猛：嫉妒心太猛；自以为是，自以为别人不是的心太猛；随口胡说目无长官的心太猛。"因为他有功，不久也就被放了。他还不吸取教训，又对其他人夸耀他和皇太子之间的关系，说："皇太子杨勇和我情谊亲切，连高度的机密，他都对我附耳相告，言无不尽。"

后来杨勇在隋文帝那里失势，杨广取而代之为皇太子，贺若弼的处境可想而知。

隋文帝得知他又在那里大放厥词，就把他召来说："我用高颖、杨素为宰相，你多次在众人面前放肆地说'这两个人只会吃饭，什么也不会干，这是什么意思？'言外之意连皇帝我也是废物不成？"贺回答说："高颖是我的老朋友，杨素是我舅舅的儿子，我了解他们，我也确实说过他们不适合担当宰相的话。"因贺若弼言语不慎，得罪了不少人，朝中一些公卿大臣怕株连，都揭发他过去说的那些对朝廷不满的话，并声称他罪当处死。

隋文帝见了对贺若弼说："大臣们对你都十分的厌烦，要求严格执行法度，你自己寻思可有活命的道理？"贺若弼解释说："我曾凭陛下神威，率八千兵渡长江活捉了陈叔宝，希望您看在我过去的功劳的份上，给我留条活命吧！"隋文帝说："你将出征陈国时，对高颖说：'陈叔宝被削平，问题是我们这些功臣会不会飞鸟尽，良弓藏？'高颖对你说：'我向你保证，皇上绝对不会这样。'是吧？等消灭了陈叔宝，你就要求当内史，又要求当仆射。这一切功劳过去我已格外重赏了，何必再提呢？"贺若弼说："我确实蒙受陛下格外的重赏，今天还希望格外地赏我活命。"此时他再也不敢攻击别人了。隋文帝念他劳苦功高，只把他的官职罢了。

父子两代人，同样是因妄言而坏事，一个丧命，一个丢官，教训不可谓不大。在今天，虽然在上者的意志权力没那么大了，但要忍那些不该讲的话，以免招致不必要的祸端，还是有必要的。

语言是交流思想感情的工具。人们在交往中，没有语言做桥梁，就无法沟通，也就一事无成。但是语言能成事，也能坏事，所以古人认为凡事少说为佳。不是不说话，而是该说的要说，不该说的不说，要考虑好了再说，否则一言有失，即酿成大祸。

孔子一贯主张"先行其言而后从之"，可见他也是非常注意对弟子们的语言训练的。但他同时也认为不善于辩论并不是缺点，那种爱说不着边际的虚言妄语的人，是令人讨厌的。

不但从理论上讲是这样，在现实中更是如此。百无禁忌，口无遮拦，轻则会惹人厌烦，重则会引火烧身。在这方面，身为大儒的董仲舒的教训是值得世人汲取的。

西汉学者都喜欢谈论灾异，著名人物如董仲舒、夏侯胜、刘向、京房等人，堪称"灾升学"专家，与此相"对应"的是，其本人也多灾多难。其中董仲舒首开风气，得祸也最先。

董仲舒是广川国人，早年治《公羊春秋》，景帝时召为《春秋》博士。他善于讲说《春秋》经传中所记载的灾异现象，以灾异附会人事。

建元六年（公元前135年）四月，高祖长陵近旁的高园便殿发生大火灾。过了两个月，远在辽东的高祖庙又发生大火灾。董仲舒著书推论这两次火灾的原因，引春秋时鲁国的几次宫庙火灾以证今事，认为高祖祠庙不该建在辽东；高园便殿不该建在长陵近旁，按礼制就不该建这样的便殿。书中说如今国家大敝，灾难频降，天帝似乎在借火灾警告皇帝说："这个世道只有用太平至公的手段才能治理好。应当像我烧毁辽东高庙那样，忍心诛除亲贵诸侯中的奸邪；像我烧毁高园便殿一样，忍心诛除左右近臣中的奸邪。"书中请求武帝按"天意"行动，杀一批在内在外的奸臣。

书稿写好后还没有来得及进呈，适逢居心险恶的无品文人主父偃前来拜访，主父偃看见书稿顿起坏心，便把它偷出来献给武帝，武帝召集诸儒训论书稿内容，董仲舒的弟子吕步舒不知道是业师所著，称书稿所论是胡说八道。于是董仲舒被捕，依法当处死刑，武帝传诏赦免。

从此，这位著名学者再也不敢谈论灾异。

在这里，董仲舒虽是以文立论，所逞的并非口舌之利，但一个"逞"字，已足以给自己带来麻烦了。后来者应引以为戒。

忍言慎语，首先便要戒除伤人的话语，荀子也曾经说："伤人之言，深于矛戟。"意思是说，伤害别人的语言，比用尖锐的长矛和战戟刺伤人的肉体还要厉害。戒伤人之恶言，是搞好人际关系，与别人和睦相处的重要法则。

总之，说话是一门艺术，既要讲究内容，又要讲究方式，这两者都要恰当。否则，就有可能显露出自己的没"水平"，甚至还会因此惹来麻烦。尤其在有尊长者的时候，掌握好说话的火候非常重要。在现代社会中，人际交往越来越频繁，语言也从一个侧面体现着一个人的综合素质，恰当的言辞可能给人带来意想不到的机遇，恶言恶语也可能给人招致不必要的麻烦。因此，我们在说话前应该认真思考思考怎样表达才算得体。

一言兴邦，一言丧邦

【原文】

定公问："一言而可以兴邦，有诸？"孔子对曰："言不可以若是其几也！人之言曰：'为君难，为臣不易。'如知为君之难也，不几乎一言而兴邦乎？"曰："一言而丧邦，有诸？"孔子对曰："言不可以若是其几也！人之言曰：'予无乐乎为君，唯其言而莫予违也。'如其善而莫之违也，不亦善乎？如不善而莫之违也，不几乎一言而丧邦乎？"

从政者、治国者的地位和责任是一体相连的。地位越高，责任也就越大，同时与之俱来的是：责任大，权力也大，地位高，好多人都在你下面仰望你。所以，人处在一定的位子上，可以有两种态度：一是敬畏，一是骄奢。两种态度产生两种效果。如果一句话是出自敬守职责，生怕弄不好会出纰漏，体现如临深渊、如履薄冰、兢兢业业的态度。并且着眼于大局，考虑着长远，提出有远见卓识的主张，又采取实现这种主张的切实步骤，则是兴邦之言，事业可以兴旺发达。相反，利用自己的职务之便，任性妄为；又把地位看作自以为是的资本，予智予雄，听不进别人的意见，一锤定音，那定会完蛋。历史上许多正反事例，都能证明孔子关于"一言兴邦、一言丧邦"的见解富有深刻的哲理。作为一个有志于国家，有志于社会的人，尤其是身处高位的从政者、治国者，不可不察，不可不慎。

唐太宗的名论"创业难，守成也不易"，就是一个正面的实例。

贞观十年，唐太宗对侍臣说："帝王的事业，开创和保持哪个艰难？"尚书左仆射房玄龄回答说："天下大乱的时候，各路英雄竞相起兵，被攻破的才能降服，被打败的才能制伏。从这方面说来，创业艰难。"魏征回答说："帝王起兵，必然乘着世道衰败混乱的时候，消灭掉那些昏乱狂暴的人，百姓就乐于拥戴，天下人都愿归附；上天授命，百姓奉予，故创业不算艰难。然而已经取得天下之后，志趣趋向骄奢淫逸；老百姓希望休养生息，但各种徭役却没有休止；百姓已经穷困疲敝，而奢侈的事务却一刻不停，国家的衰落破败，常常由这里产生。以此而论，保持已经建立的功业更艰难。"

太宗听完两人相互对立的意见后，说："玄龄过去跟随我平定天下，饱尝艰难困苦，出入于万死之中，侥幸地得到一条生路，所以看到的是创业的艰难；魏征和我一起安定天下，担心出现骄奢淫逸的萌芽，重蹈危亡的境地，所以看到的是保持已建立的功业的艰难。这真是'创业难，守成不易'。"接着唐太宗又说："不过，现在创业的艰难既然已经过去，保持已建立的功业这一难事，我应当与你们一起谨慎地对待。"

表面上看起来，李世民在两种不同意见面前搞折中、和稀泥，其实不然。李世民这句话可以说是兴邦之言,其一,他能把创业、守业同等看成艰难的事,则会像当年马上打天下那样含辛茹苦,精心守成。其二,他还知道适时转换重点,看到艰辛创业已成历史,不能躺在过去的成绩单上睡大觉,如今的重点是思虑怎样守成。悟出了创业与守成同等重要的道理,并有一种守成的责任感。所以能发出"创业难,守成不易"的感叹。也正因为他从内心真正感到"创业难,守成不易",从而能焕发出一种励精图治的精神,保持从谏如流的态度,并且重农事,轻徭薄赋;恣其耕稼,保民而王举;节俭于身,恩加于人,终于换得一代"贞观之治"。

说到"一言丧邦",也可以举很多例子。历史上楚汉之争时,当项羽打到咸阳的时候,有人对他说:"关中险阻,山河四塞,土地肥饶,定都以霸。"劝他定都咸阳,天下就可大定。可是项羽对这个定都的建议不采用。他有一句答话很有趣,也是他的名言:"富贵不归故乡,如衣锦夜行,谁知之者?"就凭这句话,他和汉高祖两人之间气度的差别,就完全表现出来了。项羽的胸襟,只在富贵以后,给江东故乡的人们看看,否则等于穿了漂亮的衣服,在晚上走路,没人看得见。他英勇有余,但思想却如此狭隘、幼稚,所以项羽注定要失败。

清代嘉道年间,有个与龚自珍齐名的文人王昙,写了四首悼念项羽的名诗,其中有一首说道:"秦人天下楚人弓,枉把头颅赠马童。天意何曾祖刘季,大王失计恋江东。早摧函谷称西帝,何必鸿门杀沛公?徒纵咸阳三月火,让他娄敬说关中。"这首诗可以说是"富贵不归故乡,如衣锦夜行。谁知之者?"这句丧邦之言的最好注脚。

至于那些得志便猖狂骄奢,胡作非为,而又一意孤行,听不得别人批评意见的人,"一言丧邦"更是情理之中的事。隋炀帝就是一个典型例子。

隋朝在文帝手中,相当安定富裕。隋炀帝篡位后,荒淫挥霍无度,兴宫苑,侍候他的乐师舞伎有三万人;他率领十二万人南游江都,拉船的壮丁多达八万人;开国元勋,当朝执政二十年的大功臣只是在私下里批评他太奢侈,就被他杀害。他对名士虞吐南说:"我生性不喜欢人家提意见,大官提意见,我不会饶他;卑贱的人提意见,我决不让他有出头之日，你记着吧！"正因为这样，短短十四年时间，他就把隋朝锦绣江山葬送，自己也被人缢死。

做国君是这样，做平民也是这样，知做人之不易，从而时时刻刻勉励自己，恭谦随和而又志在刻苦，这样的人终会成功。相反，任性使气，图一时快活，说话做事缺乏周全考虑，而又意志薄弱，不能奋发上进，这样的人则一辈子都难有什么可观之处。

一个人的言论往往体现着他的思想，而一个人的思想往往又决定着他的行为。因此，我们从一个人的话里，几乎可以看出他的人生前途、事业命运。尤其当一个人居于高位，他的言行就不仅仅只关系到他一个人。因此，说"一言兴邦，一言丧邦"并不为过。所以，无论我们身为平常人还是位高权重，都必须以正确的理论作为指导，把言行和地位、责任联系起来。如此，才不致让自己一事无成或一败涂地。

夫人不言，言必有中

【原文】

子曰："夫人不言，言必有中。"

"夫人不言，言必有中"，这八个字，是行事、应世以至待人接物中的重大学问。当处大事的时候，不要乱说，要说就"言必有中"，像射箭靶一样，一箭出去就中红心，就到要点上。这才显得既谦虚谨慎，同时又能恰当地表现出才华、智慧和学问来。

孔子是非常重视说话的，他所讲的"夫人不言，言必有中"，重点指出言语的内容要有针对性，要能够一语中的，不能顾左右而言他，或是洋洋万言却"言不及义"，以至让对方不得要领。"夫人不言，言必有中"，既是一种说话艺术，又是说话的一个重要原则。在一些特定的场合，能否做到"言必有中"，不但是学问、才智的表现，有时还关系到国家政治、人格尊严等重大问题，因此，需要格外关注这个讲话艺术和原则。

官渡之战以后，曹操就着手统一北方，发展生产，增强军事力量，下一步他就打算进军南方,消灭占据着荆州的刘表和江东的孙权,统一全国。

汉献帝建安十三年,曹操率大军南下,此时,占据荆州的刘表刚刚死去,次子刘琮承袭了他的职位,胆小怕事的刘琮暗地投降了曹操,受刘表派遣驻守新野。刘备见曹军来势凶猛,想抵抗也来不及,就匆匆忙忙地向江陵(今湖北省江陵县)退却。江陵是一个军事重镇,又是兵力和物资的重要补给地,曹、刘双方都为争夺此地而日夜兼程,在长坂(今湖北省当阳县东北)曹操赶上了刘备,并且打败了刘备,占领了军事要地江陵。刘备被打得无路可走,只好从小道到夏口,与刘表的长子刘琦相遇,合兵一处,约有 2 万人,在夏口,刘备碰到了等他很久的孙权的谋士鲁肃。鲁肃向刘备坦白地说明了来意,希望孙、刘两家能够联合抗曹,这正符合诸葛亮在隆中同刘备讲的对策。刘备当即决定派诸葛亮为代表,同鲁肃前往柴桑,面见孙权共商联盟破曹之计。

孙权爱慕诸葛亮的才华,诸葛亮见孙权气度不凡,两个人谈得非常投机。孙权首先向诸葛亮请教,诸葛亮说:"现在天下大乱,曹操占据北方,而且有吞并天下之势。而将军您占据着江东,刘豫州刘备一心想振兴汉室,两位都有和曹操争夺天下的气势,真是志向相同啊!"诸葛亮一句话就将孙、刘拉到了共同抗曹的立场。但他见孙权在联合抗曹上仍有些犹豫不决,就对孙权说:"曹操占领了荆州,名声震及四海,现在他顺江而下,直逼江东,将军您应该根据自己的力量做出决断:如果能以您吴、越之力量与曹军抗衡的话,你就及早与曹操断绝关系;如果您担心无力与曹操抗衡,犹豫不决,在紧要时刻做不出决断,灾难可就要来了。"孙权听了有些生气。

诸葛亮接着说道:"刘豫州是汉朝的宗室,才能是他人所无法企及的,许多人都仰慕他,归顺他,如果他抗曹不成功,那也是天命;他是无论如何也不会向曹操投降的。"诸葛亮的几句话分明在激励孙权做出正确的决断。孙权十分激动,猛地站起来说:"我也不是甘受摆布的人,我不能拿着整个江东的 10 万士兵,受人家控制! 我的主意已定! 不和刘豫州联合就无法与曹操抗衡!"

诸葛亮为了进一步解除孙权的顾虑,就说:"刘豫州虽然刚打了败仗,但是他仍有精兵 2 万，曹操虽然兵马很多，但是经过长途跋涉，已经疲惫不堪了；更何况，曹军大部分都是北方人，用强力射来的弩箭，已经到了最后，该掉在地上了，连最薄的丝绸也穿不透。再加上曹操刚刚占领荆州，人心不服，百姓是向着刘氏的。将军您想想看，只要孙、刘两家联合起来，协同作战，就一定会打败曹操的。曹操失败以后，必定会退回北方，荆州、东吴的势力就会发展起来，这样，三足鼎立的局面就形成了。”

诸葛亮这番话，增强了孙权抗曹的决心。在这里，诸葛亮的话之所以能对孙权起关键作用，主要就在于他的每一句话都指出与孙权切身利益相关的事情，直接触动孙权的心理要害。因此，孙权下定决心联刘抗曹，而对手下谋士的意见再也听不进去了。可见，“言必有中”的话语，其作用是何等的重要。

此外，在社会交往中，一个人怎样说话，也常常是他全部能力的体现。话说得很多，不是地方，不如不说。不过，到非说话不可时，就要认真考虑了。关键时候的一句话，也许是一个人的命运转折，不可不谨慎。

郑敬字次都，是汝南郡（今河南上蔡西南）人。他的同郡老乡郅恽生性耿直，疾恶如仇，豪侠仗义，郑敬与他关系很好。郅恽在东汉建武初，曾为友人报仇杀人，所以长期在家，后来被汝南太守欧阳歙请为郡功曹，而郑敬也作门下客。

汝南地区有一个风俗，每年十月郡中都要举行大聚会，百里以内的各县官员都带着牛酒到郡守府中宴饮。在宴会上，郡守对于有政绩的属官给予表彰。这年十月，汝南郡又举行大会，太守欧阳歙在宴会上宣读表彰公文。公文说：

西部督邮繇延，天资忠贞，禀性公正，将自己所管之事办理得很好。现在我和大家一起为繇延论功，上报朝廷。我以太守的名义，嘉奖他的美德，并赐以牛酒，以养其德。

宣读完公文后，又有人领着繇延去领赏。

然而，繇延并非像郡守嘉奖的那么好，相反却做了许多坏事。郡守的嘉奖显然不实。这下把郅恽惹恼了，只见他表情严峻，走下座位，来到郡守面前，举杯言道：“我作为主礼仪的司正，现在举起酒杯，将您的罪过告谢于天。繇延资性贪邪，外表方直而内里圆滑，结党营私,奸诈无比,欺上害人,为政昏庸,人们怨声载道。而大人却以恶为善,下属以直从曲,这是既无君,又无臣。因此我斗胆再拜敬酒。"

欧阳歙的脸色陡然大变,他一时不知应该怎样对待郅恽的指责。

这时,郑敬急忙走上前说道:"俗话说,君明臣直。功曹郅恽敢于直言不讳,正说明郡守有德,您能不领这杯酒吗?"

听了这番话,欧阳歙的脸色稍稍好了一些,他顺水推舟说:"这实在是我的罪过,愿从命领酒。"

郅恽也往自己身上揽了责任,他说:"想当初虞舜辅佐尧时,谗言无所用,奸佞无所行,故被人们歌颂。而我作为郡守的辅吏,没有尽忠,让奸佞之人显露,虎狼之人从政,即使郡守受到诽谤,又当众显露緜延之罪,实在是罪责重大。请求将我和緜延一同收监,以惩恶扬善。"

欧阳歙听了此话,连说:"这分明是在加重我的过错"。于是,便散了宴。緜延也因此自动解职。

如前所说:"夫人不言,言必有中。"这说明关键时刻关键言语的重要作用。郑敬在宴会陷于僵局时的一番话,起码收到三个积极效果。第一,他肯定了郅恽的正直及其对郡守的指责。第二,他委婉地劝说郡守接受批评,同时也获得体面。第三,他缓解了眼前的僵局。这既体现了郑敬的语言技巧,也体现了他处事的聪明机智。

在这场冲突中,郅恽无疑是坚持正义、主持公道者,他对郡守的顶撞,体现着传统士人的良心。不过他并不考虑郡守的面子是否放得下来,这样,他的仗义执言,也许会带来适得其反的结果。郑敬用戴高帽子的办法,搬出君明臣直的古训,郡守因此能善待这两位直言者。

说真话是很难的,我想人们最好不要讲假话,为怕遭祸可以不说话,到了非讲真话时,最好把真话分批讲,让执政者有一个理解的过程。如郅恽这样一下子和盘托出肺腑之言,往往欲速则不达。郑敬的分批讲真话办法,真值得读者品味。

俗话说：打蛇要打七寸，否则，徒劳无功不说，还可能伤人，说话也是如此，要言必有中。

讷于言而敏于行

【原文】

子曰：君子欲讷于言而敏于行。

祸从口出，这是一个小孩子都懂得的道理。所以孔子说"君子欲讷于言而敏于行。"并说："多闻阙疑，慎言其余，则寡忧。"意思是多听各种意见，有怀疑的问题暂时搁下，对其余有把握的问题谨慎地说出自己的看法，那么就可以少犯错误。但是有人偏偏不按照这条道理为人处世，那么他们的下场是怎样的呢？

唐朝功臣刘文静就是因为爱发牢骚而丢了性命。

刘文静是李世民起兵反隋时的主谋，在后来进军长安时，又立了大功，说他是唐朝的开国功臣、元勋，那是当之无愧的。裴寂是经刘文静的介绍才得以认识李世民的，他在起兵的过程中虽然也起过某些作用，但他更主要的是善于讨好李世民的父亲李渊，同李渊酒肉不分家，并且将归自己管辖的隋炀帝的宫女私自送给李渊，是李渊的一个酒肉知己。

李渊称帝以后，对裴寂的宠爱异乎寻常，授他以右丞相之职，每次上朝时，必令他同登御座，退朝之后，又相携入宫，对他的话言听计从，赏赐无度。而刘文静呢，既不像裴寂那样受宠，官职只达到兵部尚书这一级，比裴寂低了许多，不免感到不公，因此在朝上议事时，故意同裴寂唱反调，两个人因此有了隔阂。一次在家里，刘文静以刀击柱，发誓道："我一定要杀掉裴寂！"

这些话被他一个失宠的小妾上告朝廷，朝廷在审问时，刘文静如实相告："当初起兵时，我与裴寂的地位相同；如今裴寂被授以丞相的高官，赐以甲等的住宅，而我的赏赐同一般人没有什么区别，我每次出兵打仗，家中老小都无可托付，的确怀有不满之心，酒醉时说些过了头的话也是可能的!"

李渊据此指刘文静为谋反,许多元老重臣一致不同意,李世民更是据理力争,指出首先策划起兵反隋的是刘文静,裴寂是后来才知道这件事,现在天下平定了,却受到了不公平的待遇,发些牢骚,也是人之常情,没有必死之罪。可李渊对刘文静一直比较疏远,对他的政治能力也不大放心。裴寂看出了这一点,乘机进谗说:"刘文静的才智谋略,的确是当代之冠,无奈他已经有了反心,如今天下还不太平,若是赦免了他,必有后患。"

这话正好击中了李渊的心病,就这样,刘文静被杀掉了,临刑时,他叹息道:"飞鸟尽,良弓藏,的确是这么一回事呀!"裴寂和刘文静之争,其实是李渊和李世民父子之争的一种折射。李渊对他这个功盖天下的儿子的态度十分矛盾,没有李世民,他根本当不了皇帝;有了李世民,他又觉得自己的帝位受了威胁。出于政治上稳定的考虑,也出于父子之情,他不好对李世民下毒手,作为李世民主要谋士的刘文静便做了替死鬼。刘文静太斤斤计较眼前的利益了,试想年老的李渊在位还能有多久呢,只要刘文静能忍耐、能韬光养晦,继续跟着李世民,帮助他谋取帝位,将来还少的了他的高官厚禄吗?放长线,钓大鱼,这也是封建社会置身官场中的人应该具备的一种姿态。

裴寂也犯了同样的错误,他只顾迎合老皇帝李渊,却忽视了代表着未来的李世民,果然李世民一继位,便宣布裴寂有四大必死之罪,将他赶出了朝廷。

为人处世,言语不可不慎,否则,轻则有可能导致与朋友关系疏远,重则有可能导致断送自己的前途与性命。

掌握分寸,恰到火候

【原文】

子曰:"可与言而不与之言,失人;不可与言而与之言,失言。知者不失人,亦不失言。"

孔子周游列国数十年，与各种性格的权贵都打过交道，所以对如何跟人说话很有心得体会。

俗话说："良言一句三冬暖，恶语伤人六月寒"，说话是一门艺术，如何把握说话的时机、对象和分寸，使你所说的话连同你本人得到别人的接受和肯定，这是一门学问。

唐太宗李世民曾经这样说过："语言者，君子之枢机，'谈'何容易！"

有的人缺少"嘴"上功夫，说话缺乏技巧，与人说话常常出现"话不投机"的尴尬局面，很难与人处好，把事情办好。而有的人则能掌握说话的分寸和火候，能得体恰当地传达自己所要表达的内容，让人听了以后感到非常愉悦，既能让人接受自己，又达到办事的目的，达到点"语"成金的效果。

乾隆皇帝平时公务繁忙，日理万机，休闲的时候就常找一些学识渊博的王公大臣，到御花园陪他说古论今，饮酒作乐。

有一天，两位情同手足的大臣纪晓岚和刘墉一起在御花园陪乾隆皇帝。

纪晓岚问刘墉："你们山东的萝卜最大的有多大？"

刘墉一听，马上喜形于色。兴致勃勃地比画着自己家乡远近闻名的大萝卜。

纪晓岚却不以为然，他说："你们山东的萝卜再大，也不如我们直隶的萝卜大。"

刘墉当然不服气，因为谁都知道山东的萝卜远近闻名，畅销各地，是出了名的个大。于是两人互相不服气，就争了起来。

乾隆皇帝在一旁觉得好笑，发话道："既然你们互相不服气，不如你们两人明天早朝时，各自带一个家乡最大的萝卜，让大伙给你们评评。"

第二天，刘墉带着一个大萝卜上朝，所有朝臣看见这么大的萝卜，个个都啧啧称奇，赞叹不已。

乾隆对纪晓岚说："你的大萝卜呢？快抬进来吧。"

谁也没有想到，纪晓岚不慌不忙地从袖口里掏出一个又瘦又小的萝卜。

大臣们看了不禁大吃一惊，不知道纪晓岚的葫芦里卖的是什么药。

纪晓岚不慌不忙，用非常谦恭、诚恳的语气说："回皇上，我让人找遍了我们直隶全省，才找到了这个最大的萝卜。皇上，我们直隶的土壤较为贫瘠，再加上近半年来天灾不断，所以农作物普遍收成不佳，百姓实在是无法缴纳太多的粮食，请皇上明鉴。"

乾隆皇帝立即明白了纪晓岚的意思，他这是借机反映全省的经济困难。于是，他想了片刻之后说："直隶穷就少纳粮，山东富就多纳粮吧。"

足智多谋的纪晓岚采用"迂回曲折"的办法，在恰当的时间针对恰当的人表达了自己的忧虑，在轻松的谈笑中解决了平时不易解决的大难题。

在日常生活中，我们难免有在一些重要的场合说错话的时候，造成对方的误会和不快，有时候还有可能会被人抓住把柄，从而造成被动局面。假如掌握了一定的交谈经验和技巧，会使自己所发生的错误及时得到弥补，重新创造良好的人际关系和心境，收到出乎意料的特殊效果。

某次婚宴上，来宾济济，争向新人祝福。一位先生激动地说道："走过了恋爱的季节，就步入了婚姻的漫漫旅途。感情的世界时常需要润滑。你们现在就好比是一对旧机器……"其实他本想说"新机器"，却脱口说错，举座顿时哗然，因为这一对新人正好各自离异，历经几多波折才成眷属，自然以为这位先生的话中隐含讽刺。这位先生发现出错，马上镇定下来，略加思索，不慌不忙地补充一句道："已过磨合期。"此言一出，举座顿时称妙。这位先生继而又饱含深情地说道："新郎新娘，祝愿你们永远沐浴在爱的春风里。"大厅内顿时一片掌声，一对新人早已笑得艳若桃花。

这位来宾的将错就错令人叫绝。错话出口，索性顺着错误继续说下去，反倒巧妙地改换了语境，使原本尴尬的话语化作了深情的祝福，反而道出了这对新人的情感历程及相爱与相知。

在美国，神学院毕业的学生，必须要到乡村教会去当一段时间的牧师，以丰富她们的工作经验，锻炼她们的韧性和毅力，为她们日后能够更好地宣传神学打下基础。

一位成绩和各方面表现都十分突出的学生，从一所著名的神学院毕业后，自愿到一个以牧业为主、生活十分艰苦、人们认识还比较落后的村庄去担任牧师。为了使那里的人更好地接受自己,并扩大自己的影响,从而使得人们能够更好地领会神的旨意,他准备召开一次布道大会。

经过紧张而又繁忙的准备后,他的布道大会如期召开了。但令他失望的是,他等了足足一个上午,却只有一个牧童来到会场。他感到有些心灰意冷,决定将这次布道会取消。但他在取消前还是征求了一下牧童的意见。牧童说:"亲爱的牧师先生,要不要取消大会我不知道,但我知道一件事,就是在我所养的 100 只羊中,就算迷失了 99 只,只剩下最后一只,我还是要养它。"年轻的牧师顿有所悟,决定将布道会如期举行。于是便使出浑身解数,对这位牧童全力进行布道,想不到这位牧童竟然睡着了。年轻的牧师非常难过,但又不好把牧童叫醒,结果他又等了整整一个下午。等到黄昏,牧童醒了,牧师就迫不及待地问牧童:"你为什么睡着了,难道我讲得不好吗?"牧童回答道:"亲爱的牧师先生,你讲得好不好我不知道,但我只知道一件事,就是我绝不会拿我最喜欢吃的汉堡给羊吃,而要拿羊最喜欢吃的牧草给羊吃。"

牧师经过一番思考,终于明白。过了不长一段时间,这位牧师成了全美国最著名的牧师之一。

有的人认为,这位牧师的布道失败了,因为他在大多数人不需要的时候举办了布道大会,并且对唯一的参加者讲述了人们并不需要的内容。也有的人认为,这位年轻牧师的布道会成功了,因为他明白了只有从人们的需要出发对人们进行引导,才能使人们接受自己并使神学发扬光大。事实上,牧师的失败是因为他忽视了人们的需要,而他此后的成功在于他满足了人们的需要。

说话有三个限制:听话人、听话时间、听话地点。如果不是这个人,就不必说;如果是这个人但交流的时间不对,也不必说;如果交流的人也对,时间也对,但地点不对,也不必说。

话留七分，只说三分

【原文】

子曰："辞达而已矣。"

言为心声。孔子非常注意从一个人的谈吐观察他的内心修养。他说："会吹、会掩盖、会伪装的人，很少能达到'仁'的境界。"又说："花言巧语足以败坏道德，在路上听到一言半语就沿途散播，是违背道德的行为。刚强、果敢、朴实、说话谨慎这几种品德就接近仁。"

孔子认为言辞能够表达意思即可，反对雕琢浮夸的花言巧语或者不留情面的肆意攻击。言辞达意的意思就是说话不要太满、太直。如果说三分话对方已经听明白，就没有必要把其余的七分话也说出来。

也许有人会认为这样做太狡猾，不够坦诚。打个比方说，把话说得太多了就像杯子里倒满了水，再也滴不进一滴水，再滴进去水就会溢出来；就像灌饱了气的气球，再灌进一丝气就会爆炸。杯子里留一点空间是为了不至于再加一点水而溢出来，气球留一点空间是为了不至于因为再灌一点气就会爆炸，说话不要喋喋不休，把意思表达清楚就行，说多了会令人生厌，反而达不到预期效果。

大卫有一次经过他的一家钢铁厂。当时是中午，他看到几个工人正在抽烟，而他们的头上正好有一块招牌，上面写着"禁止抽烟"。大卫显然有些生气，这是多么危险的事情，幸好被自己看到，如果没有看到会是怎么样的呢？大卫不敢想下去。大卫克制住自己的情绪，朝那伙人走去，递给他们每人一根雪茄烟，说："诸位，如果你们能到外面抽雪茄，那我真是感激不尽。"这几个工人立刻意识到自己违犯了工厂的规则。

有一位女士见到老板的太太是这样恭维的："哎呀，李太太您真是太幸福了，女儿白白胖胖的真是太漂亮了，丈夫又是建筑业的知名人士，却每天按时回家吃晚饭，李太太您真是太幸福了,您是如何调教丈夫的,能不能传授一点秘密啊!"这位李太太听了她的恭维话浑身起鸡皮疙瘩,再也不想搭理这位女士。

这位女士本来是想恭维李太太贤惠,相夫教子,但她的恭维话显得喋喋不休,语无伦次,让人听了感觉是在提醒自己,反而收到相反的效果。

"逢人只说三分话,未可全抛一片心。"有时候说话太多容易把自己暴露给别人,让别人很容易就探明自己的底细,从而采取一些对自己不利的举动。

豹子给兔子写了封信,信中说:"兔子老弟,以前是我不好,把你吓得四处躲藏。最近,好好反省自己才知道自己做得太过分了。如果你能既往不咎,我愿意向你赔礼道歉。另外,我从国外带回来一大包鲜草,如果你和你的家人能够享用,这将是我最大的荣幸。听说你有三栋漂亮的别墅,如果你能原谅我,我愿意带上礼物参观你富丽堂皇的住处……"

兔子看完信,心里非常高兴,既然豹子有了和好的诚意,自己不妨就宽容些吧。它立即回信,邀请豹子来家做客。豹子果然带来了一包进口的鲜草。兔子带领豹子参观了自己的三处别墅,并对豹子说:"别人都说'狡兔三窟,'这是我们防身的秘密啊,你千万不要告诉别人。不然,我们一家老小几十口就会有灭顶之灾……"

还没等兔子说完,豹子一口就把兔子生吞了,兔子其他两个别墅的家人也成了豹子一个月的美食。

生活中有很多类似兔子这样的人,她们容易轻而易举地相信别人,在根本不知道对方用意的情况下毫无保留地把自己的秘密告诉对方,结果使自己深受其害,有时甚至还会危及生命。

与人交谈,一定要分清对方的目的和意图,像豹子一样的人很多,它们对你友好,假装送你一些礼物,其实是为了害你。假如你没有认清对方的真实面目,只图一时之快,喋喋不休地把不该说的话毫无保留地说出,唯恐别人不知道自己的秘密。

说话不要喋喋不休,把意思表达清楚就行了,说话太多往往会惹祸太多。祸从口出

这已经是经过实践检验证明了的。

　　三国时期,曹植与曹丕争太子位。曹植才华横溢,人们都非常佩服,曹操对他也是另眼相看,内心暗暗打算把王位传给曹植。当曹植封侯的时候,曹丕还只是军中的一个小官。但灵活善变的曹丕却知道如何去打败曹植。

　　曹操带兵出征,曹丕与曹植都到路边送行。曹植充分发挥其才能,出口成章,称颂父亲的功德,曹操大为高兴。曹丕却反其道而行,不能出口成章,就装得很含蓄,假惺惺地哭拜在地上,曹操及其左右都非常感动,认为曹植有的只是华丽的辞藻,缺乏曹丕的真情实感和忠实厚道。在这样的情况下,曹植并没有意识到身边的危险,他依然我行我素,不肯用心计,每天吟诗作赋,用这种方式尽情倾泻自己的所思所想。曹丕则掩饰内心真情实感,不用过多的言辞来表达自己。宫中及曹操身边的人都觉得曹丕比曹植为人诚恳厚道,善解人意,都在为曹丕说好话。曹丕终于被立为太子。而不懂得防人之道,不懂得隐藏自己的曹植,最终将性命葬送在自己的亲兄弟手里。

分清场合,恰当说话

【原文】

　　子曰:"侍于君子有三愆。言为及之而言,谓之躁。言及之而不言,谓之隐。未见颜色而言,谓之瞽。"

　　孔子认为,说话要考虑对象,该说的话要说,不该说的不要说;对方让你说,你不能默不作声,不让你说,你也不能抢着说;说话时要考虑到对方的表情,对方正在烦恼痛苦时,你就不要去讲得意的事。

　　有些人总喜欢夸耀自己,认为自己的学识、兴趣高人一筹。每遇亲朋好友,就迫不及待地大肆吹嘘自己的心得、经验,常令一旁的好友不知所措。

　　有一次,一位先生约了几个朋友来家里吃饭,这些朋友彼此都是熟识的。她们聚拢来主要是想借着热闹的气氛,让一位目前正陷低潮的朋友心情好一些。这位朋友不久前因经营不善,关闭了公司,妻子也因为不堪生活的压力,正与他谈离婚的事,内外交逼,他实在痛苦极了。来吃饭的朋友都知道这位朋友目前的遭遇,大家都避免去谈与事业有关的事,可是其中一位朋友因为目前赚了很多钱,酒一下肚,忍不住就开始谈他的赚钱本领和花钱功夫,那种得意的神情,在场的人看了都有些不舒服。那位失意的朋友低头不语,脸色非常难看,一会儿去上厕所,一会儿去洗脸,后来他提早离开了。一出门,他愤愤地说:"老程会赚钱也不必在我面前说得那么神气。"

人人都会经历人生的低谷,人人都会遇上不如意的时候,这时,在失意的人面前炫耀自己的得意之处,无异于把针插在别人心上。既伤害了别人,对自己也没有什么好处。如果你正得意,要你不谈论不太容易,哪一个意气风发的人不是如此?所以这种做法也没什么好责怪的。但是要谈论你的得意时要看场合和对象,你可以在演说的公开场合谈,对你的员工谈,享受她们投给你的钦慕眼光,更可以对路边的陌生人谈,让人把你当成神经病,就是不要对失意的人谈,因为失意的人最脆弱,也最多心,你的谈论在他听来充满了讽刺与嘲弄的味道,你所谈论的得意,对大部分失意的人是一种伤害,这种滋味也只有尝过的人才知道。

一般来说,失意的人较少攻击性,郁郁寡欢是最普遍的心态,但别以为她们只是如此。听你谈论了你的得意后,她们普遍会有一种心理——怀恨。这是一种钻进到心底深处的对你的不满,你说得口沫横飞,却不知不觉已在失意者心中埋下一颗炸弹,多划不来。失意者对你的怀恨不会立刻显现出来,因为他无力显现,但他会透过各种方式来泄恨,例如说你坏话、扯你后腿、故意与你为敌,主要目的则是——看你得意到几时,疏远你,避免和你碰面,以免再听到你的得意事,于是你不知不觉就失去了朋友。

明太祖朱元璋出身贫寒,做了皇帝之后自然少不了有昔日的穷哥们到京城找他。这些人满以为朱元璋会念在昔日共同受罪的情分上,封给她们一官半职,谁知朱元璋最怕别人揭露他的老底,认为那样会有损自己的威信,因此他对来访者一般都拒而不见。

有一次他儿时最要好的朋友千里迢迢从老家赶到南京,几经周折总算见到他了。这位老兄为了表现出他们之间非同一般的情谊,一见面,当着文武百官的面就大声嚷道:"哎呀,朱老四,你当了皇上可真威风啊,还记得我吗?想当年咱俩可是一块光屁股玩耍长大的,你干了坏事总是让我替你挨打。记得有一次咱俩一起偷豆子吃,背着大人用破瓦罐煮,豆还没有煮熟你就先抢着吃,结果把瓦罐都打烂了,豆子撒了一地。你吃得太急,豆子卡在嗓子眼里还是我帮你弄出来的⋯⋯"

这位老兄在那里喋喋不休唠叨个没完,朱元璋在宝座上再也坐不住了。他心想,这人也太不识趣,竟然跑到这里来出我的洋相,让我这个当皇帝的脸往哪里搁。盛怒之下,朱元璋下令把这个说话不分场合,不看脸色的穷哥们给杀了。

人人都懂得说话要分场合、要看脸色这一道理,可是到了具体的说话环境,有时只图自己一时之快就把这一道理给忘记了。高兴起来有时还会说得忘乎所以,结果伤害对方的自尊,也伤害了双方之间的感情而自己却还没有意识到。

在交际场合,说话要有理有节,不急不躁,始终保持良好的风度和气度。

一次,英国一家电视台采访中国当代青年作家梁晓声,现场拍摄电视采访节目。这位英国记者忽然让摄像停下来,然后他对梁晓声说:"下一个问题,希望您能毫不迟疑地用'是'或'否'来回答,好吗?"

梁晓声不知是计,欣然答应。

谁知那位英国记者一扬手,遮镜板"啪"的一声响,记者把话筒放到自己嘴边,说道:"没有文化大革命,就不会产生你们这一代青年作家,那么文化大革命在您看来究竟是好是坏?"说完把话筒立即伸到梁晓声嘴边。

摄像机对准了梁晓声的脸。

梁晓声的形象和声音将会由摄像机传送给广大观众。

此时,无论梁晓声回答"是",还是回答"否",都是笨拙的。但梁晓声刚才是答应用最"简洁"的一两个字回答问题的呀。因此不按照应诺的条件回答也不是个办法。看来对方是蓄意要出他的洋相。

在这进退维谷之际，梁晓声却不动声色地说："在我回答您这个问题之前，我也问您一个问题：没有第二次世界大战，也就没有以反映第二次世界大战而著名的作家，那么您认为第二次世界大战是好是坏？"

梁晓声把话筒口转向英国记者。

顿时赢得全场一片掌声。

古埃及阿克图国王曾在一次酒宴中对他的儿子说："圆滑一点。它可以使你予求予取。"换句话说，不管在交际场合还是在现实生活中与人谈话时，要学会察言观色，不要过于敏感，过于偏激，不要执着于自己所谓正确的意见，不要轻易刺激任何人。不要因为自己说话不当而使朋友反目成仇，使自己陷于被动的境地。

说话要"有的放矢"

【原文】

孔子于乡党，恂恂如也，似不能言者。其在宗庙朝廷，便便言，唯谨尔。朝，与下大夫言，侃侃如也；与上大夫言，訚訚如也。

孔子在父老乡亲面前总是表现得恭谨而近于羞涩，很少说话，而在庙堂和朝廷上却明辨且侃侃而谈，显出一副雄辩的样子。与作为国家高级官员的上大夫说话和与作为一般干部的下大夫说话，以及与国君说话都用不同的方式、语气和仪态。

俗话说："到什么山唱什么歌。"在不同的场合，不同的人面前采用不同的方式和态度，这是待人处事恰如其分的表现。既不是世俗也不能理解为庸俗。设想一下，假如在自己的子女面前说话跟同上司说话用同一个态度；假如跟上司汇报工作时跟教训子女时采用同样的方式和口气，会有什么结果呢？不同人的身份和地位不同，脾气和性格不同，所以他接受说话的方式也就不一样，要达到说话成功的目的，就需要了解对方的性格特点,兴趣和特长,从而投其所好。

法国哲学家罗西法古说:"如果你要得到仇人,就表现出比对方优越吧!但如果你要得到朋友,就让你的对方表现出比你优越。"与人交往时,态度要谦虚、坦诚,不要咄咄逼人,否则你会失去朋友。

本杰明·富兰克林在他的自传中叙述了如何克服好辩的习惯,使自己成为美国历史上最能干、最和善、最老练的外交家。有一天,当富兰克林还是个毛躁的年轻人时,一位教友会的老朋友把他叫到一旁,尖刻地训了他一顿:"本,你真是无可救药。你已经打击了每一位和你意见不同的人。你的意见变得太珍贵了,没有人能承受得起。你的朋友发现,如果你在场,他们会很不自在。你知道的太多了,没有人能教你什么,也没有人打算能告诉你些什么,因为那样会吃力不讨好的,而且也会弄得不愉快。因此,你不能再吸收新知识了,而你的旧知识又很有限。"

这件事发生以后,富兰克林改掉了傲慢、粗野的习惯,他成熟、明智地领悟到别人的好心劝告,并意识到,如果再这样下去自己所面临的将是人生和社交上的双重失败。

"从此,我立下一条规矩,"富兰克林说,"我绝不允许自己太武断。我甚至不准自己在文字或语言上有太肯定的意见表达。比如,我绝不再说'当然'、'无疑'等词语,而改用'我想'、'我假设'、'我想这件事应该这样'、'目前,我看来是如此'等等。当别人叙述一件事而我并不以为然时,我绝不立刻驳斥他或立刻指正他的错误。我会在回答他的时候,表示在某些情况和条件下,他的意见没有错,但在目前这样的情况下,看来好像会有些出入等等。我很快就领悟到我这种态度的收获:凡是我参与的谈话,气氛都融洽得多。我以谦虚的态度来表达自己的意见,不但容易被接受,更减少了一些冲突。"

美国耶鲁大学文学教授威廉·费尔普在他的《论人性》一文中谈道:"我 8 岁的时候,有一次去姨妈家度周末。晚上,一个中年人上门拜访姨夫,但碰巧姨夫那晚上有事还没有回来,他便跟姨妈寒暄了好一阵子,看起来谈得很投机,姨妈看起来也非常的高兴。之后,他又把注意力集中在我身上。

当时我正对航模着迷,并正准备参加学校比赛。这位中年人就劲头十足地跟我讨论起航模来,他谈得头头是道。我兴奋极了,好不容易碰到一个跟我谈得这么投机的人。一会儿他起身告辞,我便显得恋恋不舍,并盼望他明天再来。他走后,我对姨妈说:'这人真好,他竟然对航模这么感兴趣。'姨妈说:'他是个律师,工作很忙,他才不会对航模感兴趣呢。他这样做无非是使自己成为一个受人欢迎的人。'

从那以后,我开始明白,什么叫作"有的放矢"。

与人相处,最重要的就是要学会"有的放矢"。要学会从别人的言谈举止中察觉出他的兴趣和爱好,然后投其所好,以便使自己在工作和生活中获得好的人缘。

小李刚工作不久,有一次到上司家求他办一件事。上司擅长书法,因此话题自然就落在书法上。小李谦虚而敬佩地说:"高主任,我也很爱好书法,这些年来我虽然一直都在努力练字,但由于不得要领,进步很小,请您稍微传授点秘诀,指点指点怎样?"

高主任自然很高兴,便滔滔不绝地讲起书法上的"经"来,"我最大的体会就是,平时多揣摩,多看多记,不一定非要整天坐在哪儿练字不可……"

小李更加诚恳地说道:"谢谢高主任。今天得到您的'真传',我以后再用心练习,一定会有很大的长进。"高主任高兴地拍着小李的肩说:"好!年轻人有出息。"临别还送给他几本字帖让他临摹。

不用说,以后有什么事,高主任都会有意无意地关照一下这位虚心向他求教的小李。

好口才能避祸

【原文】

子曰:"不有祝鮀之佞而有宋朝之美,难乎免于今之世矣!"

张仪与苏秦同受业于鬼谷子,在苏秦已经因为自己的合纵战略名显诸侯的时候,他还是楚相的一个普通门客。有一天,楚相大会宾客,张仪也在被邀请之列。但是在宴会结束以后，楚相身上佩带的玉璧不见了。当时很多人都对楚相说，张仪贫穷而没有品德，一定是张仪把玉璧偷走了。楚相让武士捉住张仪审问，张仪不承认偷了玉璧。楚相就命令打了张仪几百竹板，逼迫张仪承认。但是张仪始终拒绝承认。尽管没有审问出来，但这件事后张仪感到没有脸面再在楚相那里做门客了。他回到家里，妻子看到他被羞辱的样子对他说：你如果不去读书，游说你那什么学说，在家里好好做普通百姓，怎么会遭到这样的侮辱呢！张仪摇了摇头不以为然，他对妻子说：你看看我的舌头还在吗？妻子笑着回答：舌头当然还在，不然你怎么吃饭呢。张仪说：舌头在就足够了，我的舌头不是用来吃饭的，是用来建功立业的。

清乾隆年间，杭州的南屏山敬慈寺有个和尚叫诋毁。此人聪明机灵，心直口快，喜欢议论天下大事，对朝廷多有不敬之词。

乾隆皇帝对此早有所闻，巡视江南来到杭州时，为找茬儿惩治他，于是乔装改扮成秀才来到净慈寺。

乾隆随手从地上拾起一块劈开的毛竹片，指着青的一面问诋毁："老师傅，这个叫什么呀？"

按照一般的说法，显然叫"篾青。"诋毁正准备答话，蓦然，从乾隆的言谈举止中意识到什么，脑子里马上做出反应："篾青"的谐音不就是"灭清"吗？于是，眼珠一转，答道："这叫'竹皮'。"

乾隆原以为诋毁会回答"篾青"，那就正好以他对清政府不满的罪名将他缉拿归案，不想被诋毁很巧妙地遮掩过去了。乾隆不肯就此罢休，随即把竹片掉翻过来，指着白色的一面问诋毁："老师傅，这个又叫什么呢？"诋毁心想，若回答"篾黄"，会正中皇上的下怀，因为"篾黄"的谐音是"灭黄"。于是诋毁回答道："我们都管它叫作'竹肉'。"

乾隆皇上的这一招又没有得逞，心中很不快但又没有理由发作，只好悻悻作罢。而机智的诋毁和尚则巧妙地躲过了杀身之祸。

"欲加之罪，何患无辞。"本来就是"篾青""篾黄"，但因为它们的谐音是"灭清"和"灭

中华传世藏书

论语诠解

《论语》智慧应用

皇"，假如诋毁没有一定的心计，没有很好的口才，正中乾隆下怀，必然会招致杀身之祸。而经诋毁巧妙一改，使乾隆抓不到把柄难以下手。正是诋毁的聪明机智使他躲过了杀身之祸。

谢缙陪伴明太祖朱元璋在金水河钓鱼，不料一上午一无所获。朱元璋深感失望，但还是命令谢缙要"以诗记之。"这是一个很冒风险的大事。因为如果实事求是地将没有钓到鱼的实事记下来，肯定会激怒皇上，弄不好会脑袋不保。但如果不按照实际情况记录，又有犯欺君罪之嫌。不过，谢缙是当时有名的才子，这点事情倒是难不倒他的。他稍加思索，就想出了一首小诗："数尺纶丝入水中，金钩抛去永无踪。凡鱼不敢朝天子，万岁君王只钓龙。"这首诗，前两句写实，记录的是当天垂钓没有钓到鱼的实事。而后两句则是在讨好皇上，因为皇上至尊至贵，皇上是钓龙的人，"凡鱼"根本不敢上钩。这首诗引得皇上开怀大笑，非常开心，一扫而去一个上午没有钓到鱼的烦恼。

盛夏时节，一天，纪晓岚和几位同僚一起，在书馆里校阅书稿。

纪晓岚因为身体肥胖，经不起炎热酷暑，于是就脱掉了上衣，赤着胳膊，把辫子也盘到了头顶上。

不巧，这时，乾隆皇帝慢慢走进馆来。

当纪晓岚发觉时，已经来不及穿衣服了，于是他赶紧把脖子一缩，钻到了书桌下面。

其实，乾隆早就看见纪晓岚的动作了，但他佯作不知，就在馆里故意与其他官员闲聊，迟迟没有离去的意思。

后来，他又静坐在书桌旁，摆手示意其他的官员不要作声。

暑伏酷热，纪晓岚在桌子下面大汗淋漓，实在熬不住了，又听见外面静悄悄的，自以为乾隆已经走了，于是便伸出头来向外窥探，问同僚们："老头子走了吗？"他话音刚落，就发现皇上正坐在自己的身旁呢！

乾隆听了不觉好笑，同僚们亦忍俊不禁。

乾隆佯怒道："纪晓岚，你好无礼，怎么能讲出这般轻薄随便的话！为何叫我'老头子'？如果你解释得体，就饶恕你，否则就砍了你的脑袋！"

众同僚都为纪晓岚捏了一把汗。

纪晓岚真不愧是铁齿铜牙，他从容地回答道："皇上万寿无疆，这难道不叫'老'吗？您顶天立地，至高无上，这难道不是'头'吗？天与地是皇上的父母，您难道不是'子'吗？这些合起来不就是'老头子'吗？"

乾隆听了他的解释，立即转怒为喜，不但没有责罚，反而奖赏了他。

古人说：好人出在嘴上。就我们今天来说，无论是在企业还是在公司里，同样都是服从老板安排，替公司做事，但每个人在上司心目中的地位是不一样的。关键在于你是不是掌握了说话的艺术。有的人肯动脑筋对上司布置的任务在完成过程中勤汇报、勤请示，这样一方面显示工作主动，同时让上司感到他布置的任务正在被圆满地执行，并且收获很大。相反，有的人不会说话，不善于表达自己，对上司安排的工作或者被动应付，有的人即使做了也不主动汇报，不做信息反馈，甚至"先斩后奏"或"斩而不奏"，甘当无名英雄，结果往往是事倍功半。

沉默是金，言多必失

【原文】

子曰："中人以上，可以语上也；中人以下，不可以语上也。"

孔子重视因材施教，孔子这里的意思是说，对于中等水平以上的人，才可以跟他讲论高深的学问，只有根据受教育者的实际水平进行适当的教诲，才会取得良好的效果。

假如我们把这句话用在为人处世上，就是多说不宜，言多必失。不是这个人，就不要跟他谈论这件事，话说多了容易惹祸。

有人说言语是一种卑贱的东西，一个说话极随便的人，一定没有责任心。话多不如话少，话少不如话好，多言不如多知。多言是虚浮的象征，口头慷慨的人，行动一定吝啬。

千言万语往往不及一件事实留下的印象深刻。有道德的人，决不泛言，有信义者，决不多言，有才谋者，不会多言。多言取厌，虚言取薄，轻言取侮，保持适当的缄默，会赢得别人的尊重。

一个冷静的倾听者，不但到处受人欢迎，而且会逐渐知道许多事情。而一个喋喋不休者，像一只漏水的船，每一个乘客都希望赶快逃离它。同时，多说招怨，瞎说惹祸。正所谓言多必失，多言多败。保持沉默，既使自己不受伤害，同时也能保证不伤害别人。

小明大学毕业后顺利找到一家颇为知名的公司，很快和大家打成一片，工作也做得有声有色。一年后，便被老板任命为部门经理，手下管十几个人，对小明来说，可谓是少年得志，何其风光。

不久，公关部招来一个女孩，两人之间在工作上不存在竞争。但女孩外貌美丽，性格开朗，小明被他深深打动，于是开始同他频繁交往。

随着两人交往的日益增多，为表示对她的信任，小明告诉了这个女孩一些他从来没有告诉别人的话，包括他所知道的公司的一些秘密。

可是过了不久，小明明显感到女孩疏远了自己。不久，小明被公司炒了鱿鱼，原因当然很明显。

老子说："多言数穷，不如守中。"意思是，说话越多，难免离"道"越远，容易碰壁，不如效法天地，虚静无为，保持中和的状态。

许巍毕业已经8年了。由于工作多年，经验丰富，被聘请到一家软件公司做管理，公司除了支付给其高薪外，还专门给他租了一套住房，这一切当然是绝对保密的，公司怕其他同事知道后会影响情绪。

由于深得老板信任，关于公司发展的一些大事，老板也常常叫他参与。其他同事纷纷投来羡慕的眼光，许巍自然而然产生了一些优越感。回想刚毕业时所受的磨难，许巍感慨万千，那时候由于缺乏工作经验，薪水拿得少不说，干的活也最苦最累，还经常被老员工呼来喊去，于是他控制不住自己的想：要是她们知道我的待遇，肯定会更加羡慕自己。

有了这种虚荣的想法后，许巍开始向与自己关系最密切的同事透露自己的待遇。同事当时自然是惊讶不已，好久说不出话来。这种满足又促使他将这一秘密告诉了单位里其他的几位同事。

最终，公司因为此事闹得沸沸扬扬，很多员工因此而闹情绪，要求提高待遇，有的甚至以辞职相威胁。迫不得已，老板只好请许巍离开公司。

古代有一位国王，命令聪明的大臣给他做一道世界上最好的菜。几天之后，献给国王的是一碟不同动物的舌头所做的菜，

后来，国王又叫这位大臣做一道世界上最坏的菜给他。过了几天，大臣把调制好的菜捧到国王面前，又是一碟舌头。

国王于是就问这位大臣，他先后要的是两种不同的菜，何以竟给他同样的东西。这位大臣解释说，舌头如果善加利用，是一种伟大的才能，但若用作伤害与刻薄的工具时，就是最可怕的了。

管住自己的舌头，不要使自己遭受伤害。

沙皇尼古拉一世登基后，国内就爆发了一场自由分子领导的叛乱，他们要求俄国现代化，希望俄国的工业和国内建设必须赶上欧洲的其他国家。尼古拉一世残忍地平定了这场叛乱，同时判处其中一名领袖里列耶夫的死刑。

行刑的那天，里列耶夫站在绞首台，行刑时，里列耶夫一阵挣扎，突然绳索断了，他摔倒在地上。按照惯例，出现这样的事件可以看作是上天的恩宠，犯人通常会得到赦免。里列耶夫从地上站起来后，确信自己并没有死去，于是向人群大喊："你们看，俄国的工业就是如此的差劲，她们甚至连制造绳索也不会。"

使者将行刑的情况报告给沙皇。尼古拉一世虽然懊恼这突如其来发生的变化，但还是打算提笔签署赦免令。

他问使者："事情发生后他说什么了没有？"

使者回答道："陛下，他说俄国的工业是如此的差劲，他们甚至不懂得如何制造绳索。"

"这种情况下，"沙皇说，"让我们来证明实事与之相反吧。"于是他撕毁赦免令。第二天，里列耶夫再次被推上绞刑台。这一次绳索没有断。

祸从口出，言多必失。很多时候，往往就是口头上逞一时之强，结果毁了自己的一生。

言之有据，以理为先

【原文】

或曰："雍也仁而不佞。"子曰："焉用佞！御人以口给，屡憎于人。不知其仁，焉用佞！"

冉雍是孔子喜爱的弟子之一。孔子认为他是块做王者的材料。希望他能够谦恭下士，替生民着想。而冉雍也确实按照孔子的指点，平生不以贫穷为累，只把贫穷当成临时的过客；不拿别人出气，不把怨恨加深，不记录和计较人们犯过的罪过。有人对孔子说冉雍有王者之器的话提出异议。说："冉雍这个人，挺仁德，可就是缺乏口才。"孔子反驳说："只耍口才有什么用？用伶牙俐齿对付别人，往往会遭到人家的憎恶。我虽然不知道冉雍是否够得上称为仁道的人，不过，也用不着拿耍口才去要求他。"

秦王嬴政很重视对楚国的战争，他召集秦国的著名武将，商讨作战方案，确定担任这场战争的秦军统帅。在军事会议上，秦王嬴政踌躇满志地询问他的各位虎将，这次对楚作战所需要的物资和人马。

"最多不过20万人，便可以平定楚国！"

年轻将领李信抢先回答道。李信年富力强，在不久前追击燕军的作战中，曾以数千铁骑在辽东追逐燕太子丹，勇立奇功。而秦王对他这位年轻的将领也颇为欣赏。不过他还是征求了一下老将王翦的意见。"非 60 万不可。"王翦不紧不慢地回答道。

秦王听后于是笑道："王将军的确是上了年纪，有些怯阵；李将军果然是英勇气壮，很合寡人心意。"

会议结束后，秦王当即命李信及蒙武率 20 万大军南下伐楚，即日出发。

王翦见自己的意见不被采纳不说，还当众受到羞辱，心里很不是滋味，便向秦王请求告老还乡。秦王批准了王翦的请求，王翦便回到家乡频阳东乡。

前 225 年，李信所统率的秦军进攻楚国的平舆（今河南平舆北），蒙武所统率的秦军进攻楚国的寝（今河南沈丘东南）。进军之初，秦军进展顺利，两军在城父（今安徽县东南）会师。此时，楚王命名将项燕率大军抵拒秦军。

项燕是楚国的名将，下相（今江苏宿迁东南）人，有勇有谋。他见李信、蒙武接连攻下十余座楚国城池，气势正盛，便避免同秦军正面交战，转而进攻秦国的南郡（即鄢郢），以调动秦军，又乘秦军兵骄不备，跟踪反击，三日三夜不停战，大破李信军。项燕所率的楚军杀入秦军的壁垒，斩杀秦国的七名都尉，秦军大败而逃。

李信的大败使秦王大为震怒，但他很快冷静下来，后悔当初没有听取老将王翦之言，低估了楚国的军事力量。为了统一大业，秦王嬴政不得不屈尊亲自到王翦的家乡请求老将军出山，由他出任对楚作战的统帅。

禁不住秦王的一再赔礼道歉，王翦觉得难以再推辞，但还是提出条件，非 60 万人马不可。

在战国时期一次战争动用 60 万军队实属首次，但这次战争是要灭亡楚国，的确也不可大意。最终，秦王答应了王翦的请求。

秦王于是挑选了 60 万精锐部队归王翦调遣指挥。

前 224 年，王翦率大军抵达前线，取代李信担任秦军的指挥。

王翦到达前线后，下令将士们构筑工事，令将士们坚守壁垒，不得出战，有敢违令者，一律斩首。

楚军连日来多次到阵地前沿向秦军挑战，无论楚军士兵们如何辱骂，秦军始终不肯走出壁垒应战，楚军也无可奈何。

王翦与项燕都是当时的名将，秦楚大军的暂时对峙，实际上是二人智慧上的较量。王翦坚壁不出，是因为秦军远道而来，行军疲惫，立足未稳，而不久前又兵败于楚，因而坚壁以养精蓄锐，然后再以60万大军的优势伺机而动，一举歼灭楚军。项燕的挑战，也并非是求胜心切，他深知王翦老谋深算，再加上秦军作战勇猛以及数量上的绝对优势，他想趁秦军立足未稳和楚军新近获胜，气势高涨之时，以暂时的优势取胜。项燕十分清楚，王翦及他的60万兵甲这本身就是对楚军心理上的威慑，而这种威慑将随着相峙时间的延长而加强。

在王翦与项燕的智斗中，王翦以坚壁不出把握了主动权，并渐渐形成优势。

一日，王翦派人到军营视察，问军中是否在进行训练。使者向王翦报告说："各军营中正在练习投石、跳跃。"

王翦说："士卒可以使用了。"

这时，项燕见王翦一直坚壁不出，急切之中，便下令楚军向东移动，想以此来牵动秦军。然而，项燕这一决策为时过晚，给楚军带来了灭顶之灾。

王翦见楚军东移，便抓住这一时机，在楚军拔营之际下令秦军以排山倒海之势全线出击，穷追不舍。秦军的前锋将士，个个英勇无敌，大破楚军于蕲（今安徽县东南）。项燕见楚军主力被歼，知道大势已去，便自杀身亡。残余的楚军见统帅已死，便四处逃散。秦军乘胜追击，在不到半年的时间里，楚国的大片土地已落入秦军手中。

前223年，王翦率秦军攻入寿春，俘虏楚王。

前222年，王翦率秦军平定原属于楚国的江南领土，降服越君，设置会稽郡。

秦军攻入楚都寿春、俘虏楚王以及降服越君，设置会稽郡，标志着秦灭六国的第五个战略目标已经完全实现了。

语言表达要切合实际，要言之有物，言之有据，不能凭空而谈。李信不切实际，妄自尊大,结果吃了败仗。

风和太阳争执看谁的威力大。风说:"我能证明我的力量大。看地面上正走着一个穿着大衣的老头,我能比你更快地让他把身上的大衣脱了。"

于是,太阳躲进乌云里,风使出他的威力狂吹,但是风吹得越大,那老者越用力拉紧自己的衣服。最后,风吹得筋疲力尽,还是没有让那老头把大衣脱下来。

这时,太阳从云层里出来了,它开始向大地放射光芒和温暖。不久,那老者开始用手去擦额头上的汗,不久,那老头就将身上的大衣脱去。

于是太阳对风说:"仁慈和友善远远比愤怒和暴力更有力。"

这个故事说明,实事和道理更能够说服人心,暴力和愤怒只会带来更大的愤怒。要使自己的言论有说服力,首先必须要做到以理服人。

第七节　《论语》的成事智慧

靠信用立身处世

【原文】

子曰:人而无信,不知其可也。大车无輗,小车无軏,其何以行之哉?

中国人自古就有"言必行、行必果""人无信不立"等警句。讲信用,守信义,是立身处世之道,是一种高尚的品质和情操,它既体现了对人的尊敬,也表现了对己的尊重。一个守信用的民族,才能跻身于世界民族之林。一个守信用的国家,才能为国际所信赖。孔子很早就把诚信提到了"民无信不立"的高度。

曾子是孔子的得意门生,儒家思想就是孔子通过曾子传给孔子嫡孙子思,再传给孟子而形成孔孟之道的。所以,曾子被儒家尊为"宗圣"。

有一天,曾子的妻子要到集市上去,小儿子哭闹着要跟着去。曾妻戏哄儿子说:"好乖乖,你别哭,你在家等着,妈妈回来杀猪炒肉给你吃。"儿子听说有肉吃,便答应不随母亲去了。

曾子的妻子从街上回来,只见曾子拿着绳子在捆猪,旁边还放着一把雪亮的尖刀,正准备杀猪呢! 曾子的妻子一见慌了,赶快制止曾子说:"我刚才是同孩子说着玩的,并不是真的要杀猪呀! 你怎么当真了?"

曾子语重心长地对妻子说:"你要知道,孩子是欺骗不得的。孩子小,什么都不懂,只会学父母的样子,听父母的教训。今天你要是这样欺骗了孩子,就等于教他说假话和骗别人。再说,今天你要这样欺骗孩子,孩子觉得母亲的话不可靠,以后你再讲什么话,他就不会相信了,对孩子进行教育也就困难了。你说,这猪该不该杀呀?"

曾妻听了丈夫的一席话,后悔自己不该和孩子开玩笑,更不该欺骗孩子。既然答应杀猪给孩子吃肉,就该说到做到,取信于孩子。于是,她和丈夫一起动手磨刀杀猪,为孩子烧了一锅香喷喷的猪肉。儿子一边吃肉,一边向父母投去了信任和感激的目光。

这个故事告诉我们:不管是对谁,都要说话算数、一言九鼎,即使是对自己的孩子。

"信"是儒家传统伦理准则之一。孔子认为,信是人立身处世的基点。在《论语》书中,信的含义有两种:一是信任,即取得别人的信任;二是对人讲信用。孔子将"信用"看得很重要。孔子说这话是有感而发的,想必是看到许多言而无信的人最终无法立足于社会,才从反面教材中总结出了这句训言,以警醒大家。但不守信用的人实在是太普遍了,即使是孔子的弟子中也有这样的人。

孔子的弟子公冶长能够听懂鸟语。一天,一只鹞鹰落在他窗口鸣叫,他听懂了鹞鹰在说:"公冶长公冶长,南边有死獐,你吃它的肉,我吃它的肠!"公冶长跟着鹞鹰去,果然发现了獐,但他却独吞了獐。过几天,鹞鹰又来告诉公冶长死獐的消息,公冶长拔腿就出了门,不久就看见前面一堆人,中间隐隐约约躺着什么。公冶长唯恐被人抢去死獐,急呼："诸公休得动手！那是我打死的！"众人立即闪开。这下公冶长傻眼了：地上躺着的，是一个死人。公冶长急忙申辩，但无济于事，人们七手八脚把他扭送到公堂。

同样是孔子的弟子，"曾子杀猪"，留给人们的是诚实守信，妇孺无欺的美名；而公冶长呢，言而无信，不仅遭受鹞鹰的捉弄，还引来了官司。这么一比较，说明的是：守信用的人得到了好处。但现在很多人，都被背信弃义所带来的那一点蝇头小利蒙昏了头，好像"不骗白不骗"似的。殊不知，信誉是无价之宝。经济的损失，将来可以赚回来；而信誉的损失，就难以弥补了。现代商业时代越来越讲究信用，没有信用的商家，是无法在竞争激烈的市场中得到一席容身之地的，更别提发展了。

正泰集团董事长南存辉说："当年我修皮鞋的时候，就是靠一针一线扎扎实实的技术在当地立足的。集资5万元办厂时，我把厂名取为'求精'，也是想通过精益求精的精神在市场上求得生存。多少年来，正泰正是靠认真和诚信在社会上打造了一片天地。信用就是金钱！"

有一次，企业有一批货物出口希腊。在运输过程中，一只货箱出现了破损，重新装配时，偶然发现有一件产品不合格。南存辉得知后，毅然要求全部开箱检查。由于开船的日期已经临近，如果不及时交付，将要付出巨额损失费。有人建议不要大动干戈，因为外商是老客户了，不会因为一两件产品不合格而退货。这个建议被南存辉断然拒绝。结果，所有的货物被开箱检查，确认合格。为了不影响交货，这批货物由海运改为空运。仅此一项，企业的运费就多花了80万元。但通过这一件事，却树立了正泰集团的品牌形象。

当今社会，以信誉吸引顾客成为许多企业共同使用的招数。诚信经营是企业获取市场竞争力、树立企业品牌的有效武器，也是商家增值财富的一种长期、根本的经营理念。

做人也好，处世也好，为政也好，经商也好，言而有信是关键所在。

一切皆求之于自己

【原文】

子曰：君子求诸己，小人求诸人。

孔子说"君子求诸己，小人求诸人。"后人常常把这句哲言拿来指引人生。这里，"求"有两方面的含义。

一方面，从积极追求的角度说，是指凡事都靠自己，如《易经》里所说："天行健，君子以自强不息。"另一方面，这里的"求"也包括责备自己，从自身找缺点，找问题。就是《中庸》里面说的："子曰：'射有似乎君子，失诸正鹄，反求诸其身。'"君子立身处世就像射箭一样，射不中，不怪靶子不正，只怪自己箭术不行。孟子也说过类似的话："仁者如射；射者正己而后发；发而不中，不怨胜己者，反求诸己而已矣。"不怪靶子不正也罢，不怪比自己射得好的人也罢，总之都是要求从自身找原因。

法国军事家、政治家拿破仑说："我成功，因为志在要成功，未尝踌躇。"他还说："人多不足以依赖，要成功只有靠自己。"我国著名教育家陶行知有句名言："流自己的汗，吃自己的饭，自己的事自己干，靠天靠地靠祖宗，不算是好汉。"在人生的道路上，依赖思想只能使自己一事无成，最终把自己推入失败者的行列，能帮助你的只有自己，一切还得靠自己。

面对命运的难以捉摸、不可确定，人类对命运的认识陷入了迷惑的境界：到底是命运控制我们，还是我们控制命运？贝多芬说："扼住命运的咽喉，决不能让命运使我屈服。"人类应该靠自己来决定命运。

有一次，佛印禅师与苏东坡看到一座马头观音的石像，佛印禅师立即合掌礼拜观音。苏东坡疑惑不解，问佛印禅师道："本来，观音是我们要礼拜、要乞求的对象，为什么他和我们一样，挂着念珠，合掌念佛。我不明白，观音到底在念谁呢？"

佛印禅师语重心长地说道："问你自己吧！"苏东坡答道："我哪里知道，观音手持念珠念谁？"佛印道："持念珠是念观音菩萨的佛号。"苏东坡不解："为何要念自己的佛号？"佛印开示道："求人不如求己。"苏东坡终有所悟，合掌礼拜观音。

凡人之所以是凡人，可能就是因为遇事喜欢求人，而观音之所以成为观音，大概就是因为遇事只去求自己！如果我们都拥有遇事求己那份坚强、

佛印禅师

自信、主动，也许我们就会成为自己的观音。

其实，每个人都是自己命运的主人，乞求别人，等待别人的恩赐，只能让我们养成一种惰性，把命运的方向盘交给别人，别人给什么，我们就只能要什么，别人不给，就得不到什么。自然，人人都会遭受挫折，因此不能把命运的主动权放在别人的手上。事实上，我们有时在遇到困难的时候，首先想到的不是自己解决，而是寻求别人的帮助。

曾经读到这样一个禅宗的故事，名为"自伞自度"。这个故事寓意深刻，令人回味。

有一个信者在屋檐下躲雨，看见一位禅师正撑伞走过，于是就喊道："禅师！普度一下众生吧！带我一程如何？"禅师道："我在雨里，你在檐下，而檐下无雨，你不需要我度。"

信者立刻走出檐下，站在雨中，说道："现在我也在雨中，该度我了吧！"禅师说："我也在雨中，你也在雨中，我不被雨淋，因为有伞；你被雨淋，因为无伞。所以不是我度你，而是伞度我，你要被度，不必找我，请自找伞！"

那个人站在雨中被淋得浑身湿透了，到最后禅师还是没有度他。他说道："不愿意度我就早说，何必绕这么大的圈子，我看佛法讲求的不是'普度众生'而是'专度自己'！"

禅师听了不但没有生气，反而心平气和地说道："想要不淋雨，就要自己找伞。真正悟道的人是不会被外物干扰的。雨天不带伞，一心只想着别人肯定会带伞，肯定会有人帮助自己的，这种想法最害人。总想着依赖别人，自己不肯努力，到头来必定是什么也不能得到。本性是人生来就有的，只不过有的人还没有找到，平时不去寻找。只想依靠别人，不肯利用自己潜在的资源，只把眼光放在别人身上，这样怎么能够取得成功呢？"

这个故事给人的启发是：我们平时应该靠自己的努力去修得一把伞用以自度，因为没有人会给你送伞。自伞自度，自信自度，求人不如求己。

天助自助者，完全依赖别人的恩赐是不可能的，我们解决问题首先想到的应该是自助。人的一生，难免会遇到许多麻烦和困难，但我们首先想到的应该是我应该如何去做才能解决它。那么我们就要敢于试一试，拼一拼，将自身的能量最大限度地发挥出来，战胜困难，最终解决问题。如果我们遇到困难时，一门心思地烧香拜佛，乞求得到别人的帮助，那样你将永远会陷在困难之中。

每个人都是自己命运的建筑师，都需要做自己的主人，选择自己的道路。这个世界，除了自己之外，还有谁能做你的依靠？无论在任何情况下，都要依靠自己，挖掘自己，发挥自己，自己成就自己。

一个人除了自信进取，还要时常严格要求自己，从自身找缺点，找问题。《易经·乾》上说："君子终日乾乾，夕惕若厉，无咎。"意思是，君子终日奋发进取，可是到了晚上却要认真反思这一天的所作所为。这样，即使有危险也不会有灾祸。人应当一生都刚健勤勉、奋发向上于外，而又敬畏忧患于内。刚健勤勉使人进取、追求，进取、追求会得到成功，心存戒惧就不会迷失在自己的缺点中，这样才能有机会刚健勤勉地去奋斗。

一个著名企业家的档案柜中有一个私人档案夹，标示着"我所做过的蠢事"，夹中插着一些他做过的傻事的文字记录。他有时口述给他的秘书做记录，但有时这些事是非常私人的，而且愚蠢之极，没有脸面请他的秘书做记录，因此只好自己写下来。

每次这位企业家拿出那个"愚事录"的档案，重看一遍他对自己的批评，可以帮助他处理最难处理的问题——管理他自己。

企业家讲述他避免犯错误的秘诀时说："几年来我一直有个记事本，记下一天中有哪些约会。家人从不指望我周末晚上会在家，因为他们知道，我常把周末晚上留作自我省察，评估我在这一周中的工作表现。晚餐后，我独自一人打开记事本，回顾一周来所有的面谈、讨论及会议过程。我自问：'我当时做错了什么'？'有什么是正确的？我还能干什么来改进自己的工作表现'？'我能从这次经验中吸取什么教训'？这种每周检讨有时弄得我很不开心。当然，年事渐长，这种情况倒是越来越少，我一直保持这种自我分析的习惯，它对我的帮助非常大。"

一个人如果失去反省的能力，他就看不见自己的问题，更不能自救。一个人自己不常常反省或管理自己，便很容易把责任推给别人，犯上自以为是的错误。反省让我们更清醒地认识自己。在安静的心灵状态下，我们可以看清事情，包括我们自己对问题应负的责任、做事情的新方法，以及我们挡住自己的方式。反省让我们察觉到自己所设下的限制，以及我们思考中的某些盲点。

总之，反省是最未被善用却最强而有力的制胜工具，反省让答案在你的眼前显现出来，通常你只要做一点努力，甚至完全不必费力。一个人如果经常努力不断改变和完善自我，那么，收获的果实将更加甜美坚实。

己欲达而达人

【原文】

夫仁者，己欲立而立人，己欲达而达人。

"己欲立而立人，己欲达而达人。"这是孔子的一个重要思想，也是实行"仁"的重要原则。你自己想要站得住也要使他人站得住，自己欲事事行得通也应使他人事事行得通。与人为善是走向成功的最大智商，只有与人为善才能求得长远的成功。

孔子还说过"己所不欲,勿施于人"。你只要不把你所厌恶的东西让别人来承受,就达到了道德的基本要求。但是,许多人并没有达到,因为这些人心中没有"他人"的位置,这就是我们常说的自私自利。自私自利就是在任何情况下仅仅考虑自己的利益,而忽视其他利益相关者的感受、要求和愿望,要求一切都以自己的意愿来体现。自私自利的人按照自己的主观意愿设定对自己有利的标准。所以,有时候有人虽知道不能以己所不欲待人,但还是做了对别人不好的事。

"己所不欲,勿施于人"只是告诉我们不能做什么,还没有提出能做什么和鼓励做什么。孔子又提出"己欲立而立人,己欲达而达人",它与"己所不欲,勿施于人"合起来,构成可普遍化的要求,就是要"推己及人"。"己欲立而立人,己欲达而达人"是讲满足自己的欲求和愿望的时候,也希望并帮助他人实现他们的要求和愿望。只要你自己所欲求的,哪怕你还没有满足或实现,也希望别人能实现。

"己所不欲,勿施于人"讲的是你不愿自己受到恶待,就不要恶待别人。而"己欲立而立人,己欲达而达人"则是希望自己好的同时,也希望他人更好。"己所不欲,勿施于人"是告诫人不许做不道德的事情,而"己欲立而立人,己欲达而达人"则是希望人要追求高尚,做一个主动帮助别人的人。

现在社会,无论做什么事情都存在竞争。很多人视竞争对手为敌人,大有"不是你死,就是我亡"之势。俗话说:"杀敌一万,自损三千。"你不给别人活路,你也会没有路可走。

做事并不都是你输我赢一种方式,完全可以谋取双赢或多赢,自己谋利也要让别人得到好处。不懂得善意照顾别人利益的人难能成大器。

猪鬃大王古耕虞经常说的一句话就是:"不让人赚钱的生意人,不是好生意人。"在商业社会,做生意总要有伙伴、有帮手、有朋友。你照顾了别人的利益,实际上也就是照顾了自己的利益。

因此,古耕虞又反复解释:"同人往来,事先一定要好好算计,如何使自己能获得最大的收益。但无论怎样算来算去，一定要算得对方也能赚钱，不能叫他亏本。算得他亏本，下次他就不敢再同你打交道了。所以生意人绝对不能精明过了头。如果说商人的真理是赚钱，那么精明过了头，这个真理同样会变成荒谬。你到处让人家吃亏，就会到处都是你的冤家，到处打碎别人的饭碗，最后必然会把自己的饭碗也打碎。"

中国的火柴大王刘鸿生也曾说过类似的话："你要发大财。一定要让你的同行、你的跑街和经销人发小财。""最愚蠢的人，就是想一个人发财，叫别人都倒霉。"可见，两位大商人是心心相印的。

无论做什么事情，我们既要谋求自己的利益，又要懂得照顾别人的利益。你的利益是由别人身上体现出来的，只有照顾别人的利益，你最终才能完成你自己的利益。一切事情尽量做到两利双赢，得到更佳的成果。

一个人做事总是从自己利益出发，不照顾别人利益和感受，到头来不仅丧失利益，也丧失友谊。无论从什么角度来看，那种"你死我活"的争斗在实质利益、长远利益上来看都是不利的，你应该活用"双赢"的策略。

老子说过："尽力照顾别人，我自己也就更加充实；尽力给予别人，我自己反而更加丰富。"我们要与人为善地与人相处，与人为善地做生意和与人为善地生活。

不要怨天尤人

【原文】

子曰：莫我知也夫！子贡曰：何为其莫知子也？子曰：不怨天，不尤人。下学而上达，知我者其天乎！

孔子是一个志向远大的人，一心要以仁义之道来整治国家，实现天下的长治久安。为此，他曾经广泛游历诸国，希望有君王能够采纳他的思想主张，行礼治，尽仁道，明伦常。可当时诸侯之间连年攻战，人人自危，奸谋权术横行，勇力军法并重。各个诸侯国王

急功近利,欲图自保或者称霸天下,孔子的一整套根治社会弊端的慢功夫自然难以见用于世。

不是孔子的思想理论不好,而是由于道德教化、人心转变往往见效很慢。在当时纷繁动荡而又复杂的社会背景下,这些主张难以具体实行。因此,孔子周游了一大圈之后,最终还是一无所获,怀才不遇,没有实现他的政治理想,甚至因此不断遭到别人的讥讽和嘲弄。所以,孔子才会发出世上没有懂他的人的感叹。

不过,孔子之所以是孔子、是圣人,不同于常人就在于他虽然一生抑郁不得志,但却能够通达事理,用他的话讲就是"不怨天,不尤人"。事情做得不顺利,既不埋怨上天,也不迁怒旁人,这是需要相当的修养功夫才能做到的。

一般修养不够的人在做事不顺找原因的时候,往往会有三种方式:一是迁怒旁人,俗话讲就是找一只替罪羊,这就是"尤人";二是自责于己,否定自己的做法,不再坚持既有的原则;三是当找不到原因又想不通时,干脆把一切过错都推给上天,这就是怨天了。

孔子的做法不同于以上三者。他虽然一生遭遇挫折,抱负难以实现,但并不灰心丧气,也不轻易否定自己,而是博学深思以考人情事理,知人生之应当,而后向上通达于天命。也就是说,孔子是明了时势有顺逆、人生际遇有畅达与隐藏,不可一味强求这个道理的。由此他认为,人应该为人之应当所为,既无须苟全易节,也不应怨天尤人。

如此一来,便与天道运行相契合,无所不通了。这才是智者达人所为。所以,孔子感叹只有老天才是他的知音。这表明孔子对人生遭遇进退的理解已经与天道自然运行相贯通了,故而他虽然没有实现自己的理想也仍然无怨无悔。

孔子的这种人生境界,对于现代人摆脱事业生活中的种种烦恼和困惑应该说很有启发。现代人遇到问题习惯于在抱怨中来平衡自己的心理,"怨天尤人"已经是很正常的了。因此,往往以无休止的争吵和感情的相互伤害来结束,甚至于干脆进入无端的发泄状态。所以,体会孔子这种豁达的人生观就显得尤为必要了。

在下面这个故事中,同样的起点,但一个是"怨天尤人",而另一个是努力学习,适应环境。两者的结局说明了什么道理呢?

苏轼《定风波》："莫听穿林打叶声，何妨吟啸且徐行。竹杖芒鞋轻胜马。谁怕！一蓑烟雨任平生。料峭春风吹酒醒，微冷，山头斜照却相迎。回首向来萧瑟处。归去，也无风雨也无晴。"东坡先生的乐观精神由此可见。

阿理从某名牌大学中文系毕业，分配到一个出版公司工作，一心想干一番大事业。一开始，上司只分配他校对文稿，这也是有意锻炼他的耐心与毅力。可是，他却心生抱怨，终日怨天尤人，提不起兴趣来，对工作毫不认真，经他手校对的文稿错误百出。上司认为，连文稿都校对不好，还能干什么重要的工作呢？

他的一个朋友，硕士毕业后分配到一个政策理论研究机构工作，一开始上司让她搞内部刊物的排版、校对工作，干些杂七杂八的事情。熟悉她的人都觉得是浪费人才，可他这位朋友每天却抱着极大的热情去工作。她认为，搞排版也是需要学问的，甚至校对文稿也是一件不容易的事。有时，为了赶刊物出版时间，她连休息日都搭进去。她不但把自己负责的事情搞好，还主动分担一些理论研究工作，文章也写得非常有深度。她的才能与品行很快得到上司的赏识，工作不到两年，就已经成为单位的工作骨干，并被提升为该刊物的实际负责人。

所以，怨天尤人有百害而无一益。只要你有真才实学，终究是会得到赏识的。金子和黄铜放在一起，终究是会发出光彩的。

下面这个农民企业家的故事也很让人感慨。

他是一个农民，初中没毕业，家里就没钱继续供他上学了，他只得辍学回家帮父亲耕地。他19岁时，父亲去世了，家庭的重担全部压在他的肩上。他要照顾身体不好的母亲，还有一位瘫痪在床的祖母。

他听说养鸡能赚钱，就向亲戚借了一笔钱养鸡。一场洪水后，鸡得了鸡瘟，几天内全部病死了。他背负下巨额债务，母亲受不了这个刺激忧郁而死。后来，他酿过酒、捕过鱼，甚至还在石矿的悬崖上帮人打过炮眼，但都没有赚到钱。35岁的时候，他还没有结婚，因为他太穷了。

他还想搏一搏，就四处借钱买了一辆拖拉机。不料，上路不到半个月，这辆拖拉机就载着他发生了一场事故。他断了一条腿,成了瘸子。那辆拖拉机也支离破碎,他只能拆开它当作废铁卖。几乎所有认识他的人都说,他这辈子算是完了。

后来,他却成了一家公司的老总,手中资产过亿元。现在,许多人都知道他苦难的过去和富有传奇色彩的创业经历。许多媒体采访过他,其中有一个令人难忘的情节。记者问他:"在苦难的日子里,你凭什么一次又一次毫不退缩?"他回答:"我怨天尤人,有什么用啊! 除了我自己,还有谁能救我啊。"

想有所作为的人们,请不要再把时间和精力徒劳无益地耗费在怨天尤人上。放眼未来,机会在向我们招手。只有靠自己的勤奋努力,才能闯出一片属于自己的天空!

风雨过后,一定会出现美丽的彩虹。

谨慎但不优柔寡断

【原文】

季文子三思而后行。子闻之,曰:再,斯可矣。

凡事三思而后行,这是一种谨慎的态度,但有时也要因时因事而灵活通便。谨慎是必要的,把握机会也很重要。

有这样一个故事:

在山间丛林中,一只狼前来觅食。茂密的松林遮蔽了狼的视线,它不知道此时猎人布置的陷阱就在附近。这时,狼看到前方似有猎物出现,于是奋力追赶。忽然,狼的脚掌被一个铁圈钩住了。狼想挣脱束缚,但铁圈把它牢牢地固定在了原地。这时,手拿猎枪的猎人出现了,他一步步向狼逼近,狼似乎感觉到了死亡的预兆。眼看着猎人就要端起猎枪,狼不再犹豫,它用尽全身的力气,咬断了自己的脚掌,猛地挣脱了铁链,终于逃离了这个危机四伏的地带。

如果狼迟点决断的话,估计就要丧命于猎人之手了。可如果狼早早就把脚掌咬断的话，万一猎人不来，或者有其他的逃生机会，那牺牲岂不是太大了。这则故事说明了一个道理：机不可失，时不再来，不能过早，也不能太晚，时机的把握最重要。一旦失去良机，就无法再挽回了。最终你所付出的代价，也许就是你的生命。

孔子的思想和我们的故事主旨是相同的。在孔子的思想中，他并不表扬季文子的三思而行。相反，他认为凡事仔细考虑两次就够了，三思而行可能会贻误时机。为什么孔子会反对季文子的做法呢？从当时的资料看，季文子做事过于谨慎，顾虑太多，常会发生各种弊病。从这个角度看，孔子的话不无道理。

凡事不想一想就行动叫作莽撞，往往会导致后患。但想得太多，瞻前顾后，则容易陷入犹豫不决的狐疑之中，导致优柔寡断。当断不断，反受其乱。所以，遇事既要想清楚，有所思考而后行动，又不要优柔寡断。历史上的"西楚霸王"项羽就是因为优柔寡断而断送了自己的性命。

秦朝末年，刘邦攻打关中，占领了咸阳。但是，刘邦没想到项羽很快就出现在关中。当他听说项羽准备攻来时，十分惊讶，心想：目前的状态怎么也打不赢项羽。于是，他就请项羽的叔父项伯居中调解，约好时间亲自去向项羽道歉。

项羽

鸿门宴上，范增屡次使眼色示意项羽杀沛公，又举所佩带的玉示意项羽，连做三次，但项羽始终默然，毫无反应。范增看情形不对，便起身来到外面，对项庄说："项羽为人心肠太软，不忍亲自下手。你进账去，上前向沛公敬酒。敬完酒，便请求在座前舞剑，然后趁舞剑之便，在沛公的座上杀了他。如果失败的话，你们这些人都将会被他杀尽九族。"

项庄于是入账向刘邦敬酒。敬完酒，他向项羽说："君主和沛公饮酒，军中没有什么可供娱乐的,请准许卑将表演剑舞,以娱乐嘉宾。"项羽说:"好!"项庄于是拔剑起舞。项伯看出项庄的用意,也拔剑起舞。在二人同时舞剑的时候,项伯不断用身体掩护沛公,项庄没有机会刺杀沛公。

力拔山兮气盖世的项羽有勇无谋,鸿门宴上坐失良机,让刘邦逃脱。结果,刘邦得以壮大自己的力量,最后逼得项羽乌江自刎,从而顺利地建立了西汉政权。

项羽的失败在于政治上的幼稚,缺少谋略和"该出手时就出手"的果断,所以一败涂地。但项羽重情重义,虽然失败,仍是人们心目中的英雄。不以成败论英雄也从此说起。刘邦是成功者,但不是英雄;项羽是英雄,但不是成功者。

项羽的"前车之鉴"告诉我们,优柔寡断、犹豫不决的结果,只能是失败。当然,过于乐观、盲目跟风,连考虑都不考虑就去做,也是行不通的。

但问题在于,谁也很难考虑得百分之百地周密,"计划赶不上变化"的情况是常有的。有时时间紧迫,也不容你研究研究再研究。我们只能在时间允许的条件下,尽可能做到考虑周全。有时,还要有一定的当机立断的冒险精神。而这一点,在今天这个讲究效率、讲究抓住机遇的时代,尤为重要。

20世纪80年代,位于美国马萨诸塞州的王安电脑公司是世界上著名的计算机公司之一,公司创始人是华人王安博士。王安在哈佛求学期间,曾经在实验室进行有关计算机存储问题的研究。哈佛大学有一条既定方针:当技术一旦发展成熟到商业应用的程度,就会强行停止该项技术的研究。就在王安取得突破性进展后,离哈佛停止该项技术研究的日子已经为期不远了。

王安对计算机的研究具有浓厚的兴趣,他本希望将来能在这一领域大显身手,可哈佛却要断送他的美好前程,令他非常懊恼。于是,他想到了去申请专利,但这样会使自己陷入两难的境地。因为他工作上的最佳搭档艾肯博士一再声称,计算机不受任何专利限制。一旦自己去申请专利,必然会招致艾肯的猜忌,甚至会因此反目成仇。

王安犹豫了。可是,经过一番深思熟虑后,他还是果断地做出了改变一生的决定。说干就干。1949年10月21日,王安正式向专利局提出了"脉冲转移控制器"的专利申请。这件事传到哈佛实验室后，立刻引起轩然大波。很多人指责他是叛徒，还有一部分人为他担心，害怕他遭受艾肯的谴责和惩罚。

但王安毫无惧色，他不再为决定后悔，他要不惜一切代价为自己谋出路。出乎意料的是，艾肯对待这件事很冷静，没有暴跳如雷。他只对王安耸了耸肩，摊了摊手，一切就都过去了。至此，王安终于凭借果断为自己开创了一个庞大的电脑帝国。

长久迟疑不决的人，常常找不到最好的答案。获得成功的最有力的办法，是迅速作出该怎么做一件事的决定。排除一切干扰因素，一旦做出决定，就不要再犹豫不决，以免我们的决定受到影响。有的时候，犹豫就意味着失去。

实际上，一个人如果总是优柔寡断，犹豫不决，或者总在毫无意义地思考自己的选择，一旦有了新的情况就轻易改变自己的决定，这样的人成就不了任何事！消极的人没有必胜的信念，也不会有人信任他们。自信积极的人则不同，他们将是世界的主宰者。

发财要走正道

【原文】

子曰：富而可求也，虽执鞭之士，吾亦为之。如不可求，从吾所好。

在人们的心目中，孔子是个有理想、有道德，主张"克己复礼""以仁治国"的圣人。但圣人也要吃饭，也要喝水，也要生活。孔子一直没有稳定的生活来源和住所，周游各国"惶惶如丧家之犬"。所以，这位"圣人"虽拥有远大的志向，但同时也很清贫。

可以这么说，孔子的志向和他的清贫是成正比的。那么，是不是越有理想，就应该越清贫呢？是不是越清贫，就能越有理想呢？孔子对于金钱或者说是对于财富观的看法到底是怎样的呢？

在孔子看来，贫穷不是理想的社会，他希望人民富裕。借用继承其思想的孟子的话就是：往上说赚的钱足够孝顺父母，往下说赚的钱足够养活妻儿，在好的年景能一年都吃饱饭,在不好的年景也起码不会死。问题在于,致富要走正道,要合于义,就是我们经常说的"用正当手段致富"。如果靠投机钻营、坑蒙拐骗来"致富",那孔子是绝对不干的。如果是那样,孔子宁可吃粗饭,喝白水,弯着胳膊当枕头。孔子认为,这种穷困生活中也有快乐。行不义之事而得来的富贵,在他看来,就好比天上的浮云。

受鱼致祭

孔子的弟子冉有后来被孔子号召其他弟子"鸣鼓而攻之",原因就在于他帮助鲁国大贵族季氏搜刮民财。本来,冉有做生意就有钱。但他不知足,有钱了还要更有钱。不知足就用正经手段再赚啊,他却采取"捞偏门"的不光彩手段,为自己捞取富贵,这不正是"不义而富且贵"?孔子自然是深恶痛绝的。

孔子不反对人们致富,认为这是人的正常要求。但他一是反对求"多",如季氏富了还要更富,贪得无厌;二是反对以不义手段求富。在《论语·里仁》篇里,孔子明确指出:"富与贵,是人之所欲也。不以其道得之,不处也。"意思是:发财做官,是人人所想要的。但是,如果是用不正当手段得到的,君子是不接受的。

让我们看看,君子是怎么处理送上门的金钱的。

东汉杨震是当时名闻天下的大学者,有"关西孔子"之美誉。杨震客居异乡二十多年,一直是靠教书得来的微薄收入奉养老母。州郡闻其名,屡召不出。直到 50 岁时,在朋友们的劝说下,他才应聘到州里任职,为官以廉能著称。杨震入仕之前家境窘迫,长期过着自食其力的清贫生活。他除了教授学生之外,还借种别人的一块土地,亲自耕耘,维持生计。当时的人都很敬重他,但他从不接受别人的馈赠。他从荆州调到山东任东莱(今山东莱州)太守,路经昌邑县(今山东金乡西北)时,昌邑县令王密特来参见。

王密是杨震在荆州时举荐的秀才,他为了报答杨震的知遇之恩,当天晚上趁夜深人稀,怀揣10斤黄金呈献杨震。杨震批评他说:"作为老相识,我比较了解你,你怎么会不了解我呢?"

王密以为他假意推辞,便说:"夜里不会有人知道这种事情,请大人放心收下吧。"

"天知,神知,我知,你知,怎能说没有人知道呢?快给我收起来!"杨震严肃地训斥了他。王密惭愧地收起金子,拜辞而回。

杨震是很有钱吗?不是,他一直过着清贫的生活,靠教书、种地生活。这说明他收入微薄,他是很需要钱的。王密送他黄金,以报知遇之恩,从道理上讲,杨震是完全可以收下的。别人也不能说什么,又不是行贿。况且,当时在场的只有他们两个,这收人财物的事也不会被传出去。但是,"君子爱财,取之有道",杨震认为,王密送金这种行为,是与他平常遵守的"仁义之道"相悖的。虽然我缺钱花,但不能违背了"仁道",于是坚持推辞了。真正的君子,无论在什么情况下,都能坚守自己的原则——"取之有道"。

孔子还说过这样的话:在世道清明的社会,一个人不能富裕,仍然贫贱,是一种耻辱。在政治黑暗的社会,一个人如果不甘贫贱,钻营富贵,也是一种耻辱。在孔子生活的时代,作为贫寒的读书人,除非攀缘权贵,钻营豪门,剥削百姓,或混个官当当,很难靠诚实和劳动致富。孔子是绝不会折损自己的人格去为五斗米折腰的。因此,他能够安贫乐道。

和孔子形成对照的,是他的两个弟子,一个就是冉有,投靠季氏盘剥人民来谋取自身富贵;另一个就是大白天睡大觉的宰予,后来也为富贵投靠到齐国田常门下作乱。这两个人都受到孔子的唾弃。

今天,许多人都在努力致富,甚至是挣大钱、发大财,这无可厚非。但我们在挣钱、赚钱时,不能不提醒自己,不要贪得无厌,更不要去赚昧心钱、黑心钱。像一些人造假酒、假药、假账等,钱是赚到手了,可伤天害理,最后自己也倒霉,甚至于触犯了法律,落得个身陷囹圄的悲惨下场。这不是害人又害己吗!

这是一个容易让人迷失的世界,在追逐名利的时候,千万别迷失了原本善良的自己。

别把利看得太重

【原文】

子曰:放于利而行,多怨。

生活中,有的人为赚钱而昏了头,不择手段。对这些人,孔子早就提出过警告:"放于利而行,多怨。"单纯基于赚钱牟利的欲望去行动,必然会招致很多的怨恨。

孔子所反对的就是"放于利而行",就是将追求"利"的程度无限扩大化,以至于用"利"来衡量人世间的一切事情,因为这恰恰违反了他一直追求的"义"。如果人们都"放于利而行",由于物质等很难满足人的无穷欲望,这势必引起人们之间的争夺。得到满足的人会高兴,得不到满足的人就会有怨恨。发展到最后,就不再是争夺了,而会成为争战。

当人的行为只是出于赚钱的角度,肯定会招致很多怨恨;当行为已经违反了公众的道德准则,就会受到良心的谴责和公众的蔑视;当行为更进一步,触犯国家法律了,等待他的将是法律的严惩。我们应该从小处、小事就杜绝有可能犯法的行为,不能干那种为了赚钱六亲不认、礼义廉耻不顾的事。这种事影响不好,为以后的触犯法律埋下祸根。一旦失去控制,就是性命攸关的事,更逃不掉法律的制裁。

如何做事、赚钱两不误,还能博得大家的好感呢?其实很简单,做生意要想挣大钱,必须有大德。在商业生涯中,牢记"最重要的是人品"这句箴言。但凡事业有成的知名企业家,他们做生意往往都不是只从利益角度出发,而会兼顾诸多方面。他们可以为了诚信、道义，放弃自己的利益。

香港《文汇报》曾刊登李嘉诚专访。主持人问："俗话说，商场如战场。经历那么多艰难风雨之后，您为什么对朋友甚至商业上的伙伴仍能抱有十分的坦诚和磊落？"

李嘉诚答道："简单地讲，人要去求生意就比较难。如果生意跑来找你。就容易做。一个人最要紧的是节省你自己，对人却要慷慨，这是我的想法。顾信用，够朋友。这么多年来，差不多到今天为止，任何一个国家的人，任何一个省份的中国人，跟我做伙伴的，合作之后都能成为好朋友，从来没有一件事闹过不开心。这一点，我是引以为荣的。"

李嘉诚鼎助包玉刚购得九龙仓，又击败置地购得中区新地王，并没为此而与纽璧坚、凯瑟克结为冤家而不共戴天。每一次战役后，他们都握手言和，并联手发展地产项目。"要照顾对方的利益，这样人家才愿与你合作，并希望下一次继续合作。"追随李嘉诚20多年的洪小莲，谈到李嘉诚的合作风格时说："凡与李先生合作过的人，哪个不是赚得盘满钵满！"

商场上，人缘和朋友显得尤其重要。实际上，善待他人，照顾到对方利益是生意场上交朋友的前提，诚实和信誉是交朋友的保证。正如在积累财富上创造了奇迹一样，李嘉诚的人缘之佳在险恶的商场同样创造了奇迹。有人说，李嘉诚生意场上的朋友多如繁星，每一个和他有过一面之交的人都会成为他的朋友。所以，李嘉诚在生意场上只有对手而没有敌人，不能不说是一个奇迹。

所以说，想成大事，就不能只顾着赚钱。孔子说过：己所不欲，勿施于人。李嘉诚给我们做了一个好榜样。不管是为了诚信，为了道义，还是为了照顾伙伴，总之，在他们的利益取舍之间，时时可以看见孔子的思想智慧闪耀的光芒。他们都明白一个道理：商场虽然存在竞争，但还是要"以和为贵"。

做生意，就是做人。想把生意做大做好，首先要学会做人，学会做孔子所提倡的"仁"人。崇尚仁道，不去计较眼前的得失，就能有所得。如果忽视了仁道，抛弃了仁道，违背了仁道，斤斤计较个人得失，也许暂时占得一点蝇头小利，但最终还是会"偷鸡不成蚀把米"，甚至触犯国家法律。

欲速则不达

【原文】

　　子夏为莒父宰，问政。子曰：无欲速，无见小利。欲速则不达，见小利则大事不成。

　　我们常说的"欲速则不达"这个成语，来自《论语》中孔子的一句话。我们在做事情时需要把握节奏和平衡，做事并非越快越好，无论是理论还是实践都证明了这一点。

　　当汽车以合理的速度行驶时，它完全在我们的控制之中，它是平稳安全的。当速度提高以后，虽然看上去短时间内效率提高了，但它出事故的几率也会随着提高。《吕氏春秋》里说，圣人在时机不成熟时，要等待时机。从外表上看，这似乎是缓慢和迟延，实际上是最快的。

　　这就是生活的辩证法：欲速则不达，慢了反倒快。孔子是在给弟子子夏讲为政之道时讲这个道理的。

　　孔子指出的那两点，对所有为政做官者都具有深刻的警戒作用。尤其对于现代一些人而言，就更加发人深省了。

　　历史上，有些政者本来心地不错，也是一心为公，可是，心思太急，"急功近利"，"拔苗助长"，结果反而走了很多弯路，有的官员甚至为此丢了性命。商鞅的变法思想没有问题，也的确是秦国富强所需要的。问题是秦国保守势力非常强大，而商鞅变法必然触动贵族的利益。在这种情况下，商鞅在君王的支持下强制推行变法，自然遇到很大的阻力，最后爆发了宫廷政变，连商鞅本人也被复仇的贵族杀死了。这就叫欲速则不达。

　　同样，王安石变法也面临这个问题。他的出发点是好的，可性子太急，在变法内容不完善、改革官员不到位、政治斗争背景极其复杂的情况下强行变法，最后终于在内外交困中以失败告终。

　　所以，孔子告诫说：为政者要注意审时度势，切忌急功近利，"欲速则不达"。现代许多为政当官者上台伊始,便想着如何大干一番,博个政绩彪炳,以便继续提升或青史留名。由于存在这种急功近利的想法,他们往往会选择一些投资小、见效快、资金周转灵活的项目上马,尽管这些项目往往有着很大的副作用。还有的选择风险大却又效益丰厚的途径,临时钻一下政策或法律的空子,却全然不顾这样的后果。譬如,一些官僚过去可以凭借关系向国家银行借贷巨款,来投资建设。一时间,任期内热闹非凡,声名鹊起,却给未来留下一个巨大的包袱。而那时,他自己早已拍屁股高升走人了。这种为政者便不是什么审时度势的问题了,而是心术不正,为祸一方。

又比如经营,企业的业务发展速度比较快,但相对来说,企业的管理和控制能力提高的速度就要慢得多,因为它是一个知识、经验、人才,以及文化逐渐积累的过程。当业务发展速度过快的时候,管理如果跟不上,就可能会出现管理失控,企业就会出问题。

复星集团的老总郭广昌曾经说过:"快与慢不是外界可以评判的,快慢的标准在于自身对平衡感的把握。"节奏和平衡是郭广昌此番谈话中最频繁提及的两个词汇。郭广昌曾经热衷自行车运动,他在大学里的两件"成名之作"都和自行车密切相连:第一件是在1987年暑期,他一个人不声不响地骑自行车沿大运河考察到了北京;第二件是在1988年暑假,他组织十几个同学搞了个"黄金海岸3000里"活动,骑车沿海考察,到了海南。"企业的经营和骑自行车很相似。自行车比赛有两种,一种是比快,一种是比慢。速度快了有危险,速度慢了也会摔跤。所以,一方面不能太快,另一方面认为越慢风险越小也是片面的。"既然速度不会被放弃,那么区别其实只是侧重各有不同。2004年,郭广昌曾经说过:"除了四大主业之外,我们都选择淡出。根据上半年的外部环境和企业自身的情况,我们调整了发展节奏,以使集团发展更加平衡。今后,复星将会更加看重对主业的发展,对进入新的行业会更加谨慎。"

节奏是音乐的灵魂,没有节奏的音乐是一堆破烂的音符;节奏是诗的灵魂,没有节奏的诗是一洼肮脏的积水。做事情只有处理好速度与安全的关系,做到张弛有度,才能避免失败。俗语说:"心急嫁不到好汉子,性急吃不了热豆腐。"话虽粗俗了点,但的确是这个理。西谚说:"罗马城不是一日建成的。"道理也是如此。

上面说了"欲速则不达""急功近利"的道理,下面我们来看看,"小利不舍,大事不成"的故事。在小与大这一对最简单的矛盾里,包含着最复杂的辩证法。

有的人视小为大,有的人视大为小,而小与大之间又常可以互相转化。悟得小大之中的真味,也就能在社会上立地成佛了。

李嘉诚曾经出任10余家公司的董事长或董事,但他把所有的职务报酬都归入长实公司账上,自己全年只拿5000港元。这5000港元,还不及公司一名清洁工在20世纪80年代初的年薪。李嘉诚20多年维持不变,只拿5000港元,按现在的水平,李嘉诚万分之一都没拿到。李嘉诚其实是小利不取,大利不放。李嘉诚每年放弃上千万元的职务薪金,却获得公司众股东的一致好感。爱屋及乌,自然也信任长实系股票。李嘉诚购入其他公司股票,投资者莫不步其后尘,纷纷购入。

李嘉诚是大股东,长实系股票被抬高,长实系股值大增,得大利的当然是李嘉诚。就这样,李嘉诚每次想办大事,总会很容易得到股东大会的支持。

对李嘉诚这样的超级富豪来说,职务薪金算不得大数,大数是他所持股份所得的股息的价值。一般的商家只能算精明,唯李嘉诚一类的商界超人,才具备经商的智慧。舍小取大,李嘉诚是其中最聪明的人。一些人的目光只会停留在眼前利益上,做生意不舍一分一厘,只求自己独吞。恰好是一时赚得小利而失去长远之大利,可谓是捡了芝麻,丢了西瓜。李嘉诚正好相反,他舍弃了小利而赢得了大利。

在当今社会,"急功近利"的心态和"小利不舍"的贪婪往往让人失去更多,而不是得到更多。沙漠是由一粒粒细沙堆成的,财富是由一枚枚硬币积累的。深悟商道的人最懂得如何掌握这些不起眼的财富,也最懂得"舍得"的道理——"舍得舍得,不舍不得"。